D1720327

westermann

Informatik

FÜR SCHWEIZER MATURITÄTSSCHULEN

Herausgegeben von:

Christian Datzko

Erarbeitet von:

Christian Datzko

Nicolas Ruh

Beat Trachsler

Unter Beratung von:

Helmar Burkhart

In Erinnerung an Martin Guggisberg († 2021)

Informatik
für Schweizer Maturitätsschulen

Herausgeber
Christian Datzko, Hölstein BL

Autoren
Christian Datzko, Hölstein BL; Dr. Nicolas Ruh, Aarau AG; Beat Trachsler, Amriswil TG

Berater
Prof. em. Dr. Helmar Burkhart, Bad Säckingen

In Teilen eine Bearbeitung von
978-3-14-037126-1 «Informatik 1», erschienen 2014
HerausgeberInnen: Thomas Kempe, Annika Löhr
AutorInnen: Thomas Kempe, Annika Löhr, David Tepaße
Illustrator: Matthias Berghahn
978-3-14-037127-8 «Informatik 2», erschienen 2015
HerausgeberInnen: Thomas Kempe, Annika Löhr
AutorInnen: Robert Grimm, Thomas Kempe, Annika Löhr, Oliver Scholle
© Westermann Bildungsmedien Verlag GmbH, Westermann Gruppe, Braunschweig, Deutschland

westermann GRUPPE

© 2023 Westermann Schulverlag Schweiz AG, Schaffhausen
www.westermanngruppe.ch

1. Auflage 2023

Redaktion: Andre Hüser
Illustrationen: Matthias Berghahn, Bielefeld
Satz: PER Medien & Marketing GmbH, Braunschweig
Umschlaggestaltung: LIO Design GmbH, Braunschweig
Schriftgestaltung: LIO Design GmbH, Braunschweig
Layout: LIO Design GmbH, Braunschweig

ISBN 978-3-0359-**0245**-7

Zum Inhalt des Buches

Das Fach Informatik hat an Schweizer Maturitätsschulen eine wechselvolle Geschichte. Mit der Einführung von Informatik als Pflichtfach hat es mit dem Rahmenlehrplan und den darauf aufbauenden kantonalen und schulischen Lehrplänen einen Kanon an Inhalten und aufzubauenden Kompetenzen erhalten.

In der Umsetzung des Rahmenlehrplans in Form von kantonalen und schulischen Lehrplänen haben die Kantone und Schulen viele Freiheiten. Sie können weitere Inhalte ergänzen oder Schwerpunkte festlegen. Die in diesem Buch enthaltenen Inhalte müssen nicht alle unterrichtet werden; Die Lehrperson kann eine zum jeweils gültigen Lehrplan passende Auswahl treffen. Gleichwohl sind viele Inhalte miteinander vernetzt. Diese Vernetzungen werden durch Verweise deutlich gemacht.

Ein bewusster Entscheid auf eidgenössischer Ebene ist, dass Informatik-Unterricht auch tatsächlich Informatik zum Inhalt hat. Verwandte Inhalte, die manchmal ebenfalls unter Informatik verstanden werden, wie beispielsweise ICT-Inhalte (wie der Umgang mit Textverarbeitung, etc.) oder Medienpädagogik (wie der Umgang mit sozialen Netzwerken, etc.), werden nur am Rande erwähnt, wenn sie im Rahmen eines informatischen Konzepts auftreten.

Zum Konzept des Buches

Für die ersten fünf Kapitel des Buchs wird jeweils eine Verschränkung von theoretischen und praktischen Inhalten angeboten. Diese werden durch gesellschafliche oder kollaborative Inhalte ergänzt. Die Idee dahinter ist, dass die Schülerinnen und Schüler sich so auf den verschiedenen Ebenen mit Informatik beschäftigen können. Insbesondere in Kantonen, in denen unter anderem Halbklassenunterricht vorgesehen ist, können so die praktischen Übungen in Halbklassen stattfinden, während theoretische Überlegungen in der Ganzklasse stattfinden. In den weiteren fünf Kapiteln wird diese Verschränkung teilweise aufgebrochen, indem Inhalte in grösseren Zusammenhängen präsentiert werden. Gleichwohl gibt es auch hier noch die Möglichkeit, zwischen theoretischeren und praktischeren Inhalten zu unterscheiden.

Der Abschluss jedes Kapitels bildet ein Unterkapitel zu einem Aspekt von **Computational Thinking**. Diese Unterkapitel beziehen sich direkt auf die in dem Kapitel behandelten Inhalte und erlernten Kompetenzen und sollen ein Reflektieren grundlegender Herangehensweisen der Informatik ermöglichen. So werden fünf grosse Kompetenzen (Abstrahieren, Evaluieren, Algorithmisches Denken, Generalisieren und Zerlegen) je zweimal thematisiert.

Die Arten der Unterkapitel sind farblich gekennzeichnet. Themen, die eher gesellschaftliche oder kollaborative Schwerpunkte haben, sind gelb, Themen, die eher praktische Schwerpunkte haben, sind blau, und Themen, die eher theoretische Schwerpunkte haben, sind grün. Die **Computational Thinking-Unterkapitel** sind dunkelblau.

Jedes Unterkapitel fängt mit einigen Aufgaben an, die zum Thema hinführen. Diese Aufgaben sind ohne Vorwissen aus dem Unterkapitel zu lösen. Danach folgen Definitionen und Erklärungen, wobei die **wesentlichen Aussagen** durch einen roten Strich am Rand hervorgehoben werden. Am Ende jedes Unterkapitels sind Aufgaben, die sowohl üben als auch vertiefen.

Programmierelemente werden anhand der Programmiersprache **Python** erklärt. Dabei wird jedoch auf allgemeine Kompetenzen Wert gelegt, so dass ein Transfer zu anderen Programmiersprachen einfach möglich ist. Besonderheiten in Python werden hervorgehoben. Die Wahl der Entwicklungsumgebung ist der Lehrperson überlassen. Die Bildschirmfotos zeigen die IDLE von Python.

Inhaltsverzeichnis

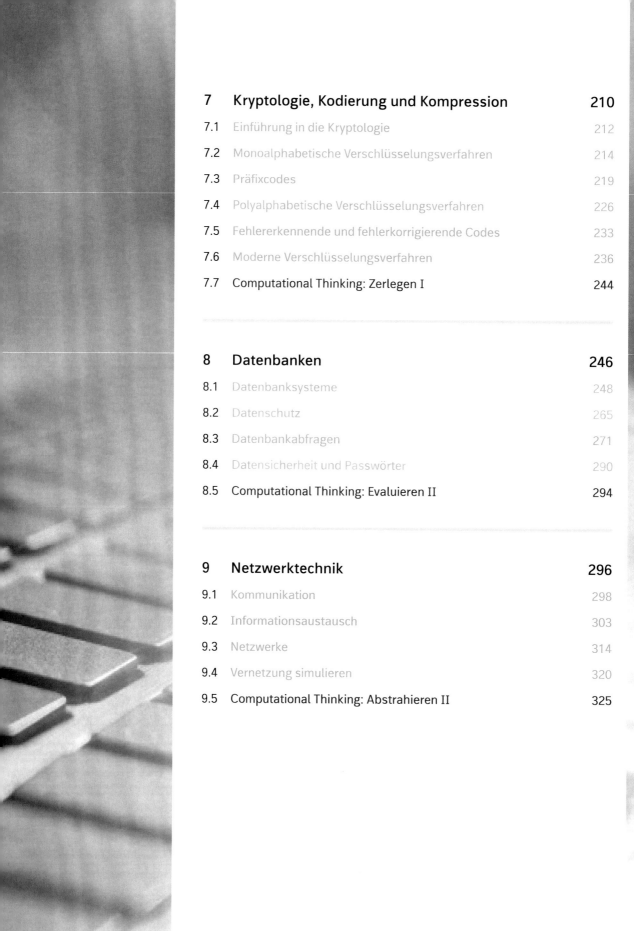

Grundlagen und erste Schritte

Donald Ervin Knuth (*1938) hat mit seinem Mammutwerk «The Art of Computer Programming» (TAOCP) *das* Standardwerk zu Algorithmen und Datenstrukturen erschaffen. Obwohl er seit 1967 daran arbeitet, sind erst vier von sieben Bänden veröffentlicht – nicht weil er so langsam arbeiten würde, sondern weil er so gründlich arbeitet.

Dabei ist er theoretisch fundiert und systematisch aufbauend vorgegangen. Gleichzeitig störte er sich aber an der schlechten Druckqualität, so dass er kurzerhand erst einmal ein Textsatzprogramm erfand, das heute noch für viele wissenschaftlichen Arbeiten verwendet wird: TEX.

Wundert es einen, dass er dann empfiehlt, sowohl der Theorie als auch der Praxis höchste Aufmerksamkeit zu widmen?

A Versuchen Sie für sich die Frage zu beantworten, wie alt die Informatik ist.

B Fragen Sie Ihre Eltern oder Ihre Grosseltern, wann sie erstmals einen Computer zuhause hatten, oder wann Sie zuerst mit Computern in Kontakt gekommen sind. Vergleichen Sie die Berichte mit den Berichten Ihrer Mitschülerinnen und Mitschüler.

C Versuchen Sie für sich zu beantworten, was Informatik bezeichnet.

D Lesen Sie unten die Definition des Worts «Informatik». Setzen Sie Ihre Antwort auf die Frage, was Informatik bezeichnet, in Beziehung zur Herkunft des Wortes.

INFORMATIK

Man kann das Wort «Informatik» als Zusammensetzung von «**Infor**mation» und «Auto**matik**» verstehen. Im Englischen wird die Informatik teilweise als «informatics» und teilweise als «computer science» bezeichnet, je nachdem welchen Aspekt man gerade hervorheben möchte.

Die folgenden 15 Meilensteine der Geschichte der Informatik stellen eine Auswahl aus vielen wichtigen Ereignissen, Erfindungen und Entwicklungen der Menschheitsgeschichte dar. Sie zeigen auf, dass die Informatik ebenso alt ist wie andere Wissenschaften, sich jedoch erst aufgrund von Erfindungen im 20. Jahrhundert als unabhängiges Fach etablieren konnte.

Wesentliche Schritte waren die Abstraktion von Information zu Daten, die Verarbeitung von Daten mit Hilfe konkreter Algorithmen, die mechanisierte Verarbeitung von Daten zuerst mit fest eingebauten Algorithmen, später mit frei programmierbaren Algorithmen bis hin zur elektronischen Verarbeitung von Daten.

Damit ist auch die folgende Aussage klar:

«*Computer Science is no more about computers than astronomy is about telescopes.*» (Edsger Wybe Dijkstra, 1930–2002)

15 Meilensteine der Informatik

Der erste Webserver

1991 n. Chr. World Wide Web: Heute wird der Begriff «Internet» synonym mit «World Wide Web» (kurz: WWW) verwendet, auch wenn das «World Wide Web» eigentlich nur ein kleiner Teil des Internet ist. Wie selbstverständlich findet man heute Antworten auf unterschiedlichste Fragen mit Hilfe von Suchmaschinen wie Startpage, Google oder DuckDuckGo, liest Artikel in Online-Enzyklopädien wie Wikipedia, kommuniziert in sozialen Netzwerken wie Facebook oder Instagram oder schaut Filme über Youtube, Vimeo & Co.

Vor nur wenigen Jahren war dies alles nicht möglich. Um Informationen zu finden, musste man sich mühsam mit einzelnen Servern verbinden und dort suchen. Tim Berners-Lee (*1955), der damals am CERN in Genf arbeitete, entwickelte daher mit seinem Team ein System, mit dem Informationen mit einfachen Links verknüpft werden konnten. Er formulierte die Rahmenbedingungen für das System, entwickelte einen Client, einen sogenannten **Webbrowser**, und ab 1991 war es dann möglich, von verschiedenen Servern mit Hilfe eines Webbrowsers Informationen herunterzuladen und anzuzeigen.

Innert weniger Jahre, beschleunigt durch Suchmaschinen und grosse weltweit agierende Firmen sowie die quasi flächendeckende Verbreitung von Computern und SmartPhones, wurde das World Wide Web allgegenwärtig. Die Welt ist heute ohne das World Wide Web nur noch schwer vorstellbar.

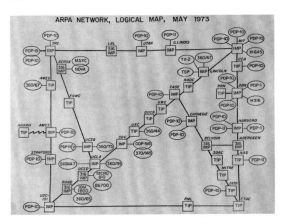

Logischer Aufbau des ARPANET im Mai 1973

1969 n. Chr. ARPANET: Das Massachusetts Institute of Technology (MIT) und das amerikanische Verteidigungsministerium entwickelten um 1969 ein Netzwerk von Computern zwischen Universitäten, das sogenannte ARPANET (für «Advanced Research Projects Agency Network»). Es war als dezentrales Netzwerk geschaffen, in dem die Computer über bereits vorhandene Telefonleitungen miteinander kommunizierten. Hierfür wurde ein paketbasierter Ansatz entwickelt, der Voraussetzung dafür ist, dass über eine Leitung unterschiedliche Computer gleichzeitig miteinander kommunizierten. Diese beiden Grundkonzepte ermöglichten es, dass die einzelnen Netzwerkkomponenten eigenständig entschieden, wie sie empfangene Pakete weiterleiten, so dass bei Ausfällen oder

Überlastung von Leitungen automatisch andere mögliche Routen gewählt werden können.

Anfänglich waren lediglich das Stanford Research Institute, die University of Utah, die University of California in Los Angeles und die University of California in Santa Barbara verbunden, aber bereits wenige Jahre später waren es über 100 Knotenpunkte.

Das heutige Internet basiert auf dem ARPANET. Viele Prinzipien und Protokolle haben sich, wenn auch teilweise weiterentwickelt, erhalten. Insbesondere ist auch das heutige Internet dezentral organisiert und die Kommunikation ist paketbasiert.

ENIAC zwischen 1947 und 1955

1946 n. Chr. ENIAC: Während des zweiten Weltkrieges wurde es für das Militär in allen Ländern wichtig, Berechnungen schnell und zuverlässig durchzuführen. So wurden beispielsweise Flugkurven von Geschossen berechnet oder verschlüsselte Nachrichten geknackt. Auch der ENIAC (für «Electronic Number Integrator and Computer») war eine solche Maschine. Er war aber der erste Computer der Welt, der elektronisch und Turing-vollständig war (siehe Kapitel 4.8 Rekursiv aufzählbare Sprachen). Elektronisch bedeutet, dass im Gegensatz zu seinen Vorgängern die Schaltvorgänge vor allem durch Elektronenröhren und nicht durch mechanische Schalter wie Relais umgesetzt wurden. Gleichzeitig war er Turing-vollständig, was bedeutet, dass er prinzipiell (im Rahmen der Rechengeschwindigkeit von 5 kHz und des vorhandenen Speicherplatzes von später 100 Zeichen) alles berechnen konnte, was auch heute ein Computer theoretisch berechnen kann.

Z3-Nachbau im Deutschen Museum in München

1941 n. Chr. Zuse Z3: Ebenfalls während des zweiten Weltkrieges baute Konrad Zuse (1910–1995) den ersten Turing-vollständigen (siehe Kapitel 4.8 Rekursiv aufzählbare Sprachen) und binär rechnenden Computer der Welt, die Z3. Obwohl dieser Computer elektromechanisch, also mit Hilfe von Relais arbeitete, war der Computer, wie sich später herausstellte, bereits Turing-vollständig. Zudem nutzte er im Gegensatz zum späteren ENIAC bereits das Binärsystem und war in der Lage, mit Kommazahlen zu rechnen. Damit gilt die Z3 als erster vollwertiger Computer der Welt.

Die Z3 wurde im zweiten Weltkrieg zerstört. Das Nachfolgemodell Z4 wurde ab 1950 der erste Computer in der Schweiz, als die ETH in Zürich sie mietete. Die Z4 ist heute im Deutschen Museum in München zu besichtigen. Sie prägte nachhaltig die Entwicklung des ersten Schweizer Computers ERMETH, der massgeblich von Eduard Stiefel, Heinz Rutishauser und Ambros Speiser entwickelt wurde. Die ERMETH ist heute in Teilen im Museum für Kommunikation in Bern zu besichtigen.

1936 Turing-Maschine:
Der britische Mathematiker und Informatiker Alan Turing (1912–1954) führte 1936 ein theoretisches Modell für eine abstrakte Maschine ein, die ihm als formalen Rahmen für Beweise rund um Algorithmen diente. Dieses später nach ihm als Turing-Maschine bezeichnete Modell wurde die Grundlage von vielen theoretischen Überle-

Alan Turing (1912–1954)

gungen rund um die Informatik (siehe Kapitel 4.8 Rekursiv aufzählbare Sprachen). Insbesondere werden auch heute noch alle Computersysteme mit Turing-Maschinen verglichen: wenn es möglich ist, alle Berechnungen einer Turing-Maschine zu simulieren, heisst ein solches Computersystem Turing-vollständig. Die Churchsche These ergänzt, dass eine Turing-Maschine alles berechnen kann, was Computer überhaupt berechnen können (siehe Kapitel 4.8 Rekursiv aufzählbare Sprachen). Somit gelten alle Beweise für Turing-Maschinen für alle Turing-vollständigen Computer.

Nachbau der Analytical Engine

1840 n. Chr. Analytical Engine: 100 Jahre vor dem Bau der Z3 von Konrad Zuse erfand der Engländer Charles Babbage (1791–1871) die theoretischen Grundlagen eines rein mechanischen Computers. Spätere Analysen zeigten, dass dieser Computer bereits Turing-vollständig gewesen wäre, wäre er gebaut worden. 1991 wurde die Analytical Engine tatsächlich nach den Originalplänen funktionsfähig nachgebaut. Dabei zeigte sich, das Charles Babbage wahrscheinlich mit den damals zur Verfügung stehenden Materialien und Bearbeitungswerkzeugen nicht in der Lage gewesen wäre, die Analytical Engine wirklich zu bauen.

Die Analytical Engine hatte aber tatsächlich einen langwirkenden Einfluss. Als Speichermedium und für die Ein- und Ausgabe nutzte die Analytical Engine beispielsweise Lochkarten, die man damals von Webstühlen her kannte. Auch die ersten Computer in der Mitte des 20. Jahrhunderts setzten später Lochstreifen bzw. Lochkarten für die Ein- und Ausgabe ein. Die Programmiersprache der

Analytical Engine war ebenfalls wegweisend für spätere Programmiersprachen.

Verwendung des Binärsystems zum mechanischen Rechnen, wie es bis heute in Computern verwendet wird. Er beeinflusste damit direkt Charles Babbage und das Design seiner Analytical Engine.

Programm zum Berechnen der Bernoulli-Zahlen für die Analytical Engine

Pascaline

1840 n. Chr. Programme für die Analytical Engine:

Heute wird in der Regel Ada Lovelace (1815–1852) wegen ihren Veröffentlichungen rund um die Analytical Engine als Pionierin der Programmierung bezeich-

Ada Lovelace (1815–1852)

net. Ihr wird nachgesagt, als erste die wahre Bedeutung der Analytical Engine und ihres Potentials erkannt zu haben. So hat sie beispielsweise ein Programm zum Berechnen von Bernoullizahlen geschrieben und veröffentlicht.

1679 n. Chr. Binärer Zahlencode zur mechanischen Berechnung:

Gottfried Wilhelm Leibniz (1646–1716) war einer der bedeutendsten Mathematiker des 17. Jahrhunderts. Neben der Tatsache, dass er unabhängig von Isaac Newton (1643–1727) die Diffe-

Gottfried Wilhelm Leibniz (1646–1716)

rentialrechnung erfand, beschäftigte er sich mit mechanischen Rechenmaschinen. Dabei beschrieb er als einer der ersten die

1642 n. Chr. Pascaline:

1642 erfand Blaise Pascal (1623–1662) verschiedene mechanischen Rechenmaschinen, die letztlich Pascaline genannt wurden. Mit ihnen konnte das Addieren von Zahlen au-

Blaise Pascal (1623–1662)

tomatisiert durchgeführt werden. Er erfand diese Maschinen ursprünglich für seinen Vater, der als Steuerbeamter tätig war.

Obwohl sie nicht die ersten Maschinen dieser Art waren, wurden sie tatsächlich gebaut, waren relativ weit verbreitet und beeinflussten somit analog zu Leibniz theoretischer Beschäftigung mit dem Binärsystem die praktische Seite mechanischer Computer.

Titelseite des ersten Algebra-Buches

820 n. Chr. Herkunft des Begriffs «Algorithmus»:
Der Persische Mathematiker Abu Dscha'far Muḥammad ibn Mūsā al-Chwārizmī (ca. 780– ca. 850) beschrieb als erster systematische Lösungsmethoden für lineare und quadratische

Abu Dscha'far Muḥammad ibn Mūsā al-Chwārizmī, ca. 780–850)

Gleichungen. Hierfür benutzte er das was heute als Algebra bekannt ist. Auf seiner Arbeit basiert auch die Tatsache, dass das hindu-arabische Zahlensystem heutzutage in Europa verwendet wird. Von seinem Namen leitet sich der Begriff «Algorithmus» ab.

Teil des Mechanismus von Antikythera

125 v. Chr. Mechanismus von Antikythera: 1900 entdeckten Taucher vor der griechischen Insel Antikythera ein Schiffswrack aus der Antike. In dem Schiffswrack wurde die nun Mechanismus von Antikythera genannte Maschine in verschiedenen Teilen gefunden. Rekonstruktionen des Mechanismus legen nahe, dass mit dem Mechanismus verschiedene Kalenderelemente wie Monate, Tierkreiszeichen, Mondstände, Sonnen- und Mondfinsternisse sowie Olympiaden angezeigt wurden. Er wird auf ca. 125 v. Chr. datiert.

Der Mechanismus wurde von Derek de Solla Price (1922–1983) als Computer bezeichnet, wobei die Bezeichnung astronomische Uhr passender ist, da im Gegensatz zu einem Computer nur bestimmte astronomische Ereignisse berechnet werden. Dennoch zeugt eine solche Maschine von bemerkenswerter mechanischer Handwerkskunst, die im Prinzip bis zum Erfinden elektromechanischer oder elektronischer Computer für Rechenmaschinen verwendet wurde.

Ausschnitt aus «Elemente» (Autor: Euklid, 3. Jh. vor Chr.)

300 v. Chr. Euklidischer Algorithmus: Euklid von Alexandria (wahrscheinlich 3. Jahrhundert v. Chr.) war ein griechischer Mathematiker, der mit seinen Werken die Mathematik der griechischen Antike nachhaltig beschrieb und beeinflusste. Sein wohl berühmtestes Werk «Elemente» beinhaltet einen Algorithmus, mit dem man den grössten gemeinsamen Teiler zweier Zahlen auf nicht-triviale Weise (also ohne die Zahlen in ihre Primzahlen zu zerlegen) schnell berechnen kann. Dieser Algorithmus wird als erster nicht-triviale Algorithmus der Welt bezeichnet. Es wird vermutet, dass der Algorithmus bereits länger bekannt war.

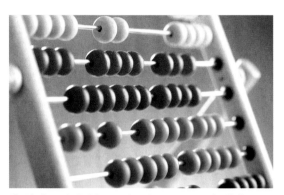
Ein Abakus als Spielzeug, der aber genauso wie die letzten 4500 Jahre funktioniert

2500 v. Chr. Abakus: Ein Rechenhilfsmittel, das die Menschheit bereits seit ca. 2300 v. Chr. bis 2700 v. Chr. begleitet, ist der Abakus. Er stammt vermutlich aus der Region Sumer (heute im Irak, auch als Mesopotamien bekannt) und hat über die Zeit weltweite Verbreitung gefunden. In China beispielsweise ist eine Variante als Suanpan bekannt und wird dort auch heute noch von Händlern verwendet. Ein Abakus wird zum schnellen Addieren und Subtrahieren von Zahlen verwendet, geübte Benutzer sind mit einem Abakus schneller als mit einem heute handelsüblichen Taschenrechner.

Ein Quipu der Inkas

2600 v. Chr. Quipus: Auch Vorläuferkulturen der Inkas in Südamerika hatten in ihrer Verwaltung mit dem Verarbeiten grösserer Datenmengen zu kämpfen. Sie verwendeten hierzu Schnüre mit weiteren Schnüren, in die Knoten auf bestimmte Art geknotet wurden, so dass sie für Zahlen standen. Es gibt auch Quipus, bei denen die Knoten für Gegenstände oder sogar für Laute interpretiert werden. Es ist nicht genau bekannt, seit wann Quipus verwendet werden, aber manche Quellen schätzen, dass sie bereits ca. 2600 v. Chr. verwendet wurden.

Tontafel mit Keilschrift

3200 v. Chr. Entwicklung der Schrift: Ebenfalls in der Region Sumer wird angenommen, dass die ersten Schriftzeichen in Form der Keilschrift entwickelt wurden. Die erhaltenen Tontafeln sind Aufzeichnungen von Daten, so dass man die Entwicklung der Schrift als Antwort auf eine umfangreiche und komplexe Verwaltungs- und Steuerordnung interpretieren kann. Eine populäre Hypothese besagt, dass die in der Region Sumer entwickelte Schrift in anderen Regionen der Welt wie beispielsweise Ägypten, Kleinasien und Indien weiterentwickelt wurde.

Informatik ist zusammenfassend eine uralte Wissenschaft, die aufgrund technischer Entwicklungen in der Automatisierung erst ab der Mitte des 20. Jahrhunderts den bekannten enormen Aufschwung erlebt hat. Informatik ist zudem eine interdisziplinäre Wissenschaft mit spezifischen Eigenheiten, die sie von den jeweils anderen Wissenschaften abhebt.

Was macht Informatik?

Produkte der Informatik kennt heutzutage jedes Kind: Spiele-Apps, Video-Plattformen im Internet, Onlineangebote zu den Lieblingsfernsehserien, Lernsoftware in der Schule und Textverarbeitungsprogramme für die Erstellung von Referaten sind da nur einige Beispiele. Informatik tritt den Menschen in diesen Anwendungen offensichtlich gegenüber, es befindet sich aber auch «viel Informatik» indirekt in vielen Alltagsgegenständen, von der Marmelade am Frühstückstisch über das Design von Reifenprofilen des Fahrrads bis zur Speisekarte im Restaurant. Informatik umgibt uns mittlerweile also in vielen Lebensbereichen und man muss kein Prophet sein, um vorherzusagen, dass sich diese Durchdringung in Zukunft noch steigern wird.

In ihrem Kern befasst sich Informatik mit dem Strukturieren, Verarbeiten, Übertragen und Darstellen von Daten mithilfe von Informatiksystemen (Hardware und Software). Über die Anwendungsfähigkeiten und das Verständnis der inneren Vorgänge hinaus muss zudem eine kritische Beurteilung von Informatiksystemen hinsichtlich der Vor- und Nachteile für Mensch und Gesellschaft integrativer Bestandteil von Informatik sein.

Software und Hardware

TÄTIGKEITSBEREICH DER INFORMATIK
Der Tätigkeitsbereich von Informatik kann in fünf Unterbereiche aufgeteilt werden:
1. Strukturierung von Daten
2. Verarbeitung von Daten mit Algorithmen
3. Formalisierung von Sprache und Abläufen
4. Aufbau der Hardware und Kommunikation mit anderen Informatiksystemen
5. Darstellung der Daten und Auswirkung auf Mensch und Gesellschaft

Daten und ihre Strukturierung

Damit Daten durch EDV-Anlagen (EDV = Elektronische Datenverarbeitung) zuverlässig und schnell verarbeitet werden können, müssen sie je nach Anforderung sinnvoll strukturiert gespeichert werden. Ein Navigationsgerät muss zum Beispiel die für das System wichtigen Daten – die einzelnen Adressen und die zugehörigen Orte auf der Landkarte – so speichern, dass die Berechnung der kürzesten Strecke zwischen zweier solcher Adressen möglich ist.

Ein Navigationsgerät zeigt dem Benutzer zwar eine Karte an, speichert die relevanten Daten, wie die Orte, Abzweigungen und Strassen aber nicht als Bild, sondern als Objekte mit spezifischen Eigenschaften. Eine Strasse wird so bei ihrer Vermessung durch die Kartenanbieter mit ungefähr zweihundert Eigenschaften – wie Strassenart, Geschwindigkeitsbeschränkungen, Ampeln oder Brückendurchfahrtshöhen – versehen, die jedoch nicht alle als Information in das Navigationssystem einfliessen. Über diese ergänzenden Attribute hinaus muss jede Strasse vor allem «wissen», welche zwei Punkte oder Orte sie mit welcher Entfernung verbindet.

```
Zürich (Basel, 85km, Autobahn -
       Lugano, 207km, Autobahn -
       ...)

Bern (Basel, 95km, Autobahn -
      Genf, 160km, Autobahn -
      ...)
```

Die Realität «die Schweiz von oben» ist sehr komplex und die relevanten Informationen sind kaum erkennbar. Menschen filtern die wichtigen Informationen heraus und stellen diese möglichst vereinfacht bildlich in Form einer Karte dar. Den Computer interessieren nur noch die blanken Daten: Stadtname, Entfernung zu den anderen Städten und die Strassenart.

Algorithmen

Die strukturierten Daten werden in Informatiksystemen nicht nur gespeichert, sondern in der Regel auch weiterverarbeitet. Diese Verarbeitung soll natürlich korrekte Ergebnisse im Sinne der Aufgabenstellung liefern. Informatiker müssen daher eindeutige Anweisungsvorschriften für den Computer, in Form des sogenannten Algorithmus, entwickeln.

Die entscheidende Verarbeitung in einem Navigationssystem ist die Berechnung einer möglichst schnellen oder kurzen Route von einer Adresse zu einer anderen Adresse. Der Computer kann dabei nicht so handeln wie wir Menschen, die mit Blick auf eine Karte eine günstige Strecke ermitteln. Ebenso wenig kann sich das Navigationsgerät auf Erfahrungswerte beziehen: Auch bei der x-ten Eingabe der gleichen Start- und Zieladresse wird die Strecke wieder ganz neu berechnet. Es könnte ja einen aktuellen Verkehrsstau geben.

Rechts oder links? Der Computer benötigt eine Handlungsvorschrift, um den kürzesten Weg zu ermitteln.

Formale Sprachen und Automaten

Damit Computer das gewünschte Ergebnis liefern können, müssen sie exakte Vorschriften bekommen. Da unsere natürliche Sprache viel zu unpräzise ist, als dass sie keine Missverständnisse zuliesse, wurden künstliche, sogenannte formale Sprachen entwickelt. Diese haben ebenso wie unsere natürliche Sprache eine Semantik und Syntax.

Auch wenn Informatiksysteme noch so «schlau» erscheinen, so machen sie doch immer nur genau das, was vorher vom Menschen «hineinprogrammiert» wurde.

In einem Navigationsgerät gibt es nur die genau von den Entwicklern vorgegebenen Möglichkeiten. Das betrifft die Menüführung genauso wie die Optionen bei der Routengestaltung. So ist es z. B. für Eisenbahnfreunde nicht möglich, eine Route mit möglichst vielen Eisenbahnbrücken zu wählen, eine Rundfahrt für Fussballfans, die möglichst viele Stadien an einem Wochenende besuchen wollen, ebenso wenig.

Mit einem Navigationsgerät kann man nicht über die schnellste Route diskutieren. Erstens hat es (fast) immer recht und zweitens ist es nur ein Automat.

Zur genauen Positionsbestimmung kommuniziert ein Navigationssystem mit mehreren Satelliten.

Informatiksysteme

Der Grundaufbau eines Computers ist den meisten Nutzern zumindest intuitiv bewusst: Man tätigt eine Eingabe und bekommt danach in der Regel eine Antwort in Form einer Ausgabe. Wie die Antwort entsteht passiert jedoch intern und nicht nachvollziehbar im Computer. Computer sind im Lauf der Geschichte durchgehend stärker vernetzt worden, d. h. sie kommunizieren immer häufiger, schneller und zuverlässiger mit anderen Informatiksystemen.

Ein Navigationssystem ist geradezu auf diese Vernetzung angewiesen. Zum einen kann so das Kartenmaterial aktualisiert werden. Zum anderen ist es für die Funktion des Systems unabdingbar, dass Satelliten in der Erdumlaufbahn ihre Positionsdaten an das System funken können. Obwohl die Übertragungsarten (elektrische Spannung und Funk) sehr unterschiedlich sein können, ist das Navigationsgerät in der Lage, die ankommenden Daten zu empfangen und zu verarbeiten.

Informatik, Mensch und Gesellschaft

Technische Neuerungen bringen immer auch Folgen für Mensch und Gesellschaft mit sich. Manchmal sind es nur geringe Auswirkungen, wie z. B. bei der Erfindung der elektrischen Zahnbürste, teilweise sind die Auswirkungen allerdings auch sehr gross, z. B. durch die Erfindung des Autos: der Warentransport beschleunigt sich, im Strassenverkehr geraten Menschen in eine erhöhte Unfallgefahr, Schäden durch Unfälle müssen reguliert werden u. v. m.

In den letzten Jahrzehnten gab es in der Informatik ähnliche bahnbrechende Entwicklungen, die Mensch und Gesellschaft stark beeinflusst

haben: Das Internet macht alles und jeden jederzeit verfügbar und die Speicherung von riesigen Datenmengen eröffnet viele Möglichkeiten der Nutzung, aber auch des Missbrauchs. Soziale Medien beeinflussen die öffentliche Meinung über Algorithmen. Deep Fakes lassen uns an unserer Wahrnehmung zweifeln. An diesen Stellen ist die Freiheit eines jeden Einzelnen zumindest in Gefahr, eingeschränkt zu werden. Über derartige gesellschaftsübergreifende Auswirkungen müssen sich Informatiker als mündige Bürger Gedanken machen.

1 Versuchen Sie die 15 präsentierten Meilensteine der Geschichte der Informatik in sinnvolle Gruppen zu ordnen.

2 Welche der Meilensteine haben Sie am meisten überrascht, welche der Meilensteine haben Sie vorher bereits so erwartet?

3 Nehmen Sie eine Wissenschaft, von der sie einen Teil der Geschichte kennen, z. B. Physik, Geographie oder Mathematik. Falls Sie die Geschichte keiner anderen Wissenschaft kennen, lesen Sie im Internet einige Artikel zur Geschichte einer anderen Wissenschaft. Vergleichen Sie die Geschichte dieser anderen Wissenschaft mit der Geschichte der Informatik. Was fällt besonders auf?

4 Fassen Sie die 15 Meilensteine der Informatik für sich mit eigenen Worten zusammen.

5 In Ihrem Schulnetzwerk, in dem Sie an einzelnen Rechnern im Informatikunterricht arbeiten, lassen sich die informatischen Inhaltsfelder auch entdecken.

a **Daten und ihre Strukturierung:** Welche Ordnerstruktur existiert im Netzwerk? Welche Ordner stehen Ihnen in Ihrem persönlichen/ öffentlichen Bereich zur Verfügung? Wie sollte eine übersichtliche und nachvollziehbare Dateiablage für den Informatikunterricht aussehen?

b **Algorithmen:** Welche Aktionen werden beim Hochfahren Ihres Rechners ausgeführt und was passiert dann jeweils? In Ihrer Ordneransicht können Sie Ihre Daten und Ordner nach bestimmten Kriterien sortieren – wie macht der Rechner das wohl?

c **Formale Sprachen und Automaten:** Notieren Sie, welche erkennbaren Schritte beim Hochfahren des Rechners und der Anmeldung in Ihrem Schulnetzwerk auf dem Bildschirm zu sehen sind. Erkundigen Sie sich bei Ihrer Lehrperson oder Ihrem Systemadministrator, ob Sie Einstellungen an Ihrem Account über die Eingabeaufforderung ändern können. Recherchieren Sie das in Ihrem Schulnetzwerk verwendete Betriebssystem.

d **Informatiksysteme:** Lassen Sie sich von Ihrer Lehrperson oder Ihrem Systemadministrator den Aufbau des Schulnetzwerks erklären: Was können die Einzelrechner und in welche Netzwerkstruktur sind sie eingebaut? Erstellen Sie eine Übersichtskarte mit Servern und Einzelrechnern.

e **Informatik, Mensch und Gesellschaft:** Gibt es eine Benutzerordnung an Ihrer Schule? Ist sie in Ihren Augen sinnvoll? Welche Daten werden von Ihren Nutzeranmeldungen gespeichert? Kann nachvollzogen werden, wo Sie im Internet gesurft haben?

A Ein Koch hat sich ein Rezept auf kleinen Kärtchen notiert. Dummerweise ist ihm der Stapel
mit den Kärtchen heruntergefallen.

Gib eine Prise Salz und ein wenig Öl in den Topf.	Gib Nudeln in den Topf.	Prüfe jede Minute, ob die Nudeln durch sind.
Warte ein paar Minuten.	Erhitze Wasser bis zum Kochen.	Giesse 2 l Wasser in den Topf.

a Helfen Sie dem Koch, indem Sie eine sinnvolle Reihenfolge für die Kärtchen finden.
b Finden Sie alternative Reihenfolgen, die auch
sinnvoll sind?
c Warum steht diese Aufgabe am Anfang eines
Informatik-Buches?

B In einer Doppelgarage, in der zwei Autos hintereinander Platz haben, stehen zwei Autos.
Das vordere Auto soll nun zuhinterst stehen
und das hintere Auto zuvorderst. Beschreiben
Sie, wie man vorgehen kann.

C Im Mathematikunterricht schreiben Sie:

1	4	=	2	x			:	2			
	x	=	7								

Diskutieren Sie, ob Ihr Lehrer einen Punkt abziehen dürfte, weil Sie die linke und die rechte
Seite vertauscht haben.

Hallo, Welt!

PROGRAMMIEREN
Ein wesentlicher Teil der Informatik ist das
Programmieren. Beim Programmieren
übersetzt man Handlungsanweisungen
in eine Form, die der Computer ausführen
kann. Das nennt man einen **Programmcode**.
Damit der Computer diese Handlungsanweisungen «versteht», müssen sie in einer besonderen Form aufgeschrieben sein,
in einer sogenannten **Programmiersprache**.

In diesem Buch wird die Programmiersprache
Python (https://www.python.org/) benutzt, und
zwar in der Version 3. Sie ist aber nur eine von
vielen Programmiersprachen. Andere beliebte
Programmiersprachen sind zum Beispiel Java und
C++. Es gibt auch Programmiersprachen, die in
bestimmten Nischen sehr beliebt sind, beispielsweise PHP für Webseiten oder Shell-Skripte auf
Linux-Betriebssystemen.

In der Regel können Computer Programmcode
nicht einfach ausführen, sondern benötigen dazu
Software, einen **Interpreter** oder einen **Compiler**.
Ein Interpreter nimmt einen Programmcode und
führt ihn Schritt für Schritt aus. Ein Compiler übersetzt einen Programmcode in Maschinensprache,
die der Computer dann selbst ausführen kann.
Python ist eine interpretierte Sprache, es braucht
also einen Interpreter.

Da Python eine sehr beliebte Programmiersprache
ist, gibt es verschiedene Interpreter. Diese haben
ihre eigenen Vor- und Nachteile. In diesem Buch
werden wir die Entwicklungsumgebung «Inte-
grated Development and Learning Environment
(IDLE)» zeigen, die von https://www.python.org/
bereitgestellt wird. Sie lässt sich auf Windows,
macOS und Linux installieren. Wenn man nur eben
schnell ein einfaches Python-Programm ausführen möchte, kann man aber auch beispielsweise
WebTigerJython (https://webtigerjython.ethz.ch/)
verwenden.

Seit den 1970er-Jahren ist das erste Programm,
das die meisten Menschen lernen, ein «Hallo,
Welt!»-Programm. Brian W. Kernighan (*1942)

hatte damals ein solches Programm als Einstieg in seinem Buch «The C Programming Language» (1978) gewählt. Das Programm macht erst einmal nichts anderes als den Text «Hallo, Welt!» auf dem Bildschirm auszugeben. Der Programmcode in Python lautet:

Python-Code 1.1

```
01 print("Hallo, Welt!")
```

In IDLE müssen Sie so vorgehen, um das Programm zu starten:

- Starten Sie IDLE. Sie werden ein Fenster mit der Bezeichnung IDLE Shell sehen.

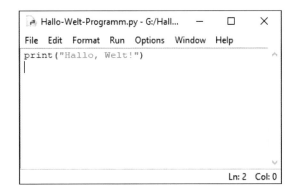

- Erstellen Sie ein neues leeres Programm, indem Sie <File> → <New File> wählen. Sie werden ein leeres Programmfenster sehen.
- In das leere Programmfenster tippen Sie den Programmcode von oben ab.
- Speichern Sie das Programm mit <File> → <Save As> und geben Sie ihm einen sinnvollen Namen und die Dateiendung «.py».

- Führen Sie das Programm mit <Run> → <Run Module> aus. In der IDLE Shell werden Sie nun sehen, dass das Programm ausgeführt wurde und – falls nichts schiefgelaufen ist – die Ausgabe «Hallo, Welt!» lesen.

Hat es nicht sofort geklappt? Keine Angst: es ist normal, dass beim Programmieren Fehler passieren. Es ist daher eine wichtige Kompetenz, Fehler zu finden und zu beheben (siehe Kapitel 1.6 Debugging).

Abfolge von Programmieranweisungen

SEQUENZ
Ein wesentliches Strukturmerkmal der Programmiersprache Python ist, dass Anweisungen nacheinander ausgeführt werden. Man nennt das eine **Sequenz** (engl. **sequence**). Dies ist der Regelfall beim Programmieren.

Viele Jahre lang war das Hintereinanderausführen von Anweisungen in einem Programm nicht nur der Regelfall sondern die einzige Möglichkeit. Computer besassen nur einen Prozessor mit einem Kern, der Anweisungen ausführte. Wenn mehrere Aufgaben zeitgleich (genauer: zeitnah zueinander) ausgeführt werden sollten, musste ein Steuerungsmechanismus den Prozessor mal ein paar Anweisungen von diesem und ein paar Anweisungen von jenem Prozess ausführen lassen. Diese Pseudo-Gleichzeitigkeit nennt man **Multitasking**.

Moderne Computer besitzen die Möglichkeit, mehr als eine Anweisung gleichzeitig auszuführen. Dies machen sie mit Hilfe von mehreren Kernen respektive der Möglichkeit, in demselben Kern gleichzeitig mehrere Threads auszuführen. So erlauben es moderne Prozessoren häufig, in 4 Kernen 8 Threads gleichzeitig auszuführen. Diesen Vorgang nennt man **Multiprocessing** (mehrere Kerne) und **Multithreading** (mehrere Threads). Aber auch innerhalb eines Threads werden Anweisungen hintereinander ausgeführt.

Sehr viele Programme werden heute immer noch so programmiert, als ob es nur einen einzigen Thread gäbe. Dies genügt auch häufig. Nur für besonders rechenintensive Aufgaben, die parallel ausgeführt werden können, werden bewusst Programmierkonzepte zur parallelen Ausführung eingesetzt. Wir beschränken uns deshalb auf Programme ohne Parallelausführung.

Im folgenden Programm werden verschiedene Handlungsanweisungen hintereinander ausgeführt:

Python-code 1.2

```
01  # Mein zweites Programm.
02  print("Hallo, Welt!")
03  print("Wie geht es Dir?")
04  print("Hast Du bisher einen guten Tag?")
```

Die Ausgabe ist:

Ausgabe

```
Hallo, Welt!
Wie geht es Dir?
Hast Du bisher einen guten Tag?
```

Damit ist klar, dass die zweite Zeile als erstes, die dritte Zeile als zweites und die vierte Zeile als letztes ausgeführt wurde.

Was ist aber mit der ersten Zeile? Sie ist ein Kommentar. In Python wird alles ignoriert, was nach einem Hashtag-Symbol # geschrieben wird. Für Python ist die erste Zeile also eine leere Zeile, in der nichts ausgeführt werden muss.

Syntax vs. Semantik

Wahrscheinlich ist Ihnen inzwischen klar geworden, dass es in Python auch auf kleine Details wie Klammern oder Anführungszeichen ankommt, damit ein Programm funktioniert. Hierfür lohnt es sich, zwischen den Konzepten **Syntax** und **Semantik** zu unterscheiden.

Mittels einer Grammatik ist die Syntax einer Programmiersprache festgelegt. In ihr ist beschrieben, wie gültige «Sätze» geformt werden können. Die Semantik eines Programms hingegen stellt den Sinn und Zweck dar. Der Satz «Der Tisch grinst blau» ist zwar syntaktisch korrekt aber semantisch unsinnig. Der Satz «Das Hund den Gras essen» ist hingegen syntaktisch falsch aber dafür semantisch verständlich. Ein korrektes Programm in Python muss sowohl syntaktisch als auch semantisch korrekt sein: der Computer muss es grammatikalisch analysieren und ausführen können, und die Ausgabe muss das gewünschte Ergebnis sein.

Bereits im ersten Programm «Hallo, Welt!» finden sich verschiedene syntaktische Elemente, die wichtig sind:

- Das Wort `print` ist eine Anweisung in Python. Sie soll einen Text auf dem Bildschirm ausgeben. Wichtig ist, dass in Python zwischen Gross- und Kleinschreibung unterschieden wird, `Print` wäre also falsch.
- Hinter einer Anweisung in Python kommt immer ein Klammerpaar `()`. Diese Klammern schliessen die Anweisung ab. Falls einer Anweisung **Parameter** übergeben werden sol-

len, müssen diese zwischen den Klammern notiert werden. Somit ist `"Hallo, Welt!"` der Parameter für die Anweisung `print`.

- Der Parameter der `print`-Anweisung ist eine Zeichenkette. Damit Python weiss, dass es `Hallo` nicht als weitere Anweisung verstehen soll, werden um eine Zeichenkette herum Anführungszeichen (`"`) geschrieben.

Für Menschen ist ein konsequentes Einhalten der korrekten Syntax nicht immer einfach. Wenn aber die Syntax nur an einer Stelle nicht eingehalten wird, kann der Computer das Programm nicht ausführen. Um zu helfen, benutzen die allermeisten Editoren für Programmcodes sogenanntes **Syntax-Highlighting**. Syntaktisch gleichartige Dinge wie Standard-Anweisungen, Zeichenketten oder andere Symbole werden jeweils in der gleichen Farbe dargestellt. In diesem Buch sind für abgedruckten Programmcode dieselben Farben gewählt.

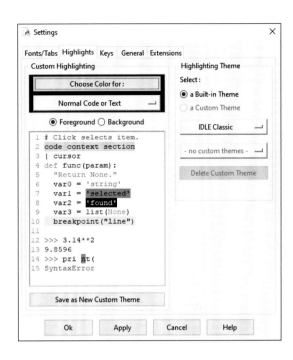

Darstellen von Programmen

Ein Programm in Python zu schreiben ist eine komplexe Sache, weil so viele Ebenen gleichzeitig beherrscht werden müssen. Daher gibt es verschiedene Darstellungsformen für Programme, die den Fokus nur auf bestimmte Aspekte legen, ohne dass alle Ebenen gleichzeitig beachtet werden müssen.

In diesem Buch werden neben der Darstellung eines Programmes als Python-Code noch drei weitere Darstellungsformen verwendet:

- Pseudocode
- Flussdiagramm
- Struktogramm

Ein **Pseudocode** ist das Aufschreiben eines Programms mit umgangssprachlichen Begriffen anstelle von Python-Anweisungen. Auch werden syntaktische Anforderungen wie Klammern oder besondere Zeichen weitestgehend weggelassen. Das Ziel ist, dass Pseudocode von Menschen gele-

sen und verstanden werden kann, aber gleichzeitig die Struktur des Programms bereits vorhanden ist. Das Beispielprogramm von oben könnte also so als Pseudocode aufgeschrieben werden:

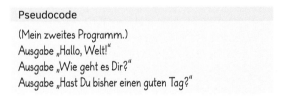

Ein anderes Programm könnte dann etwa so aufgeschrieben werden:

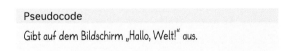

Ein **Flussdiagramm** besteht aus einer Reihe von Rechtecken, in denen jeweils eine Anweisung im Pseudocode steht. Am Anfang steht ein Rechteck mit abgerundeten Ecken mit dem Begriff «Start»

und am Ende ein Rechteck mit abgerundeten Ecken mit dem Begriff «Ende». Die Rechtecke sind mit Pfeilen verbunden. So kann man den Ablauf eines Programms quasi «mit dem Finger verfolgen». Flussdiagramme wurden deshalb auch schon vor dem Computerzeitalter für das Formulieren von allgemeinen Arbeitsabläufen verwendet.

Ein **Struktogramm** besteht ebenfalls aus einer Reihe von Rechtecken, in denen jeweils eine Anweisung im Pseudocode steht. Jedoch sind diese direkt untereinander gedruckt, so dass die Pfeile nicht notwendig sind. Struktogramme werden auch Nassi-Shneiderman-Diagramm genannt, da sie von Isaac Robert Nassi (*1949) und Ben Shneiderman (*1947) 1972/1973 entwickelt wurden.

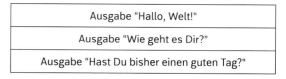

Ausgabe "Hallo, Welt!"
Ausgabe "Wie geht es Dir?"
Ausgabe "Hast Du bisher einen guten Tag?"

Auf den ersten Blick erscheinen Flussdiagramme und Struktogramme sehr ähnlich. Später jedoch, wenn Verzweigungen oder Schleifen ins Spiel kommen, werden sie sich deutlich unterscheiden.

AUFGABEN

1 Diskutieren Sie, inwiefern ein Computer Handlungsanweisungen in Form eines Programmes «versteht».

2 Programmieren Sie die beiden ersten Programme in Python nach. Variieren Sie die Ausgaben, ergänzen Sie weitere Zeilen, ändern Sie die Reihenfolgen, ...

3 Sammeln Sie in der Klasse, was für Fehler beim Programmieren passiert sind. Versuchen Sie die Fehler in Gruppen von ähnlichen Fehlern zu klassifizieren. Wie sind sie beim Beheben der Fehler vorgegangen?

4 Sagt die Mutter zu ihrem Kind: «Tu Nudeln in den Topf und koche sie.» Kurz darauf ist die Küche voller Qualm und alle haben schlechte Laune, weil das Kind kein Wasser in den Topf getan hatte. Mit viel Glück konnte ein grösserer Schaden verhindert werden.
a Wer ist schuld?
b Was bedeutet das für Informatik?

A

1	3	5	7	9	11	13	15	17	19	21	23	25	27	29	31	33	35
37	39	41	43	45	47	49	51	53	55	57	59	61	63	65	67	69	71
73	75	77	79	81	83	85	87	89	91	93	95	97	99				

B

2	3	6	7	10	11	14	15	18	19	22	23	26	27	30	31	34	35
38	39	42	43	46	47	50	51	54	55	58	59	62	63	66	67	70	71
74	75	78	79	82	83	86	87	90	91	94	95	98	99				

C

4	5	6	7	12	13	14	15	20	21	22	23	28	29	30	31	36	37
38	39	44	45	46	47	52	53	54	55	60	61	62	63	68	69	70	71
76	77	78	79	84	85	86	87	92	93	94	95	100					

D

8	9	10	11	12	13	14	15	24	25	26	27	28	29	30	31	40	41
42	43	44	45	46	47	56	57	58	59	60	61	62	63	72	73	74	75
76	77	78	79	88	89	90	91	92	93	94	95						

E

16	17	18	19	20	21	22	23	24	25	26	27	28	29	30	31	48	49
50	51	52	53	54	55	56	57	58	59	60	61	62	63	80	81	82	83
84	85	86	87	88	89	90	91	92	93	94	95						

F

32	33	34	35	36	37	38	39	40	41	42	43	44	45	46	47	48	49
50	51	52	53	54	55	56	57	58	59	60	61	62	63	96	97	98	99
100																	

G

64	65	66	67	68	69	70	71	72	73	74	75	76	77	78	79	80	81
82	83	84	85	86	87	88	89	90	91	92	93	94	95	96	97	98	99
100																	

A Laura zeigt David die oben stehenden Karten. David denkt sich eine Zahl aus und sagt Laura, dass sie nur auf den Karten A, C und F zu finden ist. Nach wenigen Sekunden sagt Laura, dass er sich nur die Zahl 37 ausgedacht haben kann.
Analysieren Sie die Karten von Laura genau und versuchen Sie, das Prinzip herauszufinden, nach dem die Karten aufgebaut sind.

B Heutige Taschenrechner rechnen intern binär. Dennoch werden sie in der Regel mit Dezimalzahlen bedient. Analysieren Sie Ihren Taschenrechner, lesen Sie im Handbuch oder versuchen Sie mit Hilfe von Anleitungen im Internet herauszufinden, wie das genau funktioniert.

C Lesen Sie eine aktuelle Tageszeitung oder in einem Nachrichtenportal und suchen Sie nach dem Begriff «Digitalisierung». Welche Bedeutung hat «Digitalisierung» jeweils?

Zahlensysteme

Zahlen werden heute normalerweise als **Dezimalzahlen** notiert. Das bedeutet, dass zehn verschiedene Ziffern möglich sind (0, 1, 2, 3, 4, 5, 6, 7, 8 und 9) und in einer Zahl der Stellenwert von rechts nach links jeweils mit 10 multipliziert wird. Die Zahl dreihundertundfünfundsechzig wird demnach als $365 = 3 \cdot 100 + 6 \cdot 10 + 5 \cdot 1$ notiert. Wenn zwei Ziffern addiert mehr als 9 ergeben, macht man einen Übertrag: $5 + 7 = 1 \cdot 10 + 2 = 12$. Die Basis des Dezimalsystems ist demnach die 10, da die Stellenwerte Zehnerpotenzen $10^0 = 1$, $10^1 = 10$, $10^2 = 100$, $10^3 = 1000$, ... sind. Da die Ziffern an unterschiedlichen Stellen unterschiedliche Werte haben, nennt man das System auch ein **Stellenwertsystem**.

Man kann Zahlensysteme auch auf anderen natürlichen Zahlen aufbauen. (Die 0 soll in diesem Sinn keine natürliche Zahl sein.) Eine Strichliste ist ein Sonderfall, sie stellt ein Zahlensystem mit der Basis 1 dar.

In der Informatik sind vor allem drei Zahlensysteme wichtig: das **Binärsystem** (Basis 2), das **Oktalsystem** (Basis 8) und das **Hexadezimalsystem** (Basis 16). Um Zahlen in verschiedenen Zahlensystemen zu unterscheiden, notiert man manchmal die Basis (im Dezimalsystem) tiefgestellt rechts neben der Zahl. So ist $20_8 = 16$ aber $20_{16} = 32$ (wenn keine Basis angegeben ist, wird die Basis 10 angenommen).

Es gibt auch noch andere Notationen für unterschiedliche Zahlensysteme. Wenn lediglich das Dezimalsystem, das Binärsystem, das Oktalsystem und das Hexadezimalsystem verwendet werden, schreibt man manchmal einfach einen kleinen Buchstaben (d, b, o oder h) hinter die Zahl. In Programmiersprachen wird oftmals `0b`, `0o` und `0x` vor eine binär, oktal oder hexadezimal notierte Zahl geschrieben.

Beim **Oktalsystem** gibt es acht verschiedene Ziffern (0, 1, 2, 3, 4, 5, 6 und 7) und die Zahl 365_8 wäre dann $365_8 = 3 \cdot 64 + 6 \cdot 8 + 5 \cdot 1 = 245$. Das Oktalsystem wurde in den Anfängen der Informatik sehr häufig verwendet, um Codierungen von Zeichen darzustellen. Heute trifft man es nicht mehr so häufig an, da sich ihm gegenüber das Hexadezimalsystem durchgesetzt hat.

00_{16}	01_{16}	02_{16}	03_{16}	04_{16}	05_{16}	06_{16}	07_{16}	08_{16}	09_{16}	$0A_{16}$	$0B_{16}$	$0C_{16}$	$0D_{16}$	$0E_{16}$	$0F_{16}$
10_{16}	11_{16}	12_{16}	13_{16}	14_{16}	15_{16}	16_{16}	17_{16}	18_{16}	19_{16}	$1A_{16}$	$1B_{16}$	$1C_{16}$	$1D_{16}$	$1E_{16}$	$1F_{16}$
20_{16}	21_{16}	22_{16}	23_{16}	24_{16}	25_{16}	26_{16}	27_{16}	28_{16}	29_{16}	$2A_{16}$	$2B_{16}$	$2C_{16}$	$2D_{16}$	$2E_{16}$	$2F_{16}$
30_{16}	31_{16}	32_{16}	33_{16}	34_{16}	35_{16}	36_{16}	37_{16}	38_{16}	39_{16}	$3A_{16}$	$3B_{16}$	$3C_{16}$	$3D_{16}$	$3E_{16}$	$3F_{16}$
40_{16}	41_{16}	42_{16}	43_{16}	44_{16}	45_{16}	46_{16}	47_{16}	48_{16}	49_{16}	$4A_{16}$	$4B_{16}$	$4C_{16}$	$4D_{16}$	$4E_{16}$	$4F_{16}$
50_{16}	51_{16}	52_{16}	53_{16}	54_{16}	55_{16}	56_{16}	57_{16}	58_{16}	59_{16}	$5A_{16}$	$5B_{16}$	$5C_{16}$	$5D_{16}$	$5E_{16}$	$5F_{16}$
60_{16}	61_{16}	62_{16}	63_{16}	64_{16}	65_{16}	66_{16}	67_{16}	68_{16}	69_{16}	$6A_{16}$	$6B_{16}$	$6C_{16}$	$6D_{16}$	$6E_{16}$	$6F_{16}$
70_{16}	71_{16}	72_{16}	73_{16}	74_{16}	75_{16}	76_{16}	77_{16}	78_{16}	79_{16}	$7A_{16}$	$7B_{16}$	$7C_{16}$	$7D_{16}$	$7E_{16}$	$7F_{16}$
80_{16}	81_{16}	82_{16}	83_{16}	84_{16}	85_{16}	86_{16}	87_{16}	88_{16}	89_{16}	$8A_{16}$	$8B_{16}$	$8C_{16}$	$8D_{16}$	$8E_{16}$	$8F_{16}$
90_{16}	91_{16}	92_{16}	93_{16}	94_{16}	95_{16}	96_{16}	97_{16}	98_{16}	99_{16}	$9A_{16}$	$9B_{16}$	$9C_{16}$	$9D_{16}$	$9E_{16}$	$9F_{16}$
$A0_{16}$	$A1_{16}$	$A2_{16}$	$A3_{16}$	$A4_{16}$	$A5_{16}$	$A6_{16}$	$A7_{16}$	$A8_{16}$	$A9_{16}$	AA_{16}	AB_{16}	AC_{16}	AD_{16}	AE_{16}	AF_{16}
$B0_{16}$	$B1_{16}$	$B2_{16}$	$B3_{16}$	$B4_{16}$	$B5_{16}$	$B6_{16}$	$B7_{16}$	$B8_{16}$	$B9_{16}$	BA_{16}	BB_{16}	BC_{16}	BD_{16}	BE_{16}	BF_{16}
$C0_{16}$	$C1_{16}$	$C2_{16}$	$C3_{16}$	$C4_{16}$	$C5_{16}$	$C6_{16}$	$C7_{16}$	$C8_{16}$	$C9_{16}$	CA_{16}	CB_{16}	CC_{16}	CD_{16}	CE_{16}	CF_{16}
$D0_{16}$	$D1_{16}$	$D2_{16}$	$D3_{16}$	$D4_{16}$	$D5_{16}$	$D6_{16}$	$D7_{16}$	$D8_{16}$	$D9_{16}$	DA_{16}	DB_{16}	DC_{16}	DD_{16}	DE_{16}	DF_{16}
$E0_{16}$	$E1_{16}$	$E2_{16}$	$E3_{16}$	$E4_{16}$	$E5_{16}$	$E6_{16}$	$E7_{16}$	$E8_{16}$	$E9_{16}$	EA_{16}	EB_{16}	EC_{16}	ED_{16}	EE_{16}	EF_{16}
$F0_{16}$	$F1_{16}$	$F2_{16}$	$F3_{16}$	$F4_{16}$	$F5_{16}$	$F6_{16}$	$F7_{16}$	$F8_{16}$	$F9_{16}$	FA_{16}	FB_{16}	FC_{16}	FD_{16}	FE_{16}	FF_{16}

Beim **Hexadezimalsystem** gibt es sechzehn verschiedene Ziffern (0, 1, 2, 3, 4, 5, 6, 7, 8, 9, A, B, C, D, E und F). Die Zahl 365_{16} wäre dann 365_{16} $= 3 \cdot 256 + 6 \cdot 16 + 5 \cdot 1 = 869$. Das Hexadezimalsystem wird heute sehr häufig verwendet, um Codierungen von Zeichen darzustellen. Heutige Computer arbeiten fast durchgängig auf der kleinsten Speicherbasis des Byte, das genau 256 verschiedene Werte speichern kann. Mit zwei Zeichen im Hexadezimalsystem kann man ebenfalls 256 verschiedene Werte darstellen: von $00_{16} = 0$ bis $FF_{16} = 255$ (siehe tabelle auf S. 26).

Das **Binärsystem** bietet gewissermassen die Grundlage von heutigen Computern. Auch wenn frühere Computer mit anderen Zahlensystemen gearbeitet haben (der ENIAC beispielsweise mit dem Dezimalsystem und einige frühe russische Computer beispielsweise mit dem Ternärsystem), hat sich aus praktischen Gründen das Binärsystem durchgesetzt: es ist sehr einfach, elektronische Komponenten zu bauen, die mit «Strom fliesst» und «Strom fliesst nicht» funktionieren. Das gilt zwar nicht immer, denn moderne Datenübertragung beispielsweise funktioniert mit viel komplexer aufgebauten Codierungen (beispielsweise 256 verschiedenen Spannungswerten), aber diese können dann wieder einfach in das Binärsystem übertragen werden (siehe Kapitel 1.1 Informatik – eine neue Wissenschaft?).

Im Binärsystem ist beispielsweise die Zahl $100101_2 = 1 \cdot 32 + 0 \cdot 16 + 0 \cdot 8 + 1 \cdot 4 + 0 \cdot 2 + 1 \cdot 1$ $= 37$. Im Allgemeinen sind die Stellenwerte immer die Zweierpotenzen, die letzte Ziffer ist $2^0 = 1$, die vorletzte ist $2^1 = 2$, die vorvorletzte ist $2^2 = 4$ und so weiter. Für die letzten 8 Ziffern einer Binärzahl sind die Stellenwerte: 128, 64, 32, 16, 8, 4, 2 und 1.

Moderne Taschenrechner können in der Regel Zahlen vom Dezimalsystem ins Binärsystem, ins Oktalsystem und ins Hexadezimalsystem und zurück konvertieren. Details sind in den Anleitungen zum Taschenrechner zu finden.

$101_{16} + 101_2 = 262$

Der TI-30X Plus MathPrint beispielsweise kann so in verschiedenen Zahlsystemen rechnen:

Allgemeines Umschalten zwischen Zahlsystemen: mode ▼ ▼ ▼ ▼ gibt die Möglichkeit, zwischen dem Dezimalsystem (DEC), dem Hexadezimalsystem (HEX), dem Binärsystem (BIN) und dem Oktalsystem (OCT)

umzuschalten. Der besondere Modus des Taschenrechners wird mit einem kleinen Symbol im oberen Teil des Displays (H, B und O) angezeigt, Ergebnisse erhalten einen entsprechenden Buchstaben (h, b oder o) angehängt.

Selbst wenn man im Dezimalmodus bleibt, kann man Zahlen im Hexadezimalsystem, Binärsystem oder Oktalsystem auch direkt eingeben: 2nd 9/base n ▶ gibt die Möglichkeit, einer Zahl das Zahlensystem quasi anzuhängen, 2nd 9/base n gibt die Möglichkeit, ein Ergebnis in ein bestimmtes Zahlensystem zu konvertieren.

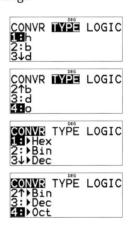

Obwohl es möglich ist, auch Kommazahlen in anderen Zahlensystemen darzustellen, unterstützt der TI-30X Plus MathPrint wie viele andere Taschenrechner seiner Klasse dies nicht.

Addieren und Subtrahieren binärer Zahlen

Das Verfahren der schriftlichen Addition und Subtration von Zahlen, wie Sie es wahrscheinlich in der Primarschule gelernt haben, funktioniert ebenfalls für andere Zahlensysteme.

		1	0	1	1	0	$_2$
+		1	1	1	0	1	$_2$
				1	1		
	1	1	0	0	1	1	$_2$

Zur Erinnerung: Sie addieren von rechts nach links und notieren unten klein allfällige Überträge.

Ebenso funktioniert auch das Verfahren der schriftlichen Subtraktion von Zahlen, wie Sie es wahrscheinlich in der Primarschule gelernt haben.

	1	1	0	1	0	$_2$
−		1	1	0	1	$_2$
		1	1		1	
		1	1	0	1	$_2$

Zur Erinnerung: Sie subtrahieren von rechts nach links und notieren unten klein allfällige Überträge.

Ob die Ergebnisse stimmen, können Sie schnell mit dem Taschenrechner überprüfen.

```
                        DEG
10110b+11101b▶B▶
                 110011b
11010b-1101b▶Bin
                   1101b
```

Multiplizieren und Dividieren binärer Zahlen

Ebenso wie die schriftliche Addition und die Subtraktion funktionieren die schriftliche Multiplikation und Division in verschiedenen Zahlensystemen. Die schriftliche Multiplikation ist richtig schnell (da man ja eine Zahl entweder mit 0 oder mit 1 multipliziert), die schriftliche Division funktioniert sogar mit Rest.

1	1	1	0	0	·	1	0	1	0	1		
										0		
									0			
				1	0	1	0	1				
			1	0	1	0	1					
		1	0	1	0	1						
	1	1	1	1	1							
	1	0	0	1	0	0	1	1	0	0		

1	1	0	0	0	1	1	0	0	0	:	1	0	0	1	0							
−	1	0	0	1	0																	
	0	0	1	1	0	1					=	1	0	1	1	0	0					
−		0	0	0	0	0																
		0	1	1	0	1	1															
−			1	0	0	1	0															
			1	1	0	0	1	0														
−				1	0	0	1	0														
				0	0	0	0	0	0													
−					0	0	0	0	0													
					0	0	0	0	0	0												
−						0	0	0	0	0												
						0	0	0	0	0												

1	1	1	:	1	1	=	1	0	R	e	s	t		1
−	1	1												
	0	1												
−		0												
	0	1												

Grosse Zahlen

Aus dem Mathematik- oder Physikunterricht kennt man Einheitenpräfixe wie Kilo, Mega oder Giga. Diese basieren auf dem Dezimalsystem, so dass 1000 Gramm ein Kilogramm sind oder 1 000 000 Watt ein Megawatt. In der Informatik hingegen ist es manchmal üblich, die Einheitenpräfixe auf dem Binärsystem basieren zu lassen. Hier kommt zum tragen, dass $2^{10} = 1024$ ist. So wurden historisch 1024 Byte als ein Kilobyte bezeichnet.

Dezimalsystem		
Name	Kürzel	Wert
Kilo	K	1 000
Mega	M	1 000 000
Giga	G	1 000 000 000
Tera	T	1 000 000 000 000
Peta	P	1 000 000 000 000 000

Binärsystem		
Name	Kürzel	Wert
Kibi	Ki	1 024
Mebi	Mi	$1024^2 = 1\,048\,576$
Gibi	Gi	$1024^3 = 1\,073\,741\,824$
Tebi	Ti	$1024^4 = 1\,099\,511\,627\,776$
Pebi	Pi	$1024^5 = 1\,125\,899\,906\,842\,624$

Dies ändert sich langsam, da 1998 die Internationale elektrotechnische Kommission (IEC) für die auf dem Binärsystem basierenden Einheitenpräfixe eigene Namen festlegte. Diese wurden in Anlehnung an die gebräuchlichen Einheitenpräfixe formuliert, die Einheit erhält neu ein kleines «i». Die folgende Tabelle zeigt die Grössen auf.

So passiert es, dass eine SSD, die mit einem Speicherplatz von 1 TB verkauft wird, tatsächlich nur 0.909 TiB Speicherplatz hat.

Von analog zu digital

Welche Karriere! Es soll eines der ersten Worte gewesen sein, die unseren Vorfahren in Afrika über die Lippen kamen: «Tik». «Tik» für eins oder das Zeichen dafür: ein Finger. Noch heute
5 bedeutet «Tik» Zeigefinger bei den Eskimos und Mittelfinger bei den Aleuten. In Latein wurde es zu digitus. Anderen Sprachen ist ihr Tik im Verlauf der Jahrtausende abhanden gekommen. Doch jetzt hat es sie wieder
10 eingeholt. Es steht auf CD und Fernbedienung, auf Eieruhr und Bratenthermometer: digital. Digital wird die Rakete gesteuert und die Kuh gemolken, die Pizza bestellt und der Scheck überwiesen. Digital wird gerechnet, gedruckt,
15 kommuniziert und kopiert. Für manche steckt in diesem Wort eine Revolution – die digitale natürlich. Selbst Grossmütter erweitern damit ihren Wortschatz, bevor sie Geschenke für die Enkel kaufen, doch auch die wissen nicht, was
20 es heisst. Kein Wort, das mehr gebraucht und weniger verstanden wird. [...]

Dabei steht es seit 1967 knapp und klar im Duden: «digital [digi...] ‹lat.› Med. mit dem Finger; bei Rechenmaschinen ziffernmässig». Knapp
25 jedenfalls. Die medizinische Erklärung ist anschaulicher als die technische: Wer mit den Fingern rechnet, rechnet digital. Er rechnet in festen Stufen. [...] Jede Rechnung, die mit Ziffern («ziffernmässig») dargestellt werden
30 kann – ob mit Komma oder ohne – ist eine Digitalrechnung. [...]

Nur mit Fingern und Zählrahmen wäre es keine Revolution geworden. Erst die automatische Manipulation von Zahlen liess die digitale
35 Rechnung mächtig werden. Im 17. Jahrhundert wurden die ersten Rechenmaschinen gebaut, die addieren und subtrahieren konnten. Mit ihren Zahnrädern, Hebeln und Rollen glichen sie komplizierten Uhrwerken, waren aber nicht
40 viel mehr als edle Spielzeuge. [...]

Auf der Jagd nach höherer Geschwindigkeit gingen die Ingenieure in den Vierzigerjahren des letzten Jahrhunderts von mechanischen zu elektronischen Systemen ohne bewegliche
45 Teile über, und dieser Wechsel bescherte dem Begriff digital seine zwei ständigen Begleiter: 0 und 1 – Yin und Yang des Computerzeitalters.

Bei mechanischen Rechnern hatten 0 und 1 noch keine besondere Bedeutung. Ihre Innerei-
50 en rechneten im Zehnersystem. Die Zahnräder hatten zum Beispiel zehn Zähne – für jede Ziffer von 0 bis 9 einen. [...]

In den elektronischen Computern drehten sich jedoch keine Zahnräder mehr. Es floss
55 vielmehr Strom vom Eingang zum Ausgang, und die Frage war, welche Form die Zahlen während ihrer Reise durch das Rechenwerk dazwischen annehmen sollten. Weil die interne Darstellung aller zehn Dezimalziffern
60 umständlich und das Rechnen damit unendlich kompliziert gewesen wäre, suchte man nach einfacheren Lösungen und entschied sich für die einfachste unter ihnen: Nicht mit zehn verschiedenen Zuständen sollte sich der Rech-
65 ner herumschlagen müssen, sondern nur mit deren zwei. Einerseits würde ein so einfaches System einen Rechner fehlerresistent machen, andererseits eigneten sich auch die zur Verfügung stehenden Bauelemente, die sich
70 als Schalter einsetzen liessen, dafür: Entweder waren sie ein- oder ausgeschaltet – 0 oder 1. Doch wie bringt man die 763 Franken aus der Buchhaltung dazu, sich in Nullen und Einsen zu verwandeln? [...]

75 Langsam kam auch die breite Öffentlichkeit mit der digitalen Zukunft in Berührung. In den Siebzigerjahren in Form von absurd teuren Taschenrechnern und digitalen Armbanduhren. Zuerst lernte sie das Wort «Digitalanzeige»
80 für die rot leuchtenden Zahlen, die am Radiowecker vorwärts und an der Bombe in den James-Bond-Filmen rückwärts zählten. Doch der Durchbruch war es nicht. Unter dem Titel «Computertechnik – Revolution oder Evoluti-
85 on» konnte die «Neue Zürcher Zeitung» 1971 eine ganze Seite lang über die «Elektronische Datenverarbeitung» berichten, ohne dass «digital» ein einziges Mal auftauchte. Im Gegensatz zu den Uhren, die bisher keine digitalen
90 Anzeigen hatten, funktionierte ein Computer immer digital. Man musste dieses Merkmal nicht hervorheben. [...]

Die digitale Revolution liess die Welt in Zahlen gerinnen, und wie jede anständige Revolution
95 war sie auch eine Befreiungsbewegung: Sie hat den Inhalt von seinen Trägern befreit. Musik braucht nicht mehr die Schallplatte, um sich zu verbreiten, der Text nicht mehr das Papier. Die Schallplatte wurde denn auch zu ihrem
100 ersten Opfer, Briefe und gedruckte Zeitungen werden ihr folgen. Und bald auch die CD selbst, denn aus einem Zahlenpaket, das im Internet mit Lichtgeschwindigkeit durch die Welt reist, können Text, Ton und Bild überall
105 auferstehen, wo dem digitalen Code in einem Speicher Gastrecht gewährt wird. Anders als die analoge Vervielfältigung unterscheidet sich diese digitale Kopie durch nichts vom Original. Sie besteht aus exakt denselben Nullen und
110 Einsen. Der Traum von der perfekten Kopie ist Wirklichkeit geworden. [...]

Es gibt Leute, die halten die Digitalisierung der Welt für eine seelenlose Gleichmacherei. Ihnen mag das vierte und jüngste ungeschriebene
115 Gesetz der Digitaltechnik ein Trost sein: Nicht überall, wo digital draufsteht, ist digital drin. Die digitalen Stereoboxen von U. S. aus B. zum Beispiel können gar nicht digital funktionieren, denn das Ohr, das sie bedienen, funktio-
120 niert analog, wie überhaupt die Welt letztlich analog beschaffen ist, ganz egal, wie willig sich das Wort «digital» mit Begriffen wie Kunst, Gesellschaft oder Stereoboxen paart.

Reto U. Schneider: «Eine Revolution aus 0 und 1», NZZ Folio 02/02, S. 17–20, Zürich, 01.02.2002, Publikation mit ausdrücklicher Zustimmung der NZZ

1 Überlegen Sie sich, warum ein Stellenwertsystem immer funktioniert, wenn die Stellenwerte jeweils ganzzahlige Potenzen einer natürlichen Basis sind.

2 Konvertieren Sie ...
a die folgenden Zahlen ins Binärsystem: 15, 33, 250 und 1000.
b die folgenden Zahlen vom Binärsystem ins Dezimalsystem: 10101_2, 1000_2, 11111111_2 und 10000000000_2.

3 Probieren Sie aus, ob Ihr Taschenrechner ebenfalls mit anderen Zahlensystemen umgehen kann und überprüfen Sie Ihre Antworten der Konvertierung von oben mit Hilfe des Taschenrechners.

4 Überlegen Sie sich vier verschiedene Zahlen, die Sie vom Dezimalsystem ins Binärsystem konvertieren.

5 Bei vier verschiedenen möglichen Ziffern im Quaternärsystem (Ziffern 0, 1, 2 und 3) gibt es genau 6 verschiedene Kombinationen von zwei Ziffern, wenn die linke Ziffer grösser ist als die rechte.
a Finden Sie alle diese Kombinationen, konvertieren Sie sie ins Binärsystem, und rechnen Sie jeweils die Summe und die Differenz der beiden Ziffern schriftlich im Binärsystem aus.
b Falls Ihr Taschenrechner das Binärsystem beherrscht: Überprüfen Sie Ihre Ergebnisse, indem Sie sie in Ihrem Taschenrechner binär nachrechnen.
c Wenn Sie eine grosse Zahl vom Quaternärsystem ins Binärsystem übertragen, geht das besonders einfach. Warum?
d Konvertieren Sie Ihre Ergebnisse der Aufgabe oben wieder ins Dezimalsystem und überprüfen Sie, ob auch im Dezimalsystem dieselben Ergebnisse entstanden wären.

6 Da das Hexadezimalsystem auf der Basis $16 = 2^4$ und das Oktalsystem auf der Basis $8 = 2^3$ basieren, kann man besonders einfach von ihnen ins Binärsystem und umgekehrt konvertieren, indem man die Binärziffern in 3er- bzw. 4er-Gruppen aufschreibt und diese dann in die Ziffern des Zielzahlensystems konvertiert.
$AFFE_{16} = 1010\ 1111\ 1111\ 1110_2$
$= 1\ 010\ 111\ 111\ 111\ 110_2 = 127776_8$.
Konvertieren Sie einige Zahlen direkt vom Hexadezimalsystem und Oktalsystem ins Binärsystem und umgekehrt.

7 Die Aufgabe $111_2 : 11_2$ kann übrigens auch als Kommazahl ausgerechnet werden. Das Ergebnis ist $10.\overline{01}_2$. Überprüfen Sie mit Hilfe von Wolfram|Alpha (https://www.wolframalpha.com) das Ergebnis. Finden Sie dazu zunächst heraus, wie Sie Binärzahlen in Wolfram|Alpha eingeben können.

8 Kapazitäten von Speichermedien werden unterschiedlich angegeben.
a Begründen Sie, warum Hersteller von Speichermedien lieber die dezimalen Einheitenpräfixe verwenden.
b Selbst wenn man die Kapazität eines Speichermediums von binären Einheitenpräfixe in dezimale Einheitenpräfixe umrechnet, «fehlt» oftmals ein kleiner Teil. Recherchieren Sie, was ein Dateisystem ausmacht und wofür dieser «fehlende» Teil verwendet wird.

9 Bearbeiten Sie den Text «Von analog zu digital».
a Diskutieren Sie die Ursprünge und Grundlagen der digitalen Revolution. Finden Sie Beispiele aus Ihrem Alltag, an denen Sie analog und digital gut gegenüberstellen können. Leiten Sie aus den für Ihre Beispiele gefundenen Entwicklungstendenzen allgemeine Tendenzen ab, die für den Übergang von der analogen zur digitalen Welt charakteristisch sind.
b Diskutieren Sie die Grenzen der Digitalisierung.

A Beat schreibt in seinem Mathematik-Heft: $2 \cdot 4 = 8 - 5 = 3 + 12 = 15$. Diskutiere, was er gedacht hat und warum es als falsch angestrichen wurde.

B Fritzli kommt nach Hause und sagt: «Heute hat die Lehrerin behauptet, x ist 5. Gestern sagte sie noch x ist 8. Kann sie sich nicht mal entscheiden?»
Diskutiere, was eine Variable im Mathematikunterricht ist.

C Der grösste gemeinsame Teiler zweier Zahlen kann mit Hilfe des **euklidischen Algorithmus** berechnet werden (siehe Kapitel 1.1 Informatik - eine neue Wissenschaft?). Dieser Algorithmus wird als ältester bekannter nichttrivialer Algorithmus bezeichnet. Er geht so:

> **Pseudocode**
>
> *Seien a und b zwei natürliche Zahlen, von denen der grösste gemeinsame Teiler berechnet werden soll.*
> *Wenn a = 0 ist, ist das Ergebnis b.*
> *Sonst:*
> *Solange b nicht 0 ist wiederhole:*
> *Wenn a > b,*
> *Dann speichere a – b unter a.*
> *Sonst speichere b – a unter b.*
> *Das Ergebnis ist a.*

Überprüfen Sie, dass der grösste gemeinsame Teiler von 123 und 81 3 ist.

Variablen und Ausdrücke

VARIABLEN

Eine **Variable** (engl. **variable**) ist ein Name, unter dem Daten gespeichert werden können. In den meisten modernen Programmiersprachen bestehen die Namen aus einem oder mehreren Buchstaben. Zahlen sind häufig nur zulässig, wenn sie zusammen mit Buchstaben genannt werden. Sonderzeichen und Umlaute sind in der Regel nicht zulässig. Eine Ausnahme ist der Unterstrich «_», der sehr häufig in Namen erlaubt ist. Schlüsselwörter und andere reservierte Wörter können in der Regel ebenfalls nicht verwendet werden.

In Python ist besonders darauf zu achten, dass zwischen Gross und Kleinschreibung unterschieden wird, die Variable `gesamtsumme` ist also eine andere als die Variable `Gesamtsumme` oder die Variable `gesamtSumme`.
Es ist guter Stil als Namen ein oder zwei Wörter zu wählen, die den Inhalt möglichst treffend beschreiben. Mehrere Wörter sollten durch Unterstriche «_» getrennt werden und nur Kleinbuchstaben verwendet werden. Der häufig verwendete CamelCase, bei dem mehrere Wörter aneinandergehängt werden und jedes Wort mit einem Grossbuchstaben beginnt, sollte in Python für Variablen nicht verwendet werden. Der Name sollte so gewählt sein, dass jemand, der den Code vorher nicht kennt, versteht, was die Funktion der Variable ist. Für einfache Zählvariablen werden häufig die Buchstaben i, j, k, ... verwendet.

AUSDRÜCKE

Ein Ausdruck ist ähnlich wie ein Term in der Mathematik. Ausdrücke bestehen ebenfalls aus Operatoren und Operanden. Anders als bei Termen in der Mathematik müssen jedoch alle Ausdrücke bei der Ausführung mit Werten belegt sein. Dafür werden viel häufiger als in der Mathematik Funktionen als Operanden verwendet. Nicht jeder Operator kann in jedem Kontext verwendet werden.

Arithmetische Operatoren

Die vier Grundrechenarten Addition, Subtraktion, Multiplikation und Division sowie das Potenzieren können wie gewohnt angewendet werden. Dabei wird die Punkt-vor-Strich-Regel beachtet.

In Python werden die folgenden Symbole verwendet:

- Addition: +
- Subtraktion: –
- Multiplikation: *
- Division: /
- Potenzieren: **

Dabei ist der Datentyp des Ergebnisses abhängig von den Datentypen der Operanden (siehe auch Kapitel 1.5 Elementare Datentypen). Wenn man zwei ganze Zahlen addiert, subtrahiert oder multipliziert, ist das Ergebnis wieder eine ganze Zahl ($\mathbb{Z} \times \mathbb{Z} \to \mathbb{Z}$). Wenn jedoch mindestens ein Operand eine Fliesskommazahl ist, ist das Ergebnis ebenfalls eine Fliesskommazahl ($\mathbb{R} \times \mathbb{Z} \to \mathbb{R}$, $\mathbb{Z} \times \mathbb{R} \to \mathbb{R}$ und $\mathbb{R} \times \mathbb{R} \to \mathbb{R}$). Fliesskommazahlen sind in der Informatik Näherungsdarstellungen für die reellen Zahlen der Mathematik.

Bei der Division ist das Ergebnis in jedem Fall eine Fliesskommazahl ($\mathbb{Z} \times \mathbb{Z} \to \mathbb{R}$, $\mathbb{R} \times \mathbb{Z} \to \mathbb{R}$, $\mathbb{Z} \times \mathbb{R} \to \mathbb{R}$ und $\mathbb{R} \times \mathbb{R} \to \mathbb{R}$). Wenn man eine ganzzahlige Division durchführen möchte (wobei der Rest dann abgeschnitten wird), nutzt man den Operator // mit dem gewünschten Verhalten ($\mathbb{Z} \times \mathbb{Z} \to \mathbb{Z}$).

Der Rest einer ganzzahligen Division wird in Programmiersprachen viel häufiger verwendet als in mathematischen Ausdrücken. Der entsprechende Operator heisst **Modulo**-Operator und wird in Python mit dem Symbol % verwendet ($\mathbb{Z} \times \mathbb{Z} \to \mathbb{Z}$). Er wird im Kapitel 2.1 Modulo vertieft.

Mathematische Funktionen

Moderne Programmiersprachen bieten neben den arithmetischen Operatoren auch vorgefertigte Funktionen für weit verbreitete mathematische Funktionen. In der Regel sind diese in speziellen Bibliotheken gespeichert, die gesondert geladen oder aufgerufen werden müssen. In Python sind die meisten dieser Funktionen in der Bibliothek `math` gespeichert. Mit Hilfe des Schlüsselworts `import` wird sie geladen:

Python-Code 1.3

```
01 import math
02 print(math.log2(8))
```

Unter http://docs.python.org/3/library/math.html können die Funktionen nachgelesen werden, wichtig sind vor allem:

- `math.sqrt(Zahl)` – berechnet die Wurzel, genauer die Quadratwurzel von `Zahl`

- `math.pi` – ist eine bestmögliche Annäherung an die Zahl π

- `math.sin(Zahl)` – berechnet den Sinus von `Zahl` (`Zahl` ist im Bogenmass)

- `math.cos(Zahl)` – berechnet den Cosinus von `Zahl` (`Zahl` ist im Bogenmass)

- `math.tan(Zahl)` – berechnet den Tangens von `Zahl` (`Zahl` ist im Bogenmass)

- `math.e` – ist eine bestmögliche Annäherung an die Zahl e

- `math.exp(Zahl)` – berechnet e^{Zahl}

- `math.log(Zahl, Basis)` – berechnet den Logarithmus von `Zahl` zur Basis `Basis`

Vergleichsoperatoren

Werte können mit Hilfe von Vergleichsoperatoren verglichen werden. Als Ergebnis wird immer ein Wahrheitswert bestimmt. Die folgenden Vergleichsoperatoren werden in der Regel verwendet:

- == bedeutet gleich
- > bedeutet grösser als
- < bedeutet kleiner als
- >= bedeutet grösser oder gleich
- <= bedeutet kleiner oder gleich
- != bedeutet nicht gleich

Man kann Vergleichsoperatoren auch verbinden, zum Beispiel ist `3 < x <= 7` gleichbedeutend mit `3 < x and x <= 7`.

Achtung: Vergleichsoperatoren können unerwartete Ergebnisse erzeugen, sobald Objekte ins Spiel kommen (siehe Kapitel 10.2 Objekte und Klassen in Python). Normalerweise sollten immer nur Zahlen oder Zeichenketten mit Hilfe dieser Vergleichsoperatoren verglichen werden.

Zuweisungen

Wenn einer Variablen ein Wert zugewiesen wird, bedeutet das, dass ein bestimmter Wert unter dem Namen gespeichert wird. In Pseudocode wird hierfür häufig das Symbol ← verwendet. Das folgende Beispiel weist in vier Anweisungen jeweils einer Variablen einen neuen Wert zu:

```
Pseudocode
x ← 3 · 4 + 2
x ← 0
y ← 2 · x - 3
x ← x + 3
```

Man kann für jeden Schritt notieren, was die Werte der Variablen x und y sind. Wenn der Wert einer Variablen überschrieben wird, wird er durchgestrichen und darunter der neue Wert gesetzt:

Schritt	x	y
1	~~14~~	
2	~~0~~	
3		-3
4	3	

Was genau ist aber passiert?

- In der ersten Zeile wird $3 \cdot 4 + 2 = 14$ berechnet. Dieser Wert wird unter dem Namen x gespeichert.

- In der zweiten Zeile wird der Wert 0 unter dem Namen x gespeichert. Dabei wird der vorherige Wert 14 überschrieben und ist nicht mehr verfügbar.

- In der dritten Zeile wird zunächst der aktuelle Wert der Variablen x ausgelesen (0). Dieser wird dann anstelle von x im Ausdruck ersetzt, so dass $2 \cdot 0 - 3 = -3$ berechnet wird. Dieser Wert wird unter dem Namen y gespeichert.

- In der vierten Zeile wird zunächst der aktuelle Wert der Variablen x ausgelesen (0). Dieser wird dann anstelle von x im Ausdruck ersetzt, so dass $0 + 3 = 3$ berechnet wird. Dieser Wert wird unter dem Namen x gespeichert.

Am Ende ist also unter x der Wert 3 und unter y der Wert -3 gespeichert.

In Python wird einer Variablen mit Hilfe des Symbols = ein Wert zugewiesen. Das Beispiel von oben kann also in Python so programmiert werden:

Python-Code 1.4

```
01  x = 3 * 4 + 2
02  x = 0
03  y = 2 * x - 3
04  x = x + 3
```

Achtung: Das Gleichheitszeichen hat nicht denselben Symbolwert wie in der Mathematik. Wenn eine Variable x in der Mathematik zum Beispiel den Wert 3 hat, dann ist x = 4 eine falsche Aussage. Wenn in Python eine Variable x den Wert 3 hat, dann bedeutet x = 4, dass die Variable danach den Wert 4 hat. Für Wertvergleiche von Variablen wird in Python das Symbol == verwendet.

1 Berechnen Sie die folgenden Ausdrücke:

a `15 - 2 * 5`

b `2 * (3 - 5) + 5 * 1`

c `27 % 6`

d `1 % 10`

e `10 % 1`

2 Berechnen Sie die folgenden Ausdrücke, wenn x den Wert 3, y den Wert 4 und z den Wert 5 hat:

a `2 * x - 3`

b `4 * x + 3 * y`

c `x + y - z`

d `x % y`

e `y % x`

3 Was wird nach der folgenden Sequenz ausgegeben?

Python-Code 1.5

```
01  x = 7
02  y = 3
03  x = y + x
04  x = x + y
05  x = 3 * y + x
06  x = x - 5 * y
07  print(x)
```

a Erstellen Sie hierzu eine Tabelle mit den Werten der Variablen.

b Zeichnen Sie ein Flussdiagramm und ein Struktogramm zu dem Programm.

c Variieren Sie in der Zeile 2 den Wert für y. Was stellen Sie fest?

4 Elektrische Widerstände können in Reihe oder parallel geschaltet werden. Wenn zwei Widerstände in Reihe geschaltet werden, addieren sich die Widerstände:

$$R_{gesamt} = R_1 + R_2.$$

Wenn zwei Widerstände parallel geschaltet werden, ist der neue Gesamtwiderstand:

$$R_{gesamt} = \frac{1}{\frac{1}{R_1} + \frac{1}{R_2}}.$$

Vervollständigen Sie das folgende Programm, das von zwei Widerständen zunächst den Gesamtwiderstand bei Reihenschaltung und dann den Gesamtwiderstand bei Parallelschaltung ausgibt:

Python-Code 1.6

```
01  r1 = 1000
02  r2 = 2000
03  r_reihe =     # Berechnen Sie hier
04                # den Widerstand bei
05                # Reihenschaltung
06  r_parallel =  # Berechnen Sie hier
07                # den Widerstand bei
08                # Parallelschaltung
09  print(r_reihe)
10  print(r_parallel)
```

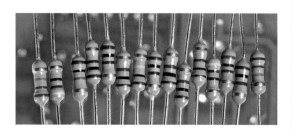

5 In den U.S.A., auf den Bahamas und auf den Caymaninseln wird die Temperatur in der Regel in Grad Fahrenheit und nicht wie bei uns üblich in Grad Celsius angegeben. Die Temperaturen können ineinander mit Hilfe der folgenden Formel umgerechnet werden:

$$F = C \cdot \frac{9}{5} + 32$$

Schreiben Sie zwei Programme: eines rechnet eine Temperatur in Grad Celsius in Grad Fahrenheit um und das andere rechnet eine Temperatur in Grad Fahrenheit in Grad Celsius um.

6 Diskutieren Sie den Unterschied des Variablenkonzepts in der Mathematik und in der Informatik.

7 Begründen Sie, warum die Zeile x = x + 1 in der Mathematik eine falsche Aussage, in Python jedoch sinnvoll ist.

8 Der Operator zum Potenzieren ist **. Manchmal wird aus Versehen der Operator ^ verwendet, der eine ganz andere Bedeutung hat. Recherchieren Sie, was der ^-Operator in Python bewirkt.

9 Der Wert zweier Variablen soll getauscht werden.

a Tom schreibt folgendes Programm:

Python-Code 1.7

```
01 x = y
02 y = x
```

Warum funktioniert das nicht?

b Tine schreibt folgendes Programm:

Python-Code 1.8

```
01 altes_x = x
02 altes_y = y
03 x = altes_y
04 y = altes_x
```

Finden Sie ein Programm, das eine Zeile kürzer ist, aber immer noch funktioniert.

c Toni findet im Internet folgendes Programm zum Tausch von Variablen:

Python-Code 1.9

```
01 x = x + y
02 y = x - y
03 x = x - y
```

Probieren Sie das Programm mit unterschiedlichen Werten für x und y aus.

d Begründen Sie, warum die Ausdrücke in der zweiten und dritten Zeile gleich sind, jedoch unterschiedliche Ergebnisse haben.

e Begründen Sie, dass dieses Programm tatsächlich die Werte der Variablen x und y vertauscht.

f Wo hat das Programm seine Grenzen?

A Informieren Sie sich über die Einheiten Bit und Byte.

B Finden Sie die grösste Binärzahl heraus, die mit 8 Stellen, mit 16 Stellen oder mit 32 Stellen dargestellt werden kann. Finden Sie einen einfacheren Weg als z. B. 11111111_2 ins Dezimalsystem zu konvertieren?

C Überlegen Sie sich verschiedene Ansätze, wie man Kommazahlen im Binärsystem darstellen könnte.

D Finden Sie eine sinnvolle Codierung von Buchstaben mit Hilfe von Binärzahlen.

Elementare Datentypen

Heutige Computer speichern Daten als Bitfolgen. Die grundlegende Speichereinheit Bit ist also entweder 0 oder 1. Dennoch sind Computer in der Lage, ganze Zahlen, Kommazahlen, Buchstaben und Texte und komplexere Daten wie Bilder, Musik oder Videos zu speichern. Damit scheinbar zufällige Abfolgen von Nullen und Einsen richtig interpretiert werden können, gibt es **Datentypen** (engl. **data types**).

Sie legen auch fest, welche Werte eine Variable annehmen kann. Ein **elementarer Datentyp** (engl. **primitive data type**) kann mit sehr begrenztem Speicherplatz effizient einfache Daten wie ganze Zahlen, Kommazahlen oder logische Werte speichern. Darüberhinausgehende **zusammengesetzte Datentypen** (engl. **composite data types**) können fast beliebig komplexe Daten beinhalten, sind dafür aber häufig langsamer und benötigen mehr Speicherplatz.

In den meisten Programmiersprachen ist einer Variablen immer ein Datentyp zugeordnet. Dieser muss explizit angegeben werden und kann später nicht mehr geändert werden. Man nennt solche Programmiersprachen **stark typisierte Programmiersprachen** (engl. **strongly typed programming languages**). Python ist aber eine **schwach typisierte Programmiersprache** (engl. **weakly typed programming language**). Daher muss in Python der Typ einer Variablen nicht angegeben werden. Er wird vom System automatisch bestimmt. Auch wenn in Python der Typ einer Variablen später durch eine Zuweisung geändert werden kann, ist es sehr empfehlenswert, eine Variable nur für einen bestimmten Typ zu verwenden, um Programmierfehler zu vermeiden.

Die meisten Programmiersprachen verwenden dieselben Arten von elementaren Datentypen. Diese unterscheiden sich aber in der konkreten Umsetzung und im Wertebereich. In Python werden häufig `bool`, `int` und `float` verwendet:

Datentyp	Art der gespeicherten Daten	Speicherbedarf	Wertebereich
bool	Wahrheitswert (engl. boolean)	1 Bit	False respektive 0 oder True respektive 1
int	Ganzzahl (engl. integer)	je nach Bedarf	nur durch den Speicherplatz begrenzt, sowohl positiv als auch negativ
float	Fliesskommazahl (engl. floating point number)	Systemabhängig, in der Regel 8 Byte	für 8 Byte: $1.0361308 \cdot 10^{-317}$ bis $1.7976931 \cdot 10^{308}$ bei 8 Nachkommastellen Genauigkeit, sowohl positiv als auch negativ

Wahrheitswerte entstehen häufig automatisch, beispielsweise als Ergebnis von Vergleichsoperatoren. So ergibt der Ausdruck `2 == 3` den Wahrheitswert `False` und der Ausdruck `2 < 3` den Wahrheitswert `True`.

Ganze Zahlen werden in Python besonders behandelt. In den meisten aktuellen Programmiersprachen stehen für ganze Zahlen 4 Byte zur Verfügung, so dass nur Zahlen von $-2\,147\,483\,648$ bis $2\,147\,483\,647$ gespeichert werden können (siehe Kapitel 1.3. Binäres Zahlensystem). In Python hingegen gibt es keine kleinste oder grösste Zahl, die Grösse einer ganzen Zahl ist in Python lediglich durch den verfügbaren Arbeitsspeicher begrenzt.

Fliesskommazahlen bestehen aus drei Elementen: einem **Vorzeichen** (engl. **sign**) s, einer Mantisse (engl. **mantissa** oder **significand**) m und einem **Exponenten** (engl. **exponent**) e, die als $s \cdot m \cdot 2^e$ zusammengesetzt werden.

Das hat zur Folge, dass relativ einfache Kommazahlen wie 0.1 oder 0.3 nicht exakt gespeichert werden können. 0.1_{10} ist dasselbe wie $0 + \frac{1}{10}$. Ebenso ist 0.1_2 dasselbe wie $0 + \frac{1}{2}$. 0.1_{10} hingegen müsste als unendlicher Binärbruch im Binärsystem gespeichert werden: $0.1_{10} = 0.0001100110011...\,_2$. Weil nicht unendlich viel Speicherplatz für die Nachkommastellen vorhanden ist, muss irgendwann abgeschnitten werden. Das ergibt dann das unerwartete Resultat, dass `0.1 + 0.1 + 0.1 == 0.3` `False` zurückgibt, obwohl es eigentlich `True` sein sollte. Mehr Informationen finden sich unter https://docs.python.org/3/tutorial/floatingpoint.html.

Python besitzt zusätzlich noch einen elementaren Datentyp für komplexe Zahlen. Komplexe Zahlen $\mathbb{C}$ sind eine Zahlbereichserweiterung der reellen Zahlen $\mathbb{R}$ so dass auch für Ausdrücke wie $\sqrt{-1}$ ein Wert angegeben werden kann. Der Datentyp `complex` besteht analog zur Darstellung komplexer Zahlen durch einen reellen und einen imaginären Teil aus zwei Teilen des Typs `float`.

Mit Hilfe der Funktion `type(Wert)` kann der Typ von `Wert` bestimmt werden. Dass vor dem Namen des Datentyps jeweils noch das Schlüsselwort `class` steht, liegt daran, dass in Python elementare Datentypen eigentlich Objektklassen sind (siehe Kapitel 10.2 Objekte und Klassen in Python).

Das folgende Programm hat demnach die folgende Ausgabe:

Python-Code 1.10

```
01  die_Sonne_scheint = True
02  i = -34
03  knapp_Pi = 3.14
04  print(die_Sonne_scheint)
05  print(type(die_Sonne_scheint))
06  print(i)
07  print(type(i))
08  print(knapp_Pi)
09  print(type(knapp_Pi))
```

Ausgabe

```
True
<class 'bool'>
-34
<class 'int'>
3.14
<class 'float'>
```

Zeichenketten

Zusätzlich zu Zahlen und Wahrheitswerten werden häufig auch Texte in Form von **Zeichenketten** (engl. **string**) gespeichert. Obwohl diese strenggenommen keine elementaren Datentypen mehr sind, werden sie häufig dazugezählt, weil sie so wichtig sind. In Python heisst der Datentyp für Zeichenketten str und besteht aus einer fast beliebig langen Aneinanderreihung von Zeichen. Man kann Zeichenketten in Python erzeugen, indem man einen Text zwischen zwei einfache Anführungszeichen " schreibt. Der +-Operator hängt zwei Zeichenketten aneinander. Der Datentyp str hat auch verschiedene Methoden, die eine Zeichenkette verändern, wie beispielsweise die Methode upper(), die alle Kleinbuchstaben in Grossbuchstaben umwandelt. Zudem gibt es Funktionen, die auf Zeichenketten operieren, beispielsweise die Funktion len(*Zeichenkette*) die die Anzahl der Zeichen in einer Zeichenkette zurückgibt. Im Kapitel 3.2 Zeichenketten wird genauer darauf eingegangen.

Python-Code 1.11

```
01 text = "Infor" + "matik"
02 print(text)
03 print(type(text))
04 print(text.upper())
```

Ausgabe

```
Informatik
<class 'str'>
INFORMATIK
```

Ein einzelnes Zeichen wird im Computer mit Hilfe eines Codes als Zahl gespeichert. Eine Codetabelle übersetzt dann die Zahl in ein bestimmtes Zeichen. In der Regel wird hierfür der sogenannte Unicode verwendet, der eine Weiterentwicklung des ASCII-Codes ist. Hier soll zunächst nur der ASCII-Code erklärt werden, der Unicode wird im Kapitel 7.3 Präfixcodes dargestellt.

	0 + ...	16 + ...	32 + ...	48 + ...	64 + ...	80 + ...	96 + ...	112 + ...
... + 0	NUL	DLE	␣	0	@	P	`	p
... + 1	SOM	DC1	!	1	A	Q	a	q
... + 2	STX	DC2	"	2	B	R	b	r
... + 3	ETX	DC3	#	3	C	S	c	s
... + 4	EOT	DC4	$	4	D	T	d	t
... + 5	ENQ	NAK	%	5	E	U	e	u
... + 6	ACK	SYN	&	6	F	V	f	v
... + 7	BEL	ETB	'	7	G	W	g	w
... + 8	BS	CAN	(	8	H	X	h	x
... + 9	TAB	EM	)	9	I	Y	i	y
... + 10	LF	SUB	*	:	J	Z	j	z
... + 11	VT	ESC	+	;	K	[	k	{
... + 12	FF	FS	,	<	L	\	l		
... + 13	CR	GS	-	=	M	]	m	}
... + 14	SO	RS	.	>	N	^	n	~
... + 15	SI	US	/	?	O	_	o	DEL

Der **ASCII-Code** (ASCII ist ein Akronym für **American Standard Code for Information Interchange**) ist eine Standardisierung, die 1963 von der American Standards Association akzeptiert wurde. Er ist eine Weiterentwicklung von Codes für Fernschreiber, die in der Regel mit weniger Bits auskamen. Um 26 Buchstaben in Gross- und Kleinschreibung, die Ziffern 0 bis 9, einige Satzzeichen und einige Steuerzeichen darstellen zu können, benötigt es mindestens 7 Bit, was insgesamt $2^7 = 128$ Zeichen ermöglicht. Die Tabelle auf der vorhergehenden Seite.

Ein Code wird gelesen, indem die Zahl in der Spaltenüberschrift und die Zahl in der Zeilenüberschrift addiert wird. Aus einem Code wird das Zeichen ermittelt, indem zunächst berechnet wird, wie häufig die Zahl 16 in den Code passt. Das gibt an, in der wievielten Spalte das Zeichen zu finden ist. Die Zeile ist dann der ganzzahlige Rest der Zahl geteilt durch 16.

Die Steuerzeichen sind mit mehr als einem Buchstaben bezeichnet. Einige sind heute nicht mehr gebräuchlich, aber CR (engl. **carriage return**) und LF (engl. **line feed**) sind heute noch beteiligt, wenn ein Absatz zu Ende ist. Tabulatoren werden auch immer noch durch TAB (engl. **tabulator**) dargestellt. Das Leerzeichen ist zwar per se unsichtbar, wird aber in der Tabelle in der Regel durch ␣ dargestellt.

Da heutige Computer in Byte arbeiten, die 8 Bit gross sind, wird einfach das erste Bit auf 0 gesetzt, um ASCII-Code zu verwenden.

Typumwandlungen

Man kann Werte einer Variablen eines Typs in Variablen speichern, die einen anderen Typ haben. Diesen Vorgang nennt man **Typumwandlung**. Das ist nicht in allen Fällen möglich und in einigen Fällen zwar syntaktisch erlaubt aber gefährlich. Bedenkenlos sind in der Regel Typumwandlungen von kleineren Datentypen auf grössere Datentypen. Dieser Vorgang heisst **implizite Typumwandlung**. Typumwandlungen in die andere Richtung können mit Informationsverlusten verbunden sein. Dies muss explizit erlaubt werden, indem vor dem zu speichernden Ergebnis der neue Typ geschrieben wird und der umzuwandelnde Wert in Klammern gesetzt wird. Dieser Vorgang heisst **explizite Typumwandlung**.

Das folgende Beispiel macht deutlich, was möglich ist:

Python-Code 1.12

```
01  # x ist ein Wahrheitswert:
02  x = True
03  print(x)
04  print(type(x))
05  print(int(x))
06  print(float(x))
07  print(str(x))
08  print("-----")
09
10  # x ist eine ganze Zahl:
11  x = 1
12  print(x)
13  print(type(x))
14  print(bool(x))
15  print(float(x))
16  print(str(x))
17  print("-----")
18
```

Python-Code 1.12

```
19  # x ist eine Fliesskommazahl:
20  x = 0.0
21  print(x)
22  print(type(x))
23  print(bool(x))
24  print(int(x))
25  print(str(x))
26  print("-----")
27
28  # x ist eine Zeichenkette
29  x = "1"
30  print(x)
31  print(type(x))
32  print(bool(x))
33  print(int(x))
34  print(float(x))
```

Ausgabe

```
True
<class 'bool'>
1
1.0
True
-----
1
<class 'int'>
True
1.0
1
-----
0.0
<class 'float'>
False
0
0.0
-----
1
<class 'str'>
True
1
1.0
```

Eigentlich wird bei dieser Art von Typumwandlung ein neues Objekt des neuen Typs erstellt. Die Konstruktoren der elementaren Datentypen sind so aufgebaut, dass sie verschiedene Datentypen als Argumente aufnehmen können und diese dann so interpretieren können, dass ein Wert vom neuen Datentyp erzeugt wird. Weitere Informationen hierzu finden Sie im Kapitel 10.2 Objekte und Klassen in Python.

Angenommen, die drei Variablen x, y und z seien wie folgt definiert:

Python-Code 1.13

```
01  x = 1
02  y = 1.0
03  z = "1"
```

Dann funktionieren die folgenden Ausdrücke:

Python-Code 1.14

```
01  print(x+y)
02  print(str(x)+z)
03  print(str(y)+z)
```

Die folgenden Ausdrücke jedoch funktionieren nicht:

Python-Code 1.15

```
01  print(x+z)
02  print(y+z)
```

In stärker typisierten Programmiersprachen bei denen der Speicherplatz, den eine Variable einnimmt, anders als in Python nicht während der Laufzeit geändert werden kann, gibt es zum Beispiel verschieden grosse Variablentypen für ganze Zahlen. Hier muss für eine Typumwandlung genau geschaut werden, was explizit geschehen muss und was implizit erlaubt ist.

Eingabe und Ausgabe

Programme werden dynamisch, wenn sie auf Eingaben des Benutzers reagieren können und ihre Ergebnisse dem Benutzer sinnvoll präsentieren können. Jede Programmiersprache funktioniert dabei auf eigene Art und Weise.

In Python gibt es, wie bereits gesehen, die `print()`-Anweisung. In ihr können als Parameter Ausdrücke jeden Datentyps durch Kommas getrennt eingegeben werden. Diese Parameter werden im Normalfall durch Leerzeichen getrennt ausgegeben. Am Ende erfolgt zusätzlich ein Zeilenumbruch. Soll dieses Verhalten verändert werden, muss als separater Parameter `sep="`*Trenner*`"` für einen anderen *Trenner* und `end="`*Ende*`"` für ein anderes *Ende* angegeben werden. Das folgende Beispiel zeigt dies:

Python-Code 1.16

```
01  print("Erste", "Zeile")
02  print("Zweite", "Zeile", sep=".")
03  print("Dritte", "Zeile", sep="")
04  print("Vierte", "Zeile", end="")
05  print("Fünfte Zeile")
```

Ausgabe

```
Erste Zeile
Zweite.Zeile
DritteZeile
Vierte ZeileFünfte Zeile
```

Eingaben sind in der Regel ungleich schwieriger. Zunächst werden alle Eingaben als Zeichenketten zurückgegeben und müssen danach in die jeweils gewünschten Datentypen konvertiert werden.

In Python gibt es zur Eingabe die Anweisung `input(`*Aufforderungstext*`)`. In ihr wird als Parameter ein Text angegeben, der auf dem Bildschirm ausgegeben wird. Dann wird eine Zeichenkette eingelesen, die durch einen Druck der Returntaste [↵] beendet wird. Diese Zeichenkette wird (ohne das Zeilenendesymbol) zurückgege-

ben. Wenn man diese Zeichenkette dann zum Beispiel als Zahl interpretieren möchte, muss man dies mit Hilfe einer expliziten Typumwandlung tun.

So liest man im folgenden Beispiel eine Zahl ein:

Python-Code 1.17

```
01  x = int(input("Bitte geben Sie "
02                  "eine Zahl ein: "))
```

Achtung: Falls der Benutzer keine Zahl sondern etwas anderes eingibt, kann Python dies nicht in eine Zahl konvertieren. In diesem Fall wird eine Fehlermeldung ausgegeben und das Programm wird beendet.

Ausgabe

```
Bitte geben Sie eine Zahl ein: a
Traceback (most recent call last):
  File "ZahlEinlesen.py", line 1, in
<module>
    x = int(input("Bitte geben Sie eine Zahl
ein:"))
ValueError: invalid literal for int() with
base 10: 'a'
```

Grössere Programme fangen daher solche Fehlermeldungen ab wie im Beispiel darunter angegeben. Die Beispiele in diesem Buch jedoch sind so kurz, dass sich der Aufwand in der Regel nicht lohnt. In einem professionellen Programm würde man es mit Hilfe der Ausnahmebehandlungs-Technik (engl. exception handling) wie folgt machen:

Python-Code 1.18

```
01  x = None
02  while x == None:
03    try:
04      x = int(input("Bitte geben Sie eine "
05                      "Zahl ein: "))
06    except:
07      print("Das konnte leider nicht als "
08            "Zahl interpretiert werden.")
```

1 Der mathematische Operator Fakultät (in der Regel durch ein Ausrufezeichen hinter einer Zahl dargestellt) ergibt sehr schnell grosse Zahlen. $n!$ ist das Produkt der ersten n ganzen Zahlen. Die ersten Werte sind:

$1! = 1$
$2! = 1 \cdot 2 = 2$
$3! = 1 \cdot 2 \cdot 3 = 6$
$4! = 1 \cdot 2 \cdot 3 \cdot 4 = 24$
$5! = 1 \cdot 2 \cdot 3 \cdot 4 \cdot 5 = 120$

In Python berechnet man die Fakultät so:

Python-Code 1.19

```
01  import math
02  print(math.factorial(5))
```

Suchen Sie in Ihrem Taschenrechner die grösste ganze Zahl, von der ihr Taschenrechner noch den Wert berechnen kann. Berechnen Sie dieselben Werte in Python mit Hilfe des folgenden Programms. Probieren Sie auch die Fakultät von grösseren Zahlen in Python. Wo ist hier eine Grenze zu finden?

2 Informieren Sie sich im Internet über die Wertebereiche für die Datentypen `byte`, `short`, `int` und `long` der Programmiersprache Java. Diskutieren Sie Vor- und Nachteile gegenüber der Verwendung eines einzigen unbeschränkten Ganzzahl-Datentyps in Python.

3 Finden Sie die Codierung Ihres Vornamens heraus. Konvertieren Sie die Dezimalzahlen in den Binärcode und finden Sie so die Bitfolge, in der Ihr Name codiert wird.

4 Finden Sie in der ASCII-Tabelle Prinzipien für die Anordnung der Zeichen heraus.

5 Wenn Sie einen Grossbuchstaben haben: was müssen Sie rechnen, um den entsprechenden Kleinbuchstaben zu erhalten? Vergleichen Sie auch die Bitmuster von einem Grossbuchstaben und seinem dazugehörigen Kleinbuchstaben.

6 In den Zeiten bevor graphische Benutzeroberflächen üblich waren, wurden die Zeichen des ASCII-Codes verwendet, um Zeichnungen zu machen. Je nach Stil wurden alle Zeichen oder aber auch nur einige wenige verwendet. Auch Python kann ASCII-Art erzeugen:

Python-Code 1.20

```
01  print("PPPP  Y   Y TTTTT H   H  OOO  N    N")
02  print("P   P  Y Y    T   H   H O   O NN   N")
03  print("PPPP    Y     T   HHHHH O   O N N  N")
04  print("P       Y     T   H   H O   O N  NN")
05  print("P       Y     T   H   H  OOO  N    N")
```

Erstellen Sie eigene ASCII-Art, indem Sie beispielsweise Ihren Namen fünfzeilig darstellen. Können Sie eine Blume zeichnen?

7 Trollen wird im Internet oftmals ein Fisch vorgeworfen. In ASCII wird dieser gerne so dargestellt: `<*)))><`. Zuneigung hingegen zeigt man gerne durch eine Rose: `@>--}---`. In Python kann man das wiederholte Schreiben von Zeichenketten mit Hilfe des Multiplikationsoperators `*` abkürzen. So ergibt `5 * "+"` die Zeichenkette `"+++++"`. Schreiben Sie ein Programm in Python, dass fünf Fische und drei Rosen auf dem Bildschirm ausgibt.

8 Schreiben Sie ein Programm, das Punkte in einem Test in eine Note umwandelt. Nutzen Sie hierzu die weit verbreitete proportionale Notenformel:

$$\text{Note} = \frac{\text{Erreichte Punkte}}{\text{Maximale Punktzahl}} \cdot 5 + 1.$$

Erfragen Sie die erreichten Punkte und die maximale Punktzahl.

9 Benchmarks von Computern vergleichen häufig **FLOPS** (**floating point operations per second**), also Fliesskommazahlberechnungen pro Sekunde. Informieren Sie sich über typische Benchmark-Ergebnisse. Wieso sind Graphikkarten besser als Hauptprozessoren?

A Finden Sie den Fehler in dem folgenden Programm und erläutern Sie, worin er besteht.

Python-Code 1.21

```
01 x = int(input("x = "))
02 y = 2 * x + 1
03 print("y")
```

B Finden Sie den Fehler in dem folgenden Programm und erläutern Sie, worin er besteht.

Python-Code 1.22

```
01 print(Hallo, Welt!)
```

C Finden Sie den Fehler in dem folgenden Programm und erläutern Sie, worin er besteht.

Python-Code 1.23

```
01 Print("Ein fehlerhaftes Programm")
```

D Finden Sie den Fehler in dem folgenden Programm und erläutern Sie, worin er besteht.

Python-Code 1.24

```
01 import math
02 print("Hypotenuse:", math.sqrt(
03     float(input("Kathete 1: ")) ** 2
04     + float(input("Kathete 2: ")) ** 2)
```

Beim Programmieren passieren regelmässig Fehler. Es gibt so gut wie keine fehlerfreien Programme. Je nach Anwendung und wie gross der Schaden eines Programmierfehlers wäre, wird ein grosser Aufwand getrieben, Fehler möglichst zu eliminieren.

Es wird angenommen, dass in 10 000 programmierten Zeilen normalerweise ca. 250 Fehler vorkommen. Bei besonders wichtiger Software kann dies um den Faktor 10 auf ca. 25 Fehler reduziert werden. Software, die besondere Sicherheitsanforderungen hat wie beispielsweise Verkehrssteuerungen oder medizinische Software reduziert dies noch einmal um den Faktor 10 auf ca. 2.5 Fehler. Und in Software, die in Weltraumfahrzeugen mit menschlicher Besatzung eingesetzt wird, geht man von weniger als 1 Fehler pro 10 000 programmierten Zeilen aus. Aber selbst dann passiert es immer wieder, dass Softwarefehler dazu führen, dass teure Gerätschaften verloren gehen. So zerbrach beispielsweise im März 2016 das japanische Weltraumteleskop Hitomi noch während der Inbetriebnahmephase weil die Software, die für die Positionierung zuständig ist, fehlerhaft war. Mehr als 250 Millionen Dollar an Wert waren verloren.

Den Vorgang der Fehlerentfernung nennt man **Debugging**. Er geht darauf zurück, dass 1945 die Programmierpionierin Grace M. Hopper (1902–1992)

in einem der ersten Computer einen Fehler in der Programmausführung darauf zurückführte, dass in einem Relais (ein mechanischer Schalter) eine Motte eingeklemmt wurde (die dabei ihr Leben verlor).

Grace M. Hopper
(1902–1992)

Dokumentation des Bugs

Es gibt verschiedene Arten von Fehler, die sich unterschiedlich äussern und zu unterschiedlichen Zeiten erkannt werden können. Am schnellsten werden Syntaxfehler erkannt, die bereits vor dem Ausführen des Programms oder beim Übersetzen in Maschinensprache erkannt werden. Schwieriger zu entdecken sind Laufzeitfehler. Das sind Fehler, die erst während der Ausführung des Programms erkannt werden. Teilweise erst viel später werden semantische Fehler entdeckt: das Programm scheint korrekt funktioniert zu haben, hat aber ein falsches Ergebnis erarbeitet.

Syntaxfehler

Syntaxfehler (engl. **syntax error**) sind Fehler, die dazu führen, dass der Interpreter oder Compiler die grammatikalische Struktur des Programms nicht richtig erkennt. Häufig sind dies kleine Tippfehler wie beispielsweise falsch gesetzte Klammern, vergessene Doppelpunkte (siehe Kapitel 2.5 Einfache Verzweigungen, 3.4 Zählschleifen, 3.6 Kopf- und fussgesteuerte Schleifen und 4.1 Unterprogramme) oder falsch geschriebene Wörter. Hinzu kommt, dass manchmal Anführungszeichen von Zeichenketten vergessen werden.

Einige dieser Fehler kann Python ziemlich gut identifizieren und schnell Hilfestellungen geben, wie zum Beispiel beim Programmcode `print "Hallo, Welt!"`:

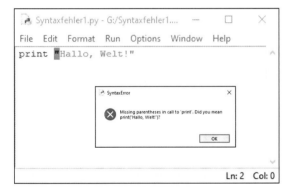

Bei anderen Fehlern markiert Python die Stelle, an dem ihm der Fehler auffällt. Das muss aber nicht unbedingt der Ort sein, an dem der Fehler passiert ist. Im folgenden Programmcode `print(Hello, World!)` markiert Python das Ausrufezeichen am Ende des vermeintlichen Ausdrucks, der Fehler ist jedoch bereits beim 7. Zeichen passiert, als ein Anführungszeichen vergessen wurde:

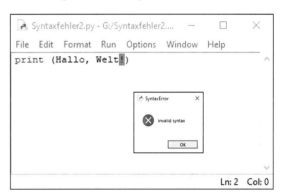

Der folgende Syntaxfehler wird sogar erst eine Zeile tiefer erkannt:

Laufzeitfehler

Laufzeitfehler (engl. **runtime error**) werden erst erkannt, während das Programm bereits ausgeführt wird. Dabei erkennt Python eine syntaktische Struktur, kennt aber während des Ausführens entweder einen Namen nicht oder versucht etwas zu berechnen, was gar nicht geht.

Der folgende Code ist bis auf ein Zeichen gleich mit einem Syntaxfehler von vorher, aber hier könnten die Begriffe `Hallo` und `Welt` auch Namen für Variablen sein, so dass er syntaktisch nicht falsch wäre: `print(Hallo, Welt)`. Die Fehlermeldung ist dann in der Shell:

```
IDLE Shell 3.9.5                          —   □   ×
File  Edit  Shell  Debug  Options  Window  Help
Type "help", "copyright", "credits" or "li ^
cense()" for more information.
>>>
===== RESTART: G:\Laufzeitfehler1.py =====
Traceback (most recent call last):
  File "G:\Laufzeitfehler1.py", line 1, in
 <module>
    print(Hallo, Welt)
NameError: name 'Hallo' is not defined
>>> |
                                  Ln: 9  Col: 4
```

Eine Variation dieses Fehler ist, dass eine Variable unterschiedlich geschrieben wird und dafür für Python mehrere Variablen darstellt. Insbesondere Gross- und Kleinschreibung kann hier tückisch sein:

Python-Code 1.25

```
01  Fehler = 1
02  print(fehler)
```

```
IDLE Shell 3.9.5                          —   □   ×
File  Edit  Shell  Debug  Options  Window  Help
Type "help", "copyright", "credits" or "li ^
cense()" for more information.
>>>
===== RESTART: G:\Laufzeitfehler2.py =====
Traceback (most recent call last):
  File "G:\Laufzeitfehler2.py", line 2, in
 <module>
    print(fehler)
NameError: name 'fehler' is not defined
>>> |
                                  Ln: 9  Col: 4
```

Und selbst wenn das funktioniert, können noch Fehler auftreten, beispielsweise wenn Operatoren Datentypen verbinden sollen, die sie nicht kennen:

Python-Code 1.26

```
01  vier = "4"
02  print(4 + vier)
```

```
IDLE Shell 3.9.5                          —   □   ×
File  Edit  Shell  Debug  Options  Window  Help
cense()" for more information.              ^
>>>
===== RESTART: G:\Laufzeitfehler3.py =====
Traceback (most recent call last):
  File "G:\Laufzeitfehler3.py", line 2, in
 <module>
    print(4 + vier)
TypeError: unsupported operand type(s) for
 +: 'int' and 'str'
>>> |
                                  Ln: 9  Col: 4
```

Ausserdem gibt es auch Situationen, in denen Operatoren bestimmte Ergebnisse nicht berechnen können, zum Beispiel print(1/0):

```
IDLE Shell 3.9.5                          —   □   ×
File  Edit  Shell  Debug  Options  Window  Help
Type "help", "copyright", "credits" or "li ^
cense()" for more information.
>>>
===== RESTART: G:\Laufzeitfehler4.py =====
Traceback (most recent call last):
  File "G:\Laufzeitfehler4.py", line 1, in
 <module>
    print(1/0)
ZeroDivisionError: division by zero
>>>
                                  Ln: 9  Col: 4
```

Semantische Fehler

Semantische Fehler sind am schwersten zu finden, denn das Programm scheint nach aussen hin zu funktionieren, gibt aber nur einfach falsche Werte zurück. Das folgende Programm soll den Mittelwert von x1 und x2 berechnen, der eigentlich $\frac{x1 + x2}{2}$ wäre, aber wegen fehlender Klammern berechnet es $x1 + \frac{x2}{2}$:

Python-Code 1.27

```
01  x1 = 37
02  x2 = 42
03  mittelwert = x1 + x2 / 2
04  print(mittelwert)
```

Typische Fehler und Debugging-Strategien

Jeder Mensch macht individuell unterschiedliche Fehler. Dennoch gibt es Fehler, die immer wieder gemacht werden. Bei diesen lohnt es sich hinzuschauen, dass diese zuerst überprüft werden:

- Vergessene oder fehlerhafte Klammern: für jede zu öffnende Klammer ist an der entsprechenden Stelle eine zu schliessende Klammer zu setzen. Viele Editoren wie IDLE helfen dabei, die jeweils zur schliessenden Klammer passende öffnende Klammer zu finden, indem es diese markiert.

- Vergessene Anführungszeichen für Zeichenketten: auch hier ist für jedes Anführungszeichen nach der Zeichenkette ein weiteres Anführungszeichen zu setzen. Viele Editoren wie IDLE helfen dabei, indem sie Zeichenketten in einer anderen Farbe darstellen als anderen Programmcode.

- Vergessene Doppelpunkte bei Verzweigungen, Schleifen oder Unterprogrammen (siehe Kapitel 2.5 Einfache Verzweigungen, 3.4 Zählschleifen, 3.6 Kopf- und fussgesteuerte Schleifen, und 4.1 Unterprogramme): Viele Editoren wie IDLE helfen dabei, indem sie die in Python notwendige Einrückung machen, wenn am Ende einer Zeile ein Doppelpunkt war. Wenn diese Einrückung fehlt, sollte man schauen, wo vorher der Fehler passiert ist.

Um Fehler zu vermeiden oder Fehler zu identifizieren, haben sich die folgenden Ansätze bewährt:

- Es hilft, das Problem in kleine Teile aufzuteilen und diese einzeln zu schreiben und zu testen.

- Es hilft, vorweg ein paar Beispiele per Hand zu berechnen, um den richtigen Ablauf zu verstehen.

- Es hilft, den richtigen Ablauf als Flussdiagramm oder als Struktogramm (siehe Kapitel 1.2 Sequenzen) zu planen.

- Wenn der Programmcode geschrieben wurde, hilft es, die zuvor per Hand berechneten Beispiele zu testen.

- Es hilft, weitere Testfälle zu berechnen, insbesondere besondere Testfälle oder welche, bei denen knapp daneben ein deutlich anderes Ergebnis erwartet würde.

1 Finden Sie die Fehler in dem folgenden Programm:

Python-Code 1.28

```
01  normal_satz = 0.077
02  reduzierter_satz = 0.025
03  normal = float(
04    input("Betrag zum Normalsatz: "))
05  reduziert = float(
06    input("Betrag zum reduzierten Satz: "))
07  gesamt_betrag = (normal * normal_satz *
08                   reduziert *
09                   reduzierter_satz)
```

2 Diskutieren Sie mit Ihren Mitschülerinnen und Mitschülern, was für Programmierfehler in der Klasse bisher gemacht wurden. Klassifizieren Sie die Fehler in Syntaxfehler, Laufzeitfehler und semantische Fehler.

3 Sammeln Sie Fehler, die Sie finden! Notieren Sie sich Art und Zeitaufwand zum Lösen, damit Sie zukünftig besonders darauf achten können, diese Fehler nicht mehr zu machen.

A Lesen Sie die Wettervorhersage für morgen. Vergleichen Sie dabei unterschiedliche Wettervorhersagen. Was fällt Ihnen auf?

B Welche verschiedenen Wettertypen gibt es? Können Sie diese sinnvoll gruppieren?

C Viele Wettervorhersagen bieten eine Wettervorhersage für jede Postleitzahl in der Schweiz. Sitzt da jemand, der den ganzen Tag nur Wettervorhersagen für jede Postleitzahl schreibt, oder wie muss man sich das vorstellen?

Eine Wettervorhersage zu erstellen ist ein komplizierter Vorgang. Auf der einen Seite spielen Phänomene eine Rolle, die auf einen ganzen Kontinent oder teilweise sogar weltweit Auswirkungen haben. Hoch- und Tiefdruckgebiete sind oftmals grösser als ein ganzer Staat. Auf der anderen Seite spielen aber auch lokale Gegebenheiten eine Rolle. Gebirge oder Täler lassen Luftströme an unterschiedlichen Orten durchfliessen respektive beeinflussen Temperatur und damit die relative Luftfeuchtigkeit wesentlich.

Meteorologen nutzen daher computergestützte Simulationen, die wahrscheinliche Änderungen des Wetters für die nächsten Stunden und Tage berechnen. Die Grundlage für diese Simulation bieten viele Daten: lokale Messstationen messen auf der Erdoberfläche, Wetterballone messen in der Luft, Wetterradar misst Niederschlag, ja selbst normale Flugzeuge messen nebenbei Luftwerte.

Für die Simulation wird die Erdoberfläche in ein Gitternetz eingeteilt, für dessen Kacheln jeweils eine Vorhersage erstellt wird. Diese Kacheln sind in Europa wenige Quadratkilometer gross. Da sich die Temperatur in Abhängigkeit von der Höhe ändert, kann eine noch feinere Differenzierung gemacht werden. Obwohl Lauterbrunnen und Wengen beispielsweise nur wenige hundert Meter voneinander entfernt liegen, ist aufgrund des Höhenunterschieds von ca. 500 Metern die Temperaturvorhersage in Wengen ca. 3 °C geringer als in Lauterbrunnen.

So viele Daten und Details ergeben die Frage, wie präzise eine Wettervorhersage überhaupt sein kann. Wenn das Simulationsmodell beispielsweise 23.582 °C für 16:34 Uhr nachmittags berechnet, ist das nicht unbedingt eine hilfreiche Information. Zum einen hat die Simulation immer eine gewissen Ungenauigkeit. Gerundet 24 °C ist nicht viel unwahrscheinlicher als 23.582 °C. Zum anderen ändert sich Wetter in der Regel nicht besonders schnell, so dass «zwischen 16:00 Uhr und 17:00 Uhr» schon als durchaus präzise Beschreibung wahrgenommen wird. Natürlich … wenn man auf dem Nachhauseweg ist, macht es schon einen Unterschied, ob die Regenfront 5 Minuten vor dem Nachhausekommen oder 5 Minuten danach ankommt. Aber als allgemeine Vorhersage braucht es eine solche Präzision nicht.

Insbesondere ist es oftmals nicht wichtig, ob 35 %, 38 % oder 42 % des Himmels mit Wolken bedeckt sind. Es genügt in der Regel, wenn zwischen wolkenlos, heiter, wolkig, bewölkt und bedeckt unterschieden wird.

ABSTRAHIEREN

All diese Beispiele sind **Abstraktionen**. Aus einer Fülle von Informationen werden die wesentlichen Elemente «herausgezogen» (lat. abstrahere). Dabei werten unwesentliche Informationen bewusst weggelassen. Dies funktioniert dann, wenn ein geeignetes Modell gewählt wird, das die wesentlichen Informationen beschreibt.

Solche Abstraktionen haben auch den Vorteil, dass sie platzsparend übertragen werden können. Dies ermöglicht Systeme wie MeteoTime. MeteoTime nutzt einen vorher ungenutzten Übertragungszeitraum des Senders DCF77, über den sonst Funkuhren gesteuert werden. In DCF77 waren ganze 14 Bits pro Minute ungenutzt (also insgesamt ca. 20 000 Bits pro Tag). MeteoTime überträgt in diesen sehr wenigen Bits folgende Informationen. Es gibt 60 Regionen (sowie weitere 30 Regionen mit reduzierter Vorhersage), für die das Wetter für Tag und für Nacht für den aktuellen und drei weitere Tage vorhergesagt wird. Die Informationen sind:

- Witterungskategorie (z. B. «leicht bewölkt» «starker Regen» oder «Hochnebel»)
- Extremwetter
- Niederschlagswahrscheinlichkeit (in Schritten von 15 %)
- Temperatur (in ganzen °C)
- Wind

So ist es mit MeteoTime möglich, europaweit Wettervorhersagen zu empfangen, die regional differenziert sind, die ohne extra Datenverbindung laufen und die keine zusätzliche Energie verbrauchen. Abstraktion hat dies ermöglicht.

1 Informieren Sie sich im Internet, wie die Wettervorhersage codiert wird.

2 Diskutieren Sie, wo Abstraktion stattfindet, wenn Sie ein Python-Programm mit seinem Pseudocode, Flussdiagramm und Struktogramm vergleichen.

3 Diskutieren Sie, inwiefern ein Zahlenwert etwas Abstraktes ist, der in einem Zahlensystem wie dem Dezimalsystem oder dem Binärsystem repräsentiert wird.

4 Diskutieren Sie, warum es möglich ist, in Python Variablennamen zu verwenden, wo doch in der Praxis eine bestimmte Speicherstelle im Arbeitsspeicher verwendet wird.

5 «Abstraktion» ist ein Vorgang, der nicht nur in der Informatik wichtig ist. In welchen anderen Disziplinen respektive Schulfächern ist Abstraktion ebenfalls wichtig?

Verzweigungen und Logik

A Was ist der Rest der ganzzahligen Division von 7524 geteilt durch 13? Wie haben Sie das in der Primarschule schriftlich berechnet?

B Für eine natürliche Zahl stehen lediglich 8 Bit zur Verfügung. Wenn also das Ergebnis einer Rechnung grösser als $11111111_2 = 255$ sein sollte, wird das höchste Bit einfach weggelassen, so dass $255 + 2 = 11111111_2 + 00000010_2 \rightarrow \cancel{1}00000001_2 = 1$ ist. Berechnen Sie $42 \cdot 37$ mit dieser Einschränkung.

C Wie viel Uhr ist es in 18 Stunden? Wie haben Sie das berechnet? Und wie viel Uhr ist es in 123 Stunden?

Modulo-Operator

Der **Modulo-Operator** ist, wie bereits im Kapitel 1.4 Variablen und Zuweisungen erwähnt, ein Operator, der den Rest der ganzzahligen Division berechnet. Er wird in der Informatik häufig verwendet, vor allem in der Kryptologie (siehe Kapitel 7 Kryptologie, Kodierung und Kompression).

Das Dividieren von ganzen Zahlen (also ohne Brüche und ohne Dezimalzahlen) haben Sie wahrscheinlich in der Primarschule bereits schriftlich gelernt. So etwas könnte bei Ihnen eine solche Rechnung ausgesehen haben:

8	0	5	1	1	:	2	1	=	3	8	3	3		R	1	8
−	6	3														
	1	7	5													
−	1	6	8													
			7	1												
		−	6	3												
			8	1												
		−	6	3												
			1	8												

Wenn man nur am Rest interessiert ist, schreibt man in der Mathematik auch häufig $80511 \equiv 18$ (mod 21), um deutlich zu machen, dass 80511 eine von vielen Zahlen ist, deren Rest der ganzzahligen Division durch 21 eben 18 ist. 80511 ist dann in der **Restklasse** von 18. In der höheren Mathematik werden daraus dann Strukturen wie «Ringe» oder «Körper» erstellt.

In Programmiersprachen wird häufig der Operator % (unter anderem in Python) oder mod verwendet. Dann ergibt `80511 % 21` bzw. `80511 mod 21` die Zahl 18.

Besondere Ergebnisse gibt es bei modulo 1 und modulo 0. Eine ganze Zahl modulo 1 ist immer 0. Da man nicht durch 0 dividieren kann, kann man auch nicht modulo 0 rechnen, es gibt einen Laufzeitfehler.

Moderne Taschenrechner können in der Regel auch den Rest von ganzzahligen Divisionen berechnen. Details sind in den Anleitungen zum Taschenrechner zu finden.

Der TI-30X Plus MathPrint beispielsweise kann so den Rest von ganzzahligen Divisionen berechnen:

```
MATH NUM DMS R◊P
6↑min(
7:max(
8▪mod(
```

`math ► ▼ ▼ ▼ ▼ ▼ ▼ ▼` führt zur Funktion mod(, die zwei Argumente erwartet, den Dividenden und den Divisor. Die beiden Argumente werden mit Komma getrennt (2nd ,).

```
mod(7524,13)    10
```

1 Verifizieren Sie die beiden Rechnungen oben, indem Sie 7524 modulo 13 und 80511 modulo 21 mit Python berechnen. Überprüfen Sie Ihr Ergebnis mit Ihrem Taschenrechner.

2 Vergleichen Sie die Ergebnisse der drei folgenden Python-Anweisungen und ordnen Sie sie den verschiedenen Ergebnissen der Division zu.

Python-Code 2.1

```
01  print(7524 / 13)
02  print(7524 // 13)
03  print(7524 % 13)
```

3 Eine typische Anwendung ist herauszufinden, ob eine Zahl gerade ist. Eine Zahl ist dann gerade, wenn sie durch 2 geteilt den Rest 0 hat. Vervollständigen Sie das folgende Programm, so dass es True ausgibt, wenn die Zahl gerade ist und ansonsten False sonst.

Python-Code 2.2

```
01  zahl = int(input("Bitte geben Sie eine "
02                   "ganze Zahl ein: "))
03  gerade = # Schreiben Sie hier einen
04           # Ausdruck, der True oder
05           # False ergibt, je nachdem
06           # ob die Zahl gerade ist.
07  print("Die Zahl ist gerade:", gerade)
```

4 Der Modulo-Operator kann nicht nur auf natürliche Zahlen angewandt werden. Überprüfen Sie für die folgenden Möglichkeiten, welches Ergebnis Python ausgibt und welches Ergebnis Ihr Taschenrechner ausgibt.

a Man kann negativen Zahlen modulo positive Zahlen rechnen. Dabei wird unterschiedlich gehandhabt, ob beispielsweise -1 modulo 3 nun 2 oder -1 ergibt. Diskutieren Sie, warum man auf die beiden verschiedenen Ergebnisse kommt.

b Man kann modulo negative Zahlen rechnen. Geht auch eine negative Zahl modulo eine negative Zahl?

c Man kann modulo eine Kommazahl oder eine Kommazahl modulo irgendeine Zahl rechnen. Überprüfen Sie, wie das behandelt wird.

d Probieren Sie modulo «komische» Zahlen zu rechnen. Überprüfen Sie die Aussage von oben, was modulo 1 und modulo 0 ergibt.

5 Ein Fuss entspricht 12 Zoll. Ein Zoll entspricht 2.54 cm. Vervollständigen Sie das folgende Programm, das die Körperlänge eines Menschen in Metern entgegennimmt und in Fuss und Zoll umrechnet:

Python-Code 2.3

```
01  laenge = float(input("Ihre Körperlänge "
02                       "in Metern:"))
03  zoll_insg = # Rechne Meter in Zoll um
04  fuss = # Ganze Fuss
05  zoll_rest = # Rest in Zoll
06  print("Sie sind", fuss, "Fuss und",
07        zoll_rest, "Zoll lang.")
```

6 Schreiben Sie ein Programm, dass nach zwei ganzen Zahlen fragt und ausgibt, ob die erste Zahl durch die zweite teilbar ist.

7 Schreiben Sie ein Programm, dass eine Zeitdauer in Sekunden entgegennimmt und daraus berechnet, wie viele Tage, Stunden, Minuten und Sekunden das zusammen sind.

8 Modulo kann auch dazu verwendet werden, die einzelnen Ziffern einer Zahldarstellung zu berechnen. So gilt beispielsweise:

Python-Code 2.4

```
01  x = 526
02  print((x // 100) % 10)
03  print((x // 10) % 10)
04  print(x % 10)
```

Erstellen Sie ein Programm, das für eine Zahl zwischen 0 und 15 die Binärziffern ausgibt. Können Sie mit sep="" eine Zahl in ihrer Binärcodierung ausgeben?

A Diskutieren Sie den Garfield-Comic.

B Was ist das Gegenteil von «Aline und Beat sind anwesend»?

C Überlegen Sie, was Operatoren im Zusammenhang mit Logik sein könnten. Welche logischen Operatoren begegnen Ihnen im Alltag?

Logische Ausdrücke

Schon seit Menschengedenken nutzt der Mensch logische Schlussfolgerungen beim Argumentieren. Systematische Methoden hierzu wurden bereits in der Antike beispielsweise durch Aristoteles (384 v. Chr.–322 v. Chr.) beschrieben. Sie blieben dann als Teil der **Sieben freien Künste** (siehe Abbildung S. 56) Grundlage von Bildung. Im Zuge der Formalisierung der Mathematik und ihrer Grundlagen erfand dann George Boole (1815–1864) die nach ihm benannte **Boolesche Algebra**, in der er die formale Sprache der Algebra mit Operatoren der Logik verband.

George Boole (1815–1864)

LOGISCHE AUSDRÜCKE

Ein **logischer Ausdruck** besteht aus elementaren Aussagen, die nicht in Teile aufgeteilt werden können, und **logischen Operatoren**, die eine oder mehrere elementare Aussagen miteinander verknüpfen. Als Besonderheit sind die elementaren Aussagen immer entweder wahr oder falsch. Das dahinterstehende Prinzip heisst **tertium non datur** (lat. für «etwas Drittes gibt es nicht»).

Da es für jede elementare Aussage lediglich zwei mögliche Werte gibt, kann man für logische Ausdrücke relativ einfach alle möglichen Kombinationen für die Werte aller involvierten elementaren Aussagen auflisten und das Ergebnis des logischen Ausdrucks in jedem Fall notieren. Eine solche Auflistung nennt man eine **Wahrheitstabelle**.

Elementare logische Operatoren

Die drei weit verbreiteten logischen Operatoren sind «Und» (∧), «Oder» (∨) und «Nicht» (¬). In der Praxis wird häufig noch das «exklusive Oder» (∨̇) verwendet.

Der logische Operator **«Und»**, auch **Konjunktion** genannt, verknüpft zwei logische Aussagen so, dass das Ergebnis nur dann wahr ist, wenn die beiden logischen Aussagen ebenfalls wahr sind. Als Operator wird häufig das Symbol «∧» verwendet, manchmal auch «∩» (als Symbol für die Mengenoperation «Schnitt»), «&» (das kaufmännische «Und») oder «·» (für die Multiplikation). Die Wahrheitstabelle ist:

A	B	A ∧ B
Falsch	Falsch	Falsch
Falsch	Wahr	Falsch
Wahr	Falsch	Falsch
Wahr	Wahr	Wahr

Wenn also die Aussage A «Aline ist anwesend» und die Aussage B «Beat ist anwesend» ist, ist die kombinierte Aussage «Aline ist anwesend **und** Beat ist anwesend» nicht wahr, wenn einer oder beide fehlen. Wenn jedoch beide anwesend sind, ist die Aussage wahr.

Der logische Operator «Oder», auch **Disjunktion** genannt, verknüpft zwei logische Aussagen so, dass das Ergebnis immer dann wahr ist, wenn wenigstens eine der beiden logischen Aussagen ebenfalls wahr ist. Als Operator wird häufig das Symbol «∨» verwendet, manchmal auch «∪» (als Symbol für die Mengenoperation «Vereinigung»), «|» (ein senkrechter Strich) oder «+» (für die Addition). Die Wahrheitstabelle ist:

A	B	A ∨ B
Falsch	Falsch	Falsch
Falsch	Wahr	Wahr
Wahr	Falsch	Wahr
Wahr	Wahr	Wahr

Wenn also wiederum die Aussagen A und B sind, dass Aline respektive Beat anwesend sind, ist die kombinierte Aussage «Aline ist anwesend **oder** Beat ist anwesend» nicht wahr, wenn beide fehlen. Wenn jedoch einer der beiden oder beide anwesend sind, ist die Aussage wahr.

Dies ist ein wenig überraschend, denn das Oder wird im alltäglichen Sprachgebrauch oftmals mit einer etwas anderen Bedeutung verwendet. Wenn man gefragt wird, ob man einen Kaffee oder einen Tee möchte, wird nicht erwartet, dass man einfach «Ja» sagen darf. Auch würde eine Antwort «Ja, gerne beides» komisch angesehen. Hingegen wird das Oder im alltäglichen Sprachgebrauch in der Regel als Entweder-Oder interpretiert, so dass genau eines wahr sein soll, wenn die Gesamtaussage wahr ist.

Für dieses Entweder-Oder nutzt man den logische Operator «exklusives Oder», auch **Kontravalenz** genannt. Er verknüpft zwei logische Aussagen so, dass das Ergebnis immer dann wahr ist, wenn die beiden logischen Aussagen nicht gleich sind. Alternativ kann man es auch so definieren, dass das Ergebnis immer dann wahr ist, wenn genau eine der beiden logischen Aussagen wahr ist. Als Operator wird häufig das Symbol «v̌» verwendet, manchmal auch «v̲» (ein unterstrichenes Oder), «XOR» (als Abkürzung für «exclusive or») oder «⊕» (für die direkte Summe). Die Wahrheitstabelle ist:

A	B	A v̌ B
Falsch	Falsch	Falsch
Falsch	Wahr	Wahr
Wahr	Falsch	Wahr
Wahr	Wahr	Falsch

Der logische Operator «Nicht», auch **Negation** genannt, verarbeitet lediglich eine logische Aussage so, dass das Ergebnis genau das Gegenteil der logischen Aussage ist. Als Operator wird häufig das Symbol «¬» verwendet, manchmal auch «‾» (ein Querstrich über der Aussage wie in der Mengenlehre), «!» (das Ausrufezeichen) oder «-» (das Negativzeichen). Die Wahrheitstabelle ist:

A	¬A
Falsch	Wahr
Wahr	Falsch

1 Informieren Sie sich über die sieben freien Künste der Antike, Abbildung unten. Was davon haben Sie in Ihrer Schulzeit ebenfalls bereits gelernt?

2 Diskutieren Sie den Gebrauch der Wörter «Und» und «Oder» in der alltäglichen Sprache im Gegensatz zu ihrer Verwendung in der Logik.

3 Der Schlussfolgerungsoperator Wenn-Dann kann als logischen Operator interpretiert werden: «Wenn ich die Stimme von Aline höre, dann ist Aline anwesend». Als Symbol wird häufig der Folgepfeil «⇒» verwendet. Diskutieren Sie, wie die Wahrheitstabelle von diesem Operator aussieht. Grenzen Sie ihn von dem Äquivalenz-Operator Genau-Dann-Wenn mit dem Symbol «⇔» ab.

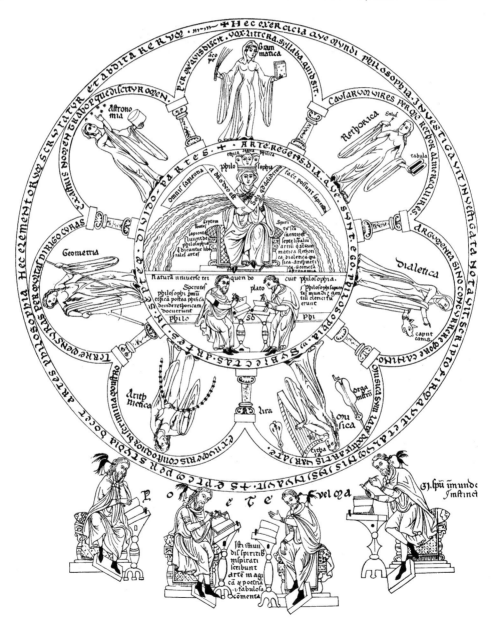

A Versuchen Sie durch Internetrecherche herauszufinden, wie `print(...)` intern funktioniert. Wieso hat Sie das bisher nicht interessieren müssen?

B Was ergibt `print(print())`?

C Probieren Sie die folgenden Anweisungen aus. Worin bestehen die Unterschiede?

Python-Code 2.5

```
01  print("Hallo, Welt!".upper())
```

Python-Code 2.6

```
01  print(upper("Hallo, Welt!"))
```

Python-Code 2.7

```
01  print("Hallo, Welt!".len())
```

Python-Code 2.8

```
01  print(len("Hallo, Welt!"))
```

Prozeduren und Parameter

Die erste Anweisung, die Sie kennengelernt haben, war `print("Hallo, Welt!")`. Einfaches Ausprobieren hat Ihnen gezeigt, dass die Anweisung `print(Text)` den Text *Text* nimmt und auf dem Bildschirm ausgibt. Damit haben Sie eine **Prozedur** kennengelernt.

> **PROZEDUREN**
>
> Eine **Prozedur** führt wie alle Arten von **Unterprogrammen** eine vordefinierte Reihe von Anweisungen aus. Sie besteht aus einem Namen und einem Klammerpaar. Manchen Unterprogrammen kann man Werte mitgeben, die sie zur Ausführung brauchen. Diese Werte nennt man **Parameter**. Mehrere Parameter werden durch Komma «,» getrennt.

Die Anweisung `print(Text)` ist bezüglich ihrer Parameter ein wenig speziell. Zum einen kann man ihr eine beliebige Anzahl von Parametern geben, die sie alle nebeneinander auf dem Bildschirm ausgibt. Zum anderen kann man besondere Einstellungen vornehmen. Die beiden am häufigsten verwendeten Einstellungen sind `sep="Trenner"` und `end="Ende"`. Dabei ist *Trenner* eine Zeichenkette, die zwischen den einzelnen auf dem Bildschirm auszugebenden Zeichenketten stehen soll. Der Standard ist ein Leerzeichen "␣". *Ende* hingegen ist die Zeichenkette, die nach dem letzten Objekt auf dem Bildschirm ausgegeben werden soll. Der Standard ist ein Zeilenumbruch, der durch "\n" symbolisiert wird (N ist der 14. Buchstabe des Alphabets und das ASCII-Zeichen 13 symbolisiert «Carriage Return», was für Zeilenumbruch steht (siehe Kapitel 1.5 Elementare Datentypen und 3.2 Zeichenketten).

Funktionen

Während Prozeduren etwas bewirken, möchte man manchmal zusätzlich noch ein Ergebnis haben, um es weiter zu verwenden. Diese Aufgabe übernehmen **Funktionen**.

> **FUNKTIONEN**
>
> **Funktionen** sind Prozeduren, die zusätzlich noch einen Rückgabewert haben.

57

Funktionen werden häufig für mathematische Berechnungen verwendet. Die Funktion round(*Dezimalzahl*) beispielsweise nimmt eine Dezimalzahl und rundet sie mathematisch.

Python-Code 2.9

```
01  x = round(1.5)
02  print(x)
03  x = round(1.4)
04  print(x)
```

Ausgabe

```
2
1
```

Im Kapitel 1.4 Variablen und Zuweisungen haben Sie bereits verschiedene mathematische Funktionen kennengelernt.

Verwenden werden Sie auch häufig die Funktion len(*Zeichenkette*). Sie gibt die Anzahl der Zeichen in einer Zeichenkette zurück.

Python-Code 2.10

```
01  print(len("Hallo, Welt!"))
```

Ausgabe

```
12
```

Streng genommen sind Prozeduren auch Funktionen. Sie haben tatsächlich auch einen Rückgabewert, der None ist. Damit wird gekennzeichnet, dass es «nichts» zurückzugeben gibt. Auf Rückgaben wird im Kapitel 4.1 Unterprogramme genauer eingegangen.

Methoden

Methoden werden im Kapitel 10 Objektorientierte Modellierung genauer beschrieben. Für den Moment sind die meisten verwendeten Methoden Funktionen, die mit den Werten eines Objekts etwas berechnen und zurückgeben. Die bereits bekannte Methode *Zeichenkette*.upper() beispielsweise nimmt den Wert der Zeichenkette (also die Zeichen, die die Zeichenkette bilden), ersetzt alle Kleinbuchstaben durch Grossbuchstaben und gibt das Ergebnis zurück. Daher können wir uns für den Moment eine Methode vorstellen, wie rechts abgebildet.

> **METHODEN**
> **Methoden** nehmen dadurch, dass sie einem Objekt zugeordnet sind, eine besondere Stellung unter den Prozeduren und Funktionen ein. Sie haben vollen Zugriff auf die Werte des Objekts. Sie werden aufgerufen, indem man an das Objekt einen Punkt und dann den Methodenaufruf anhängt.

Prozeduren, Funktionen und Methoden lassen sich auch kombinieren. Die Funktion min(*Zahl1*, *Zahl2*, …) bestimmt die kleinste Zahl unter allen Parametern. Die Funktion max(*Zahl1*, *Zahl2*, …) bestimmt die grösste Zahl unter allen Parametern.

So ergibt max(min(1, 2), 3) beispielsweise den Wert 3 während min(max(1, 2), 3) den Wert 2 ergibt.

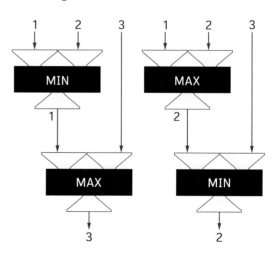

1 Was ergibt der Ausdruck `len("Zahnrad".upper())`? Begründen Sie schrittweise.

2 Was ist `min(max(3, 1), 2)`?

3 Was gibt das folgende Programm aus?

Python-Code 2.11
```
01  a = 1
02  b = 2
03  c = max(a + b, a * 2)
04  d = min(a, b)
05  print(c, d)
```

4 Zu einer Berghütte gibt es zwei Strassen. Diese Strassen führen durch insgesamt fünf Tunnel. Jeder dieser Tunnel hat eine maximale Höhe, mit dem ein LW durchfahren darf.

Schreiben Sie ein Programm, dass die Werte a, b, c, d und e entgegen nimmt und als Ergebnis ausgibt, wie hoch ein Lastwagen maximal sein darf, der zur Berghütte fährt.

5 Vergleichen Sie die beiden Programme. Welches bevorzugen Sie? Warum?

Python-Code 2.12
```
01  import math
02  x = float(input("x = "))
03  parameter = 2 * x + math.pi / 2
04  y = math.sin(parameter)
05  print(y)
```

Python-Code 2.13
```
01  import math
02  print(math.sin(2 * float(input("x = "))
03                 + math.pi / 2))
```

6 Begründen Sie, warum Sie nicht wissen müssen, wie eine Prozedur, Funktion oder Methode funktioniert, solange Sie wissen, was sie tut.

7 Vergleichen Sie Ihr Verständnis von Funktionen aus dem Mathematikunterricht mit dem, was Funktionen in der Informatik sind. Wo finden Sie Gemeinsamkeiten, wo finden Sie Unterschiede?

8 Fridolin behauptet, die Grundrechenarten wären eigentlich auch Funktionen. In Python würden nur die entsprechenden Namen fehlen:

- `a + b → add(a, b)`

- `a - b → subtract(a, b)`

- `a * b → multiply(a, b)`

- `a / b → divide(a, b)`

Diskutieren Sie Vor- und Nachteile von Fridolins Ansatz. Übersetzen Sie hierzu einige arithmetische Ausdrücke in seinen Ansatz.

A Was halten Sie von der Aussage «Es stimmt nicht, dass Aline und Beat anwesend sind»?

B Wie würden Sie formulieren, dass zwar Beat anwesend ist, Aline aber nicht? Finden Sie einen entsprechenden logischen Ausdruck hierfür?

D Versuchen Sie herauszufinden, für welche Kombinationen von A und B die folgenden Ausdrücke wahr sind:

a A ∨ ¬B   b A ∧ ¬A   c ¬(A ∨̇ B)

C Was kann «Aline und Beat oder Chloé sind anwesend» alles bedeuten?

Logische Operatoren zu kombinieren kann unerwartete Schwierigkeiten machen, denn anders als in der Mathematik, wo der Vorrang der Operatoren klar ist (Potenz- vor Punkt- vor Strichrechnung), muss dies in der Logik erst geklärt werden. Hierbei helfen wieder die Wahrheitstabellen und wie in der Mathematik Klammern.

Anders als in weiten Teilen der Mathematik ist es in der Logik möglich, **alle** Werte-Kombinationen der betroffenen Variablen für einen Ausdruck aufzulisten. Wenn man dann einen Ausdruck für jede mögliche Werte-Kombinationen auswertet, hat man eine vollständige Darstellung des Ausdrucks. So kann man auch leicht Beweise für die Äquivalenz von Ausdrücken machen.

Eine Variable kann genau zwei Werte einnehmen: wahr oder falsch. Wenn zwei Variablen involviert sind, muss für jeden möglichen Wert der ersten Variablen jeder mögliche Wert der zweiten Variablen notiert werden, es gibt also zwei **mal** zwei gleich vier verschiedene Werte-Kombinationen. Für jede weitere Variable, die hinzukommt, gibt es doppelt so viele verschiedene Werte-Kombinationen.

A	B	...
Falsch	Falsch	...
Falsch	Wahr	...
Wahr	Falsch	...
Wahr	Wahr	...

Links steht die Wahrheitstabelle für zwei Variablen. Für drei Variablen sähe eine Wertetabelle dann so aus:

A	B	C	...
Falsch	Falsch	Falsch	...
Falsch	Falsch	Wahr	...
Falsch	Wahr	Falsch	...
Falsch	Wahr	Wahr	...
Wahr	Falsch	Falsch	...
Wahr	Falsch	Wahr	...
Wahr	Wahr	Falsch	...
Wahr	Wahr	Wahr	...

Auch wenn die Reihenfolge der einzelnen Zeilen egal ist, sortiert man die Werte üblicherweise so, dass Falsch zuoberst steht und ganz rechts die Werte am schnellsten von oben nach unten wechseln.

KOMBINIERTER LOGISCHER AUSDRUCK

Einen **kombinierten Ausdruck** zerlegt man am einfachsten schrittweise in seine Bestandteile. Dabei ist es hilfreich, von innen nach aussen zu arbeiten.

Den Ausdruck (A ∧ ¬B) ∨ (¬A ∧ B) zerlegt man am besten folgendermassen:

1. ¬B bestimmen
2. A ∧ ¬B bestimmen, denn man kennt bereits ¬B
3. ¬A bestimmen

4. ¬A ∧ B bestimmen, denn man kennt bereits ¬A
5. (A ∧ ¬B) ∨ (¬A ∧ B) bestimmen, denn man kennt bereits sowohl (A ∧ ¬B) als auch (¬A ∧ B)

Diese Bestandteile kann man nun einfach in eine Wahrheitstabelle einbauen:

A	B	¬B	A ∧ ¬B	¬A	¬A ∧ B	(A ∧ ¬B) ∨ (¬A ∧ B)
Falsch	Falsch	Wahr	Falsch	Wahr	Falsch	Falsch
Falsch	Wahr	Falsch	Falsch	Wahr	Wahr	Wahr
Wahr	Falsch	Wahr	Wahr	Falsch	Falsch	Wahr
Wahr	Wahr	Falsch	Falsch	Falsch	Falsch	Falsch

AUFGABEN

1 Bestimmen Sie für vier respektive fünf Variablen, …

a wie viele mögliche Werte-Kombinationen es gibt. Begründen Sie Ihr Ergebnis.

b alle möglichen Werte-Kombinationen. Sortieren Sie sie wie oben angegeben.

2 Zerlegen Sie die folgenden Ausdrücke schrittweise in ihre Bestandteile:

a A ∨ ¬B   b A ∧ ¬A   c ¬(A ∨̇ B)

3 Vollziehen Sie die einzelnen Einträge in der Wahrheitstabelle oben für (A und nicht B) oder (nicht A und B) nach.

4 Erstellen Sie je eine Wahrheitstabelle für die folgenden Ausdrücke (siehe Aufgabe 2):

a A ∨ ¬B   b A ∧ ¬A   c ¬(A ∨̇ B)

5 Vergleichen Sie den Ausdruck (A ∧ ¬B) ∨ (¬A ∧ B) mit dem Ausdruck A ∨̇ B.

6 Erstellen Sie je eine Wahrheitstabelle für die folgenden Ausdrücke:

a (A ∧ B) ∨ (¬A ∨ ¬B)   e A∧¬B
b ¬A ∨ (B ∧ C)   f ¬(A∨¬B)
c ¬A∨B   g (¬A∨¬B)∧C
d ¬(¬A∧¬B)   h (¬A∧¬B∧C)∨(A∧¬B∧C)

7 Erstellen Sie je eine Wahrheitstabelle für die folgenden Ausdrücke.

a Interpretieren Sie zudem die Ergebnisse, indem Sie zwei Gleichungen aufstellen.

  • ¬(A ∧ B)   • ¬A ∧ ¬B
  • ¬(A ∨ B)   • ¬A ∨ ¬B

b Beschreiben Sie zudem die vier Ausdrücke auch jeweils umgangssprachlich.

  • (A ∨ B) ∨ (¬A ∧ ¬B)   • ¬(A ∨̇ B)
  • ¬(A ∧ B) ∧ (A ∧ B)   • A ∨ ¬B

c Formulieren Sie zudem aufgrund der Ergebnisse, wann Assoziativgesetze (Verbindungsgesetze) gelten und wann nicht.

  • A ∨ (B ∨ C)   • A ∨ (B ∧ C)
  • (A ∨ B) ∨ C   • (A ∨ B) ∧ C
  • A ∧ (B ∧ C)   • A ∧ (B ∨ C)
  • (A ∧ B) ∧ C   • (A ∧ B) ∨ C

8 Vergleichen Sie die Ausdrücke A ∧ B sowie B ∧ A. Was fällt Ihnen auf? Vergleichen Sie ebenso A ∨ B mit B ∨ A und A ∨̇ B mit B ∨̇ A. Formulieren Sie Ihre Erkenntnisse.

9 Eine **Tautologie** ist ein Ausdruck, der immer wahr ist. Geben Sie einen Ausdruck mit zwei Variablen A und B an, der immer wahr ist. Eine **Kontradiktion** ist ein Ausdruck, der immer falsch ist. Geben Sie einen Ausdruck mit zwei Variablen A und B an, der immer falsch ist.

A Mit Hilfe des Ausdrucks `(zahl % 2) == 0` haben Sie herausgefunden, ob eine Zahl gerade ist. Nun möchten Sie aber nicht einfach `print("Die Zahl ist gerade:", (zahl % 2) == 0)` schreiben, weil die Ausgabe nicht so hübsch aussieht. Was könnten Sie machen?

B Finden Sie Beispiele wo es notwendig ist, dass ein Computerprogramm entscheidet, einen bestimmten Programmteil auszuführen oder nicht.

C Was für Varianten können Sie sich bei Verzweigungen vorstellen?

Verzweigungen

Je nach Ergebnis einer Bedingung einen Programmteil auszuführen oder nicht, nennt man **Verzweigung** (engl. **conditional statement**). Sie kommen beim Programmieren sehr häufig vor.

> ### ARTEN VON VERZWEIGUNGEN
> Es gibt drei verschiedene Arten von Verzweigungen:
> - **Einfache Verzweigung ohne Alternative:** Diese besteht lediglich aus einer Bedingung und einem Dann-Fall.
> - **Einfache Verzweigung mit Alternative:** Diese besteht aus einer Bedingung, einem Dann-Fall und einem Sonst-Fall.
> - **Mehrfache Verzweigung:** Diese behandelt verschiedene Fälle und enthält mehrere Bedingungen, die der Reihe nach geprüft werden, bis eine Bedingung wahr ist.

Eine einfache Verzweigung ohne Alternative wird in Python mit dem Schlüsselwort `if` eingeleitet. Nach dem `if` kommt eine **Bedingung**. Diese wird mit einem Doppelpunkt `:` abgeschlossen, so dass Python weiss, dass nun wieder Anweisungen kommen. Man nennt diese bedingten Anweisungen auch den **Dann-Block**. Er wird eingerückt.

Das folgende Programm schreibt den Satz «Sie sind minderjährig.» nur dann auf den Bildschirm, wenn das Alter unter 18 ist:

Python-Code 2.14
```
01  alter = int(input("Wie viele Jahre "
02                      "sind Sie alt? "))
03  if alter < 18:
04      print("Sie sind minderjährig.")
```

Eine einfache Verzweigung mit Alternative hat nach einer einfachen Verzweigung ohne Alternative noch nicht eingerückt das Schlüsselwort `else:`. Die danach folgenden alternativen Anweisungen nennt man den **Sonst-Block**. Sie sind ebenfalls eingerückt.

Das folgende Programm schreibt entweder den Satz «Sie sind minderjährig.» auf den Bildschirm, wenn das Alter unter 18 ist, sonst schreibt es den Satz «Sie sind volljährig.» auf den Bildschirm:

Python-Code 2.15
```
01  alter = int(input("Wie viele Jahre "
02                      "sind Sie alt? "))
03  if alter < 18:
04      print("Sie sind minderjährig.")
05  else:
06      print("Sie sind volljährig.")
```

Für eine Verzweigung ist es wichtig zu wissen, wie lange der Dann-Block oder der Sonst-Block oder überhaupt ein Block gilt. In Python wird dies mit Hilfe von Einrückungen gemacht. Die beiden folgenden Programmteile geben demnach unterschiedliches auf dem Bildschirm aus:

Python-Code 2.16
```
01  if False: # Teil 1
02      print("Dies nie")
03  print("Dies immer")
04  if False: # Teil 2
05      print("Dies nie")
06      print("Dies auch nie")
```

Dabei ist es nicht so wichtig, um wie viele Leerzeichen eingerückt wird, solange es immer die gleiche Anzahl ist. Üblich sind 2 oder 4 Leerzeichen.

Entwicklungsumgebungen wie IDLE machen diese Einrückung für eine neue Zeile übrigens automatisch, wenn man am Ende einer Zeile einen Doppelpunkt geschrieben hat.

Andere Programmiersprachen wie Java, C-Varianten oder auch JavaScript nutzen geschweifte Klammern «{» und «}» zur Blockbildung, da dient das Einrücken dann nur der Lesbarkeit. Es ist dort dennoch guter Stil, da es die Lesbarkeit deutlich erhöht. In Python geht es ohne die Einrückung nicht, wie das folgende Beispiel zeigt:

Python-Code 2.17

```
01  if True:
02  print("Alles klar!")
```

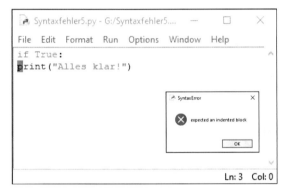

Ein typischer Fehler ist, dass am Ende der Bedingung der Doppelpunkt vergessen wird. In der Regel merkt man das bereits, wenn die nächste Zeile nicht automatisch eingerückt wird. Ansonsten sind solche Fehler manchmal schwer zu finden, weil Python keine explizite Fehlermeldung ausgibt, sondern einen allgemeinen Fehler ausgibt:

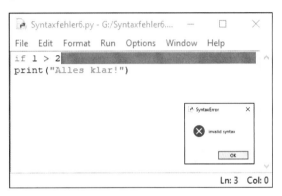

Pseudocode, Flussdiagramme und Struktogramme

Im Pseudocode übernimmt man das Einrücken für Dann-Blöcke und Sonst-Blöcke. Die beiden Beispiele von oben können somit wie folgt dargestellt werden:

Pseudocode

Lies das Alter in Jahren als „alter" ein.
Wenn alter < 18:
   Gib „Sie sind minderjährig." aus.

Pseudocode

Lies das Alter in Jahren als „alter" ein.
Wenn alter < 18:
   Gib „Sie sind minderjährig." aus.
Sonst:
   Gib „Sie sind volljährig." aus.

Im Flussdiagramm nutzt man eine Raute für Verzweigungen um deutlich zu machen, dass hier eine Entscheidung für den einen oder anderen Weg zu treffen ist. Die beiden Pfeile von der Raute weg sind dann mit «Ja» oder «Nein» beschriftet. Da von einer Raute mehrere Wege wegführen, kommt es natürlich auch vor, dass mehrere Wege zu einer Anweisung führen.

Die Flussdiagramme zu den beiden Beispiele folgen auf der nächsten Seite.

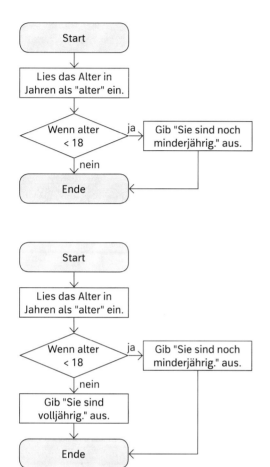

Im Struktogramm wird ebenfalls ein besonderes Symbol verwendet: ein Rechteck wird in drei Dreiecke zerteilt, so dass oben in der Mitte die Bedingung steht und links und rechts «Ja» und «Nein». Falls es keine Alternative gibt, wird darunter einfach das Symbol für die leere Menge geschrieben um deutlich zu machen, dass dort nichts ausgeführt wird.

Die beiden Beispiele von oben sehen im Struktogramm dann so aus:

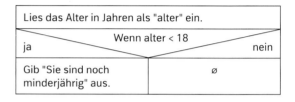

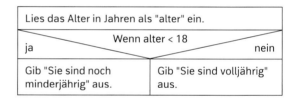

Testen

Je komplizierter Programme werden, desto mehr muss man sie testen. Bei Verzweigungen genügt es nicht, das Programm einfach 2–3 mal auszuführen und das Beste zu hoffen. Es lohnt sich in jedem Fall, sich bewusst Werte zu überlegen, mit denen man testet. Bei Verzweigungen wären Kriterien für gute Testwerte:

- Ein Wert, der die Bedingung knapp wahr werden lässt. In Fall des Beispiels von oben sollte man auf jeden Fall den Wert 17 testen.

- Ein Wert, der die Bedingung knapp falsch werden lässt. Im Fall des Beispiels von oben sollte man auf jeden Fall den Wert 18 testen.

- Einige Werte, die ungewöhnlich sind. Im Fall des Beispiels von oben sollte man vielleicht mal die Werte 0, 100 oder sogar negative Zahlen testen.

Je nachdem wie wichtig ein Programm ist, wird in grösseren Softwareprojekten das Testen automatisiert und systematisiert. Sogenannte **Komponententests** (engl. **unit tests**, auf Deutsch manchmal auch **Modultest** genannt) enthalten Sätze mit Testdaten, auf die eine Softwarekomponente getestet wird. Solches Testen gehört zur Qualitätskontrolle und ist teilweise sogar vertraglich zugesichert (siehe Kapitel 6.1 Projektarbeit).

Verschachtelte Verzweigungen

Es ist auch möglich, Verzweigungen zu **verschachteln**. Damit meint man, dass eine Bedingung in einer anderen Bedingung versteckt ist. Die Einrückungen werden dann kombiniert. Das folgende Beispiel zeigt dies im Pseudocode, in Python, im Flussdiagramm und im Struktogramm:

Pseudocode

Lies das Alter in Jahren als „alter" ein.
Wenn alter < 18:
 Wenn alter < 0:
  Gib „Sie sind noch gar nicht geboren." aus.
 Sonst:
  Gib „Sie sind minderjährig." aus.
Sonst:
 Gib „Sie sind volljährig." aus.

```
01 alter = int(input("Wie viele Jahre "
02                    "sind Sie alt? "))
03 if alter < 18:
04   if alter < 0:
05     print("Sie sind noch gar nicht "
06           "geboren.")
07   else:
08     print("Sie sind minderjährig.")
09 else:
10   print("Sie sind volljährig.")
```

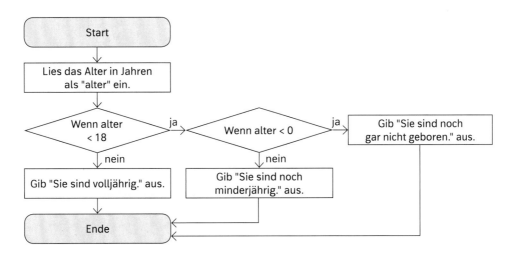

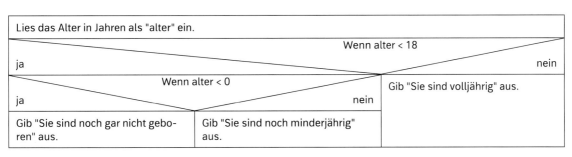

1 Vergleichen Sie zunächst das Flussdiagramm und anschliessend das Struktogramm jeweils mit dem Pseudocode desselben Beispiels. Wo finden Sie jeweils Ähnlichkeiten und Unterschiede?

2 Vergleichen Sie das Struktogramm mit dem Flussdiagramm desselben Beispiels. Wo finden Sie Ähnlichkeiten und Unterschiede?

3 Wandeln Sie das folgende Programm in Pseudocode, Flussdiagramm und Struktogramm um.

Python-Code 2.19

```
01 zahl = int(input("Bitte geben Sie eine "
02                 "Zahl ein: "))
03 zahl2 = zahl // 2
04 zahl2 = zahl2 * 2
05 if zahl == zahl2:
06   print(zahl, "ist gerade")
07 else:
08   print(zahl, "ist ungerade")
```

4 Schreiben Sie das folgende Programm so um, dass die Verzweigung keine Alternative hat. Wo sehen Sie Vor- und Nachteile?

Python-Code 2.20

```
01 zahl = int(input("Bitte geben Sie eine "
02                 "Zahl ein: "))
03 if (zahl % 5) == 0:
04   print("Die Zahl ist durch fünf "
05         "teilbar.")
06 else:
07   print("Die Zahl ist nicht durch fünf "
08         "teilbar.")
```

5 Schreiben Sie ein Programm, dass bei einer Zahl herausfindet, ob sie durch 2, 5, 10 oder durch keine dieser drei Zahlen teilbar ist. Es soll jeweils nur eine Zeile ausgegeben werden. Vergleichen Sie Ihren Ansatz mit dem Ansatz von Ihren Mitschülerinnen und Mitschülern.

6 Geben Sie für Ihr Programm aus der Aufgabe vorher sinnvolle Testwerte an, und begründen Sie, warum diese wichtig zu testen sind.

7 Erstellen Sie ein Programm, das den Betrag einer Dezimalzahl ausgibt. Der Betrag einer Zahl ist die Zahl ohne Vorzeichen.

8 In der Schweiz beginnt die AHV-Pflicht im Alter von 17 Jahren. Bis zum Jahr 2022 sowie in einer Übergangsfrist wurden Frauen im Alter von 64 Jahren und Männer im Alter von 65 Jahren zu AHV-Empfängern. Schreiben Sie ein Programm, das das Alter und das Geschlecht (der Einfachheit halber "m" und "w") eines Menschen abfragt und ausgibt, ob er oder sie noch nicht AHV-pflichtig ist, AHV-pflichtig ist oder AHV-Empfängerin oder AHV-Empfänger ist. Können Sie das Programm so gestalten, dass nur in ganz wenigen Fällen überhaupt gefragt wird, ob die Person männlich oder weiblich ist?

9 Schreiben Sie ein Programm, dass die Körpergrösse in Metern und das Körpergewicht in Kilogramm entgegennimmt und daraus den Body-Mass-Index (BMI) nach der folgenden Formel berechnet:

$$BMI = \frac{Körpergewicht}{Körpergrösse^2}.$$

Wenn der BMI unter 18.5 liegt, soll die Person als untergewichtig bezeichnet werden, wenn der BMI über 25 liegt als übergewichtig. Ansonsten soll die Person als normalgewichtig bezeichnet werden.

A Sammeln Sie Gesetze, die für das Vereinfachen von algebraischen Termen in der Mathematik gelten.

B Erstellen Sie eine Wahrheitstabelle für den Ausdruck $(A \wedge B) \vee (A \wedge \neg B) \vee (\neg A \wedge B)$. Was fällt Ihnen auf?

C Finden Sie einen leicht verständlichen Ausdruck für $\neg A \vee (B \wedge C)$.

D Finden Sie einen Ausdruck, der gleich dem Ausdruck $\neg(A \wedge B)$ ist, aber lediglich die Operatoren Oder $(\vee)$ und Nicht $(\neg)$ enthält.

E Finden Sie einen Ausdruck, der gleich dem Ausdruck $\neg(A \vee B)$ ist, aber lediglich die Operatoren Und $(\wedge)$ und Nicht $(\neg)$ enthält.

Da die Boolesche Algebra mit Hilfe der formalen Sprache der Algebra formuliert ist, kann man sich Gesetze überlegen, die man auch in der Algebra kennt.

KOMMUTATIVGESETZ (VERTAUSCHUNGSGESETZ)

Die logischen Operatoren Und $(\wedge)$, Oder $(\vee)$ und Exklusives Oder $(\dot{\vee})$ sind **kommutativ**, das heisst:

- $A \wedge B = B \wedge A$
- $A \vee B = B \vee A$
- $A \dot{\vee} B = B \dot{\vee} A$

Als Beweis genügen entsprechende Wahrheitstabellen (hier unten in einer Tabelle zusammengefasst).

ASSOZIATIVGESETZ (VERBINDUNGSGESETZ)

Die logischen Operatoren Und $(\wedge)$, Oder $(\vee)$ und Exklusives Oder $(\dot{\vee})$ sind **assoziativ**, das heisst:

- $(A \wedge B) \wedge C = A \wedge (B \wedge C) = A \wedge B \wedge C$
- $(A \vee B) \vee C = A \vee (B \vee C) = A \vee B \vee C$
- $(A \dot{\vee} B) \dot{\vee} C = A \dot{\vee} (B \dot{\vee} C) = A \dot{\vee} B \dot{\vee} C$

DISTRIBUTIVGESETZ (VERTEILUNGSGESETZ)

In begrenztem Masse können Klammern mit Und $(\vee)$ und Oder $(\vee)$ «aufgelöst» werden. Es gilt:

- $A \wedge (B \vee C) = (A \wedge B) \vee (A \wedge C)$
- $A \vee (B \wedge C) = (A \vee B) \wedge (A \vee C)$

Die Kommutativ-, Assoziativ- und Distributivgesetze kann man noch halbwegs im Vergleich zu den entsprechenden Gesetzen in der Mathematik mit der Addition anstelle vom Oder und der Multiplikation anstelle vom Und vorstellen. Die folgenden Gesetze hingegen haben keine Entsprechungen, da sie darauf basieren, dass eine Aussage lediglich Wahr oder Falsch sein kann.

A	B	$A \wedge B$	$B \wedge A$	$A \vee B$	$B \vee A$	$A \dot{\vee} B$	$B \dot{\vee} A$
Falsch	Falsch	Falsch	Falsch	Falsch	Falsch	Falsch	Falsch
Falsch	Wahr	Falsch	Falsch	Wahr	Wahr	Wahr	Wahr
Wahr	Falsch	Falsch	Falsch	Wahr	Wahr	Wahr	Wahr
Wahr	Wahr	Wahr	Wahr	Wahr	Wahr	Falsch	Falsch

Die De-Morgan'schen Gesetze sind nach Augustus de Morgan (1806–1871) benannt. Er beschrieb diese beiden Gleichungen basierend auf der kurz zuvor veröffentlichten Logik durch George Boole. Er war jedoch nicht der erste, William von Ockham (ca. 1288–1347) beschrieb diese Gesetze bereits und auch Aristoteles (384 v. Chr.–322 v. Chr.) soll diese bereits gekannt haben. Augustus De Morgan war jedoch der erste, der sie in der heute verwendeten formalisierten Logik beschrieb.

De Morgan (1806–1871)

DE-MORGAN'SCHE GESETZE

Die folgenden Entsprechungen gelten. Sie heissen De-Morgan'sche Gesetze:

- $\neg(A \wedge B) = \neg A \vee \neg B$
- $\neg(A \vee B) = \neg A \wedge \neg B$

Als Beweis genügen entsprechende Wahrheitstabellen:

A	B	A ∧ B	¬ (A ∧ B)	¬ A	¬ B	¬ A ∨ ¬ B
Falsch	Falsch	Falsch	**Wahr**	Wahr	Wahr	**Wahr**
Falsch	Wahr	Falsch	**Wahr**	Wahr	Falsch	**Wahr**
Wahr	Falsch	Falsch	**Wahr**	Falsch	Wahr	**Wahr**
Wahr	Wahr	Wahr	**Falsch**	Falsch	Falsch	**Falsch**

A	B	A ∨ B	¬ (A ∨ B)	¬ A	¬ B	¬ A ∧ ¬ B
Falsch	Falsch	Falsch	**Wahr**	Wahr	Wahr	**Wahr**
Falsch	Wahr	Wahr	**Falsch**	Wahr	Falsch	**Falsch**
Wahr	Falsch	Wahr	**Falsch**	Falsch	Wahr	**Falsch**
Wahr	Wahr	Wahr	**Falsch**	Falsch	Falsch	**Falsch**

Normalformen

Manchmal werden logische Ausdrücke auch mit Hilfe von kanonischen konjunktiven oder disjunktiven Normalformen notiert.

KANONISCHE KONJUNKTIVE NORMALFORM

Eine **kanonische konjunktive Normalform** (**KKNF**) besteht aus Ausdrücken, bei denen alle Variablen mit Oder ($\vee$) verbunden sind, die dann mit Und ($\wedge$) verbunden werden.

Um diesen Gesamtausdruck zu finden, werden zunächst einmal alle Zeilen identifiziert, deren Ergebnis des zu ersetzenden Ausdrucks Falsch ergibt. Wenn die jeweilige Variable in der Zeile als Falsch definiert ist, wird diese unverändert verwendet, wenn die jeweilige Variable in der Zeile als Wahr definiert ist, wird diese mit Nicht ($\neg$) negiert. Diese Variablen werden mit Oder ($\vee$) zu einem Ausdruck in der Zeile verbunden. Alle Zeilen werden nun mit Und ($\wedge$) verbunden.

Der Ausdruck ¬A ∨ (B ∧ C) lässt sich damit so umwandeln:

A	B	C	¬A ∨ (B ∧ C)	Zeile für KKNF
Falsch	Falsch	Falsch	Wahr	
Falsch	Falsch	Wahr	Wahr	
Falsch	Wahr	Falsch	Wahr	
Falsch	Wahr	Wahr	Wahr	
Wahr	Falsch	Falsch	Falsch	¬A ∨ B ∨ C
Wahr	Falsch	Wahr	Falsch	¬A ∨ B ∨ ¬C
Wahr	Wahr	Falsch	Falsch	¬A ∨ ¬B ∨ C
Wahr	Wahr	Wahr	Wahr	

Damit ist die kanonische konjunktive Normalform (KKNF) von ¬A ∨ (B ∧ C) = (¬A ∨ B ∨ C) ∧ (¬A ∨ B ∨ ¬C) ∧ (¬A ∨ ¬B ∨ C).

KANONISCHE DISJUNKTIVE NORMALFORM

Die **kanonische disjunktive Normalform** (**KDNF**) besteht aus Ausdrücken, bei denen alle Variablen mit Und (∧) verbunden sind, die dann mit Oder (∨) verbunden werden.

Um diesen Gesamtausdruck zu finden, werden zunächst einmal alle Zeilen identifiziert, deren Ergebnis des zu ersetzenden Ausdrucks Wahr ergibt. Wenn die jeweilige Variable in der Zeile als Wahr definiert ist, wird diese unverändert verwendet, wenn die jeweilige Variable in der Zeile als Falsch definiert ist, wird diese mit Nicht (¬) negiert. Diese Variablen werden mit Und (∧) zu einem Ausdruck in der Zeile verbunden. Alle Zeilen werden nun mit Oder (∨) verbunden.

Der Ausdruck ¬A ∨ (B ∧ C) lässt sich damit so umwandeln:

A	B	C	¬A ∨ (B ∧ C)	Zeile für KDNF
Falsch	Falsch	Falsch	Wahr	¬A ∧ ¬B ∧ ¬C
Falsch	Falsch	Wahr	Wahr	¬A ∧ ¬B ∧ C
Falsch	Wahr	Falsch	Wahr	¬A ∧ B ∧ ¬C
Falsch	Wahr	Wahr	Wahr	¬A ∧ B ∧ C
Wahr	Falsch	Falsch	Falsch	
Wahr	Falsch	Wahr	Falsch	
Wahr	Wahr	Falsch	Falsch	
Wahr	Wahr	Wahr	Wahr	A ∧ B ∧ C

Damit ist die kanonische disjunktive Normalform (KDNF) von ¬A ∨ (B ∧ C) = (¬A ∧ ¬B ∧ ¬C) ∨ (¬A ∧ ¬B ∧ C) ∨ (¬A ∧ B ∧ ¬C) ∨ (¬A ∧ B ∧ C) ∨ (A ∧ B ∧ C).

Zunächst einmal sehen diese Normalformen aufwendiger und länger aus als die ursprünglichen Formen, aufgrund der Normierung jedes Teilausdrucks jedoch sind sie leichter lesbar. Die kanonische konjunktive Normalform und die kanonische disjunktive Normalform gibt es auch als konjunktive Normalform und disjunktive Normalform, diese fasst ähnliche Terme zusammen und ist somit höchstens gleich lang. Im obigen Beispiel könnte man die ersten beiden und die

letzten beiden Terme zum Beispiel zusammenfassen: (¬A ∧ B ∧ ¬C) ∨ (¬A ∧ B ∧ C) ∨ (A ∧ ¬B ∧ C) ∨ (A ∧ B ∧ C) = (¬A ∧ B) ∨ (A ∧ C). Das Ergebnis ist zwar noch eine Disjunktive Normalform, aber nicht mehr kanonisch, da die Ausdrücke nicht mehr aus allen drei Variablen bestehen. Ebenso könnte man im folgenden Beispiel die ersten beiden und die letzten beiden Terme zusammenfassen: (A ∨ B ∨ C) ∧ (A ∨ B ∨ ¬C) ∧ (¬A ∨ B ∨ C) ∧ (¬A ∨ ¬B ∨ C) = (A ∨ B) ∧ (¬A ∨ C). Das Ergebnis ist zwar noch eine Konjunktive Normalform aber nicht mehr kanonisch, da die Ausdrücke nicht mehr aus allen drei Variablen bestehen.

1 Beweisen Sie mithilfe von Wahrheitstabellen die Assoziativ- und Distributivgesetze.

2 Giuseppe Peano (1858–1932) formulierte zusätzlich noch die folgenden Gesetze. Beweisen Sie diese.
a Idempotenzgesetze:
A ∧ A = A sowie A ∨ A = A
b Neutralitätsgesetze:
A ∧ Wahr = A sowie A ∨ Falsch = A
c Extremalgesetze:
A ∧ Falsch = Falsch sowie A ∨ Wahr = Wahr
d Doppelnegationsgesetz:
¬(¬A) = A
e Komplementärgesetze:
A ∧ ¬A = Falsch sowie A ∨ ¬A = Wahr
f Absorptionsgesetze:
A ∨ (A ∧ B) = A sowie A ∧ (A ∨ B) = A

3 Oftmals ist es einfacher oder effizienter, einen kombinierten Ausdruck durch einen anderen zu ersetzen. Finden Sie Beispiele, wo das helfen könnte.

4 Vereinfache die folgenden Ausdrücke mit Hilfe der Gesetze:
a ((A ∧ B) ∨ (A ∧ C)) ∧ (B ∨ C)
b (A ∨ ¬B) ∧ (A ∨ C)
c (A ∧ B) ∨ (A ∧ ¬B)
d ¬(¬A ∧ ¬B)

5 Erstellen Sie für selbst gewählte Ausdrücke mit zwei oder drei Variablen jeweils die entsprechende KKNF und KDNF.

6 Wählen Sie zufällige Kombination von Wahrheitswerten für zwei oder drei Variablen und erstellen Sie jeweils die entsprechende KKNF und KDNF.

7 Beweisen Sie, dass der Ausdruck ¬A ∨ (B ∧ C) dem Ausdruck (¬A ∨ B ∨ C) ∧ (¬A ∨ B ∨ ¬C) ∧ (¬A ∨ ¬B ∨ C) entspricht.

8 Beweisen Sie, dass der Ausdruck ¬A ∨ (B ∧ C) dem Ausdruck (¬A ∧ ¬B ∧ ¬C) ∨ (¬A ∧ ¬B ∧ C) ∨ (¬A ∧ B ∧ ¬C) ∨ (¬A ∧ B ∧ C) ∨ (A ∧ B ∧ C) entspricht.

A Finden Sie einen kürzeren Weg, das folgende Programm zu schreiben?

Python-Code 2.21

```
01  geschlecht = input("Bitte geben Sie "
02                      "Ihr Geschlecht ein "
03                      "(m/w): ")
04  alter = int(input("Bitte geben Sie Ihr "
05                     "Alter ein: "))
06
07  if geschlecht == "m":
08    if alter < 17:
09      print("Sie sind noch nicht "
10            "AHV-pflichtig.")
11    if alter >= 65:
12      print("Sie empfangen bereits AHV.")
13    if alter >= 17:
14      if alter < 65:
15        print("Sie sind AHV-pflichtig.")
16
17  if geschlecht == "w":
18    if alter < 17:
19      print("Sie sind noch nicht "
20            "AHV-pflichtig.")
21    if alter >= 64:
22      print("Sie empfangen bereits AHV.")
23    if alter >= 17:
24      if alter < 64:
25        print("Sie sind AHV-pflichtig.")
```

B Schreiben Sie ein Programm, dass beim BMI eine genauere Rückmeldung gemäss der folgenden Tabelle gibt:

	Männlich	Weiblich
BMI < 16	Starkes Untergewicht	Starkes Untergewicht
16 ≤ BMI < 17.5	Mässiges Untergewicht	Mässiges Untergewicht
17.5 ≤ BMI < 19	Leichtes Untergewicht	Leichtes Untergewicht
19 ≤ BMI < 20	Leichtes Untergewicht	Normalgewicht
20 ≤ BMI < 24	Normalgewicht	Normalgewicht
24 ≤ BMI < 25	Normalgewicht	Leichtes Übergewicht
25 ≤ BMI < 30	Leichtes Übergewicht	Leichtes Übergewicht
30 ≤ BMI	Starkes Übergewicht	Starkes Übergewicht

C Suchen Sie im Internet nach dem Begriff **Spaghetticode**.

Es kommt öfters vor, dass nicht nur ein Fall oder zwei Fälle bei Verzweigungen unterschieden werden müssen, sondern dass es mehr Fälle gibt. Dies kann man durch Verschachteln von Verzweigungen lösen, es wird jedoch ziemlich schnell unübersichtlich. Viele Programmiersprachen stellen daher Möglichkeiten zur Verfügung, mehrere Bedingungen und mehrere Fälle einfach zu unterscheiden. In Python wird hierfür das Schlüsselwort `elif` verwendet. Es steht kurz für «else – if» und ermöglicht vor allem, unnötige Einrückungen zu vermeiden.

AUFBAU MEHRFACHER VERZWEIGUNGEN

Eine **mehrfache Verzweigung** besteht aus einem Wenn-Teil, einem oder mehreren Sonst-Wenn-Teilen und gegebenenfalls einem Sonst-Teil. Wenn auch nur einer dieser Teile aufgrund einer wahren Bedingung ausgeführt wird, werden alle restlichen Teile übersprungen.

Das Beispiel auf S. 65 im Kapitel 2.5 Einfache Verzweigungen lässt sich beispielsweise so verkürzen:

Im Pseudocode würde dies wie folgt formuliert werden:

Python-Code 2.22

```
01  alter = int(input("Wie viele Jahre sind "
02                     "Sie alt? "))
03  if alter < 0:
04    print("Sie sind noch gar nicht "
05          "geboren.")
06  elif alter < 18:
07    print("Sie sind noch minderjährig.")
08  else:
09    print("Sie sind volljährig.")
```

Pseudocode

Lies das Alter in Jahren als „alter" ein.
Wenn alter < 0:
  Gib „Sie sind noch gar nicht geboren." aus.
Sonst, wenn alter < 18:
  Gib „Sie sind noch minderjährig." aus.
Sonst:
  Gib „Sie sind volljährig." aus.

In Flussdiagrammen kann man das nicht immer zu 100 % abbilden. Wenn nur ein Wert mit verschiedenen anderen Werten verglichen wird, kann man die jeweiligen Werte an die Pfeile schreiben. Wenn die Bedingungen jedoch komplexer sind, behilft man sich oftmals, indem man mehrere «normale» Wenn-Blöcke miteinander verbindet. Daher kann man das Flussdiagramm zu diesem Programm auf zwei Arten zeichnen:

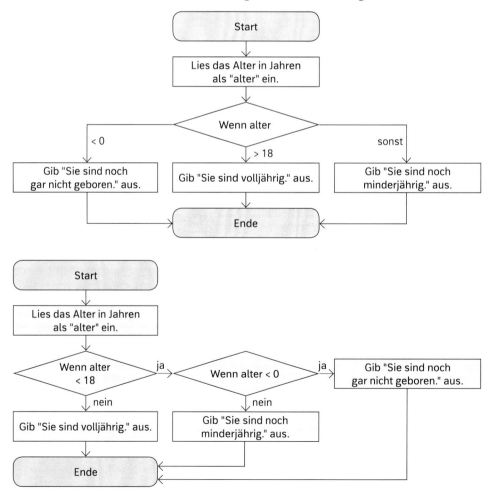

In Struktogrammen hingegen gibt es eine Erweiterung der Darstellung von Verzweigungen (der Sonst-Fall bleibt immer ganz rechts an der rechten Seite des Dreiecks):

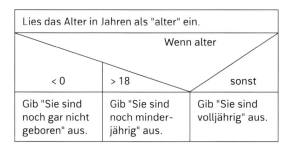

In einigen Fällen kann es auch hilfreich sein, mehrere Bedingungen zu einer zusammengesetzten Bedingung zu verbinden. Hierfür können logische Ausdrücke (siehe Kapitel 2.2 Logische Operatoren, und 2.4 Logische Ausdrücke) verwendet werden. In Python lauten sie:

Logischer Operator	Logisches Symbol	Python-Operator
Konjunktion «Und»	∧	and
Disjunktion «Oder»	∨	or
Kontravalenz «Exklusives Oder»	⩒	^
Negation «Nicht»	¬	not

Das Symbol ^ für die Kontravalenz funktioniert nicht nur auf logischen Ausdrücken, sondern auch auf Zahlen. Daher ist es wichtig sichergestellt zu haben, dass die beiden Operanden nur True oder False sein können.

Solche zusammengesetzten logischen Ausdrücke können ziemlich komplex werden. Daher empfiehlt es sich, lieber mehr Klammern zu setzen als notwendig, um sicherzustellen, dass das Ergebnis auch wirklich das gewollte ist. Insbesondere um Ausdrücke mit Vergleichsoperatoren sollte man Klammern setzen, damit nicht aus Versehen der logische Operator zuerst mit einem Operanden verwendet wird. So wie es in der Mathematik auch

die Potenz- vor Punkt- vor Strichrechnungsregel gibt, binden auch in Python einige Operatoren stärker als andere. Eine vollständige Liste ist unter https://docs.python.org/3/reference/expressions.html zu finden, aber allgemein gilt, dass zunächst gerechnet wird (** vor *, /, // und % vor + und -), dann Vergleiche ausgewertet werden (<, <=, ==, >=, > und !=), dann der logische Operator not gefolgt vom logischen Operator and und zuletzt dem logische Operator or.

ZUSAMMENGESETZTE LOGISCHE AUSDRÜCKE

Mit diesen logischen Operatoren können **Verzweigungen mit zusammengesetzten logischen Ausdrücken** erstellt werden. So muss man nicht zunächst einen Wenn-Dann-Fall machen und in diesem noch einen weiteren Wenn-Dann-Fall verschachteln.

Die Aufgabe von oben könnte dann so formuliert werden:

Python-Code 2.23
```
01  geschlecht = input("Bitte geben Sie Ihr "
02                      "Geschlecht ein "
03                      "(m/w): ")
04  alter = int(input("Bitte geben Sie Ihr "
05                     "Alter ein: "))
06
07  if alter < 17:
08      print("Sie sind noch nicht "
09          "AHV-pflichtig.")
10  elif (alter < 64) or ((alter < 65) and
11                         geschlecht == "m"):
12      print("Sie sind AHV-pflichtig.")
13  else:
14      print("Sie empfangen bereits AHV.")
```

Bereits bei dem Programmbeispiel zur AHV wird deutlich, dass das Testen mit zwei oder drei zufälligen Werten nicht genügt, um die Korrektheit des Programms zu überprüfen. Daher sollte man verschiedene besondere Testfälle ausprobieren, insbesondere die Folgenden:

- weiblich und 16 Jahre alt: man erwartet `"Sie sind noch nicht AHV-pflichtig."`
- weiblich und 17 Jahre alt: man erwartet `"Sie sind AHV-pflichtig."`
- männlich und 16 Jahre alt: man erwartet `"Sie sind noch nicht AHV-pflichtig.")`
- männlich und 17 Jahre alt: man erwartet `"Sie sind AHV-pflichtig."`
- weiblich und 63 Jahre alt: man erwartet `"Sie sind AHV-pflichtig."`

- weiblich und 64 Jahre alt: man erwartet `"Sie empfangen bereits AHV."`
- männlich und 64 Jahre alt: man erwartet `"Sie sind AHV-pflichtig."`
- männlich und 65 Jahre alt: man erwartet `"Sie empfangen bereits AHV."`

Es hilft zudem, noch ein paar extreme Daten (z. B. negatives Alter kleiner als -65 oder vom Programm nicht erkannte Geschlechter wie zum Beispiel `"d"`) einzugeben.

1 Überlegen Sie, warum im Struktogramm eine Variation des Symbols eingeführt wird, während im Flussdiagramm kein neues Symbol gebraucht wird. Diskutieren Sie Vor- und Nachteile der beiden verschiedenen Darstellungen.

2 Schreiben Sie ein Programm, das aufgrund des Alters zwischen Kind, Teenager und volljähriger Person unterscheidet. Nutzen Sie hierzu eine mehrfache Verzweigung. Was nehmen Sie am einfachsten als Sonst-Fall?

3 Schreiben Sie ein Programm, das aufgrund des Alters zwischen Kind, Teenager und volljähriger Person unterscheidet. Nutzen Sie hierzu eine zusammengesetzte Verzweigung, aber keinen Dann-Fall oder Sonst-Dann-Fall.

4 Schreiben Sie ein Programm, dass bei einem Grossbuchstaben untersucht, ob er ein Vokal («A», «E», «I», «O» oder «U») ist, oder ein Konsonant. Lösen Sie diese Aufgabe einmal mit Hilfe einer mehrfachen Verzweigung und einmal mit einem zusammengesetzten logischen Ausdruck.

5 Aus dem Physikunterricht kennen Sie eventuell bereits die Formel für den Zusammenhang zwischen Spannung (U), Strom (I) und Widerstand (R): $U = R \cdot I$. Schreiben Sie ein Programm, das zunächst danach fragt, ob Spannung, Strom oder Widerstand unbekannt sind `"(U/R/I)"`, dann nach den beiden bekannten Werten als Fliesskommazahl fragt und dann den unbekannten Wert berechnet und ausgibt.

6 Erweitern Sie die Aufgabe von vorher so, dass sie eine Fehlermeldung ausgibt, wenn nach einem anderen Wert als Spannung (U), Strom (I) oder Widerstand (R) gesucht werden soll. Können Sie auch Fehler in der Eingabe der beiden bekannten Werte wie im Kapitel 1.5 Elementare Datentypen auf der S. 42 abfangen?

7 Schreiben Sie ein möglichst kurzes Programm mit Hilfe einer mehrfachen Verzweigung zu Rückmeldungen zum BMI gemäss der Tabelle der Aufgabe B auf S. 71.

8 Simulieren Sie eine mehrfache Verzweigung, indem Sie einfache Verzweigungen ineinander verschachteln. Wo sehen Sie Vor- und Nachteile?

9 Vergleichen Sie die beiden Ausdrücke `3 > 1 ^ True` und `(3 > 1) ^ True` und begründen Sie jeweils das Ergebnis.

74

A Diskutieren Sie, was ein «Beweis» ist. Vergleichen Sie ihre Auffassung von einem Beweis in der Informatik mit dem eines Beweises in der Mathematik oder vor Gericht.

B Hand auf's Herz: wie häufig testen Sie ein Programm, wenn Sie es geschrieben haben? Würden Sie anders handeln, wenn sie ein Programm in einer Prüfung schreiben? Oder wenn ein Menschenleben davon abhängen würde?

C Wie würden Sie vorgehen, wenn Sie ein Programm von jemandem anders überprüfen würden?

«Beware of bugs in the above code; I have only proved it correct, not tried it.»

Donald E. Knuth (*1938)

Donald E. Knuth schrieb diese Aussage im Jahr 1977 an Peter van Emde Boas. Er bezog sich auf ein Programm, das er entwickelt hatte, um eine bessere Lösung für ein bestimmtes Problem vorzuschlagen. Das Problem war das Implementieren einer Prioritätsschlange, auf die von beiden Enden (also bei dem Element mit höchster Priorität und bei dem Element mit niedrigster Priorität) zugegriffen werden kann.

Was muss man tun, wenn man ein gutes Programm schreiben möchte? Wo liegen verborgene Gefahren?

Auf der einen Seite soll ein Programm das tun, was es tun soll. Diesen Aspekt nennt man die **Korrektheit** eines Programms.

Es gibt Fälle, für die man dies vollständig überprüfen kann. Wahrheitstabellen, die Sie im Kapitel 2.2 Logische Operatoren kennengelernt haben, ermöglichen solche Beweise. Ein Ausdruck mit drei Variablen, die jeweils Wahr oder Falsch sein können, kann mit $2^3 = 8$ verschiedenen Kombinationen vollständig überprüft werden.

In anderen Fällen ist es nicht möglich, alle möglichen Eingaben zu überprüfen. Alleine schon, wenn eine Benutzereingabe vorkommt, geht dies nicht mehr, weil einfach zu viele mögliche Eingaben vorkommen. Es gibt aber auch Fälle, wie im Kapitel 5.5 Grenzüberschreitungen beschrieben, bei denen es nicht nur praktisch, sondern auch theoretisch unmöglich ist, die Korrektheit eines Programms zu überprüfen.

Auf der anderen Seite soll ein Programm nicht nur das tun, was es tun soll, es soll dies auch möglichst **effizient** tun. Wenn ein Programm eine Aufgabe in 30 Millisekunden löst, ist es deutlich besser, als wenn es dafür 30 Minuten braucht. Nicht nur ist dann der Energieverbrauch deutlich geringer gewesen, auch der Benutzer ist nicht nach einigen Sekunden skeptisch geworden, ob das Programm das Problem überhaupt löst.

Donald E. Knuths Programm an Peter van Emde Boas adressiert beide Aspekte: er schlägt eine effizientere Lösung vor und zeigt gleich noch, dass sie korrekt ist. Durch die Aussage wird aber auch offensichtlich, dass diese beiden Aspekte seiner Lösung wesentlich wichtiger sind, als dass es praktisch keine Tippfehler oder sonstige «kleine» Fehler hat, die noch zu beheben wären.

Er deutet in diesem Zusammenhang auch die grundlegende Frage an, was Programmieren eigentlich ist:

- Ist Programmieren ein magischer Prozess? Muss man in dunklen Ritualen initiiert werden, um so auf nicht verständliche Art und Weise Zeilen zu schreiben?

- Ist Programmieren eine Ingenieursdisziplin? Muss man einfach systematisch vorgehen, Berechnungen vornehmen, nachmessen, ob alles gut ist und hat am Ende ein technisches Konstrukt?

- Ist Programmieren ein Handwerk? Geht man bei einem Meister in die Lehre, ahmt ihn nach, lernt das übliche Vorgehen und leistet am Ende solide Arbeit?

- Ist Programmieren eine hohe Kunst? Braucht man grosses Talent und Kreativität, eine Begabung und ein «Auge» für das richtige Mass?

- Ist Programmieren eine Wissenschaft? Geht es nicht darum, praktische Lösungen zu finden, sondern theoretische Beweise zu führen, die Grundlagen zu erforschen, überlässt dafür aber die praktische Ausführung anderen?

Abgesehen von der Magie hat Programmieren vermutlich Aspekte von allen Ansätzen in sich. Grosse Softwareprodukte brauchen eine «Architektur», eine «innere Statik» und eine solide Bauweise. Sie müssen aber auch handwerklich gut aufgebaut sein und mit üblichen Methoden programmiert sein, dass man sie warten kann. Erfolgreiche Softwareprodukte brauchen zudem ein Stück weit Genialität und Innovation, damit sie sich gegenüber anderen Produkten am Markt durchsetzen können. Und zuletzt müssen auch grosse Softwareprodukte die Grundsätze und Grenzen der Informatik als Wissenschaft berücksichtigen, damit sie funktionieren. Der Weg zu diesem Ziel ist eine gute **Evaluation**.

> **EVALUATION**
> Evaluation beschreibt den Vorgang, einen Lösungsvorschlag für ein Problem zu analysieren und zu bewerten.

Ein wesentlicher Schritt zur Evaluation ist das **Zerlegen eines Problems in Teilprobleme**. In der Regel ist ein grosses Problem zu komplex, um in einem Schritt vollständig evaluiert zu werden. Daher werden kleinere Teilprobleme zunächst getrennt betrachtet und evaluiert. Wenn die Teilprobleme zufriedenstellend gelöst werden, wird das Zusammenspiel der Lösungen betrachtet und somit das Gesamtproblem evaluiert.

Angenommen, es ginge darum, wie im Kapitel 2.1 Modulo ein Programm zu schreiben, dass eine eingegebene Zahl daraufhin überprüft, ob sie gerade oder ungerade ist. Der Lösungsvorschlag sei:

Python-Code 2.24
```
01  eingabe = input("Bitte geben Sie eine "
02                  "ganze Zahl ein: ")
03  x = int(eingabe)
04  if (x % 2) == 0:
05    print(x, "ist gerade.")
06  else:
07    print(x, "ist ungerade.")
```

Auch wenn für einen geübten Programmierer die Korrektheit und Effizienz leicht beim einmaligen Lesen gesehen werden kann, soll dieses Programm hier exemplarisch für ein grösseres Programm stehen.

Ein erster Schritt der Evaluation ist nun, das Problem in verschiedene Teilprobleme zu zerlegen. Eine mögliche solche Zerlegung wäre:

- Einlesen einer Zahl.

- Identifizieren, ob die Zahl gerade oder ungerade ist.

- Ausgabe des Ergebnisses.

Für das erste Problem sind die ersten beiden Zeilen des Programms zuständig. Die `input(…)`-Funktion liest einen beliebigen Text ein und die `int(…)`-Funktion wandelt diesen Text in eine Zahl um. Wichtig: am Ende dieser Lösung des Teilproblems können wir davon ausgehen, dass unter x eine ganze Zahl gespeichert ist.

Das zweite Problem wird mit Hilfe der Modulo-Funktion gelöst. Diese Lösung ist in der Bedingung der Verzweigung versteckt: `(x % 2) == 0`. Wenn x eine ganze Zahl ist (wie oben sichergestellt), ist `x % 2` entweder 0 oder 1. Das Ergebnis ist genau dann 0, wenn der Rest der ganzzahligen Division durch 2 ebenfalls 0 ergibt. Daher ist der Vergleich des Ergebnisses mit 0 genau dann wahr, wenn x durch 2 teilbar ist.

Das dritte Problem wird mit Hilfe einer Verzweigung gelöst, deren Bedingung die Lösung des zweiten Problems ist. Wenn diese Wahr ergibt, wird der Dann-Fall ausgeführt, ansonsten der Sonst-Fall. Der Dann-Fall gibt korrekterweise aus, dass die eingegebene Zahl gerade ist, der Sonst-Fall gibt ebenfalls korrekterweise aus, dass die eingegebene Zahl ungerade ist.

Diese drei Teilprobleme sind korrekt miteinander verbunden. Wie bereits geschrieben wird vom ersten Teilproblem zum zweiten Teilproblem eine ganze Zahl weitergegeben und vom zweiten Teilproblem zum dritten Teilproblem ein Wahrheitswert.

Eine genauere Analyse ergibt, dass es eine Möglichkeit zur Effizienzsteigerung gibt. Beim ersten Teilproblem muss der eingegebene Text nicht erst in einer Variablen gespeichert werden, sondern man kann direkt `x = int(input("Bitte geben Sie eine ganze Zahl ein:"))` schreiben. So spart man (ein wenig) Speicherplatz.

Je nach Ziel könnte man aber auch umgekehrt argumentieren und diese Lösung als leichter von Menschen verständlich bezeichnen. Man könnte sogar die dritte Zeile in zwei Teile unterteilen, um die Lösung noch leichter verständlich zu machen:

Python-Code 2.27
```
01 ist_gerade = (x % 2) == 0
02 if ist_gerade:
```

Evaluation ist jedoch nicht einfach «etwas, was man am Ende noch macht». Die Schritte zur Evaluation helfen bereits beim Entwerfen eines Programms, ein Problem zu lösen. Wenn man dann zusätzlich so programmiert, dass ein Evaluieren am Ende einfach ist, indem man das Zerlegen des Problems in Teilprobleme dokumentiert, hat man Programme, die man selbst oder andere später leichter warten können.

1 Was für zusätzliche Kriterien gibt es für «gute» Programme?

2 Evaluieren Sie einige von den Programmen, die Sie am Anfang geschrieben haben. Was halten Sie von Ihren Programmen?

3 Vergleichen Sie das Konzept des Evaluierens mit dem der Abstraktion in Kapitel 1.7 Abstraktion I. Wo gibt es Gemeinsamkeiten, wo gibt es Unterschiede?

4 Neben den beiden Aspekten Korrektheit und Effizienz kann man noch andere Aspekte wie etwa Verständlichkeit des Codes, Kürze der Implementierung oder Verwenden von Standards bewerten. Diskutieren Sie diese und weitere Evaluationsaspekte und bewerten Sie sie für sich.

3

Schleifen
und Datenstrukturen

« The computing scientist's main challenge is not to get
confused by the complexities of his own making. »

Edsger Wybe Dijkstra (1930 – 2002)

« Die grösste Herausforderung für Informatiker ist, nicht von
der Komplexität des selbst Erschaffenen durcheinander
gebracht zu werden. »

A Wer kennt das nicht: Zettel werden auf einen Stapel gelegt und die ältesten, die man vielleicht als erstes bearbeiten müsste, liegen zuunterst? Dabei ist es manchmal ganz hilfreich, Dinge in rückwärtiger Reihenfolge abzuarbeiten.

Überlegen Sie drei Beispiele aus Ihrem Alltag, in denen Sie Dinge in der Reihenfolge ihres Eingangs bearbeiten müssen. Überlegen Sie ebenfalls drei Beispiele aus ihrem Alltag, in denen Sie Dinge in umgekehrter Reihenfolge ihres Eingangs bearbeiten müssen.

B Überprüfen Sie bei dem folgenden algebraischen Ausdruck, ob die Klammern richtig gesetzt sind. Wie sind Sie vorgegangen?

$$(3x + 4 \cdot (2x - 5) + 2) \cdot (3x + 1)$$

Können Sie dieselbe Vorgehensweis auch auf Python-Ausdrücke anwenden, in der mehrere Ausdrücke ineinander verschachtelt sind?

C Sie bekommen der Reihe nach Zettel in die Hand gedrückt, die sie in umgekehrter Reihenfolge wieder zurückgeben sollen. Wie gehen Sie vor?

STAPEL

Ein **Stapel** (engl. **stack**, auf Deutsch manchmal auch **Keller** genannt) ist eine Datenstruktur, bei der immer nur oben Elemente hinzugefügt werden können und das jeweils oberste Element entfernt werden kann.

Im einfachsten Fall besitzt ein Stapel lediglich zwei mögliche Methoden:

- push(*Element*): fügt das Element *Element* als oberstes Element hinzu

- *Element* pop(): entfernt das oberste Element und gibt es zurück

Häufig gibt es noch zwei Hilfsmethoden, die den Umgang mit Stapeln einfacher und effizienter machen:

- *Element* top(): gibt das oberste Element zurück ohne es zu entfernen

- boolean empty(): gibt zurück, ob der Stapel leer ist

Auf einem leeren Stapel werden beispielsweise die folgenden Operationen ausgeführt:

Python-Code 3.1

```
01  s.push(37)
02  s.push(42)
03  print(s.pop())
04  s.push(192)
05  print(s.pop())
06  print(s.pop())
07  print(s.empty())
```

Was dabei auf dem Stapel passiert, zeigt die Tabelle auf der nächsten Seite.

Das Grundprinzip des Stapels wird LIFO genannt von «Last in, first out». Es ist eines der ältesten Grundprinzipien von Datenstrukturen. Stapel sind wesentliche Elemente von Kellerautomaten und Turingmaschinen. Sie sind so mächtig, dass man beweisen kann, dass alle heutigen Computer theoretisch (mit gewissen Effizienzverlusten) durch eine Maschine aus zwei Stapeln und einem Zustand ersetzt werden kann.

Anweisung	Vorgang	Inhalt des Stapels	Gesamte Ausgabe
`s.push(37)`	fügt 37 oben auf den Stapel hinzu	37	
`s.push(42)`	fügt 42 oben auf den Stapel hinzu	42 37	
`print(s.pop())`	entfernt das oberste Element 42, gibt es zurück, und gibt es aus	37	42
`s.push(192)`	fügt 192 oben auf den Stapel hinzu	192 37	42
`print(s.pop())`	entfernt das oberste Element 192, gibt es zurück, und gibt es aus	37	42 192
`print(s.pop())`	entfernt das oberste Element 37, gibt es zurück, und gibt es aus		42 192 37
`print(s.empty())`	gibt `True` zurück, da der Stapel leer ist, und gibt dies aus		42 192 37 `True`

ABSTRAKTE DATENTYPEN

Ein Stapel ist eine Datenstruktur mit geregeltem Zugriff. Sie bilden damit einen **abstrakten Datentyp ADT** (engl. **abstract data type**). Dabei ist festgelegt, wie die Datenstruktur verwendet werden kann, aber nicht wie sie implementiert ist. Gleichzeitig werden häufig verwendete abstrakte Datentypen allgemein definiert und immer wieder verwendet, so dass beim Verwenden eines abstrakten Datentypen in der Regel bereits eine fertige und zuverlässig funktionierende Implementierung vorhanden ist.

Eine übliche Implementierung von Stapeln ist, ein Feld bestehend aus nebeneinanderliegenden Speicherpositionen (siehe Kapitel 4.7 Felder) zu nehmen, diese von vorne her zu füllen und die Position des jeweils obersten Elements zu speichern.

Top=1

0 37	1 42	2	3

Die Operationen funktionieren dann so:

- `push(Element)`:

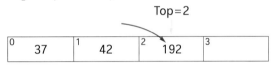

- `Element pop()`:

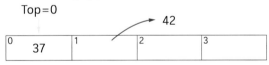

- `Element top()`:

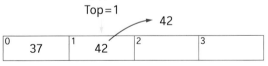

- `boolean empty()`:

Top=-1

Eine andere übliche Implementierung von Stapeln nutzt einzelne Objekte und Zeiger (siehe Kapitel 10 Objektorientierte Modellierung). Dabei wird immer auf das oberste Objekt verweisen, an dem möglicherweise weitere Unterobjekte hängen. Das nennt man dann eine **verkettete Liste**. Der Einfachheit halber ist das letzte Objekt immer als leeres Objekt markiert.

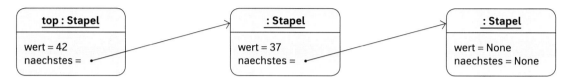

Die Operationen funktionieren dann so:

- push(*Element*):

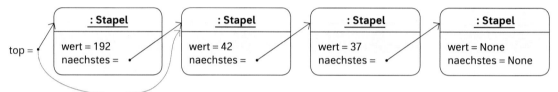

- *Element* pop( ):

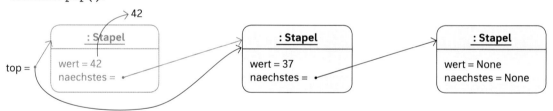

- top( ):

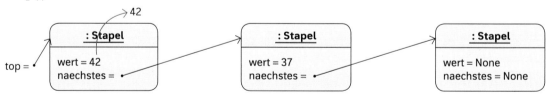

- empty( ):

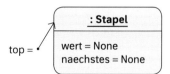

Es gibt sogar Taschenrechner, die mit Hilfe des Stapels funktionieren. Der HP 35 ist ein solcher Taschenrechner. Er hat einen Stapel eingebaut, auf den man mit Hilfe der [ENTER]-Taste Zahlen legen kann. Das oberste Element des Stapels wird in der oberen Zeile angezeigt. In der unteren Zeile kann man einen neuen Wert eingeben. Operatoren wie +, -, · oder : neben dann den oberen Wert und verrechnen ihn mit dem unteren Wert. Wenn man also 37 [ENTER] 42 [÷] eingibt, zeigt der Taschenrechner (gerundet) 0.88095 an. So konnte der ursprüngliche HP 35 als erster wissenschaftlicher Taschenrechner bereits 1972 trigonometrische Funktionen und die Exponentialfunktion berechnen. Die besondere Eingabemethode, bei der der Operator nach den Operanden eingegeben wird, nennt sich Postfixnotation (engl. **reverse polish notation RPN**, siehe Kapitel 3.5 Bäume).

Ein HP 35s. Dieser Taschenrechner wurde 35 Jahre nach dem Erscheinen des HP 35 als Erinnerung an diesen veröffentlicht und funktioniert ebenso wie dieser mit Stapeln.

AUFGABEN

1 Geben Sie eine Reihenfolge von Anweisungen an, so dass am Ende auf dem Stapel (von oben nach unten) die Zahlen 1, 2, 3, 4 und 5 sind sowie zwischendurch die Zahlen 6 und 7 auf dem Stapel waren aber wieder entfernt wurden.

2 Stapel werden beispielsweise verwendet, um Klammerstrukturen zu überprüfen. Beschreiben Sie mit eigenen Worten, wie ein Ausdruck mit Klammern mit Hilfe eines Stapels zeichenweise daraufhin überprüft werden kann, ob die Klammern paarig gesetzt sind (dass eine geöffnete Klammer am Ende auch wieder geschlossen wurde). Gehen Sie davon aus, dass runde Klammern «(» und «)» die einzigen relevanten Klammern sind.

3 Zeichnen Sie ein Feld mit mehreren leeren Speicherpositionen, um das Speichern eines Stapels zu simulieren. Führen Sie mehrere verschiedene Operationen auf dem Stapel durch, schreiben Sie die Werte in den Speicherpositionen am einfachsten mit Bleistift, dass Sie beim Entfernen eines Elements den Wert einfach ausradieren können.

4 Zeichnen Sie ein leeres Objekt, das einen leeren Stapel symbolisieren soll. Führen Sie mehrere verschiedene Operationen auf dem Stapel durch.

5 Eine mögliche Implementierung eines Stapels ist der unten stehende Code. Sie ist nicht objektorientiert programmiert (wie im Kapitel 10.3 Vererbung und Schnittstellen). Sie nutzt allerdings Konzepte, die erst im Kapitel 4.1 Unterprogramme und 4.7 Felder erklärt werden. Verwenden Sie diesen Code, um das Beispiel von oben auszuprobieren.

Python-Code 3.2

```python
01 def push(stack, element):
02     """Fügt ein Element oben auf dem Stapel hinzu."""
03     stack.append(element)
04
05 def pop(stack):
06     """Entfernt das oberste Element des Stapels und gibt es zurück."""
07     return stack.pop() # Python-Felder haben bereits eine pop()-Methode
08
09 def top(stack):
10     """Gibt das oberste Element des Stapels zurück ohne es zu entfernen."""
11     return stack[-1] # der Index -1 ist eine Kurzform für len(array) - 1
12
13 def empty(stack):
14     """Gibt True zurück, wenn der Stapel leer ist, sonst False."""
15     return len(stack) == 0
16
17 mystack = [] # ein leeres Feld für den Stapel
```

A Fassen Sie alle Aspekte zusammen, die Sie bisher über die `print(…)`-Anweisung gelernt haben.

B Repetieren Sie, wie in Computern Zeichen codiert werden.

C Diskutieren Sie die unterschiedliche Funktionsweise des +-Operators je nachdem was für Datentypen (Ganzzahl oder Kommazahl) vorkommen.

Zeichenketten erzeugen

Zeichenketten wurden bereits im Kapitel 1.5 Elementare Datentypen grundlegend eingeführt. Sie bestehen aus einer fast beliebig langen Aneinanderreihung von Zeichen.

Zeichenketten werden in der Regel erzeugt, indem man einen Text zwischen zwei Anführungszeichen «"» setzt. Innerhalb einer Zeichenkette dürfen dann fast alle Zeichen vorkommen.

Eine Ausnahme ist das Zeichen für den **Rückstrich** (engl. **backslash**) «\». Es wird genutzt um Steuerbefehle wie «Neue Zeile» «\n» einzuleiten. Einen solchen Steuerbefehl nennt man eine **Escape-Sequenz**. Der Rückstrich «\» stellt dabei ein **Maskierungszeichen** dar, das das nächste Zeichen als Befehl und nicht als buchstäbliches Zeichen interpretiert. So kann man Zeichen eingeben, die keine Zeichen im eigentlichen Sinne sind. Häufig verwendet wird dabei:

* \n → Neue Zeile

* \t → Tabulator

* \" → das Zeichen «"» (und nicht das Ende des Strings)

* \\ → das Zeichen «\» (um es doch als Zeichen verwenden zu können)

Bereits mechanische Schreibmaschinen hatten eine Tabulator-Taste. Sie wurde dazu verwendet, den Wagen, auf dem das beschriebene Blatt Papier aufgespannt ist, zur nächsten Tabulatorposition vorzuschieben. So konnten schnell beispielsweise Positionen in Tabellen gefunden werden.

Es ist auch möglich, fast beliebige Unicode-Zeichen (siehe Kapitel 7.3 Präfixcodes) einzugeben. So lassen sich sogar beispielsweise Zeichen aus anderen Alphabeten oder mathematische Symbole eingeben. Zusammengesetzte Unicode-Zeichen (wie beispielsweise Emojis) hingegen lassen sich nicht so einfach darstellen. Die folgende Liste stellt eine Tabelle von häufig verwendeten Zeichen dar:

Zeichen	Code	Zeichen	Code	Zeichen	Code
„	\u201E	≈	\u2248	ε	\u03B5
"	\u201C	≡	\u2261	ζ	\u03B6
‚	\u201A	≙	\u2259	η	\u03B7
'	\u2018	∞	\u221E	θ	\u03B8
"	\u201C	⇒	\u21D2	ι	\u03B9
"	\u201D	⇔	\u21D4	κ	\u03BA
'	\u2018	→	\u2192	λ	\u03BB
'	\u2019	←	\u2190	μ	\u03BC
«	\u00AB	↑	\u2191	ν	\u03BD
»	\u00BB	↓	\u2193	ξ	\u03BE
‹	\u2039	↔	\u2194	ο	\u03BF
›	\u203A	∧	\u2227	π	\u03C0
–	\u2013	∨	\u2228	ρ	\u03C1
…	\u2026	⩒	\u2A52	ς	\u03C2
±	\u00B1	¬	\u00AC	σ	\u03C3
·	\u00D7	∩	\u2229	τ	\u03C4
·	\u00B7	∪	\u222A	υ	\u03C5
:	\u00F7	α	\u03B1	φ	\u03C6
≠	\u2260	β	\u03B2	χ	\u03C7
≤	\u2264	γ	\u03B3	ψ	\u03C8
≥	\u2265	δ	\u03B4	ω	\u03C9

Da alle Steuerbefehle mit dem Zeichen «\» anfangen und das Zeichen «\» selber als «\\» dargestellt wird, sind diese Escape-Sequenzen ein Präfixcode (siehe Kapitel 7.3 Präfixcodes).

Es ist in Python auch möglich anstelle des normalen Anführungszeichens «"» ein einfaches Anführungszeichen «'» zu verwenden. Dann ist das normale Anführungszeichen «"» ein norma-les darstellbares Zeichen, während das einfache Anführungszeichen «'» maskiert werden muss: «\'». Zudem ist es möglich Text, der über mehrere Zeilen geht, mit dreifachen Anführungszeichen «"""» ein- und auszuleiten. Dies wird oftmals für Kommentare von Unterprogrammen verwendet (siehe Kapitel 4.1 Unterprogramme).

Zeichenketten verlängern und verkürzen

Die einfachste Methode, Zeichenketten zu verlängern, ist bereits im Kapitel 1.5 Elementare Datentypen erklärt worden: mit dem Operator «+» kann man zwei Zeichenketten aneinanderhängen.

Um eine Zeichenkette zu verkürzen respektive eine Teilzeichenkette zu erhalten, braucht es Wissen um die **Länge einer Zeichenkette**. Diese kann mit Hilfe der Funktion len(*Zeichenkette*) bestimmt werden. So ergibt beispielsweise len("Hallo, Welt!") die Zahl 12, denn Satzzeichen und Leerzeichen sind neben den 9 Buchstaben ebenfalls Zeichen und werden mitgezählt.

Ein einzelnes Zeichen aus einer Zeichenkette kann mit Hilfe des **Index** des Zeichens ermittelt werden. Dabei ist zu beachten, dass das erste Zeichen den Index 0 hat, das zweite Zeichen den Index 1, und so weiter. Wenn man den Index in eckigen Klammern hinter eine Zeichenkette oder dem Namen einer Variablen, unter der eine Zeichenkette gespeichert ist, stellt, erhält man das entsprechende Zeichen. Das folgende Programm ergibt demnach zweimal die Ausgabe «W»:

Python-Code 3.3

```
01  print("Hallo, Welt"[7])
02  zeichenkette = "Hallo, Welt!"
03  print(zeichenkette[7])
```

Da len(*Zeichenkette*) die Anzahl der Zeichen in einer Zeichenkette darstellt, und da das erste Zeichen den Index 0 hat, gibt es das Zeichen an der Stelle len(*Zeichenkette*) nicht. Das letzte Zeichen ist das an der Stelle len(*Zeichenkette*) - 1.

Möchte man nicht ein einzelnes Zeichen sondern einen Teil der Zeichenkette haben, kann man in den eckigen Klammern einen Doppelpunkt «:» verwenden, um einen Bereich zu beschreiben. Vor dem Doppelpunkt ist der Index des ersten Zeichens zu verwenden. Hinter dem Doppelpunkt ist der Index des Zeichens zu verwenden, das **nach** dem letzten Zeichen kommt. Dies scheint zunächst komisch, aber so kann man mit «:len(*Zeichenkette*)» bis zum Ende der Zeichenkette gehen. Das folgende Programm zeigt dies auf:

Python-Code 3.4

```
01  zeichenkette = "Hallo, Welt!"
02  print(zeichenkette[0:5])
03  print(zeichenkette[7:11])
04  print(zeichenkette[7:len(zeichenkette)])
```

Programmausgabe

```
Hallo
Welt
Welt!
```

Es gibt abkürzende Ausdrücke, wenn der Teil am Anfang starten oder am Ende aufhören soll. In diesem Fall lässt man die Zahl vor respektive nach dem Doppelpunkt «:» einfach weg. So entspricht [:5] dem Ausdruck [0:5] und [7:] dem Ausdruck [7:len(zeichenkette)]. Es ist auch möglich mit Hilfe von negativen Zahlen von hinten zu zählen: [7:-1].

Python-Code 3.5

```
01  zeichenkette = "Hallo, Welt!"
02  print(zeichenkette[:5])
03  print(zeichenkette[7:])
04  print(zeichenkette[7:len(zeichenkette)])
05  print(zeichenkette[7:-1])
```

Programmausgabe

```
Hallo
Welt!
Welt!
Welt
```

Zeichenketten verändern

Zum Finden von Teilzeichenketten kann die Methode .find(*Teilzeichenkette*) verwendet werden. Sie gibt die erste Position von *Teilzeichenkette* in einer Zeichenkette zurück. Als Methode muss sie an eine Zeichenkette angehängt werden.

Zum Ersetzen von Teilzeichenketten kann die Methode .replace(*Suchtext*, *Ersetzungstext*) verwendet werden.

Die Methoden .upper() und .lower() ersetzen alle Kleinbuchstaben in Grossbuchstaben respektive umgekehrt. Alle anderen Zeichen bleiben unverändert.

Bei allen diesen Methoden wird die ursprüngliche Zeichenkette nicht verändert, sondern das Ergebnis wird zurückgegeben. Das folgende Programm hat demnach die folgende Ausgabe:

Python-Code 3.6

```
01  zeichenkette="Hallo, Welt!"
02  print(zeichenkette.find("Welt"))
03  print(zeichenkette.replace("Welt",
04                     "Erdkreis"))
05  print(zeichenkette.upper())
06  print(zeichenkette.lower())
07  print(zeichenkette)
```

Programmausgabe

```
7
Hallo, Erdkreis!
HALLO, WELT!
hallo, welt!
Hallo, Welt!
```

AUFGABEN

1 Nutzen Sie die Steuerbefehle «\t» und «\n» um die folgende Tabelle auf dem Bildschirm mit einer einzelnen print(…)-Anweisung auszugeben. Wo hat diese Methode ihre Grenzen?

	Musik	Kunst
Männlich	5	7
Weiblich	8	4

2 Schreiben Sie ein Programm, dass die letzten drei Zeichen einer beliebig langen Zeichenkette ausgibt.

3 Schreiben Sie ein Programm, dass das Zeichen «\» in einer Zeichenkette sucht und dieses Zeichen mit dem danach folgenden Zeichen ausgibt. Wie müssen Sie eine solche Zeichenkette in Python eingeben?

4 Schreiben Sie ein Programm, dass alle Umlaute («ä», «ö», «ü», «Ä», «Ö» und «Ü») durch entsprechende Digraphen («ae», «oe», «ue», «AE», «OE», «UE») ersetzt. Wieso wäre eine «Rückübersetzung» schwierig?

5 In der Schweiz wird das Zeichen «ß» nicht verwendet und kann oftmals über die Tastatur gar nicht eingegeben werden. Es kann aber in Python als \u00DF verwendet werden. Schreiben Sie ein Programm, dass alle «ß» in einem Text durch «ss» ersetzt.

6 Das «ß» als \u00DF gibt es seit 2017 auch als Grossbuchstaben: «ẞ» \u1E9E. In der momentanen Version liefert die Funktion "ß".upper() jedoch noch "SS". Kombinieren Sie die Methoden .replace(*Suchtext*, *Ersetzungstext*) und .upper(), so dass aus "Straße" nun "STRAẞE" wird.

A Oftmals wird eine Datenstruktur benötigt, bei der, im Gegensatz zum Stapel, ein zuerst eingefügtes Element auch zuerst abgearbeitet wird.
Reflektieren Sie ihre Beispiele, die Sie bei der ersten Aufgabe zu Stapeln (S. 80) formuliert haben.

B In der nächsten Woche haben Sie 3 Tests. Am Freitagnachmittag legen Sie sich ihre Materialien zurecht, um am Samstag üben zu können. Wie können Sie die Materialen anordnen, dass Sie automatisch in der Reihenfolge lernen, in der die Tests geschrieben werden?

C Sie bekommen der Reihe nach Zettel in die Hand gedrückt, die sie in derselben Reihenfolge wieder zurückgeben sollen. Wie gehen Sie vor?

SCHLANGE

Eine **Schlange** (engl. **queue**, auf Deutsch manchmal auch **Warteschlange** genannt) ist eine Datenstruktur, bei der immer nur hinten Elemente hinzugefügt werden können und das jeweils vorderste Element entfernt werden kann.

Im einfachsten Fall besitzt eine Schlange lediglich zwei mögliche Methoden:

- enqueue(*Element*): fügt das Element *Element* als hinterstes Element hinzu

- *Element* dequeue(): entfernt das vorderste Element und gibt es zurück

Häufig gibt es noch zwei Hilfsmethoden, die den Umgang mit Schlangen einfacher und effizienter machen:

- *Element* first(): gibt das vorderste Element zurück ohne es zu entfernen

- boolean empty(): gibt zurück, ob die Schlange leer ist

Auf einer leeren Schlange werden beispielsweise die folgenden Operationen ausgeführt:

Python-Code 3.7

```
01  s.enqueue(37)
02  s.enqueue(42)
03  print(s.dequeue())
04  s.enqueue(192)
05  print(s.dequeue())
06  print(s.dequeue())
07  print(s.empty())
```

Was dabei auf der Schlange passiert ist in der Tabelle auf der nächsten Seite dargestellt:

Das Grundprinzip der Schlange wird FIFO genannt von «First in, first out». Es ist ebenfalls wie das des Stapels eines der ältesten Grundprinzipien von Datenstrukturen. Sie werden sehr häufig bei der Datenübertragung eingesetzt. Eine Schlange ist ebenfalls ein abstrakter Datentyp.

Anweisung	Vorgang	Inhalt der Schlange	Gesamte Ausgabe
`s.enqueue(37)`	fügt 37 hinten an die Schlange an	37	
`s.enqueue(42)`	fügt 42 hinten an die Schlange an	37 42	
`print(s.dequeue())`	entfernt das vorderste Element 37, gibt es zurück, und gibt es aus	42	37
`s.enqueue(192)`	fügt 192 hinten an die Schlange an	42 192	37
`print(s.dequeue())`	entfernt das vorderste Element 42, gibt es zurück, und gibt es aus	192	37 42
`print(s.dequeue())`	entfernt das vorderste Element 192, gibt es zurück, und gibt es aus		37 42 192
`print(s.empty())`	gibt True zurück, da die Schlange leer ist, und gibt dies aus		37 42 192 True

Eine übliche Implementierung von Schlangen ist, ein Feld bestehend aus nebeneinanderliegenden Speicherpositionen (siehe Kapitel 4.7 Felder) zu nehmen. Hier braucht es zwei Positionsvariablen, denn neue Werte werden an einer anderen Stelle hinzugefügt als sie weggenommen werden. Wenn der Speicherplatz des Felds begrenzt ist, fängt man einfach wieder vorne an zu füllen, indem die Position modulo die Länge des Feldes gerechnet wird (siehe Kapitel 2.1 Modulo). Dies funktioniert, solange die Anzahl der Elemente in der Schlange kleiner als die Anzahl der Speicherpositionen im Feld ist.

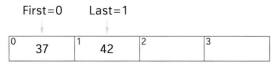

Die Operationen funktionieren dann so:

- `enqueue(Element)`:

- `Element dequeue()`:

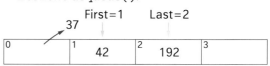

- `Element first()`:

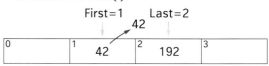

- `boolean empty()`:

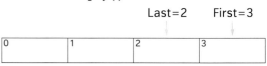

Eine andere übliche Implementierung von Schlangen nutzt einzelne Objekte und Zeiger (siehe Kapitel 10 Objektorientierte Modellierung). Dabei wird immer auf das vorderste Objekt verwiesen, an dem möglicherweise weitere Unterobjekte hängen. Das ist ebenfalls eine verkettete Liste, wie beim Stapel.

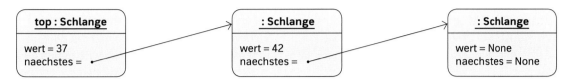

Die Operationen funktionieren dann so:

- `enqueue(`*Element*`)`:

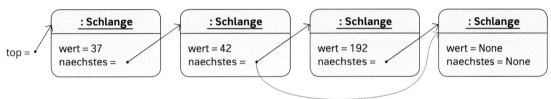

- *Element* `dequeue()`:

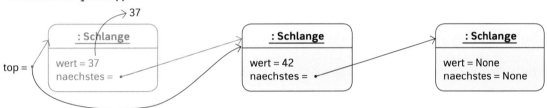

- `Element first()`:

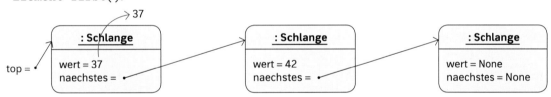

- `boolean empty()`:

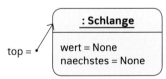

Ein **Ringpuffer** funktioniert ähnlich wie eine Schlange. Hier ist ebenfalls ein begrenzter Datenspeicher vorhanden, der als Kreis ausgeführt ist. Er wird häufig beim systematischen Protokollieren beispielsweise in Flugzeugen verwen-det: im Normalfall werden Daten einfach hinten an die Schlange angefügt. Wenn der Ringpuffer voll ist, werden die vordersten Elemente einfach überschrieben, so dass man immer die letzten Protokolldaten zur Verfügung hat.

1 Vergleichen Sie den Stapel mit der Schlange. Wo finden Sie Unterschiede, wo finden Sie Gemeinsamkeiten?

2 Vergleichen Sie das Verhalten einer Schlange und das Ergebnis, ob Sie nun die Zahlen 1 bis 10 jeweils einzeln hinzufügen und jeweils gleich wieder entfernen und auf dem Bildschirm ausgeben, oder ob Sie die Zahlen 1 bis 10 alle hinzufügen und danach alle wieder entfernen. Wäre dies bei einem Stapel anders gewesen?

3 Warum ist es nicht möglich, mit weniger als n zusätzlichen leeren Schlangen in einer Schlange mit n oder mehr Elementen die Reihenfolge umzudrehen?

4 Zeichnen Sie ein Feld mit mehreren leeren Speicherpositionen, um das Speichern einer Schlange zu simulieren. Führen Sie mehrere verschiedene Operationen auf der Schlange durch. Schreiben Sie die Werte in den Speicherpositionen am einfachsten mit Bleistift, dass Sie beim Entfernen eines Elements den Wert einfach ausradieren können.

5 Führen Sie mehrere verschiedene Operationen auf der Schlange durch, die als Objekte dargestellt ist. Wie gehen Sie mit einer leeren Schlange um?

6 Eine mögliche Implementierung einer Schlange ist der unten stehende Code. Sie ist nicht objektorientiert programmiert (wie im Kapitel 10.3 Vererbung und Schnittstellen). Sie nutzt allerdings Konzepte, die erst im Kapitel 4.1 Unterprogramme und 4.7 Felder erklärt werden. Nutzen Sie diesen Code, um das Beispiel von oben auszuprobieren.

7 Recherchieren Sie das Prinzip **GIGO** (engl. **garbage in, garbage out**).

Python-Code 3.8

```
01 def enqueue(queue, element):
02   """Fügt ein Element hinten an die Schlange an."""
03   queue.append(element)
04
05 def dequeue(queue):
06   """Löscht das vorderste Element der Schlange und gibt es zurück."""
07   element = queue[0]
08   queue[0:1] = [] # ersetze das Unterfeld mit dem ersten Element durch ein leeres Feld
09                   # was darauf hinausläuft, dass das erste Element gelöscht wird
10   return element
11
12 def first(queue):
13   """Gibt das vorderste Element der Schlange zurück ohne es zu entfernen."""
14   return queue[0]
15
16 def empty(queue):
17   """Gibt True zurück, wenn die Schlange leer ist, sonst False."""
18   return len(queue) == 0
19
20 myqueue = [] # ein leeres Feld für die Schlange
```

A Finden Sie historische Beispiele, wo ein Computer entwickelt wurde, um eine bestimmte Berechnung durchzuführen.

B Schreiben Sie ein Programm, dass dreimal auf dem Bildschirm «Hopp Schwyz» ausgibt. Was hielten Sie davon, wenn Sie es hundertmal ausgeben müssten?

C Wo sehen Sie die entscheidenden Stellen, auf die geachtet werden muss, wenn ein Computer eine Sequenz wiederholt?

Eine der grossen Stärken von Computern ist es, dass er Anweisungen zuverlässig wiederholt ausführen kann. Viele Entwicklungsschritte von Computern waren und sind dadurch motiviert, dass bestimmte Berechnungen so häufig ausgeführt werden, dass es für Menschen entweder sehr zeitraubend oder gar aufgrund der schieren Menge unmöglich wäre. Ein zentrales Element ist dabei die Wiederholung von Sequenzen, gegebenenfalls mit sich ändernden Variablen.

Eine Schleife lässt eine Sequenz ausführen, solange eine bestimmte Bedingung erfüllt ist. Dabei ist entscheidend, ob wie bei **kopfgesteuerten Schleifen** die Bedingung geprüft wird, bevor der Schleifenkörper ausgeführt wird, oder ob wie bei **fussgesteuerten Schleifen** die Bedingung geprüft wird, nachdem der Schleifenkörper einmal ausgeführt wurde.

Eine Sonderform von kopfgesteuerten Schleifen sind **Zählschleifen**, bei denen zusätzlich eine Variable für jede Ausführung des Schleifenkörpers nach einer bestimmten Vorgabe verändert wird, also beispielsweise i von 1 bis 100 läuft.

In diesem Kapitel werden zunächst nur Zählschleifen behandelt. Andere Schleifen werden im Kapitel 3.6 Kopf- und fussgesteuerte Schleifen thematisiert.

ZÄHLSCHLEIFE
Eine **Zählschleife** (engl. **for loop**) ist ein wiederholtes Ausführen einer Sequenz. In ihr wird eine Variable bei jedem Durchlauf mit einem neuen Wert belegt.

Eine Zählschleife wird in Python mit dem Schlüsselwort `for` eingeleitet. Nach dem `for` kommt der Name einer **Schleifenvariablen**, die in der Zählschleife bei jedem Durchlauf mit einem neuen Wert belegt wird. Die Werte, die die Schleifenvariable einnimmt, werden nach einem weiteren Schlüsselwort `in` als Bereich oder als Feld angegeben. Dies wird wie bereits bei Verzweigungen (siehe Kapitel 2.5 Einfache Verzweigungen) mit einem Doppelpunkt : abgeschlossen, so dass Python weiss, dass nun wieder Anweisungen kommen. Diese Zeile nennt man auch den **Schleifenkopf**. Man nennt diese wiederholten Anweisungen auch den **Schleifenkörper**. Er wird eingerückt.

Das folgende Programm schreibt die Sätze «3», «2», «1» und «Start!» auf den Bildschirm:

Python-Code 3.9

```
01  for var in [3, 2, 1, "Start!"]:
02      print(var)
```

Programmausgabe

```
3
2
1
Start!
```

Bereiche

Der Ausdruck `[3, 2, 1, "Start!"]` ist ein **Feld**. Er besteht aus einer beliebigen Anzahl von Werten unterschiedlichen Typs, die durch Komma getrennt und durch eckige Klammern («`[`» und «`]`») eingegrenzt werden. Im Kapitel 4.7 Felder wird genauer auf Felder eingegangen.

> **BEREICHE**
>
> Häufig will man einfach bestimmte Zahlen für die Variable haben. Hier bieten **Bereiche** eine einfache Lösung. Mit ihnen definiert man eine Abfolge von Zahlen, die dann für eine Zählschleife verwendet werden können.

Die gebräuchlichsten Bereiche sind:

- `range(Ende)`: Erzeugt Werte von 0 bis vor *Ende*. Ebenso wie der Index von Zeichenketten ist der letzte Wert eines weniger als *Ende*. `range(5)` beispielsweise erzeugt die Werte 0, 1, 2, 3 und 4.

- `range(Start, Ende)`: Erzeugt Werte von *Start* bis vor *Ende*. `range(2, 5)` beispielsweise erzeugt die Werte 2, 3 und 4.

- `range(Start, Ende, Schrittweite)`: Erzeugt Werte von *Start* bis vor *Ende*, geht dabei aber immer *Schrittweite* Schritte weiter. `range(1, 10, 3)` beispielsweise erzeugt die Werte 1, 4 und 7. Dabei ist es auch möglich, mit Hilfe einer negativen *Schrittweite* rückwärts zu zählen, beispielsweise mit `range(10, 0, -2)`, was die Werte 10, 8, 6, 4 und 2 erzeugt.

Das folgende Programm demonstriert die verschiedenen Bereiche:

Python-Code 3.10

```
01  print("range(5):")
02  for i in range(5):
03    print(i)
04  print("range(2, 5):")
05  for i in range(2, 5):
06    print(i)
07  print("range(1, 10, 3):")
08  for i in range(1, 10, 3):
09    print(i)
10  print("range(10, 0, -2):")
11  for i in range(10, 0, -2):
12    print(i)
```

Programmausgabe

```
range(5):
0
1
2
3
4
range(2, 5):
2
3
4
range(1, 10, 3):
1
4
7
range(10, 0, -2):
10
8
6
4
2
```

Pseudocode, Flussdiagramme und Struktogramme

Im Pseudocode übernimmt man genauso wie bei Verzweigungen das Einrücken für den Schleifenkörper. Der Bereich kann etwas umgangssprachlicher beschrieben werden. So kann man beispielsweise «von» «bis» anstelle von «von» «bis vor» formulieren.

Ein Teil des oben genannten Beispiels kann dann so als Pseudocode geschrieben werden:

> **Pseudocode**
>
> Für i von 0 bis 4:
>   Gib i aus.

Im Flussdiagramm übernimmt man die Notation für Verzweigungen, jedoch müssen zwei Dinge zusätzlich beachtet werden. Zum einen muss das **Fortschalten** von einem Wert für die Variable zum nächsten explizit als Zuweisung notiert werden. Zum anderen geht der Pfeil nach dem letzten Kasten des Schleifenkörpers wieder zurück zur Bedingung, so dass der Schleifenkörper gegebenenfalls mehrfach durchgeführt werden kann.

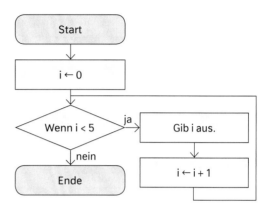

Im Struktogramm gibt es für Schleifen ein eigenes Symbol. In einem Kasten befindet sich in der unteren rechten Ecke ein weiterer Kasten, in dem sich der Schleifenkörper befindet. Oberhalb des Kastens befindet sich die Bedingung für das Ausführen der Schleife. Bei Zählschleifen wird dort in der Regel eine simple mathematische Ungleichung notiert, aus der die Werte für die Variable ableitbar sind.

$0 \leq i < 5$	
	Gib i aus.

---

1 Vergleichen Sie das Flussdiagramm mit dem Pseudocode desselben Beispiels. Wo finden Sie Ähnlichkeiten und Unterschiede?

2 Beschreiben Sie mit eigenen Worten die Grundprinzipien der verschiedenen Bereiche.

3 Formulieren Sie Kriterien für gutes Testen von Schleifen.

4 Über den jungen Mathematiker Carl Friedrich Gauß (1777–1855) erzählt man, sein Lehrer habe ihm die Aufgabe gegeben alle Zahlen von 1 bis 100 zu addieren.

Zum Erstaunen des Lehrers habe er die Aufgabe sehr schnell gelöst, indem er
$1 + 100 = 2 + 99 = 3 + 98 = ... = 50 + 51 = 101$
berechnet habe und dann mit $50 \cdot 101 = 5050$ das richtige Ergebnis erhalten habe. Überprüfen Sie mit Hilfe von Python, ob die Summe der Zahlen 1 bis 100 tatsächlich 5050 ergibt, indem Sie sie mit Hilfe einer Zählschleife aufaddieren.

Carl Friedrich Gauß
(1777–1855)

5 Simple mechanische Rechenmaschinen hatten nur eine Mechanik für das Addieren und einen Zähler. Damit konnte man letztlich auch zwei natürliche Zahlen miteinander multiplizieren. Schreiben Sie ein Programm, das zwei natürliche Zahlen miteinander multipliziert, aber nur die Addition als Operator verwendet.

6 Schreiben Sie ein Programm, dass eine Wertetabelle für $f(x) = \frac{1}{2}x^2 - 3$ für x von -7 bis 7 in ganzen Schritten auf dem Bildschirm ausgibt. Formatieren Sie die Ausgabe mit \t. Modifizieren Sie das Programm anschliessend so, dass in 0.5er-Schritten vorgegangen wird. Lösen Sie dazu das Problem, dass in Bereichen keine Dezimalzahlen als Schrittweite angegeben werden können.

7 Schreiben Sie ein Programm, dass alle Quadratzahlen von 1 bis 1000 ausgibt. Hinweis: finden Sie zunächst heraus, wie viele Quadratzahlen es sind.

8 Schreiben Sie ein Programm, dass eine als Text eingegebene Binärzahl Ziffer für Ziffer in eine Dezimalzahl umwandelt.

9 Schreiben Sie ein Programm, dass eine ganze Zahl als Binärzahl auf dem Bildschirm ausgibt. Nutzen Sie dazu die Tatsache, dass `Zahl % 2` die letzte Ziffer einer Zahl in Binärzahldarstellung ermittelt.

A Erläutern Sie, wie in einem grossen Hotel die Wegweiser von der Lobby bis zur Tür eines Hotelzimmers ausgeschildert sind. Wo stellt man Schilder auf und warum?

B Wie haben Sie die Dateien auf Ihrer Festplatte sortiert?

C Analysieren Sie den Satz «Ach wenn das Wörtchen ‹Wenn› nicht wär', dann wär' ich längst schon Millionär» grammatikalisch.

Datenstrukturen wie Stapel oder Schlangen sind linear aufgebaut, das heisst, dass ein Element (höchstens) einen Vorgänger und (höchstens) einen Nachfolger hat. Komplexere Zusammenhänge lassen sich mit ihnen nur mit grösserem Aufwand modellieren.

BÄUME

Ein **Baum** (engl. **tree**) ist eine Datenstruktur, die eine hierarchische Struktur abbildet. Einzelne Elemente sind unterhalb eines anderen Elements angeordnet, ein Element kann kein, ein oder mehrere Elemente unter sich angeordnet haben.

Die einzelnen Elemente nennt man **Knoten** (engl. **node** oder **vertex**). Den obersten Knoten nennt man **Wurzel** (engl. **root**, im Beispiel unten der Knoten A). Knoten, an denen keine weiteren Knoten hängen, nennt man **Blätter** (engl. **leaves**, im Beispiel die Knoten C, E, F, G und H). Einen Teilbaum, der unter einem anderen Knoten hängt, nennt man **Ast** (engl. **subtree**, z. B. der Teilast mit den Knoten D und H). Ein Knoten, der direkt an einem anderen Knoten hängt, nennt man auch **Kind** (engl. **child**, zum Beispiel ist B ein Kind von A), ein Knoten, an dem ein anderer Knoten hängt, nennt man auch **Elter** (engl. **parent**, zum Beispiel ist A der Elter von B). Knoten, die gleich viele «Schritte» von der Wurzel entfernt sind, befinden sich auf derselben Ebene (z. B. die Knoten E, F, G und H). Die maximale Anzahl «Schritte» von der Wurzel jedem einem beliebigen anderen Knoten ist die **Höhe** (engl. **height**) des Baumes.

In der Regel werden Bäume so gezeichnet, dass die Wurzel oben ist und alle Knoten derselben Ebene auf derselben Höhe sind.

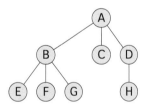

Binäre Suchbäume

Eine besondere Art von Bäumen sind **binäre Such-bäume**. Sie haben zwei zusätzliche Eigenschaften:

1. Sie sind binär, an jedem Knoten hängen also maximal 2 Kinder.

2. Sie sind Suchbäume. Das heisst, dass die Elemente in ihnen sortiert sind und zwischen einem linken und einem rechten Kind unterschieden wird. Alle linken Kinder sind dann kleiner als der Knoten selbst und alle rechten Kinder sind dann grösser als der Knoten selbst.

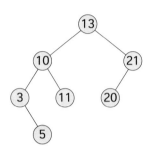

Syntaxbäume

Bäume werden auch zum Darstellen von syntaktischen Strukturen verwendet. Das hilft sowohl bei der Analyse von Sprache, bei der Analyse von mathematischen Termen oder bei der Analyse von Programmcode. Alle diese syntaktischen Strukturen haben gemeinsam, dass sie auf einer bestimmten Grammatik aufbauen, bei der ein Startsymbol schrittweise durch andere Symbole und letztlich durch konkrete Wörter, Zahlen oder andere Ausdrücke ersetzt werden. Einen solchen Baum nennt man einen **Syntaxbaum** (engl. **parse tree**).

Der folgende Syntaxbaum stellt einen einfachen Satz dar:

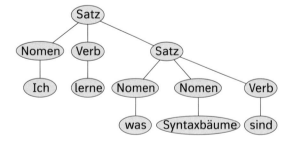

Der folgende Syntaxbaum stellt einen einfachen mathematischen Term dar:

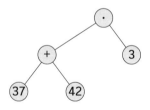

Der folgende Syntaxbaum stellt einen einfachen Programmausdruck dar:

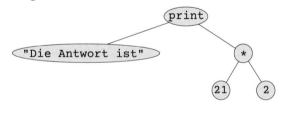

Präfix-, Infix- und Postfixnotation

Die folgenden drei Sätze lassen dasselbe berechnen:

- Addiere die Zahlen 37 und 42.

- Rechne 37 plus 42.

- Nimm 37 und 42 und addiere sie.

Im ersten Fall ist der Operator vor den beiden Operanden, im zweiten Fall dazwischen und im dritten Fall dahinter. Alles ist gleich leicht verständlich. Der entsprechende Syntaxbaum hierzu ist:

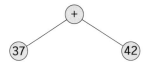

Aus dem Mathematikunterricht ist man gewöhnt, «37 + 42» zu schreiben. Es gibt jedoch auch andere Schreibweisen, auf die hier eingegangen werden soll.

Wenn man einen mathematischen Ausdruck im Syntaxbaum in einen Term «zurückübersetzt», geht man in der Regel so vor, dass man zunächst den linken Ast zurückübersetzt, dann die Wurzel hinschreibt und dann den rechten Ast zurückübersetzt. Diese Notation heisst **Infix-Notation** (engl. **infix notation**) und ist weit verbreitet. In einigen Fällen ist es jedoch notwendig, Klammern zu setzen, wenn man zum Beispiel den folgenden Baum zurückübersetzt:

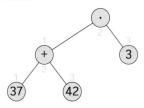

Der Term ist dann $(37 + 42) \cdot 3$.

Von Python her kennt man die Notation, dass der Name des Operators davor geschrieben wird. 37 + 42 könnte man sich dann als `addieren(37, 42)`

vorstellen. Es ist aber auch möglich, einfach den Rechenoperator davor zu schreiben. Dadurch wird beim Zurückübersetzen vom Syntaxbaum zuerst die Wurzel hingeschrieben, dann der linke Ast und dann der Rechte Ast. Diese Notation heisst **Präfix-Notation** (engl. **prefix notation**) und ist beim Notieren von Funktionen oder eben in Programmiersprachen weit verbreitet. Interessant ist, dass man hier keine Klammern mehr braucht, solange klar ist, wie viele Operanden ein Operator hat:

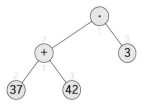

Der Term ist dann $\cdot + 37\ 42\ 3$.

Das kann natürlich auch gespiegelt gemacht werden, dass man den Operator hinter die Operanden schreibt. Beim Zurückübersetzen werden dann erst der linke und der rechte Ast und danach der Operator geschrieben. Diese Notation heisst Postfix-Notation (engl. **postfix notation** oder auch **reverse polish notation RPN**). Sie war vor allem bei den ersten Taschenrechnern beliebt, so dass heute noch einige Menschen den Taschenrechner schneller mit ihr bedienen können als heute übliche Taschenrechner. Der im Kapitel 3.1 Stapel erwähnte HP 35 ist ein solcher Taschenrechner. Auch für sie werden keine Klammern benötigt:

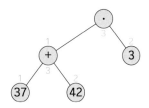

Der Term ist dann $37\ 42 + 3\ \cdot$.

1 Nehmen Sie sich den binären Suchbaum von Seite 98 vor:

a Suchen Sie von der Wurzel ausgehend das Element 20. Wie sind Sie vorgegangen?

b Suchen Sie von der Wurzel ausgehend das Element 19. Wie sind Sie vorgegangen?

c Fügen Sie das Element 12 an der richtigen Stelle ein.

d Fügen Sie das Element 0 an der richtigen Stelle ein.

e Fügen Sie das Element 22 an der richtigen Stelle ein.

2 Beschreiben Sie mit eigenen Worten einen vollständigen Algorithmus, wie in einem binären Suchbaum ein beliebiges Element gesucht werden kann respektive festgestellt werden kann, dass es nicht vorhanden ist.

3 Was wäre ein sinnvolles Vorgehen, wenn ein Element bereits im binären Suchbaum eingefügt ist?

4 Beschreiben Sie mit eigenen Worten einen vollständigen Algorithmus, wie in einem binären Suchbaum ein beliebiges Element eingefügt werden kann.

5 Fügen Sie in einen leeren binären Suchbaum die Elemente 1, 2, 3, 4 und 5 hinzu. Was passiert?

6 In einem binären Suchbaum seien ca. 1000 Elemente bereits eingefügt. Schätzen Sie ab, wie viele Schritte notwendig sind, um ein Element …

a … im günstigsten Fall zu finden.

b … im ungünstigsten Fall zu finden.

c … im Durchschnitt zu finden.

d Stellen Sie die gleichen Abschätzungen für das Einfügen eines Elements in den Baum an.

7 Notieren Sie einen Syntaxbaum für den mathematischen Term $3x^2 + 4x - 1$. Was ist das Besondere am Operator des Quadrierens?

8 Wandeln Sie den Ausdruck 1 2 3 + : in Infix-Notation und in Präfix-Notation um. Begründen Sie, warum die Präfix-Notation nicht : + 3 2 1 ist.

9 HP hat 2012 einen kostenlosen Emulator für den HP 35s für Windows zur Verfügung gestellt. Suchen Sie ihn online und versuchen Sie mit Hilfe der Postfix-Notation einige Rechnungen zu machen. Eventuell hat jemand in Ihrer Verwandtschaft noch einen Taschenrechner mit Postfix-Notation?

A Beschreiben Sie, wo Zählschleifen an ihre Grenzen kommen.

B Beschreiben Sie mit eigenen Worten, wie Sie vorgehen würden, wenn Sie eine ganze Zahl einlesen würde, die positiv sein soll. Wie könnten Sie das Programm benutzerfreundlich gestalten?

Alternativ zu den Zählschleifen (siehe Kapitel 3.4 Zählschleifen) gibt es kopf- und fussgesteuerte Schleifen. Bei ihnen wird nicht von vornherein festgelegt, welche Werte eine Variable einnehmen wird, sondern sie wird so oft wiederholt bis eine Bedingung nicht mehr wahr ist.

Eine typische Anwendung von solchen Schleifen ist das Überprüfen, ob eine Eingabe bestimmten Bedingungen genügt, um diese bei Bedarf zu wiederholen. Da vorher nicht bekannt ist, was der Benutzer eingeben wird, muss flexibel reagiert werden können.

> **KOPF- UND FUSSGESTEUERTE SCHLEIFEN**
>
> Eine **kopfgesteuerte Schleife** ist eine Schleife, deren Bedingung vor dem Ausführen des Schleifenkörpers überprüft wird. Eine **fussgesteuerte Schleife** ist eine Schleife, deren Bedingung erst nach dem Ausführen des Schleifenkörpers überprüft wird. Der Schleifenkörper einer fussgesteuerte Schleife wird demnach mindestens einmal ausgeführt, während der Schleifenkörper bei kopfgesteuerten Schleifen je nach Ergebnis der Bedingung möglicherweise nie ausgeführt wird.

Kopfgesteuerte Schleifen

Kopfgesteuerte Schleifen werden in Python mit dem Schlüsselwort `while` eingeleitet. Es folgt eine Bedingung. Solange die Bedingung wahr ist wird der Schleifenkörper wiederholt. Dies wird wie bereits bei Verzweigungen (siehe Kapitel 2.5 Einfache Verzweigungen) und Zählschleifen (siehe Kapitel 3.4 Zählschleifen) mit einem Doppelpunkt : abgeschlossen, so dass Python weiss, dass nun wieder Anweisungen kommen. Ebenso wie bei Zählschleifen nennt man diese Zeile den **Schleifenkopf** und die wiederholten Anweisungen

Schleifenkörper. Auch hier wird der Schleifenkörper eingerückt.

Das folgende Programm gibt alle Quadratzahlen von 1 bis 1000 aus:

Python-Code 3.11

```
01  zahl = 1
02  while (zahl * zahl) <= 1000:
03      print(zahl * zahl)
04      zahl = zahl + 1
```

Fussgesteuerte Schleifen

In Python gibt es anders als in anderen Programmiersprachen keine direkte Anweisung für fussgesteuerte Schleifen. Man kann das Verhalten aber simulieren. Hierfür gibt es zwei grundsätzliche Ansätze:

- Man definiert eine Variable z. B. mit dem Namen `bedingung`, die vor der Schleife auf `True` gesetzt wird, und die am Ende der Schleife mit dem Ergebnis der tatsächlichen Bedingung belegt wird.

- Man definiert den Schleifenkopf als unend-
liche Schleife mit `while True:`. Am Ende
des Schleifenkörpers überprüft man, ob die
Bedingung falsch ist, und beendet die Schleife dann mit `break`. Obwohl dies die original-
getreuste Umsetzung einer fussgesteuerten
Schleife in Python ist, wird es als «unschön»
angesehen, weil «`break`» ähnlich wie
«`continue`» als unsauber im Sinne strukturiertem Programmierens angesehen werden.

Die beiden folgenden Progammcodes sind demnach äquivalent:

Python-Code 3.12

```
01  i = int(input("Bitte eine erste Zahl "
02                  "eingeben: "))
03  bedingung = True
04  while bedingung:
05    print(i)
06    i = i * 2
07    bedingung = i < 100
```

Python-Code 3.13

```
01  i = int(input("Bitte eine erste Zahl "
02                  "eingeben: "))
03  while True:
04    print(i)
05    i = i * 2
06    if not (i < 100):
07      break
```

Für die Eingabe von Werten wird manchmal eine
hybride Variante verwendet: es wird zwar keine
zusätzliche Variable für den ersten Durchlauf
eingeführt, es wird aber sichergestellt, dass die
Bedingung beim ersten Durchlauf wahr ist. So
ist sichergestellt, dass der Schleifenkörper mindestens einmal durchgeführt wird, auch wenn es
weiterhin eine kopfgesteuerte Schleife ist:

Python-Code 3.14

```
01  zahl = -1
02  while zahl < 0:
03    zahl = int(input("Gib bitte eine "
04                      "positive Zahl ein: "))
```

Pseudocode, Flussdiagramme und Struktogramme

Das folgende Programm nutzt eine kopfgesteuerte Schleife, um eine Folge von Zahlen auf dem
Bildschirm auszugeben:

Python-Code 3.15

```
01  zahl = int(input("Bitte eine positive "
02                    "ganze Zahl eingeben: "))
03  while zahl > 1:
04    if zahl % 2 == 0:
05      zahl = zahl // 2
06    else:
07      zahl = 3 * zahl + 1
08    print(zahl)
```

Wenn man dies in Pseudocode überträgt, nutzt
man oftmals das Wort «solange» als Schlüsselwort und geht ansonsten ähnlich wie bei Zählschleifen vor:

Pseudocode

Lies zahl als ganze Zahl ein.
Solange zahl > 1 ist:
  Wenn zahl gerade ist:
    Halbiere zahl
  Sonst:
    zahl ← 3 · zahl + 1
Gib zahl aus.

Im Flussdiagramm und Struktogramm stellt man es analog zu Zählschleifen dar:

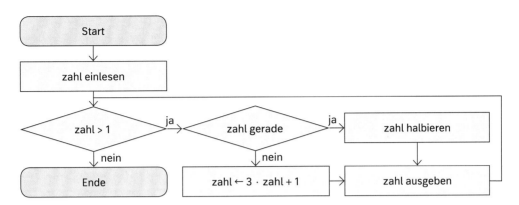

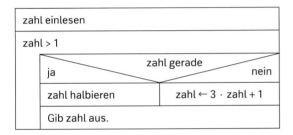

Ebenso kann man auch fussgesteuerte Schleifen als Pseudocode, Struktogramm und Flussdiagramm darstellen:

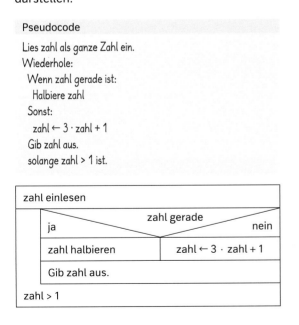

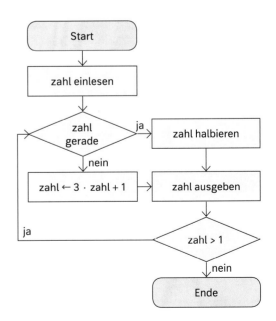

Der Euklidische Algorithmus zum Berechnen des grössten gemeinsamen Teilers (ggT) zweier ganzer Zahlen

Einer der berühmtesten Algorithmen und mutmasslich der erste nicht-triviale Algorithmus der Welt ist der Euklidische Algorithmus. Der griechische Mathematiker Euklid (ungefähr 300 v. Chr.) formulierte ihn in seinem Buch «Die

Euklid von Alexandria
(3. Jh. vor Chr.)

Elemente», in der er die Mathematik seiner Zeit zusammengefasst hat, und das 2000 Jahre lang als Lehrbuch für die Mathematik genutzt wurde.

Als Pseudocode lässt sich der Euklidische Algorithmus in seiner einfachsten Form wie folgt formulieren.

Pseudocode

```
Lies zwei Zahlen a und b ein.
Wenn a = 0 gilt:
  Gib b aus.
Sonst:
  Solange b nicht 0 ist:
    Wenn a > b gilt:
      a ← a – b
    Sonst:
      b ← b – a
  Gib a aus.
```

Es gibt verschiedene Varianten und Verbesserungen des Algorithmus, eine besonders schnelle wird in den Aufgaben gestellt und eine besonders elegante kommt in den Aufgaben von Kapitel 4.5 Rekursion vor.

1 Das Beispielprogramm 3.15 stellt das sogenannte Collatz-Problem dar: Lothar Collatz (1910–1990) formulierte es 1937 und bisher ist es nicht gelungen zu beweisen, dass für jede beliebige Zahl $n \in \mathbb{N}$ die Zahlenfolge im Zyklus (4, 2, 1) endet. Informieren Sie sich über dieses Problem und verwandte Fragestellungen.

2 Das folgende Programm funktioniert nicht wie gewünscht.

Python-Code 3.16

```python
01 zahl = int(input("Bitte eine positive "
02                   "ganze Zahl eingeben: "))
03 while zahl >= 1:
04   print(zahl)
05   if zahl % 2 == 0:
06     zahl = zahl // 2
07   else:
08     zahl = zahl * 3 + 1
09 print(zahl)
```

a Beschreiben Sie den Fehler und korrigieren Sie ihn.

b Worauf muss man allgemein achten, wenn man kopfgesteuerte Schleifen programmiert?

3 Modifizieren Sie das Beispielprogramm 3.15, so dass es statt den Werten die Länge der Folge ausgibt.

4 Diskutieren Sie, wie kopf- und fussgesteuerte Schleifen sinnvoll getestet werden. Insbesondere wenn Sie Benutzereingabe erfassen: wie können Sie vorgehen?

5 Erstellen Sie mit Hilfe des folgenden Bausteins eine Eingabe für ganze Zahlen, eine für Dezimalzahlen und eine für einzelne Buchstaben, die Sie für zukünftige Aufgaben weiterverwenden können (siehe Kapitel 1.5 Elementare Datentypen):

Python-Code 3.17

```
01 x = None
02 while x == None:
03   try:
04     x = int(input("Bitte geben Sie "
05                   "eine Zahl ein: "))
06   except:
07     print("Das konnte leider nicht als "
08           "Zahl interpretiert werden.")
```

6 Schreiben Sie ein Programm, dass so lange eine ganze Zahl einliest bis am Ende eine positive ganze Zahl eingelesen wurde.

7 Schreiben Sie ein Programm, das eine natürliche Zahl in eine Zeichenkette umwandelt, die die Zahl als Binärzahl darstellt. Nutzen Sie dazu eine Schleife, die jeweils überprüft, ob die Zahl durch zwei teilbar ist und diese dann halbiert. Wie stellen Sie sicher, dass bei der Zahl 0 auch "0" und nicht "" ausgegeben wird?

8 Schreiben Sie ein Ratespiel. Das Ratespiel soll mit Hilfe des Programmcodes unten eine zufällige Zahl zwischen 0 und 9999 erzeugen, die der Benutzer dann erraten soll. Als Hilfestellung geben Sie dem Benutzer nach jedem Raten die Anzahl der richtigen Ziffern an der richtigen Position, aber nicht welche Ziffer oder an welcher Position. Wenn der Benutzer die richtige Zahl erraten hat, geben Sie aus, wie viele Versuche er dafür gebraucht hat.

Python-Code 3.18

```
01 import random
02 zufallszahl = random.randint(0,9999)
```

9 Nehmen Sie sich den Pseudocode des Euklidischen Algorithmus von Seite 104 vor.

a Zeichnen Sie ein Flussdiagramm und ein Struktogramm dazu.

b Programmieren Sie den Euklidischen Algorithmus.

c Finden Sie sinnvolle Testfälle für den Euklidischen Algorithmus und probieren Sie Ihr Programm von der Aufgabe zuvor damit aus.

d Verbessern Sie den Euklidischen Algorithmus, indem Sie anstelle der Subtraktion Modulo (Rest der ganzzahligen Division) verwenden. Wieso nennt man diese Variante auch den Turbo-Euklid?

A In vielen Kriminalfilmen diskutieren die Polizisten über den Fall an einer Wand, an der sie Personen und Gegenstände mit Pfeilen und Kommentaren dargestellt haben. Reflektieren Sie diese Methode und diskutieren Sie ihre grundlegenden Elemente und Eigenschaften.

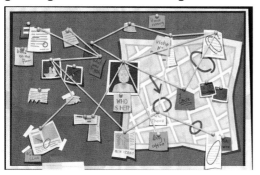

B Navigationssysteme speichern Karten in der Regel nicht als Scan einer Papierkarte oder als Satellitenfoto. Wie dann?

C In sozialen Netzwerken können Mitglieder «befreundet» sein. Zeichnen Sie ein soziales Netzwerk mit solchen Freundschaften auf. Wie sind Sie vorgegangen, was für graphische Elemente haben Sie verwendet?

Eulerkreise

Der Schweizer Mathematiker Leonhard Euler (1707–1783) beschäftigte sich unter anderem mit folgendem Problem: Ein Pärchen möchte an einem schönen Abend einen Spaziergang durch die Stadt Königsberg (heute Kaliningrad) machen

Leonhard Euler
(1707–1783)

und dabei über jede der sieben Brücken über den Fluss Pregel genau einmal gehen und am Ende wieder an seinem Ausgangspunkt ankommen.

Die Karte der Stadt Königsberg rechts ist aus dem Jahr 1892. Die Brücken aus dem 18. Jahrhundert sind noch dieselben.

So wie eine Karte bereits eine Abstraktion der reellen Situation darstellt, kann man diese Karte weiter abstrahieren: man kann alle unwesentlichen Dinge weglassen und lediglich das Wesentliche behalten.

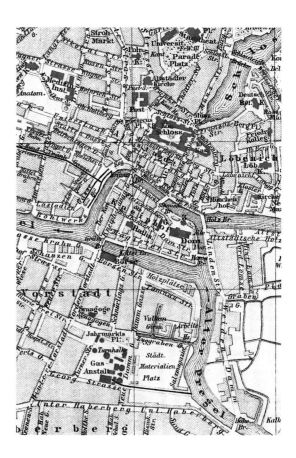

In diesem Fall ist eine solche Abstraktion eine Reduktion lediglich auf Brücken und Landmassen. Die verschiedenen Landmassen sind das Gebiet nördlich des Pregel / Neuen Pregel, das Gebiet östlich zwischen Neuem Pregel und Altem Pregel, das Gebiet südlich des Pregel / Alten Pregel und die Insel Kneiphof in der Mitte. Die Brücken verbinden diese Gebiete. Damit sieht die Situation nun aus wie rechts dargestellt.

Man kann sich überlegen, dass es nicht möglich ist, einen wie oben beschriebenen Rundweg anzugeben. Leonhard Euler hat dies 1736 ebenfalls bewiesen. Daher werden solche Rundwege auch **Eulerkreise** (engl. **Eulerian cycle**) genannt.

Graphen

> Die abstrakte Darstellung von Königsberg ist ein sogenannter Graph. Ein Graph besteht aus **Knoten** (engl. **node** oder **vertex**) und **Kanten** (engl. **edge**), wobei eine Kante zwei Knoten verbindet.

Die Knoten eines Graphen können zusätzlich einen Namen oder eine Farbe haben. Die Kanten eines Graphen können einen Wert haben, häufig **Gewicht** (engl. **weight**) genannt. In manchen Graphen sind die Kanten zudem **gerichtet** (engl. **directed**), so dass sie nur in Richtung des Pfeiles durchlaufen werden können. So einen Graphen nennt man dann auch einen **gerichteten Graphen** (engl. **directed graph**). Es ist auch möglich, dass eine Kante von einem Knoten zu demselben Knoten zurückläuft oder dass Knoten ohne Kante sind.

Das Konzept von Graphen als Modell ist darin begründet, dass sie so simpel aufgebaut sind und gleichzeitig vielseitig anwendbar sind. Sehr viele Probleme aus der Praxis lassen sich als Graphenprobleme formulieren, für die es dann standardisierte Lösungsverfahren gibt.

Graphen können in Computern als **Adjazenzmatrix** (engl. **adjacency matrix**) gespeichert werden. Dabei wird für jeden Knoten eine Spalte und eine Zeile reserviert und in die jeweilige Verbindung zwischen zwei Knoten ein Eintrag gemacht. Wenn zwischen zwei Knoten keine Kante existiert, wird dies gesondert gekennzeichnet (z. B. durch den Wert -1). Die folgende Karte zeigt das Liniennetz der Rhätischen Bahn.

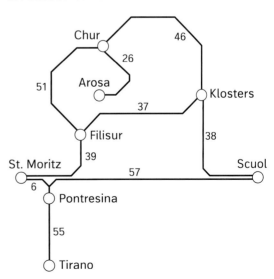

In der folgenden Tabelle ist dies als Adjazenzmatrix dargestellt. Da dieser Graph nicht gerichtet ist, ist die Adjazenzmatrix an ihrer Diagonalen gespiegelt. Wenn er gerichtet wäre, würden unterschiedliche Einträge in der oberen rechten und unteren linken Hälfte vorhanden.

	Arosa	Chur	Filisur	Klosters	Pontresina	Scuol	St. Moritz	Tirano
Arosa	-1	26	-1	-1	-1	-1	-1	-1
Chur	26	-1	51	46	-1	-1	-1	-1
Filisur	-1	51	-1	37	-1	-1	39	-1
Klosters	-1	46	37	-1	-1	38	-1	-1
Pontresina	-1	-1	-1	-1	-1	57	6	55
Scuol	-1	-1	-1	38	57	-1	-1	-1
St. Moritz	-1	-1	39	-1	6	-1	-1	-1
Tirano	-1	-1	-1	-1	55	-1	-1	-1

1 Bäume sind auch Graphen. Beschreiben Sie die Besonderheiten von Bäumen als Graphen. Geben Sie Beispielgraphen an, die Bäume sind und geben Sie Beispielgraphen an, die keine Bäume sind.

2 Erstellen Sie eine Adjazenzmatrix für das Haus vom Nikolaus. Geben Sie zudem einen Eulerkreis an.

3 Geben Sie Gründe dafür an, warum es nicht möglich sein kann, einen Eulerkreis durch Königsberg zu finden. Was muss in einem beliebigen Graph gelten, dass er einen Eulerkreis hat?

4 Ein **Eulerweg** (engl. **Eulerian cycle**) ist ein Weg in einem Graphen, der jede Kante genau einmal durchgeht, aber nicht an demselben Knoten endet, an dem er gestartet hat. Hat Königsberg zu Eulers Zeiten einen Eulerweg? Was muss in einem beliebigen Graph gelten, dass er einen Eulerweg hat?

5 Ein **Hamiltonweg** (engl. **Hamiltonian path**) ist ein Weg in einem Graphen, der jeden Knoten genau einmal durchgeht. Er muss nicht notwendigerweise an demselben Knoten enden, an dem er begonnen hat.

6 Ein **Hamiltonkreis** (engl. **Hamiltonian cycle**) ist ein Hamiltonweg, der zusätzlich an demselben Knoten endet, an dem er gestartet hat. Finden Sie einen Hamiltonkreis auf einem normalen sechsseitigen Würfel.

7 Informieren Sie sich über das «Springerproblem»: Ein Springer im Schach soll jedes Feld des Schachfeldes genau einmal besucht haben.

8 Das **Briefträgerproblem** (engl. **Chinese postman problem**) beschreibt das Problem einen Kreis durch einen Graphen zu finden, der jede Kante mindestens einmal durchläuft und zudem möglichst kurz ist. Vergleichen Sie das Problem mit dem Eulerkreisproblem und diskutieren Sie, wie Sie es in Graphen lösen können, die keinen Eulerkreis haben.

A Ermitteln Sie für die Collatzfolge den Startwert zwischen 1 und 1000, der die längte Collatzfolge ergibt.

B Die Methode `Zeichenkette.find("Suchtext")` gibt den ersten Ort von `"Suchtext"` in der Zeichenkette zurück. So ergibt `"Oberweserdampfschifffahrts-kapitän".find("fff")` den Wert 18. Programmieren Sie dies nach, indem Sie mit Hilfe einer Schleife nach `"fff"` in der Zeichenkette `"Oberweserdampfschiff-fahrtskapitän"` suchen. Auf was für Probleme stossen Sie dabei?

C Schreiben Sie ein Programm, dass das kleine Einmaleins (also alle Produkte aus zwei Zahlen von 1 bis 10) systematisch auf dem Bildschirm ausgibt. Formatieren Sie Ihre Ausgabe mit "\t".

D Schreiben Sie ein Programm, dass eine Zahl einliest und Dreieck aus "#" auf dem Bildschirm ausgibt, das am Ende so hoch und so breit ist wie die eingegebene Zahl. Schreiben Sie zunächst eine Variante, die `Zahl * "#"` verwendet, um eine Zeile mit der entsprechenden Anzahl "#" zu erzeugen. Schaffen Sie es auch ohne den "*"-Operator?

E Informieren Sie sich über den **Dijkstra-Algorithmus** (engl. **Dijkstra's algorithm**) zum finden kürzester Wege in einem Graphen.

Ein Schleifenkörper besteht aus Anweisungen. Eine Schleife selber ist ebenfalls eine Anweisung. Es ist also möglich, eine Schleife in einer Schleife zu programmieren. Sie kommen relativ häufig vor, wenn zweidimensionale Datenstrukturen verarbeitet werden. Im Kapitel 4.9 Mehrdimensionale Felder oder im Kapitel 5.3 Sortieren werden Sie ihnen regelmässig begegnen.

Ein einfaches Beispiel ist, alle Primzahlen von 1 bis 100 herauszufinden. Eine Primzahl ist eine Zahl, die genau zwei natürliche Teiler hat, nämlich 1 und sich selbst. 1 ist keine Primzahl, da sie nur einen Teiler hat. Die kleinste und einzige gerade Primzahl ist die 2, denn sie ist genau durch 1 und durch 2 teilbar. Wenn man nun herausfinden möchte, ob eine Zahl eine Primzahl ist, muss man lediglich die Teiler zählen. Das folgende Programm macht dies:

Pseudocode

```
Für Zahl von 1 bis 100:
  Anzahl_Teiler ← 0
  Für Teiler von 1 bis Zahl:
    Wenn Zahl durch Teiler teilbar ist:
      Anzahl_Teiler ← Anzahl_Teiler + 1
  Wenn Anzahl_Teiler = 2:
    Gib Zahl aus.
```

Dieses Programm ist nicht besonders effizient, in den Aufgaben von Kapitel 4.7 Felder werden Sie eine effizientere Lösung kennenlernen. Dafür ist dieses Programm recht anschaulich.

Im Flussdiagramm und im Struktogramm sieht das Programm so aus:

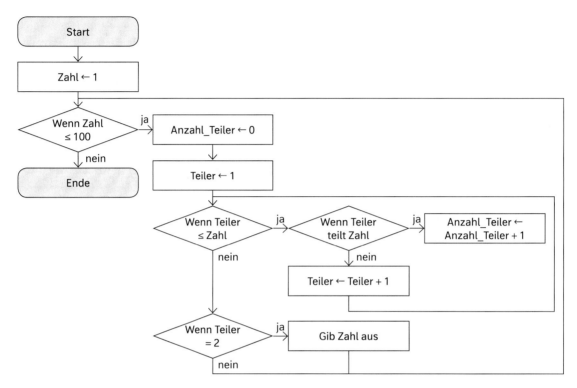

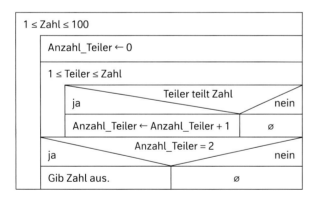

1 Zeichnen Sie das Flussdiagramm für das Programm zum Finden von Primzahlen ab. Markieren Sie die innere und äussere Schleife farbig.

2 Zeichen Sie das Struktogramm für das Programm zum Finden von Primzahlen ab. Markieren Sie die innere und äussere Schleife farbig.

3 Implementieren Sie das Programm zum Finden von Primzahlen in Python. Lösen Sie zunächst das Problem, wie Sie herausfinden, ob eine Zahl durch einen Teiler teilbar ist.

4 Schätzen Sie grob ab, wie viele Überprüfungen zur Teilbarkeit im Programm zum Finden von Primzahlen mindestens und höchstens gemacht werden müssen. Finden Sie einen allgemeinen Term, der Ihnen berechnet, wie viele Überprüfungen Sie machen müssen, wenn Sie die ersten n Primzahlen berechnen müssen?

5 Überprüfen Sie die Hypothese, dass maximal n^2 und mindestens n Überprüfungen braucht, indem Sie die Anzahl der Überprüfungen im Programm mitzählen lassen und am Ende n^2, die tatsächliche Anzahl und n ausgeben. Hat Ihre Formel der Aufgabe zuvor die richtige Anzahl für verschiedene Werte von n ergeben?

6 Wie können Sie ein Programm zum Finden von Primzahlen sinnvoll testen, wenn Sie n von einer Benutzereingabe abhängig machen? Welche besonderen Testfälle sollten Sie auf jeden Fall berücksichtigen?

7 Modifizieren Sie das Programm für das Finden von Primzahlen so, dass für jede Zahl die Anzahl Teiler ausgegeben wird. Finden Sie bei der Anzahl der Teiler der ersten 100 Zahlen Gesetzmässigkeiten?

8 Schreiben Sie ein Programm, das die Zahlen 1 bis 999 so ausgibt, dass es immer `"i Hunderter, j Zehner und k Einer"` auf dem Bildschirm ausgibt (mit `i`, `j` und `k` den Ziffern für die Hunderter, Zehner und Einer). Schreiben Sie zwei Varianten, eine mit einer einzelnen Schleife und eine mit drei ineinander verschachtelten Schleifen.

9 In der Kombinatorik wird für die Berechnung der Anzahl Möglichkeiten für Lotto der sogenannte Binomialkoeffizient

$$\binom{n}{k} = \frac{n!}{k! \cdot (n-k)!}$$

verwendet. So ist beispielsweise die Anzahl an Möglichkeiten beim Schweizer Lotto (ohne Glückszahl)

$$\binom{42}{6} = \frac{42!}{6! \cdot (42-6)!}.$$

Dabei ist der Operator $n!$ die Fakultät, also

$$n! = 1 \cdot 2 \cdot \ldots \cdot (n-1) \cdot n,$$

das Produkt der ersten n natürlichen Zahlen. Für das Schweizer Lotto gibt es 5245786 verschiedene Möglichkeiten, 6 Kreuze in 42 Feldern zu setzen. Schreiben Sie ein Programm, dass diese Lösung überprüft.

A Was war für Sie die grösste Denkschwierigkeit, als Sie sich zuerst mit Programmieren beschäftigt haben?

B Definieren Sie, was es bedeutet, «wie ein Computer zu denken». Vergleichen Sie die beiden Ansätze miteinander.

C Repetieren Sie die Grundlagen von Flussdiagrammen und Struktogrammen. Wo finden Sie Gemeinsamkeiten, wo finden Sie Unterschiede? Welche der beiden Darstellungsformen bevorzugen Sie?

Im Jahr 1968 veröffentlichte der Informatiker Edsger W. Dijkstra (1930–2002) einen Brief im einflussreichen Journal Communications of the ACM mit dem Titel «Go-to statement considered harmful». In dem Brief spricht er sich dagegen aus, dass in einem Programm mit Hilfe von «Go-to statements» beliebig hin und hergesprungen werden kann. Eines seiner Hauptargumente ist, dass der Mensch im Vergleich einfacher in statischen Beziehungen (von Programmcode zueinander) als in dynamischen Prozessen (durch Sprünge im Programmcode) denken kann.

Edsger Wybe Dijkstra
(1930–2002)

Ein solches «Go-to statement» kann man sich in etwa so vorstellen:

```
Pseudocode

Setze x auf 10
Hier ist Markierung 1
Wenn x < 1:
  Gehe zu Markierung 2
Gib x auf dem Bildschirm aus
Erniedrige x um 1
Gehe zu Markierung 1
Hier ist Markierung 2
```

Er würde sich eher folgendes Programm vorstellen:

```
Pseudocode

Für x von 10 bis 1:
  Gib x auf dem Bildschirm aus.
```

Beides würde denselben Effekt haben. Die Zahlen 10 bis 1 werden auf dem Bildschirm ausgegeben. Das obere Beispiel ist etwas näher an dem, was der Computer tatsächlich macht. Aber das untere Beispiel ist für einen Menschen in der Regel schneller und einfacher zu verstehen.

Seine Position hat sich durchgesetzt: viele Programmiersprachen haben heute kein «Go-to statement» oder wenn sie es haben, wird es eher selten verwendet und noch seltener unterrichtet.

Dafür beinhalten die meisten Programmiersprachen prominent bestimmte **Kontrollstrukturen**, die vielleicht im Detail jeweils unterschiedlich umgesetzt werden, aber im Prinzip überall dieselben sind:

- **Sequenzen:** Einzelne Anweisungen werden in einer bestimmten Reihenfolge ausgeführt. In Python ist das so, dass Anweisungen von oben nach unten ausgeführt werden (siehe Kapitel 1.2 Sequenzen).

- **Verzweigungen:** In Abhängigkeit von einer Bedingung wird ein Block von Anweisungen ausgeführt oder nicht. In Python ist das so, dass mit Hilfe von `if` und einer Bedingung der nachfolgende Dann-Block ausgeführt wird oder nicht (siehe Kapitel 2.5 Einfache Verzweigungen). In Python kann dies, wie in vielen anderen Programmiersprachen auch, ergänzt werden durch einen Sonst-Block.

- **Schleifen:** Ein Block von Anweisungen wird in Abhängigkeit von einer Bedingung wiederholt ausgeführt. In Python gibt es sowohl Zählschleifen mit `for` (siehe Kapitel 3.4 Zählschleifen als auch Kopfgesteuerte Schleifen mit `while` (siehe Kapitel 3.6 Kopf- und fussgesteuerte Schleifen).

Häufig werden diese Kontrollstrukturen noch um sogenannte Unterprogramme ergänzt (siehe Kapitel 4.1 Unterprogramme), die einen Block von Anweisungen kapselt, damit dieser Block immer wieder aufgerufen werden kann.

Mit diesen wenigen Strukturelementen lassen sich im wahrsten Sinne des Wortes alle möglichen Programme schreiben (siehe auch Kapitel 4.8 Rekursiv aufzählbare Sprachen). Es liegt also nahe, wenn diese Strukturelemente in den meisten Programmiersprachen vorhanden sind, und sie so universell mächtig sind, sie als abstraktes Prinzip zu betrachten.

ALGORITHMISCHES DENKEN

Das Denken in Abfolgen und Regeln, bei dem beispielsweise typische Strukturelemente wie Sequenzen, Verzweigungen und Schleifen massgeblich beteiligt sind, nennt man **Algorithmisches Denken**. Dies kann zum einen als Denkhilfe für Abläufe in einem Computer dienen, indem man einen Algorithmus für sich im Kopf ausführt. Zum anderen können die Strukturelemente aber auch helfen, Abläufe in der Welt zu beschreiben und so ein besseres Verständnis zu erlangen.

Algorithmisches Denken schränkt zwar zunächst scheinbar ein, ermöglicht aber durch die wenigen Strukturelemente eine leichtere Kommunikation.

Gleichwohl ist es aber nicht auf eine bestimmte Vorstellung festgelegt. Obwohl Edsger W. Dijkstra eine bestimmte Denkvorstellung im Sinn hatte, als er seinen Brief schrieb, kann man das Ergebnis dennoch immer noch recht flexibel verstehen. Deshalb haben sich auch die von ihm bevorzugten Strukturelemente durchgesetzt.

Ein typisches Beispiel für unterschiedliche Vorstellungen sind Flussdiagramme und Struktogramme. Mit ihnen kann man denselben Algorithmus darstellen. Dennoch bedienen Flussdiagramme und Struktogramme unterschiedliche Denkerstile. Bei einem Flussdiagramm kann man sich leicht vorstellen, dass eine Person den Ablauf des Programms mit dem Finger nachvollzieht. Dieser dynamische Umgang mit Programmabläufen hat funktionales Denken im Hintergrund. Ein Struktogramm ist hingegen eher statisch aufgebaut. Ein Block mit einer Schleife steht fest. Der Schleifenkörper in ihm wird einfach so oft wiederholt wie die Bedingung darum herum festlegt. Dieser statische Umgang mit Programmabläufen hat prädikatives Denken im Hintergrund.

1 Zeichnen Sie für das Herunterzählen von 10 auf 1 ein Flussdiagramm und ein Struktogramm. Vergleichen Sie die beiden Darstellungen miteinander. Welche bevorzugen Sie und warum?

2 Suchen Sie in der Mathematik nach «funktionalen» und «prädikativen» Konzepten. Vermeiden Sie dabei die Falle, etwas deshalb als «funktional» zu bezeichnen, nur weil es «Funktion» heisst.

3 Die in diesem Kapitel vorgestellten Strukturelemente bilden das sogenannte **imperative Programmierparadigma**. Es gibt noch weitere Programmierparadigma wie funktionale Programmierung, logische Programmierung oder objektorientierte Programmierung (siehe Kapitel 10 Objektorientierte Modellierung). Informieren Sie sich über andere Ansätze zum Programmieren und diskutieren Sie, was aus Ihrer Sicht Vor- und Nachteile sind.

Unterprogramme, Felder und formale Sprachen

Alan Mathison Turing (1912–1954), nicht ohne Grund wird dieser Name in diesem Buch am häufigsten erwähnt. Als einer der brilliantesten Köpfe des 20. Jahrhunderts hat seine Grundlagenforschung bis heute in der Informatik Bestand.

Noch bevor die ersten Computer im heutigen Sinne gebaut wurden, schuf er mit der Turingmaschine ein theoretisches Modell, das in seiner Mächtigkeit auch von den modernsten Computern nicht übertroffen wird. Als theoretisches Modell wird sie heute auch noch regelmässig für Beweise verwendet.

Was ihn jedoch darüber hinaus interessierte, ist heute viel wichtiger als zu seiner Zeit: wie kann man «künstliche Intelligenz» fassen? Auch wenn für ihn wie für uns die Frage, inwiefern künstliche Intelligenz und menschliche Intelligenz vergleichbar sein können, (noch?) nicht beantwortet werden konnte, so stellt er uns mit dem Turing-Test eine praktikable Methode zur Verfügung, uns einer Antwort anzunähern.

A Angenommen Sie wollen ein Programm schreiben, das die Eingabe von drei Zeichenketten erfordert, die alle nur ein Zeichen lang sein dürfen. Wie würden Sie vorgehen? Inwiefern ist Ihr Vorgehen «ineffizient»?

B Schreiben Sie ein Programm, das prüft, ob eine Zahl durch die Zahlen 1 bis 9 teilbar ist.

C Informieren Sie sich darüber, was eine **Laufzeitbibliothek** (engl. **runtime library**) ist. Inwiefern trägt dies zur **Modularisierung** (engl. **modularity**) bei? Was für Vor- und Nachteile bietet diese?

Schon im antiken Rom wurde unter der Bezeichnung «divide et impera» (lat. für «teile und herrsche») ein Prinzip verwendet, das im Kern darin besteht, ein System von ansonsten unbeherrschbarer Grösse in den Griff zu bekommen. Über die Zeit hinweg hatte es unterschiedliche Ausprägungen und Akzente. In Rom beispielsweise war es den Mitgliedstaaten des römischen Imperiums nicht erlaubt, untereinander Verträge abzuschliessen. Dies wurde so stark überbetont, dass das Prinzip im 19. Jahrhundert in Frankreich als «trenne und herrsche» bezeichnet wurde. Selbst im 21. Jahrhundert wird dieses Prinzip in Staaten verwendet, indem man beispielsweise unterschiedliche staatliche Einrichtungen gegeneinander positioniert.

In der Informatik wird dieses Prinzip ebenfalls erfolgreich angewendet. Hier geht es jedoch weniger um den Aspekt des Gegeneinanders als darum, ein komplexes Problem in kleinere Teilprobleme zu unterteilen, die jeweils für sich gelöst werden können. Ein späteres Zusammensetzen dieser Teillösungen ergibt dann eine Gesamtlösung.

> ### UNTERPROGRAMME
> Ein **Unterprogramm** (je nach Kontext und Ausprägung auch Funktion, Prozedur oder Methode genannt, engl. **sub routine**) ist das Kapseln eines kurzen Programmabschnitts, so dass dieser aus anderen Teilen des Programms (oder sogar aus dem Unterprogramm selber) aufgerufen werden kann. Damit wird vor allem das Wiederverwenden von Lösungen für bestimmte häufig auftretende Probleme ermöglicht.

Es ist möglich, Unterprogrammen Daten mitzugeben, die sie dann verarbeiten. Dies geschieht in Form von Variablen, die in diesem Zusammenhang **Parameter** (engl. **parameter**) genannt werden.

Unterprogramme sind nicht notwendig, damit beliebige Probleme mit dem Computer gelöst werden können. Sie helfen den Menschen aber sehr, den Überblick zu behalten. Insbesondere ist so ein arbeitsteiliges Arbeiten in Teams möglich.

Ein Schaltjahr beispielsweise ist ein Jahr, das 366 anstelle von 365 Tagen lang ist. Schaltjahre sind notwendig, weil bei einem kompletten Umlauf der Erde um die Sonne (ein «Jahr») die Erde sich nicht ein ganzzahliges Vielfaches davon um sich selbst dreht (ein «Tag»). Seit der Kalenderreform von Julius Caesar (100 v. Chr.–44 v.Chr.) hat man dennoch einfach mit einem Jahr von 365 Tagen und einem Schaltjahr alle 4 Jahre gerechnet, so dass im 16. Jahrhundert bereits 10 Tage

Gaius Iulius Caesar
(100 v. Chr.–44 v. Chr.)

Differenz zwischen dem tatsächlichen Jahr und dem kalendarischen Jahr bestand. Daher führte Papst Gregor XIII. eine Kalenderreform durch, die bis heute Gültigkeit hat. Die Regel für Schaltjahre lautet nun:

Pseudocode

Alle durch Vier teilbaren Jahre sind Schaltjahre.
Alle durch Einhundert teilbaren Jahre sind doch keine
Schaltjahre.
Alle durch Vierhundert teilbaren Jahre sind wiederum
Schaltjahre.

Damit wird es noch (je nach Rechenart) bis ins Jahr 4324 oder gar 4813 dauern, bis ein Schaltjahr zusätzlich ausfällt.

Es ist offensichtlich, dass zum Identifizieren von Schaltjahren mehrfach geprüft werden muss, ob eine Zahl durch eine andere teilbar ist. Es liegt also nahe, die Teilbarkeitsprüfung in ein Unterprogramm auszulagern.

Im Pseudocode sähe das Programm dann so aus:

Pseudocode

```
ist_teilbar(x, y):
  Ist x % y = 0?
  Ja:
    Rückgabe „wahr"
  Nein:
    Rückgabe „falsch"

Lies j
Ist j < 1582?
  Ja:
    Rückgabe „Noch nicht gregorianisch"
  Nein:
    ist_teilbar(j, 400):
    Ja:
      Ausgabe „Schaltjahr"
    Nein:
     ist_teilbar(j, 100):
     Ja:
       Ausgabe „kein Schaltjahr"
     Nein:
      ist_teilbar(j, 4):
      Ja:
        Ausgabe „Schaltjahr"
      Nein:
        Ausgabe „kein Schaltjahr"
```

Als Flussdiagramm kann man dies wie rechts abgebildet darstellen. Ein Unterprogrammblock wird mit seinem Namen gefolt von einem Doppelpunkt eingeleitet

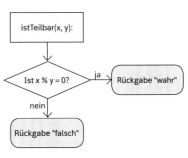

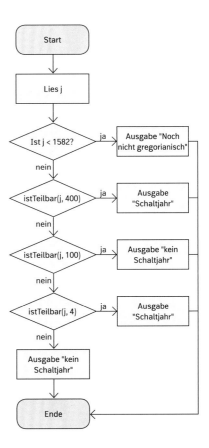

Lies j				
Ist j < 1582?				
Ja Nein				
Ausgabe "Noch nicht gregorianisch"	istTeilbar(j, 400)			
	Ja Nein			
	Ausgabe "Schaltjahr"	istTeilbar(j, 100)		
		Ja Nein		
		Ausgabe "kein Schaltjahr"	istTeilbar(j, 4)	
			Ja Nein	
			Ausgabe "Schaltjahr"	Ausgabe "kein Schaltjahr"

istTeilbar(x, y):	
Ist x % y = 0?	
Ja Nein	
Rückgabe "wahr"	Rückgabe "falsch"

Im Struktogramm werden Unterprogramme separat dargestellt und ebenfalls durch ihre Namen gefolgt von einem Doppelpunkt im ersten Block eingeleitet.

Ein vollständiges Python-Programm wäre dann zum Beispiel das folgende Programm. In Python sollten Unterprogrammnamen, die aus mehreren Wörtern bestehen, mit Unterstrichen geschrieben werden.

Python-Code 4.1

```python
01 def ist_teilbar(x, y):
02   """Gibt zurück, ob x ganzzahlig durch
03     y teilbar ist."""
04   if x % y == 0:
05     return True
06   else:
07     return False
08
09 j = int(input("Bitte geben Sie ein Jahr "
10               "ein: "))
11 if j < 1582:
12   print("Noch nicht gregorianisch")
13 else:
14   if ist_teilbar(j, 400):
15     print("Schaltjahr")
16   else:
17     if ist_teilbar(j, 100):
18       print("kein Schaltjahr")
19     else:
20       if ist_teilbar(j, 4):
21         print("Schaltjahr")
22       else:
23         print("kein Schaltjahr")
```

1 Im Kapitel 1.5 Elementare Datentypen wurde folgender Programmcode zum sicheren Einlesen von Zahlen vorgestellt:

Python-Code 4.2

```
01 x = None
02 while x == None:
03 try:
04   x = int(input("Bitte geben Sie eine "
05                 "Zahl ein: "))
06 except:
07   print("Das konnte leider nicht als "
08         "Zahl interpretiert werden.")
```

Schreiben Sie ihn so um, dass Sie ein Unterprogramm int_input(…) haben, das Ihnen zuverlässig eine ganze Zahl einliest.

2 Beschreiben Sie die Bedeutung der Schlüsselwörter def und return. Was für Syntaxelemente gibt es zusätzlich bei Unterprogrammen?

3 Mit import random am Anfang eines Programms kann man im Programm mit random.randint(*min*, *max*) eine zufällige Zahl zwischen *min* und *max* (jeweils inklusive) erzeugen.

a Schreiben Sie ein Unterprogramm mit dem Namen wuerfeln, das eine zufällige Zahl zwischen 1 und 6 erzeugt.

b Schreiben Sie ein Unterprogramm mit dem Namen zweimalwuerfeln, das die Summe zweier zufälliger Zahlen zwischen 1 und 6 erzeugt. Achtung: dies ist nicht dasselbe wie als wenn Sie eine zufällige Zahl zwischen 2 und 12 erzeugen würden.

4 Das folgende Programm wurde bereits im Kapitel 3.1 Stapel angegeben. Es implementiert einen Stapel. Diskutieren Sie, inwiefern Unterprogramme hier helfen.

Python-Code 4.3

```
01 def push(stack, element):
02   """Fügt ein Element oben auf dem Stapel
03      hinzu. """
04   stack.append(element)
05
06 def pop(stack):
07   """Entfernt das oberste Element des
08      Stapels und gibt es zurück."""
09   return stack.pop()
10          # Python-Felder haben
11          # bereits eine pop()-Methode
12
13 def top(stack):
14   """Gibt das oberste Element des Stapels
15      zurück ohne es zu entfernen."""
16   return stack[-1]
17          # der Index -1 ist eine
18          # Kurzform für len(array) - 1
19
20 def empty(stack):
21   """Gibt True zurück, wenn der Stapel
22      leer ist, sonst False."""
23   return len(stack) == 0
24
25 mystack = []
26 # ein leeres Feld für den Stapel
```

5 Kombinieren Sie das Programm der Aufgabe zuvor mit dem Programm der Aufgabe 6 aus dem Kapitel 3.3 Schlangen, dass Sie nun in einem Programm mit einem Feld sowohl Operationen von Stapeln als auch Operationen von Schlangen durchführen können. Wo können Sie Programmieraufwand sparen?

6 Diskutieren Sie, wie Sie Ihre Implementation der Aufgabe zuvor sinnvoll testen können.

7 Diskutieren Sie den Modellierungscharakter von Modellen wie dem Schaltjahr. Inwiefern war Caesars Modell zu seiner Zeit gut?

A Lösen Sie einige Aufgaben in der Lernumgebung «Kara – Programmieren mit endlichen Automaten», zu finden unter:
https://www.swisseduc.ch/informatik/karatojava/kara/

B Diskutieren Sie den Zusammenhang zwischen der Grammatik einer Sprache und den gültigen Sätzen einer Sprache. Wie versteht ein Mensch einen gültigen Satz einer Sprache? Was müsste eine Maschine machen, um einen gültigen Satz einer Sprache zu «verstehen»?

C In vielen Textverarbeitungen gibt es die Möglichkeit, nach «regulären Ausdrücken» zu suchen. Für LibreOffice beispielsweise findet man unter https://help.libreoffice.org/latest/de/text/shared/01/02100001.html eine Liste solcher Ausdrücke, die aktiviert werden, wenn «Reguläre Ausdrücke» ausgewählt ist. Finden Sie solche Suchoptionen in Programmen und diskutieren Sie, warum man sie eingeführt hat.

Grammatik, Sprache und Maschine

FORMALE GRAMMATIK

Eine **formale Grammatik** (engl. **formal grammar**) ist eine Menge von Regeln, die beschreiben, wie Wörter entstehen können. Dabei kann ein «Wort» im übertragenen Sinne auch ein ganzer Satz sein. Sie wird definiert durch:

- eine Menge von **Nicht-Terminal-Symbolen** (engl. **nonterminal symbols**)
- eine Menge von **Terminal-Symbolen** (engl. **terminal symbols**), wobei kein Symbol sowohl Terminal-Symbol als auch Nicht-Terminal-Symbol sein kann
- eine Menge von **Ersetzungsregeln** (manchmal auch **Produktionen**, engl. **production rules**)
- ein **Startsymbol** (engl. **start symbol**)

Der Einfachheit halber werden Nicht-Terminal-Symbole in der Regel durch grosse Buchstaben notiert, Terminal-Symbole durch kleine Buchstaben. Das Symbol ε wird häufig für das leere Wort verwendet und das Symbol S als Startsymbol. Eine Ersetzungsregel wird so formuliert, dass ein Teilwort bestehend aus Nicht-Terminal-Symbolen und gegebenenfalls auch Terminal-Symbolen gefolgt von einem Pfeil und einem neuen Teilwort bestehend aus Nicht-Terminal-Symbolen und Terminal-Symbolen notiert wird.

FORMALE SPRACHEN

Eine **formale Sprache** (engl. **formal language**) ist eine Menge von Wörtern, die durch eine Grammatik erzeugt werden können.

Eine **erkennende Maschine** (engl. **abstract machine**) ist eine Maschine, die genau alle Wörter einer bestimmten formalen Sprache erkennt.

Chomsky-Hierarchie

Die **Chomsky-Hierarchie** (engl. **Chomsky hierarchy**) wurde vom Linguisten Avram Noam Chomsky (*1928) entwickelt in dem Bestreben, die natürliche Sprache mathematisch formal zu beschreiben. Auch wenn es bis heute nicht gelungen ist, dies vollständig zu erreichen, haben sich seine vier Ebenen formaler Grammatiken als gut geeignet zum Beschreiben formaler Sprachen erwiesen, wie sie in der Informatik und verwandten Wissenschaften regelmässig vorkommen.

Die Chomsky-Hierarchie besteht aus vier Stufen, wobei alle Grammatiken, Sprachen und erkennenden Maschinen jeweils auch zu der nächstkleineren Stufe gehören:

- Stufe 3: reguläre Grammatiken, reguläre Sprachen und endliche Automaten (siehe unten)
- Stufe 2: kontextfreie Grammatiken, kontextfreie Sprachen und Kellerautomaten (siehe Kapitel 4.4 Kontextfreie Sprachen)
- Stufe 1: kontextsensitive Grammatiken, kontextsensitive Sprachen und linear beschränkte, nicht-deterministische Turingmaschinen (siehe Kapitel 4.6 Kontextsensitive Sprachen)

Avram Noam Chomsky
(*1928)

- Stufe 0: rekursiv aufzählbare Grammatiken, rekursiv aufzählbare Sprachen und Turingmaschinen (siehe Kapitel 4.8 Rekursiv aufzählbare Sprachen)

Stufe 3: reguläre Grammatiken, reguläre Sprachen und endliche Automaten

Stufe 2: kontextfreie Grammatiken, kontextfreie Sprachen und Kellerautomaten

Stufe 1: kontextsensitive Grammatiken, kontextsensitive Sprachen und linear beschränkte, nicht-deterministische Turingmaschinen

Stufe 0: rekursiv aufzählbare Grammatiken, rekursiv aufzählbare Sprachen und Turingmaschinen

Reguläre Grammatiken und Sprachen

REGULÄRE GRAMMATIK

Eine **reguläre Grammatik** (engl. **regular grammar**) ist eine Grammatik, bei der die Ersetzungsregeln nur die folgende Form haben dürfen:

- $X \to aY$ oder
- $X \to a$
- $X \to \varepsilon$

- $X \to Ya$
- $X \to a$
- $X \to \varepsilon$

Dabei sind X und Y Nicht-Terminal-Symbole, a ein Terminal-Symbol und ε ein leeres Wort.

Der erste Fall ist eine **rechtsreguläre** Grammatik (engl. **right-regular** grammar), der zweite Fall ist eine **linksreguläre** Grammatik (engl. **left-regular** grammar). Sie funktionieren gleich, man darf sie nur nicht mischen.

Eine Grammatik soll zum Beispiel beliebige Wörter aus den Buchstaben «a», «n» und «s» erzeugen, die das Wort «ananas» enthalten:

Als Nicht-Terminalsymbole braucht man die Buchstaben «A», «B», «C», «D», «E», «F», «G» und «S», als Terminalsymbole die Buchstaben «a», «n» und «s». Das Startsymbol ist «S».

Nun benutzt man die folgenden Ersetzungsregeln:

- $S \to A$
- $A \to aB$
- $A \to nA$
- $A \to sA$
- $B \to aB$
- $B \to nC$
- $B \to sA$
- $C \to aD$

- $C \to nA$
- $C \to sA$
- $D \to aB$
- $D \to nE$
- $D \to sA$
- $E \to aF$
- $E \to nA$
- $E \to sA$

- $F \to aB$
- $F \to nE$
- $F \to sG$
- $G \to aG$
- $G \to nG$
- $G \to sG$
- $G \to \varepsilon$

So kann man zum Beispiel das Wort A → sA → saB → sanC → sanaD → sananE → sananaF → sanananE → sanananaF → sanananasG → sanananassG → sananananass erzeugen.

REGULÄRE SPRACHEN

Eine **reguläre Sprache** (engl. **regular language**) ist eine formale Sprache, die aus Wörtern besteht, die von einer regulären Grammatik erzeugt werden.

Endliche Automaten

Ein **endlicher Automat** (engl. **finite state machine**) ist eine Maschine, die aufgrund einer **Eingabe** (engl. **input**) ihren **Zustand** (engl. **state**) anhand von definierten **Übergängen** (engl. **transition**) ändert. Ein Automat wird definiert durch:

- die möglichen **Zustände** (engl. **states**),
- dem **Eingabealphabet** (engl. **input alphabet**)
- einen **Startzustand** (engl. **start state**)
- einer Menge von **gültigen Endzuständen** (engl. **accepting states**)
- einer Menge von **Übergängen** (engl. **transition**)

Dabei ist ein Übergang eine Funktion, die einer Kombination aus Zustand und Eingabezeichen einen neuen Zustand zuordnet. Diese Funktion kann man gut in Form einer Tabelle angeben. Dabei «merkt» ein endlicher Automat sich Informationen in seinen Zuständen.

Man sagt, ein endlicher Automat **akzeptiert** (engl. **accepts**) ein Wort, wenn er nach Abarbeiten der Eingabezeichen in einem gültigen Endzustand ist.

Ein endlicher Automat soll erkennen, ob die Zeichenfolge «ananas» in einem Wort vorkommt. Damit wäre der endliche Automat derjenige, der die von der oben beschriebenen regulären Grammatik erzeugten Worte erkennt.

Als Eingabealphabet nimmt man die Menge der Buchstaben «a», «n» und «s», da diese als Terminal-Symbole vorkommen können. Die Zustände nummeriert man oftmals einfach durch, wobei der Zustand 0 der Startzustand sein soll. Als gültigen

Endzustand nimmt man in diesem Fall den letzten Zustand, den man definiert.

Die Grundidee des endlichen Automaten ist

- Er bleibt im Zustand 0, bis er dem Buchstaben «a» begegnet, danach geht er in den Zustand 1.

- Wenn er dann direkt den Buchstaben «n» begegnet, geht er weiter in den Zustand 2. Wenn er jedoch einem «a» begegnet, haben er die Chance, dass danach «nanas» folgt, also bleibt er im Zustand 1. Ansonsten geht er zurück in den Zustand 0.

- Wenn er nach einem «an» ein a habt, geht er weiter in den Zustand 3, ansonsten zurück in den Zustand 0.

- Nach «ana» könnte entweder ein (gewünschtes) «n» kommen, und der Automat geht weiter in den Zustand 4. Ansonsten muss er zurück in den Zustand 1 (bei «a») oder 0 (sonst).

- Nach «anan» könnte wieder ein «a» kommen, es geht weiter in den Zustand 5, ansonsten geht es zurück in den Zustand 0.

- Wenn nach «anana» ein «s» kommt, kann der Automat in den Zustand 6. In dem Zustand bleibt er, egal was kommt, weil er das Wort «ananas» bereits gefunden hat. Wenn ein «n» kommt, hat er «ananan» erkannt, was zu «anananas» fortgeführt werden könnte. Daher ist er in derselben Situation wie im Zustand 4. Wenn hingegen ein weiteres «a» kommt, geht er zurück in den Zustand 1.

Als **Übergangstabelle** (engl. **state-transition ta-ble**) sieht das dann so aus:

	a	n	s
0	1	0	0
1	1	2	0
2	3	0	0
3	1	4	0
4	5	0	0
5	1	4	6
6	6	6	6

Als **Zustandsdiagramm** (engl. **state diagram**) sieht das dann so aus:

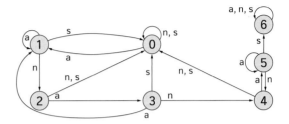

Reguläre Ausdrücke

Ein **regulärer Ausdruck** (engl. **regular expression**) ist eine Kurzform, um eine reguläre Sprache zu definieren. Sie wurde von Stephen Cole Kleene (1909–1994) eingeführt. Dabei werden die folgenden Symbole verwendet:

- Terminal-Symbole sowie das leere Wort ε und **Verkettungen** davon

- Das Symbol für eine **Alternative**: A|B (es kann entweder der Ausdruck A oder der Ausdruck B verwendet werden)

- Das Symbol für eine **Wiederholung**: A* (der Ausdruck A kann so häufig wiederholt werden, wie gewünscht, auch kein mal; das Symbol wird oftmals auch Kleene-*-Operator genannt)

Das Wiederholungssymbol «*» hat dabei die höchste Bindungskraft, danach kommt das Alternativsymbol «|» und zum Schluss erst Verkettungen von Ausdrücken. Wenn dies gebrochen werden soll, müssen Klammern verwendet werden. Mit diesen Symbolen können alle regulären Sprachen definiert werden.

In der Praxis werden häufig reguläre Ausdrucke aus der POSIX-Welt verwendet, die sehr ähnlich aufgebaut sind, aber zusätzlich noch Erweiterungen beinhalten. So werden Symbole für Sonderzeichen («\n» = Zeilenumbruch) verwendet und Mengenabkürzungen («[a-z]» = Menge aller Kleinbuchstaben von «a» bis «z») verwendet. Manche Erweiterungen lassen durch solche Ausdrücke sogar Sprachen definieren, die gar keine regulären Sprachen mehr sind. Daher ist es sinnvoller, sie als mit der englischen Abkürzung **RegEx** zu bezeichnen, die für solche Ausdrücke ebenfalls geläufig ist, obwohl RegEx eigentlich ja nur eine Abkürzung für «regular expression» ist, der englischen Übersetzung von «Regulärer Ausdruck».

Der folgende Ausdruck erzeugt alle Wörter, die aus «a», «n» und «s» bestehen und die Zeichenfolge «ananas» enthalten: «(a|n|s)*ananas(a|n|s)*».

1 Erzeugen Sie weitere Worte, die das Wort «ananas» enthalten. Überprüfen Sie, ob diese Worte auch durch den beschriebenen endlichen Automaten erkannt werden.

2 Vergleichen Sie die Definition einer formalen Grammatik mit Ihrem bisherigen Verständnis, was eine Grammatik ist. Wo finden Sie Parallelen zum Sprachunterricht, wo finden Sie Unterschiede?

3 Finden Sie eine Sprache, die Sie erzeugen könnten, wenn Sie Ersetzungsregeln der Form $X \rightarrow aY$ und $X \rightarrow Ya$ mischen dürften, die Sie nicht mit einer regulären Grammatik erzeugen können.

4 Begründen Sie, dass eine reguläre Sprache mit jeder Ersetzung grösser wird (mit der Ausnahme der letzten Ersetzung, wo ein Nicht-Terminalsymbol gelöscht wird).

5 Diskutieren Sie Unterschiede und Gemeinsamkeiten, ob eine Grammatik ein vorhandenes Konstrukt wie eine natürliche Sprache beschreibt, oder ob eine künstliche Sprache erschaffen wird.

6 Analysieren Sie den endlichen Automaten, der Wörter erkennt, die das Wort «ananas» enthalten.

a Wie würden Sie die Zustände umgangssprachlich beschreiben?

b Implementieren Sie den endlichen Automaten zum Erkennen von Worten, die «ananas» enthalten, in Python.

7 Ein Bauer möchte mit einem Boot einen Fluss überqueren. Er hat eine Gans, einen Fuchs und einen Sack Korn bei sich, kann davon aber nur eine Sache gleichzeitig im Boot mitnehmen. Lässt der Bauer die Gans und das Korn unbeaufsichtigt, dann frisst die Gans das Korn, lässt der Bauer Fuchs und Gans allein, wird die Gans vom Fuchs gefressen. Beide Ereignisse sind unerwünscht.

Modellieren Sie das Problem mit Hilfe eines endlichen Automaten. Definieren Sie dazu die Zustände in der Form, dass jeweils die vier Elemente «b» (für Bauer) «g» (für Gans), «f» (für Fuchs) und «k» (für Korn) links oder rechts des Ufers (symbolisiert durch einen Schrägstrich) notiert sind. Dann ist der Startzustand «bgfk/-» und der Endzustand «-/bgfk». Ergänzen Sie diese Zustände durch einen Zustand «Fehler», der einen unerwünschten Zustand beschreibt. Als Eingabealphabet wählen Sie «g», «f» und «k» für das jeweils zu transportierende Gut. Notieren Sie die Übergänge als Übergangstabelle und als Zustandsdiagramm.

8 Beschreiben Sie die Schritte, die Sie machen müssen, um aus einem endlichen Automaten eine analoge reguläre Grammatik zu erstellen.

9 Kommentieren Sie den Comic.

Regular Expressions, xkcd-Comic #208, xkcd.com/208/

A Janick programmiert:

Python-Code 4.4

```
01  def ist_gerade(n):
02    if (n % 2) == 0:
03      print("True")
04    else:
05      print("False")
06
07  if ist_gerade(2):
08    print("2 ist ungerade.")
09  else:
10    print("Da stimmt etwas nicht.")
```

Die Ausgabe ist:

Ausgabe

```
True
Da stimmt etwas nicht.
```

Erläutern Sie, was für einen Fehler Janick gemacht hat.

B Einem Programm können mehrere Variablen als Parameter übergeben werden, aber nur ein Wert kann zurückgegeben werden. Wie können Sie das Problem umgehen?

C Suchen Sie Anwendungsfälle, wo es notwendig oder hilfreich ist, eine bestimmte Information einmalig zu definieren, so dass sie im ganzen Programm und allen Unterprogrammen zugreifbar ist.

D Probieren Sie aus, was passiert, wenn Sie eine Variable des Hauptprogramms im Unterprogramm lesen oder verändern wollen. Was passiert?

In Python wie in anderen Programmiersprachen sind nicht einfach alle Variablen von überall lesbar oder schreibbar. Der Zugriff auf Variablen des aufrufenden Programmteils sollte auf jeden Fall vermieden werden, weshalb in Python der Aufwand hierfür auch entsprechend gross ist. Werte des aufrufenden Programmteils sollten nach Möglichkeit als Parameter übergeben werden und wenn ein aufrufender Programmteil seine Variablen ändern soll, sollte dies im aufrufenden Programmteil selber passieren und der Wert mit Hilfe einer Rückgabe übergeben werden.

In Unterprogrammen kann Python in der Regel zwar Variablen lesen, die im aufrufenden Programmteil verwendet werden, diese können aber nicht verändert werden. Wenn einer Variablen in einem Unterprogramm ein Wert zugewiesen wird, sind dies lokale Variablen, die nur im Unterprogramm bekannt sind. Wenn der Name einer solchen Variablen gleich ist wie der Name einer Variablen in dem aufrufenden Programmteil, wird eine weitere Variable erzeugt. Diese ist ab dann unter diesem Namen im Unterprogramm bekannt,

auf die Variable mit dem gleichen Namen im aufrufenden Programmteil kann nicht respektive nur mit grossem Aufwand zugegriffen werden. Wenn eine Variable des aufrufenden Programmteils verändert werden soll, muss sie mit dem Schlüsselwort global «schreibbar» gemacht werden. Im folgenden Beispiel sind drei Fälle aufgeführt:

- drucke_x(): liest den Wert der Variablen x im Hauptprogramm und gibt den Wert aus.

- aendere_x_nicht() erzeugt eine neue lokale Variable mit dem Namen x, weist ihr einen Wert zu und print(…) gibt den Wert dieser lokalen Variablen aus, die Variable x im Hauptprogramm wird nicht gelesen oder geschrieben.

- aendere_x() legt fest, dass unter x die Variable x des Hauptprogramms verwendet werden soll. Diese wird geändert und print(…) liest auch den Wert dieser Variablen.

Python-Code 4.5

```
01  def drucke_x():
02    """Gib die Variable x des aufrufenden
03       Programms auf dem Bildschirm aus."""
04    print(x)
05
06  def aendere_x_nicht():
07    """Erzeuge eine lokale Variable x, weise
08       ihr den Wert 10 zu und gib diesen auf
09       dem Bildschirm aus."""
10    x = 10
11    print(x)
12
13  def aendere_x():
14    """Weise der Variablen x des aufrufenden
15       Programms den Wert 15 zu und gib
16       diesen auf dem Bildschirm aus."""
17    global x
18    x = 15
19    print(x)
20
21  x = 5
22  drucke_x()
23  aendere_x_nicht()
24  drucke_x()
25  aendere_x()
26  drucke_x()
```

Ausgabe

```
5
10
5
15
15
```

Wenn zunächst auf eine Variable des aufrufenden Programms lesend zugegriffen wird und danach eine lokale Variable mit demselben Namen erzeugt wird, gibt es einen Konflikt, da unter demselben Namen zwei verschiedene Variablen in demselben Programmteil bekannt sind. Dies erkennt Python und gibt eine Fehlermeldung zurück, die besagt, dass dies nicht sein darf.

Python-Code 4.6

```
01  def falscher_bezug():
02    """Dieses Unterprogramm wird nicht
03       funktionieren, da x nicht als
04       "global" deklariert wurde."""
05    print(x)
06    x = 20
07  x = 10
08  falscher_bezug()
```

Ausgabe

```
Traceback (most recent call last):
  File "FalscherBezug.py", line 8, in
  <module>
    falscher_bezug()
  File "FalscherBezug.py", line 5, in
  falscherBezug
    print(x)
UnboundLocalError: local variable 'x'
referenced before assignment
```

Das Verhalten von Python ist durchaus anders als in anderen modernen Programmiersprachen, wo in der Regel bei der Deklaration die Sichtbarkeit festgelegt werden muss. Das ist in Python jedoch unpraktikabel, da Variablen anders als in stark typisierten Programmiersprachen nicht extra deklariert werden müssen. Zusammengefasst gilt:

Lesen:

Von ↓ Zu →	Haupt-programm	Unter-programm	«global»
Haupt-programm	Ja	Nein	–
Unter-programm	Ja	Ja	Ja

Schreiben:

Von ↓ Zu →	Haupt-programm	Unter-programm	«global»
Haupt-programm	Ja	Nein	–
Unter-programm	Wird neue lokale Variable	Ja	Ja

1 Formulieren Sie die Prinzipien, wie Python mit Variablen im Hauptprogramm und in Unterprogrammen umgeht, mit eigenen Worten.

2 Nennen Sie Vor- und Nachteile von globalen Variablen.

3 Das Prinzip **secure by design** ist ein Prinzip beim Programmieren, das Programme bereits von sich aus sicher programmiert, anstelle dass unsichere Programmteile umständlich geschützt werden müssen. Eines der Teilprinzipien ist **fewest privileges**, dass also ein Programmteil nur maximal so viele Rechte hat, wie es braucht. So richten Programmierfehler oder erfolgreiche Angriffe nur den geringstmöglichen Schaden an. Diskutieren Sie vor diesem Hintergrund, wie mit Daten im Hauptprogramm und in Unterprogrammen umgegangen werden sollte.

A Entwickeln Sie einen endlichen Automaten, der die Worte «ab», «aabb», «aaabbb» und «aaaabbbb» erzeugt. Wieso gibt es keinen endlichen Automaten, der Worte der Form «$a^n b^n$» für beliebige $n \in \mathbb{N}$ erzeugt?

B Repetieren Sie das Konzept des Stapels (siehe Kapitel 3.1 Stapel).

C Informieren Sie sich darüber, was ein Palindrom ist.

Kontextfreie Grammatiken und kontextfreie Sprachen

Die Chomsky-Hierarchie Stufe 2 enthält alle **kontextfreien Sprachen**. Sie werden durch **kontextfreie Grammatiken** erzeugt und können durch **Kellerautomaten** erkannt werden.

KONTEXTFREIE GRAMMATIKEN

Eine **kontextfreie Grammatik** (engl. **context-free grammar**) ist eine Grammatik, bei der die Ersetzungs-Regeln nur die folgende Form haben dürfen:

- $X \to a$ (mit X einem Nicht-Terminal-Symbol und a einem Terminal-Symbol)

- $X \to \varepsilon$ (mit X einem Nicht-Terminal-Symbol)

- $X \to Z \in (N \cup T)^*$ (mit X einem Nicht-Terminal-Symbol und Z einem Wort, das aus einer beliebigen Kombination von Nicht-Terminal- und Terminal-Symbolen besteht)

Man erkennt sofort, dass jede reguläre Grammatik auch eine kontextfreie Grammatik ist. Umgekehrt gilt dies nicht.

Eine Grammatik soll zum Beispiel beliebige Wörter der Form $a^n b^n$ erzeugen:

Als Nicht-Terminalsymbole kann man den Buchstaben N und als Terminalsymbole die Buchstaben a und b nehmen. Als Startsymbol kann man gleich N wählen.

Nun benutzt man die folgenden Ersetzungsregeln:

- $N \to aNb$

- $N \to \varepsilon$

So kann man zum Beispiel das Wort $N \to aNb \to aaNbb \to aaaNbbb \to aaabbb$ erzeugen. Da die erste Ersetzungsregel beliebig oft wiederholt werden kann, können auch beliebig oft links und rechts vom Nicht-Terminalsymbol ein a und ein b erzeugt werden.

KONTEXTFREIE SPRACHEN

Eine **kontextfreie Sprache** (engl. **context-free language**) ist eine formale Sprache, die aus Wörtern besteht, die von einer kontextfreien Grammatik erzeugt werden.

Kellerautomaten

Ein **Kellerautomat** (engl. **pushdown automaton**) ist eine Maschine, die aufgrund einer **Eingabe** ihren **Zustand** anhand von definierten **Übergängen** ändert. Zusätzlich hat ein Kellerautomat noch einen **Stapel** (in diesem Kontext oftmals auch **Keller** genannt), in dem er das oberste Zeichen entfernen kann (und dabei liest) oder oben ein weiteres Zeichen hinzufügen kann. Ein Kellerautomat wird definiert durch:

- die möglichen **Zustände**
- das **Eingabealphabet**
- das **Kelleralphabet**
- den **Startzustand**
- das **Anfangssymbol im Keller** (hier wird häufig das Symbol «#» verwendet)
- die Menge von **gültigen Endzuständen**
- eine Menge von **Übergängen** (hierbei sind auch **Spontanübergänge** möglich, die ohne das Lesen eines Eingabezeichens am Ende abhängig vom obersten Zeichen auf dem Keller und dem Zustand, jenen nochmals ändern können)

Dabei ist ein Übergang eine Funktion, die entweder einer Kombination aus Zustand und Eingabezeichen einen neuen Zustand sowie ein oder zwei neue Kellersymbole zuordnet oder einer Kombination aus Zustand, Eingabezeichen und oberstem Kellersymbol einen neuen Zustand sowie keine oder eines oder mehrere neue Kellersymbole zuordnet. Es ist auch möglich, kein Eingabezeichen zu lesen und zum Beispiel nur den Zustand zu ändern, dies nennt man dann einen Spontanübergang. Diese Funktion kann man gut in Form von mehreren Tabellen angeben. Dabei «merkt» ein Kellerautomat sich Informationen in seinen Zuständen sowie im Keller.

Man sagt, ein Kellerautomat akzeptiert ein Wort, wenn er nach Abarbeiten der Eingabezeichen in einem gültigen Endzustand ist und das oberste Kellersymbol das Anfangssymbol im Keller ist.

Ein Kellerautomat soll erkennen, ob ein Wort der Form a^nb^n genügt. Damit wäre der Kellerautomat derjenige, der die von der oben beschriebenen kontextfreien Grammatik erzeugten Worte erkennt.

Als Eingabealphabet nimmt man die Menge der Buchstaben a und b. Die Zustände werden einfach durchnummeriert. Als Kelleralphabet nimmt man die Menge a, b und #, wobei # gleichzeitig das Anfangssymbol im Keller sein soll. Der Zustand 2 soll der einzige gültige Endzustand sein.

Die Grundidee des Kellerautomaten ist:

- Wir lesen das Wort Buchstabe für Buchstabe. Solange ein Buchstabe a kommt, legen jeweils den Buchstaben a auf den Keller. Hierfür können wir im Zustand 0 bleiben.
- Wenn ein Buchstabe b kommt, nehmen wir das oberste a herunter, wenn es das gibt, und gehen in den Zustand 1.
- Solange im Zustand 1 ein Buchstabe b kommt, nehmen wir das oberste a herunter, wenn es das gibt.
- Wenn es jedoch in den beiden vorherigen Situationen kein a gibt, gehen wir in den Zustand 3 über, den wir als Fehlerzustand ansehen.
- Wenn am Ende des Eingabewortes der Zustand 1 und das oberste Kellersymbol ein # ist, gehen wir in den Zustand 2 über und sind fertig.

Die Übergänge wären dann wie folgt:

Oberstes Kellerzeichen #:

Eingabe →	a	b	Spontanübergang
0 (as sammeln)	0, a#	3, #	2, #
1 (bs mit den as «kürzen»)	3, #	3, #	2, #
2 (Wort erkannt)	3, #	3, #	2, #
3 (Fehler)	3, #	3, #	3, #

Oberstes Kellerzeichen a:

Eingabe →	a	b	Spontanübergang
0 (as sammeln)	0, aa	1, -	3, a
1 (bs mit den as «kürzen»)	3, a	1, -	3, a
2 (Wort erkannt)	3, a	3, a	3, a
3 (Fehler)	3, a	3, a	3, a

Das Wort aaabbb würde dann wie folgt erkannt (es wird jeweils ein Tupel in der Form (Zustand, Keller) angegeben):

$$(0, \#) \xrightarrow{\text{a lesen}} (0, a\#) \xrightarrow{\text{a lesen}} (0, aa\#) \xrightarrow{\text{a lesen}}$$

$$(0, aaa\#) \xrightarrow{\text{b lesen}} (1, aa\#) \xrightarrow{\text{b lesen}} (1, a\#)$$

$$\xrightarrow{\text{b lesen}} (1, \#) \xrightarrow{\text{Spontanübergang}} (2, \#).$$

Damit ein Kellerautomat wirklich Wörter aller möglichen kontextfreien Sprachen erkennen kann, muss er **nicht-deterministisch** sein. Deterministisch würde bedeuten, dass für jedes Eingabezeichen nur eine mögliche Aktion möglich ist. Nicht-deterministisch hingegen bedeutet, dass es verschiedene mögliche Aktionen gibt. Auch wenn man versucht, solche Situationen zu umgehen, ist es für einige kontextfreie Sprachen notwendig, dass die analogen Kellerautomaten nicht-deterministisch sind.

AUFGABEN

1 Erzeugen Sie die Worte ab, aabb und aaaabbbb mit Hilfe der oben angegebenen Grammatik. Überprüfen Sie mit Hilfe des oben angegebenen Kellerautomaten, ob die Worte erkannt werden.

2 Definieren Sie eine Grammatik zu einer Sprache, die nur als Palindromen besteht. Ein Palindrom ist ein Wort, das vorwärts wie rückwärts gelesen gleich ist. Der Einfachheit halber soll Ihr Palindrom lediglich aus den Buchstaben «e», «i» und «s» bestehen. Unterscheiden Sie, ob das Wort eine gerade oder eine ungerade Anzahl von Buchstaben hat.

3 Definieren Sie einen Kellerautomaten, der Palindrome erkennt. Der Einfachheit halber soll Ihr Palindrom lediglich aus den Buchstaben «e», «i» und «s» bestehen. Unterscheiden Sie, ob das Wort eine gerade oder eine ungerade Anzahl von Buchstaben hat. Wo stossen Sie dennoch auf eine Schwierigkeit?

4 Schreiben Sie ein Python-Programm, das beliebige Palindrome erkennt. Sie dürfen dabei tricksen, indem Sie zusätzlich zu dem, was ein Kellerautomat kann, noch die Länge des Eingabeworts verwenden. Nutzen Sie zudem die folgenden Elemente:

Python-Code 4.7

```
01  stapel = []
02  """erzeugt einen leeren Stapel"""
03  stapel.append(element)
04  """legt das Element element
05      auf den Stapel"""
06  element = stapel.pop()
07  """gibt das oberste Element vom Stapel
08      zurück und löscht es vom Stapel"""
09  print(stapel)
10  """gibt den momentanen Inhalt des Stapels
11      auf dem Bildschirm aus"""
```

5 Begründen Sie, dass eine kontextfreie Sprache mit jeder Ersetzung grösser wird (mit der Ausnahme der letzten Ersetzung, wo ein Nicht-Terminalsymbol gelöscht wird).

A Auf einem Konto mit anfänglich 1000.- Fr. werden jährlich 1% Zinsen gutgeschrieben. Berechnen Sie, wie viel Geld auf dem Konto nach 10 Jahren sein wird. Wie viele Jahre müssten Sie warten, bis sich das anfängliche Guthaben verdoppelt hat?

B Ein Palindrom ist ein Wort, das vorwärts wie rückwärts gelesen dasselbe ergibt (z. B. «RENTNER» oder «REITTIER», siehe auch Kapitel 4.4 Kontextfreie Sprachen). Schreiben Sie ein Unterprogramm, das mit Hilfe einer Zählschleife überprüft, ob ein Wort ein Palindrom ist. Beachten Sie in diesem Fall, dass es Palindrome mit einer geraden Anzahl von Buchstaben und Palindrome mit einer ungeraden Anzahl von Buchstaben gibt.

C Die weltberühmte Fibonacci-Folge entsteht dadurch, dass die ersten beiden Folgenglieder 0 und 1 sind. Danach sind alle Glieder jeweils die Summe der beiden vorhergehenden Glieder. Man schreibt: $f(n) = f(n - 1) + f(n - 2)$. Die Folge ist nach dem italienischen Mathematiker Leonardo da Pisa (auch Fibonacci genannt, um 1170–1240) benannt.

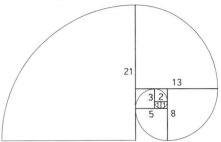

Die «Goldene Spirale»: die Radien der Viertelkreise ergeben die Fibonacci-Folge.

Berechnen Sie die ersten 10 Folgenglieder der Fibonacci-Folge.

Oftmals sind komplexe Probleme so formuliert, dass sie zwei unterschiedliche Schwierigkeiten haben. Zum einen sind einige wenige sehr einfache Fälle so aufgebaut, dass man sie sofort lösen kann. Zum anderen ist es im anderen Fall möglich, in einem relativ einfachen Schritt das Problem ein wenig zu vereinfachen.

Ein einfaches Problem ist das Berechnen der **Fakultät** (engl. **factorial**) einer natürlichen Zahl. Die Fakultät entspricht dem Produkt der ersten n natürlichen Zahlen (natürlich ohne 0). Als Symbol verwendet man das Ausrufezeichen. So ist zum Beispiel $5! = 1 \cdot 2 \cdot 3 \cdot 4 \cdot 5 = 120$.

Natürlich kann man das Problem **iterativ**, also schrittweise lösen, indem man einfach wie definiert die ersten n Zahlen miteinander multipliziert:

Python-Code 4.8

```
01 def fakultaet_iterativ(n):
02     """Berechnet die Fakultät von n, wobei n
03        eine natürliche Zahl sein sollte."""
04     ergebnis = 1
05     for i in range(2, n+1):
06         ergebnis = ergebnis * i
07     return ergebnis
```

Man kann das Problem aber auch anders lösen. Hier kommt das Prinzip der Rekursion ins Spiel.

REKURSIVE UNTERPROGRAMME
Ein **rekursives Unterprogramm** ist ein Unterprogramm, das sich selber aufruft. Dabei wird in der Regel ein Problem schrittweise vereinfacht, bis es direkt lösbar ist.

Rekursive Unterprogramme bestehen daher in der Regel aus zwei Elementen (die für sich durchaus mehrfach vorkommen können):

1. Durch den **Rekursionaufruf** ruft ein rekursives Unterprogramm sich selber auf. In der Regel werden dabei veränderte Parameter übergeben, um das Problem schrittweise zu vereinfachen.

2. Durch den **Rekursionsabbruch** wird beim Eintreten der **Abbruchbedingung** das rekursive Selbstaufrufen unterbrochen und eine direkte Lösung angegeben.

Für das Beispiel der Fakultät wäre ein möglicher Rekursionsaufruf, dass anstelle von `fakultaet(n)` nunmehr `fakultaet(n - 1)` verwendet wird. Dabei muss das Ergebnis noch mit n multipliziert werden, denn $n! = (n-1)! \cdot n$. Ein Rekursionsende wäre dann `fakultaet(1)`, denn $1! = 1$. In Python sieht das dann so aus:

Python-Code 4.9

```
01 def fakultaet(n):
02   """Berechnet die Fakultät von n, wobei n
03     eine natürliche Zahl sein sollte."""
04   if n == 1:
05     return 1
06   else:
07     return n * fakultaet(n - 1)
```

Was genau passiert beim Berechnen von `fakultaet(5)`?

- In `fakultaet(5)` ist die Abbruchbedingung nicht erfüllt, so dass nun `n * fakultaet(n - 1)` berechnet werden soll. Hierfür wird zunächst `fakultaet(4)` aufgerufen.

- In `fakultaet(4)` ist die Abbruchbedingung nicht erfüllt, so dass nun `n * fakultaet(n - 1)` berechnet werden soll. Hierfür wird zunächst `fakultaet(3)` aufgerufen.

- In `fakultaet(3)` ist die Abbruchbedingung nicht erfüllt, so dass nun `n * fakultaet(n - 1)` berechnet werden soll. Hierfür wird zunächst `fakultaet(2)` aufgerufen.

- In `fakultaet(2)` ist die Abbruchbedingung nicht erfüllt, so dass nun `n * fakultaet(n - 1)` berechnet werden soll. Hierfür wird zunächst `fakultaet(1)` aufgerufen.

- In `fakultaet(1)` ist die Abbruchbedingung nun erfüllt, so dass als Ergebnis von `fakultaet(1)` der Wert 1 zurück an `fakultaet(2)` gegeben wird.

- In `fakultaet(2)` wird nun `n * fakultaet(n - 1)` also 2 · 1 berechnet. Das Ergebnis 2 wird zurück an `fakultaet(3)` gegeben.

- In `fakultaet(3)` wird nun `n * fakultaet(n - 1)` also 3 · 2 berechnet. Das Ergebnis 6 wird zurück an `fakultaet(4)` gegeben.

- In `fakultaet(4)` wird nun `n * fakultaet(n - 1)` also 4 · 6 berechnet. Das Ergebnis 24 wird zurück an `fakultaet(5)` gegeben.

- In `fakultaet(5)` wird nun `n * fakultaet(n - 1)` also 5 · 24 berechnet. Das Ergebnis 120 wird als Endergebnis zurückgegeben.

Man kann das sich auch so vorstellen:

```
fakultaet(5)
= 5 · fakultaet(4)
= 5 · 4 · fakultaet(3)
= 5 · 4 · 3 · fakultaet(2)
= 5 · 4 · 3 · 2 · fakultaet(1)
= 5 · 4 · 3 · 2 · 1.
```

Rekursive Unterprogramme werden häufig als elegant oder schön bezeichnet. Gleichzeitig sind sie aber oftmals schwerer zu verstehen als ihre iterative Entsprechung. Insgesamt braucht man Rekursion nicht, um ein beliebiges Programm zu programmieren, in einigen Fällen ist es jedoch für den Menschen anschaulicher als die iterative Lösung.

1 In Aufgabe B oben wird die Fibonacci-Folge beschrieben

a Programmieren Sie die Fibonacci-Folge rekursiv.

b Programmieren Sie die Fibonacci-Folge nicht-rekursiv, sondern so dass von den ersten Folgengliedern schrittweise das jeweils nächste berechnet wird und die beiden jeweils vorhergehenden Folgenglieder in zwei Variablen gespeichert werden.

c Vergleichen Sie die Berechnungsgeschwindigkeit der beiden Ansätze. Begründen Sie, welcher für grosse Zahlen schneller sein wird.

2 Repetieren Sie den Euklidischen Algorithmus (siehe Kapitel 3.6 Kopf- und fussgesteuerte Schleifen). Programmieren Sie den Euklidischen Algorithmus rekursiv.

3 Das Collatz-Problem (siehe Kapitel 3.6 Kopf- und fussgesteuerte Schleifen) ist ein Problem, das so funktioniert:

$$f(n) = \begin{cases} \text{Ende} & \text{wenn } n = 1 \\ \dfrac{n}{2} & \text{wenn } n \text{ gerade} \\ 3n + 1 & \text{wenn } n \text{ ungerade} \end{cases}$$

Programmieren Sie das Collatz-Problem rekursiv, dass die Reihenfolge der Werte von n bis 1 auf dem Bildschirm ausgegeben werden.

4 Das schnelle Berechnen von Quadratwurzeln war im Gegensatz zu den Grundrechenarten lange Zeit ein grosses Problem der Mathematik. Da viele Wurzeln irrational sind, also keinem Bruch zweier natürlicher Zahlen entsprechen, muss man sich mit numerischen Näherungsverfahren behelfen. Ein bekanntes solches Verfahren ist das Heron-Verfahren (auch babylonisches Wurzelziehen genannt). Es wurde zuerst von Heron von Alexandria (gestorben nach 62 n. Chr.) beschrieben. Es funktioniert nach der folgenden Rekursionsvorschrift (q ist das Quadrat, a_n der Näherungswert):

$$a_{n+1} = a_n - \frac{a_n{}^2 - q}{2a_n}$$

a Programmieren Sie den Heron-Algorithmus rekursiv, so dass er von q mit dem Startwert a_n die Wurzel so berechnet, dass der Term a_{n+1} nicht mehr als ε von a_n abweicht.

b Wie können sie dabei effizient vorgehen?

5 Ein klassisches Beispiel , in dem eine rekursive Lösung sehr einfach verständlich ist, sind die Türme von Hanoi. Die Türme von Hanoi ist ein Spiel, das vermutlich 1883 vom französischen Mathematiker Édouard Lucas (1842–1891) erfunden wurde, der es indischen Mönchen andichtete.

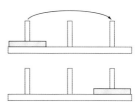

Eine Scheibe

Die Regeln sind folgende:
- Es gibt drei Orte, an denen Kreisscheiben unterschiedlicher Grösse gelagert werden dürfen.
- Anfangs sind alle Kreisscheiben am ersten Ort.
- Es darf immer nur eine einzige Kreisscheibe von einem Ort zu einem anderen Ort bewegt werden.
- Es darf nie eine grössere Kreisscheibe auf eine kleinere Kreisscheibe gelegt werden.
- Ziel ist es, am Ende alle Kreisscheiben am dritten Ort zu haben.

Für Türme mit 1, 2 oder 3 Kreisscheiben ist die Lösung einfach (siehe rechts).

a Lösen Sie das Problem für vier und für fünf Kreisscheiben.
b Für eine Kreisscheibe haben Sie einen Schritt gebraucht, für zwei Kreisscheiben drei Schritte und für drei Kreisscheiben sieben Schritte. Wie viele Schritte haben Sie für vier und für fünf Kreisscheiben gebraucht?
c Überlegen Sie, wie Sie das Problem um eine Kreisscheibe vereinfachen können, wenn Sie *n* Kreisscheiben haben. Formulieren Sie daraus den Rekursionsschritt.
d Formulieren Sie den Rekursionsabbruch.
e Programmieren Sie die Türme von Hanoi rekursiv.

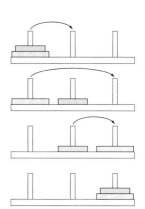

Zwei Scheiben

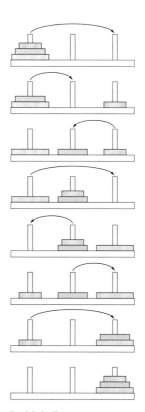

Drei Scheiben

A Begründen Sie, warum es nicht möglich ist, mit einer kontextfreien Sprache Worte der Form $a^n b^n c^n$ für beliebige $n \in \mathbb{N}$ zu erzeugen.

B Argumentieren Sie, dass eine kontextfreie Sprache «blind» ist, wenn Ersetzungsregeln angewendet werden.

C Informieren Sie sich über das Leben und das Werk von Alan Mathison Turing (1912–1954).

Kontextsensitive Grammatiken und Kontextsensitive Sprachen

KONTEXTSENSITIVE GRAMMATIKEN

Eine **kontextsensitive Grammatik** (engl. **context-sensitive grammar**) ist eine Grammatik, bei der die Ersetzungs-Regeln nur die folgende Form haben dürfen:

- $S \to \varepsilon$ (mit S einem Nicht-Terminalsymbol, das nur als Startsymbol verwendet werden darf, aber nicht auf der rechten Seite von Ersetzungs-Regeln auftauchen darf)

- $AXB \to AZB$ mit A, B und $Z \in (N \cup T)^*$, $Z \neq \varepsilon$ (X einem Nicht-Terminal-Symbol und A, B und Z je einem Wort, das aus beliebigen Kombinationen von Nicht-Terminal- und Terminal-Symbolen besteht, wobei Z jedoch nicht ε sein darf)

Man erkennt sofort, dass jede kontextfreie Grammatik auch eine kontextsensitive Grammatik ist. Umgekehrt gilt dies nicht. Aufgrund der Art und Weise, wie kontextsensitive Grammatiken aufgebaut sind, werden erzeugte Worte nie kürzer, sondern bleiben entweder gleich lang oder werden länger.

Eine Grammatik soll zum Beispiel beliebige Wörter der Form $a^n b^n c^n$ mit $n \in \mathbb{N}$ erzeugen.

Als Nicht-Terminalsymbole nimmt man beispielsweise die Buchstaben A, B, C, H und S, als Terminalsymbole die Buchstaben a und b. Das Startsymbol ist S.

Nun benutzt man die folgenden Ersetzungsregeln:

- $S \to \varepsilon$
- $S \to H$
- $H \to aBC$
- $H \to aHBC$
- $CB \to CZ$
- $CZ \to WZ$
- $WZ \to WC$
- $WC \to BC$
- $aB \to ab$
- $bB \to bb$
- $bC \to bc$
- $cC \to cc$

So kann man zum Beispiel das Wort $S \to H \to aHBC \to aaHBCBC \to aaaBCBCBC \to aaBCZCBC \to aaaBWZCBC \to aaaBWCCBC \to aaaBBCCBC \to aaaBBCCZC \to aaaBBCWZC \to aaaBBCWCC \to aaaBBCBCC \to aaaBBCZCC \to aaaBBWZCC \to aaaBBWCCC \to aaaBBBCCC \to aaabBCCC \to aaabbBCCC \to aaabbbCCC \to aaabbbcCC \to aaabbbccC \to aaabbbccc$ erzeugen.

KONTEXTSENSITIVE SPRACHEN

Eine **kontextsensitive Sprache** (engl. **context-sensitive language**) ist eine formale Sprache, die aus Wörtern besteht, die von einer kontextsensitiven Grammatik erzeugt werden.

Turingmaschine

> Eine **Turingmaschine** (engl. **Turing machine**) ist eine Maschine, die die Arbeit eines Computers simuliert. Durch ihren einfachen Aufbau ist sie besonders gut geeignet, mathematische Analysen zu tätigen, sie ist aber nicht besonders effizient. Sie ist nach Alan Mathison Turing (1912–1954) benannt, der sie 1936, also deutlich vor dem Bau des ersten funktionsfähigen Computers, erfand und formell beschrieb.

Eine **Turingmaschine** (engl. **Turing machine**) besteht aus einem in beide Richtungen unendlich langen Band, auf dem Symbole gespeichert und gelesen werden können, sowie einem Schreib-Lese-Kopf, der das Band Feld für Feld lesen und schreiben kann, und einen bestimmten Zustand hat.

Die Speicherfelder auf dem Band enthalten entweder ein Symbol für «nichts» oder eines der möglichen Symbole eines endlichen Bandalphabets. Am Anfang ist in der Regel auf dem Band ein Eingabewort gespeichert.

Der Schreib-Lese-Kopf wird von einem Programm gesteuert, welches in Abhängigkeit vom gelesenen Symbol auf dem Band und dem momentanen Zustand ein neues oder das bisherige Zeichen auf das Band schreibt und das Band einen Schritt nach links oder nach rechts bewegt oder stehen bleibt. Das Programm hat damit eine formelle Ähnlichkeit zu einem endlichen Automaten, nur dass zusätzlich der Schreib-Lese-Kopf bewegt werden kann.

Ein Wort gilt als akzeptiert, wenn das Programm in einem Endzustand endet. Hierbei ist zu erwähnen, dass es auch Programme gibt, bei denen das Programm nicht endet, das sogenannte Halteproblem (siehe Kapitel 5.5 Grenzüberschreitungen).

Jeder heute gebaute Computer hat höchstens den Funktionsumfang einer Turingmaschine. Das heisst, dass alle Unmöglichkeitsbeweise, die mit Hilfe einer Turingmaschine geführt wurden, auch für jeden Computer gelten.

Eine Turingmaschine kann auch mit Hilfe von zwei Stapeln anstelle des Bands beschrieben werden.

Linear beschränkte Turingmaschinen

Eine **linear beschränkte Turingmaschine** (engl. **linear bounded automaton LBA**) ist eine Turingmaschine, die ein Band verwendet, das eine beschränkte Grösse hat. Genauer gesagt gibt es eine Konstante c, die besagt, dass bei einem Eingabewort der Länge n nicht mehr als $c \cdot n$ Speicherplätze benötigt werden. Die Sprachen, die von einer linear beschränkten Turingmaschine erkannt werden können, sind genau die kontextsensitiven Sprachen.

Die Grundidee, wie eine linear beschränkte Turingmaschine Worte der Form $a^n b^n c^n$ erkennen kann, ist die folgende:

- Das Wort $a^n b^n c^n$ steht anfänglich auf dem Band und ist links und rechts von eine Symbol (z. B. S) eingerahmt: SaaabbbcccS.

- Nun wird von links nach rechts jeweils ein a, ein b und ein c durch andere Symbole (z. B. A, B und C) ersetzt: SAaaBbbCccS.

- Dies wird wiederholt bis keine as, bs oder cs mehr übrig sind: SAAABBBCCCS.

- Nun wird geprüft, ob zwischen den beiden Symbolen S nur noch As, Bs und Cs stehen. Wenn das so ist, gab es genau gleich viele as, bs und cs und das Wort ist akzeptiert.

Um dies zu programmieren, braucht es keinen zusätzlichen Speicherplatz, die Beschränkung der Grösse des Bandes kann also eingehalten werden. Zudem muss immer nur ein Zeichen gelesen werden, nämlich das, was gerade geändert oder überprüft wird. Und der endliche Automat, der die Bewegung und Ersetzung steuert, kann ebenfalls leicht programmiert werden: bei Ersetzen wird immer von Zustand zu Zustand weitergeschaltet, dass jeweils das erste a, dann das erste b und dann das erste c ersetzt wird; beim Überprüfen wird einfach nur geschaut, ob erst As, dann Bs und dann Cs kommen.

1. Erzeugen Sie die Worte ε, abc, aabbcc und aaaabbbbcccc mit Hilfe der oben angegebenen Grammatik.

2. Überprüfen Sie, ob die Worte ε, abc, aabbcc und aaaabbbbcccc mit Hilfe der oben beschriebenen linear beschränkten Turingmaschine erkannt werden.

3. Begründen Sie, warum die angegebene Grammatik beliebig lange Worte der Sprache $a^n b^n c^n$ mit $n \in \mathbb{N}$ erzeugen kann.

4. Begründen Sie, warum die beschriebene Turingmaschine beliebig lange Worte der Sprache $a^n b^n c^n$ mit $n \in \mathbb{N}$ erkennen kann.

5. Argumentieren Sie, warum eine Turingmaschine sowohl mit einem (unendlich langem) Band sowie mit zwei Kellern beschrieben werden kann.

6. Suchen Sie im Internet einen Simulator einer Turingmaschine und programmieren Sie ihn so, dass genau die Worte der Sprache $a^n b^n c^n$ mit $n \in \mathbb{N}$ erkannt werden.

7. Die Einschränkung, dass ε auf der rechten Seite einer Ersetzungsregel nur auftauchen darf, wenn links das Startsymbol S steht und das Startsymbol S nicht auf der rechten Seite einer Ersetzungsregel auftauchen darf, ist manchmal unpraktikabel. Diskutieren Sie, in welchen Fällen man die Einschränkung lockern kann.

A Im Kapitel 3 Schleifen und Datenstrukturen haben Sie ein Programm kennengelernt, mit dem Sie Primzahlen berechnen konnten. Schauen Sie sich das Programm noch einmal an und rechnen Sie aus, wie oft überprüft wird, ob eine Zahl durch eine andere teilbar ist (dabei kommt es vor allem auf die richtige Grössenordnung an, nicht auf einige wenige Überprüfungen mehr oder weniger). Geben Sie eine Abschätzung ab, wie viele Überprüfungen es bei den Primzahlen zwischen 1 und 1000 oder 1 und 10000 wären.

B Repetieren Sie das Kapitel 3.2 Zeichenketten und diskutieren Sie, was eine Zeichen«kette» ausmacht.

C Auf was für Probleme stossen, wenn Sie eine Liste der Schülerinnen und Schüler einer Klasse in Python verwenden möchten?

FELDER

Ein **Feld** (engl. **array**) ist eine geordnete Liste von **Elementen**. Dabei gibt es einen Variablennamen für das gesamte Feld, auf die einzelnen Elemente wird mit Hilfe eines Index zugegriffen.

Etwas ähnliches wie Felder haben Sie bereits in der Form von Zeichenketten (siehe Kapitel 3.2 Zeichenketten) kennengelernt. Vieles von dort können Sie auf Felder übertragen, nur dass die einzelnen Elemente nicht nur Buchstaben sondern beliebige Werte sein können, und dass Sie Felder nicht direkt mit Zeichenketten verbinden können.

In Python werden Felder mit Hilfe von eckigen Klammern [ ] gekennzeichnet. Zugriff auf einzelne Elemente erfolgt, indem nach dem Variablennamen der Index (startend mit 0 für das erste Element) in eckigen Klammern notiert wird. Python kann auch auf Teilfelder mit Hilfe von [$Index_{von}$:$Index_{bis\_vor}$] zugreifen. Am Ende können mit .append(*Element*) einzelne Werte hinzugefügt werden, mit .extend([*Element$_1$*, *Element$_2$*, …]) eine ganzes Feld von Werten. len(Feld) gibt die Länge des Feldes zurück und .reverse() kehrt die Reihenfolge der Elemente um. Es ist auch möglich mit $Feld_1$ + $Feld_2$ zwei Felder zu verketten.

Das folgende Programm demonstriert die Verwendung der unterschiedlichen Anweisungen:

Python-Code 4.10

```
01  feld=[1, 2, 3]
02  print(feld)
03  feld[2]=3.5
04  print(feld)
05  feld.append(4)
06  print(feld)
07  feld[0:2]=[1.75]
08  print(feld)
09  print(feld[2])
10  feld[0:2]=[]
11  print(feld)
12  feld.extend([3, 2, 1])
13  print(feld)
14  print(len(feld))
15  feld = feld + [4, 5, 6]
16  print(feld)
```

Ausgabe

```
[1, 2, 3]
[1, 2, 3.5]
[1, 2, 3.5, 4]
[1.75, 3.5, 4]
4
[4]
[4, 3, 2, 1]
4
[4, 3, 2, 1, 4, 5, 6]
```

1 Analysieren Sie das Beispiel für Felder Zeile für Zeile und begründen Sie jeweils, welche Manipulation was bewirkt.

2 Eine effiziente Methode zum Finden von Primzahlen ist das Sieb des Eratosthenes. Es ist nach dem griechischen Mathematiker Eratosthenes von Kyrene (zwischen 276 und 273 v. Chr.–194 v. Chr.) benannt, der dies zwar nicht erfunden aber beschrieben hat.

Es funktioniert so: Man nimmt ein Feld, das man mit 100 (oder wie weit auch immer man gehen möchte) Wahrheitswerten `True` initialisiert. Die Werte am Index 0 und 1 werden auf `False` gesetzt. Nun wird das Feld Element für Element durchgegangen und ausgehend vom Quadrat des Index jeweils alle Vielfachen des Index auf `False` gesetzt, aber nur wenn das Element `True` ist.

a Schreiben Sie ein Python-Programm, das das Sieb des Eratosthenes umsetzt.

b Begründen Sie, warum das Sieb des Eratosthenes effizienter als die Lösung aus Kapitel 3.8 Verschachtelte Schleifen ist.

3 Mit `import random` am Anfang eines Programms kann man im Programm mit `random.random()` eine zufällige Zahl zwischen 0 und 1 erzeugen.

Mit `import math` am Anfang eines Programms kann man im Programm mit `math.sqrt(Zahl)` die Wurzel einer Zahl berechnen. Das Quadrat einer Zahl kann man mit Hilfe von `Zahl**2` berechnen.

a Schreiben Sie ein Unterprogramm, dass von einem zufälligen Punkt im Einheitsquadrat mit den Eckpunkten $A(0|0)$, $B(1|0)$, $C(1|1)$ und $D(0|1)$ die x- und y-Koordinate berechnet und als Feld mit zwei Elementen zurückgibt.

b Berechnen Sie für einen Koordinatensatz den Abstand des Punktes zum Ursprung mit Hilfe der Formel

$$d = \sqrt{x^2 + y^2}.$$

c Wenn der Abstand eines Punktes im Einheitsquadrat zum Ursprung kleiner oder gleich 1 ist, liegt er in der blauen Fläche des Graphen. Schreiben Sie ein Unterprogramm, dass `True` zurückgibt, wenn eine Zahl kleiner oder gleich 1 ist und sonst `False`.

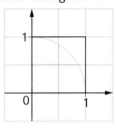

d Erzeugen Sie 100, 1000 und dann 1000000 zufällige solcher Punkte und zählen Sie jeweils, ob der Abstand des Punktes kleiner oder gleich 1 ist oder nicht. Teilen Sie Ihr Ergebnis durch die Anzahl Versuche und vergleichen es mit $\frac{\pi}{4}$.

e Interpretieren Sie Ihre Ergebnisse der vorherigen Aufgabe im Hinblick auf Ihr Wissen um die Zahl π.

f Der oben erklärte Algorithmus zum Annähern der Kreiszahl π ist eine **Monte-Carlo-Simulation**. Informieren Sie sich über Vor- und Nachteile solcher Verfahren.

4 Schreiben Sie ein Programm, das mehrere Noten aus einem Fach entgegennimmt und den Notenschnitt berechnet. Schaffen Sie es, dass der Schnitt auf halbe Noten gerundet wird? Wie lösen Sie das Problem, dass Sie beim Programmieren noch nicht wissen, wie viele Noten eingegeben werden?

5 Erweitern Sie Ihr Programm von der Aufgabe zuvor so, dass jede Note zusätzlich gewichtet werden kann (also beispielsweise eine Note doppelt zählt).

A Repetieren Sie das Prinzip der Rekursion aus dem Kapitel 4.5 Rekursion.

B Informieren Sie sich, was es bedeutet, dass ein System **Turing-vollständig** ist.

Allgemeine Grammatiken und Turingmaschinen

ALLGEMEINE GRAMMATIK

Eine **allgemeine Grammatik** (engl. **unrestricted grammar**) ist eine Grammatik, bei der jede Ersetzung erlaubt ist, die links mindestens ein Nicht-Terminalsymbol beinhaltet. Konkret bedeutet das, dass die Ersetzungsregeln die folgende Form haben dürfen:

- $A \rightarrow B$ mit $A \in (N \cup T)^*$, jedoch mindestens ein Zeichen $\in N$ und $B \in (N \cup T \cup \varepsilon)^*$.

REKURSIV AUFZÄHLBARE SPRACHEN

Eine **rekursiv aufzählbare Sprache** (engl. **recursively enumerable language**) ist eine Sprache, die von einer allgemeinen Grammatik erzeugt wird.

Die Turingmaschine wurde bereits im Kapitel 4.6 Kontextsensitive Sprachen eingeführt. Im Gegensatz zu dort ist im allgemeinen Fall die Bandlänge nicht beschränkt. Eine Turingmaschine kann abgesehen vom Halteproblem (siehe Kapitel 5.5 Grenzüberschreitungen) alle Wörter erkennen, die von allgemeinen Grammatiken erzeugt werden.

Churchsche These

Die **Churchsche These**, auch **Church-Turing-These** genannt, besagt, dass genau alles, was mit einer Turingmaschine berechnet werden kann, identisch mit allen intuitiv berechenbaren Funktionen ist. Der Begriff «intuitiv berechenbar» ist nicht klar formulierbar, so dass die These latent unscharf ist. Dennoch kann man sich die Auswirkungen gut vorstellen.

Das impliziert, dass alles, was der Mensch irgendwie berechnen kann, auch mit Hilfe eines Computers berechnet werden kann. Zudem kann alles, was ein Computer berechnen kann, auch von einem Menschen berechnet werden. Im Gegenzug bedeutet das aber auch, dass es nichts gibt, was der Mensch aber nicht der Computer berechnen kann, und dass es nichts gibt, was der Computer aber nicht der Mensch berechnen kann. Alleine das Wort «kann» ist rein theoretisch zu interpretieren: Computer und Menschen sind bei unterschiedlichen Aufgaben unterschiedlich schnell und effizient.

Obwohl die Churchsche These wie oben erwähnt durch den Begriff «intuitiv berechenbar» schwierig formell zu fassen ist, wäre sie doch leicht widerlegbar. Es würde ein einziges Beispiel genügen, das nicht durch einen Computer aber durch den Menschen berechenbar ist, oder durch den Bau einer Maschine, die mehr als eine Turingmaschine berechnen kann. Beides ist jedoch bisher nicht erfolgt. Es gibt jedoch Diskussionen darüber, ob das Universum selber als Turingmaschine interpretiert werden kann, oder ob das Universum (oder auch nur das menschliche Gehirn) mehr kann als eine Turingmaschine. Dies ist aktueller Forschungsgegenstand, wobei insbesondere Quantencomputer besonders interessant zu sein scheinen.

Gödelscher Unvollständigkeitssatz

Der **Gödelsche Un-vollständigkeitssatz** beschäftigt sich mit der Beweisbarkeit von Aussagen in formalen Theorien. Aussagen, für die man einen Beweis kennt, gelten als wahr. Unter Umstän-

Kurt Gödel (1906–1978)

den kann man auch zeigen, dass ein Beweis existiert, ohne diesen selbst zu kennen. Solche Aussagen bezeichnet man als beweisbar. Aussagen, deren Gegenteil beweisbar ist, heissen widerlegbar. Der Mathematiker Kurt Gödel (1906–1978) wies im Jahr 1930 nach, dass man in Systemen wie der Arithmetik nicht alle Aussagen beweisen oder widerlegen kann.

Sein Satz (in zwei Teilen) lautet vereinfacht:

Erster Unvollständigkeitssatz: *In einem hinreichend starken widerspruchsfreien System gibt es immer unbeweisbare Aussagen.*

Zweiter Unvollständigkeitssatz: *In einem hinreichend starken widerspruchsfreien System kann die eigene Widerspruchsfreiheit nicht bewiesen werden.*

Gödels Argumentation läuft auf eine Abzählung aller Sätze innerhalb des formalen Systems hinaus: jeder Satz erhält eine eigene Nummer. Er konstruiert dann eine Aussage der Form: «Der Satz mit der Nummer x ist nicht beweisbar» und setzt für x die Nummer dieser Aussage ein. Insgesamt erhält er einen Satz der Form «Ich bin nicht beweisbar». Es gibt nun zwei Möglichkeiten: Entweder ist dieser «Satz x» wahr, dann ist er nicht beweisbar (was ja der Inhalt des Satzes ist). Oder er ist falsch, dann muss ja das Gegenteil gelten, also muss der Satz beweisbar und demnach wahr sein. Das ist ein Widerspruch, also könnte dieser Satz nur dann falsch sein, wenn das formale System widersprüchlich ist.

Damit dieser Ansatz funktioniert muss das zugrunde gelegte formale System mindestens Zählungen erlauben. Für einfache Systeme gilt der Unvollständigkeitssatz daher nicht. Die Möglichkeit von Zählungen ist aber die einzige wesentliche Eigenschaft einer formalen Theorie, für die der Satz gilt. Dies ist für relativ viele mathematische und informatische Theorien erfüllt.

Normalerweise könnte man sich dadurch behelfen, dass man für alle Sätze, die weder bewiesen noch widerlegt werden können, einfach definiert, ob sie als wahr oder falsch gelten und die Definition dem formalen System hinzufügt. Im neuen erweiterten System existiert dann für diese Sätze ein Beweis nämlich einfach die hinzugefügte Definition. Gödel zeigte jedoch, dass dies unmöglich ist, da stets unbeweisbare Sätze übrigbleiben. Auch das erweiterte System bleibt unvollständig.

1 Finden Sie ein Beispiel einer Grammatik, die nicht kontextfrei aber allgemein ist.

2 Finden Sie ein Beispiel einer Sprache, die nicht kontextfrei aber rekursiv aufzählbar ist.

3 Diskutieren Sie die Folgen der Churchschen These, insbesondere im Hinblick auf künstliche Intelligenz.

4 David Hilbert (1862–1943) stellte 1900 eine Liste von 23 damals ungelösten mathematischen Problemen vor. Ebenso stellte das Clay Mathematics Institute in Cambridge (Massachusetts) im Jahr 2000 sieben Millennium-Probleme vor. Informieren Sie sich über diese Probleme und was für eine Bedeutung Sie für die Mathematik aber auch für die Informatik haben.

AUFGABEN

A Erstellen Sie ein Programm, das in einem Feld die Ergebnisse des «kleinen Einmaleins» (also das Ergebnis aller Produkte der Zahlen 1 bis 10 miteinander) speichert.

B Programmieren Sie das Spiel «Tic-Tac-Toe», das auf neun Spielpositionen eines 3×3-Spielfelds jeweils nichts, «X» oder «O» haben kann. Ein Spieler hat gewonnen, wenn er in einer Zeile, Spalte oder Diagonalen drei seiner Markierungen positionieren kann. Die Spieler sind abwechselnd dran. Ihr Programm soll erkennen, ob ein Spieler gewonnen hat, es darf einen Spieler nur gültige Züge machen lassen und sollte erkennen, wenn ein Unentschieden erreicht wurde.

C Für automatisierte Emails (auch für solche Aufgaben gibt es in Python Bibliotheken) sollen Vorname, Nachname und Email-Adresse von einer Menge von Personen gespeichert werden. Auf die einzelnen Werte muss separat zugegriffen werden können, dass beispielsweise die Email-Empfänger persönlich angeschrieben werden können. Entwerfen Sie ein Konzept, wie Sie die Daten sinnvoll in Python speichern können. Diskutieren Sie Vor- und Nachteile unterschiedlicher Ansätze.

Mehrdimensionale Felder sind einfach Felder, in denen weitere Felder gespeichert sind. Hierbei kann die Länge der Felder in einem Feld auch unterschiedlich sein. Beim Zugriff werden mehrere eckige Klammern hintereinander notiert.

Das folgende Programm enthält ein zweidimensionales Feld, in dem die Primzahlen zwischen 1 und 100 so gespeichert sind, dass für jede Dekade jeweils die Primzahlen zusammengefasst sind. Zudem ist eine verschachtelte Schleife programmiert, die diese Zahlen alle auf dem Bildschirm ausgibt:

Python-Code 4.11

```
01 primzahlen = [[2, 3, 6, 7],
02              [11, 13, 17, 19],
03              [23, 29], [31, 37],
04              [41, 43, 47], [53, 59],
05              [61, 67], [71, 73, 79],
06              [83, 89], [97]]
07 for i in range(0, len(primzahlen)):
08   for j in range(0, len(primzahlen[i])):
09     print(primzahlen[i][j], end=" ")
10   print()
```

1 Analysieren Sie das Beispiel für mehrdimensionale Felder Zeile für Zeile und begründen Sie jeweils, welche Manipulation was bewirkt.

2 Begründen Sie für das Beispiel für mehrdimensionale Felder, warum die innere Zählschleife dynamisch auf die Anzahl Primzahlen jeder Dekade reagiert.

3 Lösen Sie die Aufgabe A noch einmal mit einem zweidimensionalen Feld.

4 Lösen Sie die Aufgabe C noch einmal mit einem zweidimensionalen Feld. Diskutieren Sie, warum es ungeschickt ist, einfach drei Felder zu verwenden: eines für alle Vornamen, eines für alle Nachnamen und eines für alle Email-Adressen.

5 Diskutieren Sie, wann es sinnvoller ist, ein mehrdimensionales Feld anstelle eines eindimensionalen Feldes zu verwenden.

6 Ein **magisches Quadrat** ist ein Quadrat, das natürliche Zahlen enthält, so dass die Summe der Zeilen, Spalten und Diagonalen jeweils gleich ist. Ein einfaches magisches Quadrat, das bereits in China im Jahr 2800 v. Chr. Bekannt war, ist beispielsweise:

```
4   9   2
3   5   7
8   1   6
```

Albrecht Dürer (1471–1528) zeichnete folgendes magisches Quadrat in einem seiner Kupferstiche:

```
16   3    2   13
 5  10   11    8
 9   6    7   12
 4  15   14    1
```

Es ist auch möglich, anstelle natürlicher Zahlen einige Primzahlen zu nehmen. Das magische Quadrat aus Primzahlen mit der kleinsten Summe ist:

```
 17   89   71
113   59    5
 47   29  101
```

Schreiben Sie ein Programm, dass ein Zahlenquadrat darauf überprüft, ob es ein magisches Quadrat ist.

7 Schreiben Sie ein kleines Labyrinth-Spiel. Sie erstellen mit Hilfe eines zweidimensionalen Feldes ein Labyrint, bei dem Sie «#» als Wand, den Spieler als «8» und das Ziel als «X» markieren. Der Spieler soll durch Eingeben von Buchstaben (z. B. «w», «a», «s» und «d», jeweils gefolgt von <Enter>) in dem Labyrinth navigieren. Jeder Ort, an dem er war, wird durch ein «.» markiert. Wenn ein Spieler in die Wand laufen möchte, geben Sie einen entsprechenden Kommentar aus und lassen Sie den Spieler nicht bewegen. Nach jeder Bewegung wird das Labyrinth mit der aktuellen Position des Spielers neu auf dem Bildschirm ausgegeben. Wenn er am Ziel angekommen ist, beenden Sie das Programm.

8 Schreiben Sie einen Emulator für einen endlichen Automaten, der ein Eingabealphabet, ein Startzustand, eine Menge gültiger Endzustände, eine Adjazenzmatrix und ein zu erkennendes Wort entgegennimmt und am Ende `True` oder `False` ausgibt, in Abhängigkeit davon, ob das Wort erkannt wurde oder nicht.

9 Schreiben Sie einen Vokabeltrainer. Zunächst sollen immer eine Vokabel und ihre Übersetzung eingegeben werden und in einem zweidimensionalen Feld gespeichert werden. Dann soll eine zufällige Vokabel abgefragt werden und die eingegebene Übersetzung mit der eigentlichen Übersetzung verglichen werden. Nutzen Sie hierfür `import random` am Anfang des Programms und `random.randint(`min, max`)`, das eine zufällige Zahl zwischen min und max (jeweils inklusive) ermittelt. Können Sie Ihr Programm so erweitern, dass häufig falsch gewusste Vokabeln öfter abgefragt werden?

A Repetieren Sie das Konzept der Turingmaschine (siehe Kapitel 4.6 Kontextsensitive Sprachen), die Churchsche These und den Gödelschen Unvollständigkeitssatz (für beides siehe Kapitel 4.8 Rekursiv aufzählbare Sprachen).

B Diskutieren Sie Gemeinsamkeiten und Unterschiede zwischen einer Turingmaschine und einer Programmiersprache wie Python.

C Lesen Sie verschiedene Angebote von aktuellen Computern. Was für Eigenschaften werden besonders beworben? Was für Eigenschaften stehen eventuell eher im Kleingedruckten?

Von-Neumann-Architektur

Offenbar kann man Computer auf unterschiedlichen Ebenen betrachten. Von der Ebene der elektronischen Schaltungen bis hin zur graphischen Benutzeroberfläche gibt es verschiedene Abstraktionsstufen. Eine wichtige konzeptionelle Ebene ist die Ebene der Hardwarearchitektur. Sie beschreibt, wie die verschiedenen Hardwarekomponenten eines Computers miteinander verbunden sind.

VON-NEUMANN-ARCHITEKTUR

Die **Von-Neumann-Architektur** (engl. **von Neumann architecture**) für Computer bricht mit der strikten Trennung von Programm und Daten, wie sie noch in der Turingmaschine (sie-

John von Neumann
(1903–1957)

he Kapitel 4.6 Kontextsensitive Sprachen) und anderen frühen Computerarchitekturen vorgegeben war. Sie wurde von John von Neumann (1903–1957) im Jahr 1945 beschrieben. Konrad Zuse hatte zwar zuvor bereits wesentliche Konzepte veröffentlicht, aufgrund des 2. Weltkriegs waren diese John von Neumann jedoch wahrscheinlich unbekannt.

Die Von-Neumann-Architektur ist anders als die Turingmaschine nicht als theoretisches Konzept zum Beweisen von bestimmten Fragestellungen gedacht, sondern als effizient arbeitender Computer. Computer, die nach der Von-Neumann-Architektur gebaut sind, sind jedoch gleichwertig mit Turingmaschinen, man «verliert» also nichts.

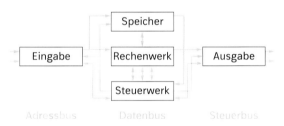

Konkret bestehen Computer, die die Von-Neumann-Architektur umsetzen, aus den folgenden Komponenten:

- ein **Rechenwerk** (engl. **processing unit**), in dem alle Berechnungen vorgenommen werden, heutzutage ein Teil des Prozessors

- ein **Steuerwerk** (engl. **control unit**), in dem alle Vorgänge gesteuert werden, heutzutage ebenfalls Teil des Prozessors

- ein **Speicher** (engl. **memory**) in dem sowohl die Programme als auch die Daten gespeichert werden, heutzutage der Arbeitsspeicher (und je nach Interpretationsweise auch alle anderen Speichergeräte, wenn man sie nicht als E/A-Geräte ansieht)

- ein **Ein- und Ausgabewerk** (engl. **input and output mechanisms**) das Schnittstellen zu den Eingabe- und Ausgabegeräten (auch als E/A-Geräte abgekürzt) herstellt

Die Werke sind mit Hilfe von Kommunikationsbussen verbunden:

- mit dem **Adressbus** (engl. **address bus**) steuert das Steuerwerk die Orte, an denen Informationen gespeichert werden und woher und wohin sie gelesen und geschrieben werden

- über den **Datenbus** (engl. **data bus**) werden die zu verarbeitenden Daten übermittelt

- mit dem **Steuerbus** (engl. **control bus**) gibt das Steuerwerk Anweisungen an die verschiedenen anderen Komponenten

Der Vorteil der Von-Neumann-Architektur ist ihre einfache Umsetzung, so dass im Prinzip fast alle heutigen Computer auf ihr aufbauen. Einige Begrenzungen wie der **Von-Neumann-Flaschenhals** können gelöst werden. Die Von-Neumann-Architektur hat jedoch kein Konzept zum Gleichzeitig-Ausführen von Anweisen, da das Steuerwerk Programme rein sequentiell ausführt. Daher sind parallele Systeme, seien es durch mehrere Computer, die zu einem Cluster zusammengefasst werden, mehrere Prozessoren in einem Computer oder mehrere Kerne in einem Prozessor, keine reinen Von-Neumann-Architekturen, auch wenn diese letztlich einen Von-Neumann-Rechner simulieren.

EVA(S)-Prinzip

Das **EVA-Prinzip**, manchmal auch **EVA(S)-Prinzip** genannt, ist ein Grundprinzip der Datenverarbeitung. Es besteht daraus, dass jede Datenverarbeitung zunächst die **Einga**be der Daten in die verarbeitende Maschine leisten muss, dann diese **verarbeitet**, und sie am Ende **ausgeben** können muss. Häufig wird dieses Prinzip durch eine **Speicher**möglichkeit ergänzt.

Man kann demnach auch konkrete Geräte den entsprechenden Kategorien zuordnen: während eine Tastatur ein Eingabegerät ist, ist ein Bildschirm ein Ausgabegerät. Eine Graphikkarte wäre zum Beispiel ein Verarbeitungsgerät und eine Festplatte ein Speichergerät. Speichergeräte werden oftmals auch als E/A-Geräte bezeichnet analog zu englisch I/O-Device, da sie aus Sicht des Rests des Computers diese beiden Funktionen übernehmen.

Die Offensichtlichkeit des Prinzips bei Hardware hilft, bei Softwareentwicklung ähnliches zu verwenden: in vielen Softwareteilen werden zunächst Daten in ein Programmteil eingegeben, dieses verarbeitet diese dann und gibt am Ende Daten aus. Das EVA(S)-Prinzip kann für Hardware, Programme (im Grossen wie im Kleinen) oder für Abläufe angewendet werden. Es ist somit ein fundamentales Prinzip.

Ebenen des Computers

Verschiedene Ebenen des Computers stellt die folgende Hierarchie dar. Je weiter oben in der Hierarchie, desto abstrakter und benutzerorientierter sind die Aufgaben; je weiter unten in der Hierarchie, desto konkreter und maschinennaher sind die Aufgaben. Eine Besonderheit stellt ein sogenannter **Hypervisor** dar. In ihm können virtuelle Maschinen laufen, also beispielsweise Windows auf einer Linux-Maschine. Ein Hypervisor läuft in der Regel auf der Ebene eines Anwendungsprogrammes der Wirtmaschine, stellt aber aus Sicht der Gastmaschine die virtualisierte Hardware dar.

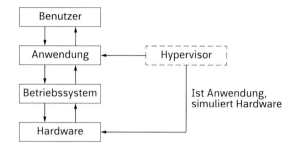

1 Diskutieren Sie die Aufgaben der verschiedenen Busse in der Von-Neumann-Architektur.

2 Recherchieren Sie, was der Von-Neumann-Flaschenhals ist, und wie heutige Computer ihn umgehen können.

3 Finden Sie Beispiele auf verschiedenen Ebenen, wo das EVA(S)-Prinzip angewendet werden kann; geben Sie jeweils an, was E, V, A und S bedeuten könnte.

4 Informieren Sie sich über Hypervisoren und wie sie in der Praxis eingesetzt werden. Falls Ihr Computer leistungsfähig genug ist: installieren Sie mal ein virtuelles Linux.

5 Vergleichen Sie die Von-Neumann-Architektur, das EVA(S)-Prinzip und die Ebenen des Computers. Arbeiten Sie heraus, was für Aspekte von Computern jeweils beschrieben werden.

A Überlegen Sie, welche Programmteile Sie bisher am häufigsten programmiert haben.

B Recherchieren Sie, was eine **Software-bibliothek** (engl. **library**) ist, und warum sie eingesetzt werden.

C Diskutieren Sie Vor- und Nachteile des folgenden Unterprogramms:

Python-Code 4.12

```
01  def lineare_funktion(m, b, x):
02      return m * x + b
```

Wenn Sie eine Zahl einlesen wollen, müssen Sie die eingelesene Zeichenkette in eine Zahl umwandeln. Natürlich können Sie jedes Mal `x = int(input("Bitte eine Zahl:"))` schreiben. Dies in ein Unterprogramm zu kapseln, wurde im Kapitel 4.1 Unterprogramme thematisiert.

Bereits im Kapitel 1.5 Elementare Datentypen wurde zudem ein Beispiel gegeben, wie man falsche Eingaben abfangen kann und so Programmabstürze vermeiden kann. Auch so etwas wäre in einem Unterprogramm sinnvoll untergebracht.

Jedoch würde man für jeden Datentyp ein eigenes Unterprogramm schreiben. Diese Unterprogramme würden sich lediglich an einer Stelle unterscheiden, nämlich dort wo versucht wird, den eingegebenen Text in eine Zahl umzuwandeln.

In Python gibt es hierfür die Möglichkeit, einem Unterprogramm als Parameter eine Funktion mitzugeben. In dem folgenden Unterprogramm wird dies umgesetzt:

Python-Code 4.13

```
01  def input_number(request_text, error_text,
02                   number_type):
03      """Fordert den Benutzer mit Hilfe von
04      request_text auf, einen Wert vom
05      Typ number_type einzugeben. Wenn die
06      Konvertierung fehlschlägt wird
07      error_text ausgegeben und die
08      Konvertierung wiederholt, bis am Ende
09      eine korrekte Konvertierung der
10      Eingabe mit Hilfe von number_type
11      geklappt hat."""
12      x = None
13      while x == None:
14          try:
15              x = number_type(input(request_text))
16          except:
17              print(error_text)
18      return x
```

Ein ähnlich gelagertes Beispiel ist die Frage der Teilbarkeit zweier Zahlen. Wie im Kapitel 2.1 Modulo beschrieben kann die Modulo-Funktion dazu verwendet werden herauszufinden, eine Zahl gerade ist. Man kann dieses Prinzip auf die Teilbarkeit allgemein ausweiten, so dass folgendes Unterprogramm entstehen kann:

Python-Code 4.14

```
01  def teilbar(a, b):
02      """Gibt zurück, ob a durch b teilbar
03      ist."""
04      return (a % b) == 0
```

147

In beiden Beispielen wurde ein Muster entdeckt, wurden Ähnlichkeiten erkannt und Verbindungen gefunden, die zu einer allgemeineren Lösung führen als vorher. Lösungen zu bekannten Problemen können nun auch auf weitere Probleme angewendet werden. Dies führt zu allgemeinen Lösungen, die häufig wiederverwendet werden können.

> **GENERALISIEREN**
> Diesen Vorgang nennt man **Generalisieren**. Im Gegensatz zum Abstrahieren, wo aus mehr Informationen wesentliche Informationen herausgefiltert werden, wird beim Generalisieren eine spezielle Lösung verallgemeinert.

Generalisierte Lösungen haben den Vorteil, dass sie nicht nur in dem besonderen Fall, sondern häufig auch später wiederverwendet werden können. Dies führt über die Zeit zu Sammlungen von Lösungen, die dann beispielsweise in Form von Bibliotheken zusammengefasst werden können. Über die Zeit hinweg werden so viele thematisch geordnete Bibliotheken gesammelt, so dass in komplexen Anwendungsprogramme nicht mehr jedes Problem einzeln gelöst werden muss, sondern lediglich die richtigen Bibliotheken eingebunden und aufgerufen werden müssen.

Generalisieren führt dazu, dass Probleme tendenziell nur einmal gelöst werden müssen und nicht mehrfach. Das ist in vielen Fällen effizienter und weniger störungsanfällig. Man muss jedoch aufpassen, dass man sich nicht beim Lösen allgemeiner Probleme verzettelt: manchmal ist es schneller, eine konkrete Probleminstanz zu lösen als ein generalisiertes Problem. Hier hilft das **KISS-Prinzip** (das Akronym KISS steht für das Englische «Keep it simple, stupid», also in etwa «Mach's nicht zu kompliziert, Idiot.»). Hier hilft also oftmals ein Abwägen, wie wichtig eine bestimmte Lösung ist.

AUFGABEN

1 Viele Programmiersprachen haben im Gegensatz zu Python verschiedene Methoden zur Ausgabe, die entweder am Ende einen Zeilenumbruch haben oder nicht. Diskutieren Sie Vor- und Nachteile von der Lösung in Python und der Lösung in anderen Programmiersprachen.

2 Informieren Sie sich über die Bibliotheken `math` und `random` in Python. Was für Unterprogramme werden bereitgestellt?

3 Schreiben Sie ein Programm, das das Werfen eines normalen Würfels simuliert. Finden Sie hierzu in der Bibliothek `random` ein entsprechendes generalisiertes Unterprogramm, das Sie mit Parametern auf Ihren Bedarf spezialisieren. Zur Erinnerung: wenn Sie die Bibliothek `random` nutzen möchten, müssen Sie sie zunächst mit `import random` importieren.

4 Was halten Sie von dem folgenden (nicht in Python geschriebenen) Würfel-Unterprogramm?

```
int getRandomNumber()
{
    return 4;  // chosen by fair dice roll.
               // guaranteed to be random.
}
```

Random Number, xkcd-Comic #221, xkcd.com/221/

Effizienz

Alan Jay Perlis (1922–1990) pflegte neben der Informatik auch einen kunstvollen Umgang mit Sprache. So veröffentlichte er 120 «Epigramme», in denen er in kürzester Form und auf humorvolle Weise aktuelle und zeitlose Sonderbarkeiten rund um die Informatik festhielt.

Seine Epigramme zur künstlichen Intelligenz oder zur Komplexität von Programmen sind weltberühmt und vielzitiert. Aber Perlis wäre kein Informatiker, wenn er zu seinen Epigrammen nicht auch Metaepigramme geschrieben hätte: Epigramme über Epigramme.

Als erster Mensch wurde er mit dem «Nobelpreis der Informatik», dem Turing Award ausgezeichnet, für seine Arbeiten zu Programmiersprachen und zum Compilerbau.

A Repetieren Sie im Kapitel 3.5 Bäume das Konzept von Bäumen, insbesondere von binären Suchbäumen.

B Informieren Sie sich über den «PageRank»-Algorithmus, der die Suchmaschine Google so erfolgreich gemacht hat.

C Finden Sie den Buchstaben «Y» in der folgenden Zeichenkette:

IMNAMENGOTTESDESALLMÄCHTIGENDASSCHWEIZERVOLKUNDDIEKANTONEINDERVERANTWOR
TUNGGEGENÜBERDERSCHÖPFUNGIMBESTREBENDENBUNDZUERNEUERNUMFREIHEITUNDDEMO
KRATIEUNABHÄNGIGKEITUNDFRIEDENINSOLIDARITÄTUNDOFFENHEITGEGENÜBERDERWELTZUSTÄR
KENIMWILLENINGEGENSEITIGERRÜCKSICHTNAHMEUNDACHTUNGIHREVIELFALTINDEREINHEITZU
LEBENIMBEWUSSTSEINDERGEMEINSAMENERRUNGENSCHAFTENUNDDERVERANTWORTUNGGEGEN
ÜBERDENKÜNFTIGENGENERATIONENGEWISSDASSFREINURISTWERSEINEFREIHEITGEBRAUCHTUND
DASSDIESTÄRKEDESVOLKESSICHMISSTAMWOHLDERSCHWACHENGEBENSICHFOLGENDEVERFAS
SUNGDASSCHWEIZERVOLKUNDDIEKANTONEZÜRICHBERNLUZERNURISCHWYZOBWALDENUNDNID
WALDENGLARUSZUGFREIBURGSOLOTHURNBASELSTADTUNDBASELLANDSCHAFTSCHAFFHAUSEN
APPENZELLAUSSERRHODENUNDAPPENZELLINNERRHODENSTGALLENGRAUBÜNDENAARGAUTHUR
GAUTESSINWAADTWALLISNEUENBURGGENFUNDJURABILDENDIESCHWEIZERISCHEEIDGENOSSEN
SCHAFTDIESCHWEIZERISCHEEIDGENOSSENSCHAFTSCHÜTZTDIEFREIHEITUNDDIERECHTEDESVOL
KESUNDWAHRTDIEUNABHÄNGIGKEITUNDDIESICHERHEITDESLANDESSIEFÖRDERTDIEGEMEINSA
MEWOHLFAHRTDIENACHHALTIGEENTWICKLUNGDENINNERENZUSAMMENHALTUNDDIEKULTURELLE
VIELFALTDESLANDESSIESORGTFÜREINEMÖGLICHSTGROSSECHANCENGLEICHHEITUNTERDENBÜR
GERINNENUNDBÜRGERNSIESETZTSICHEINFÜRDIEDAUERHAFTEERHALTUNGDERNATÜRLICHENLE
BENSGRUNDLAGENUNDFÜREINEFRIEDLICHEUNDGERECHTEINTERNATIONALEORDNUNGDIEKANTO
NESINDSOUVERÄNSOWEITIHRESOUVERÄNITÄTNICHTDURCHDIEBUNDESVERFASSUNGBESCHRÄNK
TISTSIEÜBENALLERECHTEAUSDIENICHTDEMBUNDÜBERTRAGENSINDDIELANDESSPRACHENSIND
DEUTSCHFRANZÖSISCHITALIENISCHUNDRÄTOROMANISCH

Erläutern Sie, wie Sie vorgegangen sind.

Lineare Suche

Die **lineare Suche** geht einfach alle Elemente der zu durchsuchenden Elemente (beispielsweise in einem Feld) durch und gibt das erste gefundene Element zurück. Das gesuchte Element kann an erster Stelle, irgendwo in der Mitte oder an letzter Stelle sein.

Die lineare Suche hat keine besonderen Voraussetzungen. Sie ist nicht besonders schnell, funktioniert aber auch, wenn die zu durchsuchenden Elemente nicht sortiert sind.

Das folgende Beispiel sucht in einer unsortierten Menge von Ziffern (den ersten 24 Nachkommastellen von π) die Position der Ziffer 7:

Python-Code 5.1

```
01 pi_nachkomma = "141592653589793238462643"
02 suchziffer = "7"
03 index = 0
04 while (index < len(pi_nachkomma) and
05        pi_nachkomma[index] != suchziffer):
06   index = index + 1
07 if index == len(pi_nachkomma):
08   print(suchziffer, "kommt nicht in den "
09         "ersten", len(pi_nachkomma),
10         "Nachkommastellen von Pi vor.")
11 else:
12   print(suchziffer, "ist an der "
13         "Nachkommastelle", index + 1,
14         "zu finden.")
```

Binäre Suche

Wenn die zu durchsuchenden Elemente sortiert sind, ist die **binäre Suche** deutlich schneller. Hierfür braucht der Computer nur das Element in der Mitte anzuschauen und festzustellen, ob das gesuchte Element gerade gefunden wurde, grösser oder kleiner ist. Wenn das gesuchte Element grösser (oder kleiner) ist, kann er dasselbe Prinzip auf der ersten (oder zweiten) Hälfte der zu durchsuchenden Elemente anwenden. So können beispielsweise 1 000 000 Elemente mit nur maximal 20 Vergleichen durchsucht werden.

Das folgende Programm sucht in einem Feld (mit den ersten 12 Quadratzahlen, die aufsteigend sortiert sind) nach einem Element (der Zahl 34):

Python-Code 5.2

```
01 quadrat_zahlen = [1, 4, 9, 16, 25, 36, 49,
02                   64, 81, 100, 121, 144]
03 suchzahl = 34
04 links = 0
05 rechts = len(quadrat_zahlen) - 1
06 mitte = (links + rechts) // 2
07 while (links != rechts and
08         quadrat_zahlen[mitte] != suchzahl):
09   if quadrat_zahlen[mitte] > suchzahl:
10     rechts = mitte
11   else:
12     links = mitte + 1
13   mitte = (links + rechts) // 2
14 if quadrat_zahlen[mitte] == suchzahl:
15   print(suchzahl, "ist an der Stelle",
16         mitte + 1, "zu finden.")
17 else:
18   print(suchzahl, "ist nicht enthalten.")
```

Binäre Suchbäume

Oftmals ist es so, dass die zu durchsuchenden Elemente bereits in einer Datenstruktur wie einem Feld einsortiert sind. Oder es lohnt sich, die bereits in einem Feld vorhandenen Daten zu sortieren.

In diesem Fall können **binäre Suchbäume** helfen. Sie ermöglichen nicht nur ein schnelles Suchen sondern erlauben es auch, dass neue Elemente einfach eingefügt werden können.

> **BINÄRER SUCHBAUM**
> Ein **binärer Suchbaum** ist ein Baum (siehe Kapitel 3.5 Bäume), dessen Knoten jeweils maximal zwei Kinder haben. Zudem sind alle Knoten **links** von jedem Knoten **kleiner** und alle Knoten **rechts** von jedem Knoten **grösser** als der jeweilige Knoten.

Der folgende Baum ist ein binärer Suchbaum:

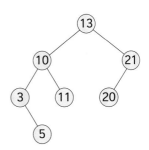

Elemente werden in einem binären Suchbaum gesucht, indem das zu suchende Element mit dem jeweiligen Knoten verglichen wird. Gestartet wird an der Wurzel. Wenn der Knoten gleich dem zu suchenden Element ist, sind wir fertig. Wenn das zu suchende Element kleiner als der Knoten ist, wird als nächstes das linke Kind als Knoten untersucht. Wenn es kein linkes Kind gibt, existiert das zu suchende Element nicht im binären Suchbaum. Wenn das zu suchende Element grösser als der Knoten ist, wird als nächstes das rechte Kind als Knoten untersucht. Auch hier gilt: wenn es kein rechtes Kind gibt, existiert das zu suchende Element nicht im binären Suchbaum.

In dem folgenden binären Suchbaum kann beispielsweise das Element 5 in vier Schritten gesucht werden:

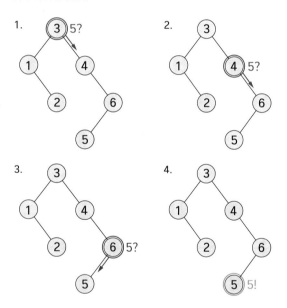

Elemente werden in einem binären Suchbaum hinzugefügt, indem zunächst das Element gesucht wird. Existiert es im binären Suchbaum noch nicht, wird man am Ende bei einem Knoten gelandet sein, der links oder rechts kein Kind hat (je nachdem, ob das hinzuzufügende Element kleiner oder grösser als der Knoten ist). An diese Stelle kann man das neue Element hinzufügen.

In dem folgenden binären Suchbaum kann beispielsweise das Element 9 in vier Schritten hinzugefügt werden:

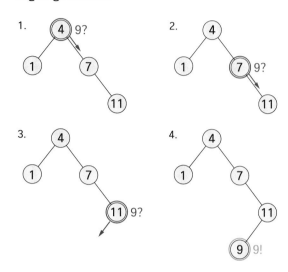

Zum Implementieren von binären Suchbäumen nutzt man in der Regel Objekte (siehe Kapitel 10 Objektorientierte Modellierung). Man kann aber binäre Suchbäume auch in einem Feld implementieren. Dazu nutzt man aus, dass in einem binären Baum auf der n-ten Ebene von oben maximal 2^{n-1} viele Elemente sein können. So wird dann das Element mit dem Index 0 für das eine Element der obersten Ebene verwendet, die Elemente mit dem Index 1 und 2 für das linke und rechte Kind des obersten Elements, die ja in der zweitobersten Ebene liegen, dann die Indizes 3 bis 6 für die Elemente der drittobersten Ebene von links nach rechts und so weiter. Der Baum vom ersten Beispiel könnte dann, wie in der Grafik oben auf der nächsten Seite, in einem Feld gespeichert werden.

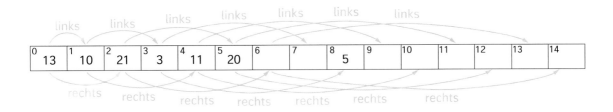

AVL-Bäume

Binäre Suchbäume können «entarten», wenn man in ihnen eine sortierte Liste von Elementen hinzufügt. Wenn jedes Element grösser ist als alle bisherigen Elemente im binären Suchbaum, wird es ganz rechts unten eingefügt. Wenn nun jedes Element grösser als alle bisherigen ist, hat man anstelle eines binären Suchbaums faktisch eine verkettete Liste von Elementen. Damit ist der Effizienzgewinn beim Suchen verloren. Daher haben die Informatiker Georgi Maximowitsch Adelson-Welski (1922–2014) und Jewgeni Michailowitsch Landis (1921–1997) im Jahr 1962 die nach ihnen benannten AVL-Bäume entwickelt.

AVL-BAUM

Ein AVL-Baum ist ein binärer Suchbaum, der weitgehend ausgeglichen ist. Für jeden internen Knoten sind die Höhen der Teilbäume seiner Kinder höchstens um 1 verschieden. Die Höhe eines Teilbaums entspricht dabei der Anzahl seiner Ebenen.

Die Grundidee ist, dass die binären Suchbäume nach jedem Einfügen bei Bedarf neu **balanciert** werden. Ein Neubalancieren ist immer dann nötig, wenn die Höhe des linken Teilbaumes um mehr als 1 von der Höhe des rechten Teilbaumes abweicht. Einer der Teilbäume ist damit zu hoch. Hierzu haben sie vier verschiedene **Rotationen** entwickelt, die so funktionieren (in den Graphiken für die Rotationsvarianten auf der folgenden Seite sind diese Höhenunterschiede jeweils unterhalb der Knoten notiert):

Eine **einfache LL-Rotation** ist notwendig, wenn von einem Knoten der linke Teilbaum (A, X und Y) zwei höher ist als der rechte Teilbaum (Z) und zusätzlich vom linken Kind (A) der linke Teilbaum (X) um eines höher ist als der rechte Teilbaum (Y) des linken Kindes (A). Dann wird das linke Kind (A) zur neuen Wurzel, die alte Wurzel (C) zum neuen rechten Kind (C) und die Teilbäume (X, Y und Z) werden jeweils darunter gehängt.

Eine **doppelte LR-Rotation** ist notwendig, wenn ebenso wie im vorherigen Fall der linke Teilbaum (A, B, X, Y_1 und Y_2) zwei höher ist als der rechte Teilbaum (Z), nun aber vom linken Kind (A) der rechte Teilbaum (B, Y_1 und Y_2) um eines höher ist als der linke Teilbaum (X) des linken Kindes (A). Dann wird das rechte Kind (B) des linken Kindes (A) zur neuen Wurzel (B), die alte Wurzel (C) wird rechts darunter gehängt, und die darunter hängenden Teilbäume (X, Y_1, Y_2 und Z) entsprechend verteilt.

Symmetrisch dazu gibt es die **einfache RR-Rotation** und die **doppelte RL-Rotation**.

Das sind alle vier verschiedenen Fälle, die vorkommen können, wenn ein einzelnes Element hinzugefügt wird, und nach jedem Einfügen neu balanciert wird.

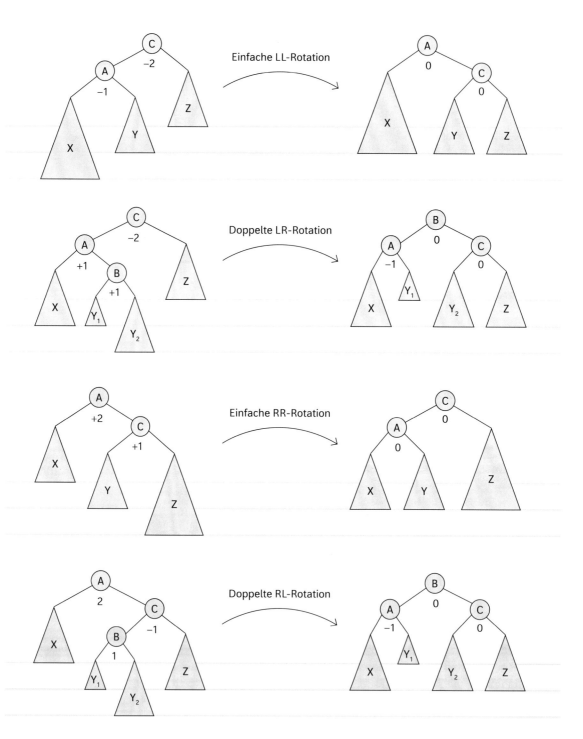

1 Diskutieren Sie, warum eine vollständige Suche im Internet nicht möglich ist. Recherchieren Sie, wie Suchmaschinen im Internet stattdessen vorgehen.

2 Rechnen Sie die Behauptung nach, dass 1 000 000 sortierte Elemente mit maximal 20 Vergleichen mit Hilfe der binären Suche durchsucht werden können, indem Sie bei jedem Halbierungsschritt jeweils die Anzahl der noch zu durchsuchenden Elemente berechnen. Runden Sie dabei jeweils auf die nächstgrössere ganze Zahl auf.

3 Bestimmen Sie für das Beispielprogramm der binären Suche für jeden Schritt, was die Werte von `links`, `mitte` und `rechts` sind, und welches Element mit der zu suchenden 34 verglichen wird.

4 Das Beispiel für die lineare Suche würde eigentlich abstürzen, wenn nach einer nicht vorhandenen Ziffer gesucht wird: nach dem letzten Zeichen wird `index` um eines erhöht und die Bedingung der Schleife überprüft, ob der Wert von `index` kleiner ist als `len(pi_nachkommastellen)` (was falsch ist) und überprüft, ob das Zeichen an dieser Stelle (also nach dem letzten Zeichen) das gesuchte Zeichen ist. Python nutzt hier jedoch das Konzept **Lazy Evaluation**, konkreter eine **Kurzschlussauswertung**. Informieren Sie sich, was Lazy Evaluation und Kurzschlussauswertung ist und warum es in Python eingesetzt wird.

5 Erstellen Sie einen binären Suchbaum, in den Sie die Elemente 2, 7, 1, 8, 28, 18 und 284 einfügen.

6 Schätzen Sie ab, wie lange Sie mindestens und höchstens brauchen, wenn Sie einen binären Suchbaum mit 100 Elementen haben. Wie viele Schritte glauben Sie, dass Sie im Durchschnitt brauchen?

7 Implementieren Sie einen binären Suchbaum mit Hilfe von Feldern wie oben beschrieben.

8 Gegeben ist der folgende Baum

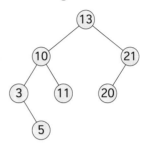

a Prüfen Sie für jeden Knoten nach, dass der Baum im Sinne eines AVL-Baums balanciert ist.

b Fügen Sie das Element 4 in den ursprünglichen Baum ein und balancieren Sie ihn neu.

c Fügen Sie die Elemente 22, 23 und 24 in den Baum zwei Aufgaben zuvor ein und balancieren Sie den Baum neu.

9 Erstellen Sie einen AVL-Baum,

a … indem Sie die Namen von einigen Schülerinnen und Schülern alphabetisch sortiert einfügen. Balancieren Sie den Baum nach jedem Einfügen neu, wie es sich für einen AVL-Baum gehört.

b … indem Sie die Geburtstage von einigen Schülerinnen und Schülern sortiert einfügen. Balancieren Sie den Baum nach jedem Einfügen neu, wie es sich für einen AVL-Baum gehört. Was für ein Problem kann auftreten und wie gehen Sie damit um?

AUFGABEN

A Informieren Sie sich über das Moorsche Gesetz.

B Beim Schach hat ein Spieler bis zu 16 Figuren, die er im einfachen Fall auf bis zu sechs verschiedenen Arten ziehen kann (ein Bauer inkl. verschiedener Schlagmöglichkeiten), im kompliziertesten Fall auf bis zu 27 verschiedene Arten (eine Dame auf einem fast leeren Spielbrett in der Nähe der Mitte des Schachbretts). Diese können natürlich nicht immer realisiert werden. Nehmen Sie daher der Einfachheit halber an, dass in einer typischen Spielsituation ca. 1000 verschiedene Halbzüge (Weiss oder Schwarz bewegen eine Figur) möglich sind. Wenn eine Schachpartie 40 Züge dauert und ein Computer für das Überprüfen einer Position beispielsweise 10 Nanosekunden braucht, wie lange würde es für einen Computer dauern, alle möglichen Schachpartien auszuprobieren?

C Vergleichen Sie das Suchen in einem binären Suchbaum (siehe Kapitel 3.5 Bäume und Kapitel 5.1 Suchen) mit dem Suchen in einer unsortierten Liste.

Das alte Sprichwort «Time is money» stimmt im Bereich der Informatik insbesondere. Wenn ein Problem innerhalb von Sekunden anstelle von Tagen lösbar ist, ist der Lösungsvorgang allgemein besser. Das gilt insbesondere, wenn eine Lösung innerhalb von Millisekunden korrekte oder zumindest hinreichend gute Ergebnisse liefert, während andere Lösungen desselben Problems Millionen von Jahren benötigen. Gleichzeitig beruht auch die Sicherheit vieler Systeme heute auf der Tatsache, dass bestimmte Probleme nur ineffizient (also in mehr als 1000 Jahren) lösbar sind (siehe Kapitel 7.6 Moderne Kryptographie).

Aufgrund der ständigen Entwicklung von Computersystemen wäre es sinnlos, die Effizienz von Algorithmen in absoluten Zeiteinheiten oder absolutem Speicherplatz zu messen. Schon ein Jahr später wären die Messergebnisse aufgrund des **Mooreschen Gesetzes** komplett irrelevant geworden. Daher wird Zeitbedarf und Speicherplatzbedarf in Abhängigkeit von der Grösse der Eingabe berechnet. Hin und wieder hilft es jedoch, diese theoretische Grösse einmal zurück in faktische Grössen umzurechnen, damit man nicht in Gefahr läuft, mehr Speicherplatz zu benötigen als es zum Beispiel Atome im Universum gibt.

O-NOTATION

In der Regel genügt es anzugeben, in welcher **Komplexitätsklasse** (engl. **complexity class**) ein Algorithmus sich bewegt. Eine Komplexitätsklasse ist eine Klasse von ähnlichen Funktionen, zum Beispiel lineare Funktionen oder quadratische Funktionen oder Exponentialfunktionen. Hierfür bietet die **O-Notation** (engl. **big O notation**, auch **Landau-Symbole** genannt) eine sinnvolle Lösung. Dabei ist ein Algorithmus in einer bestimmten Komplexitätsklasse, wenn es einen konstanten Faktor C gibt, so dass ab einer bestimmten Eingabegrösse die tatsächliche Komplexität des Algorithmus approximativ kleiner oder gleich dem Term der Komplexitätsklasse ist.

Eine Komplexitätsklasse stellt eine Abstraktion dar. Unterschiedliche Anweisungen werden jeweils als ein Schritt angesehen, auch wenn sie in der Realität jeweils etwas länger und etwas kürzer dauern. Jedoch werden komplexe Anweisungen in ihre Bestandteile zerlegt, «Finde x» braucht dann halt $\log(n)$ oder gar n Schritte. Damit soll die Grössenordnung der Anzahl der Schritte für grosse Probleme beschrieben werden.

Lineares Suchen in einem Feld mit n Elementen zum Beispiel ist im **Best-Case** in der Komplexitätsklasse $O(1)$, im **Average-Case** in der Komplexitätsklasse $O(n)$ und im **Worst-Case** in der Komplexitätsklasse $O(n)$:

- **Best-Case**: Im Best-Case ist das gesuchte Element das erste. Es ist also nur ein Vergleich notwendig, in diesem Fall ist

$$1 = C \cdot 1 \Leftrightarrow C = 1.$$

- **Average-Case**: Im Average-Case ist das gesuchte Element im Schnitt in der Mitte des Feldes. Es sind also im Schnitt $\frac{n}{2}$ Vergleiche notwendig, in diesem Fall ist

$$\frac{n}{2} = C \cdot n \Leftrightarrow C = \frac{1}{2}.$$

- **Worst-Case**: Im Worst-Case ist das gesuchte Element das letzte. Es sind also n Vergleiche notwendig, in diesem Fall ist

$$n = C \cdot n \Leftrightarrow C = 1.$$

Wenn f für lineare Suche steht, gilt also $f \in O(1)$ im Best-Case und $f \in O(n)$ im Average- und im Worst-Case.

Dasselbe Prinzip kann auch für den Speicherbedarf angewendet werden.

Typische Komplexitätsklassen

In der Regel werden die folgenden Komplexitätsklassen verwendet:

$O(1)$	für konstante Laufzeit/ konstanten Speicherbedarf	z. B. Initialisierung von Variablen
$O(\log(n))$	für logarithmische Laufzeit/ logarithmischen Speicherbedarf	z. B. effiziente Suche auf sortierten Feldern
$O(n)$	für lineare Laufzeit/ linearen Speicherbedarf	z. B. lineare Suche
$O(n \cdot \log(n))$	für super-lineare Laufzeit/ super-lineares Wachstum	z. B. effizientes in-place-Sortieren von Feldern
$O(n^2)$	für quadratische Laufzeit/ quadratischen Speicherbedarf	z. B. einfaches in-place-Sortieren von Feldern
$O(n^p)$ mit $p \in \mathbb{N}$	für polynomielle Laufzeit/ polynomiellen Speicherbedarf	z. B. viele Algorithmen mit verschachtelten Schleifen
$O(2^n)$	für exponentielle Laufzeit/ exponentiellen Speicherbedarf	z. B. Rucksackproblem
$O(n!)$	für faktorielle Laufzeit/ faktoriellen Speicherbedarf	z. B. Problem des Handlungsreisenden

In diesen Komplexitätsklassen werden drei mathematische Funktionen verwendet:

- Der **Logarithmus** einer Zahl ist der Exponent, mit dem Sie eine Basis potenzieren müssen, damit Sie die ursprüngliche Zahl erreichen. Wenn beispielsweise $2^3 = 8$ ist, so ist der Logarithmus (zur Basis 2) von 8 die Zahl 3.

Üblicherweise wird in der Mathematik die Basis 10 und in der Informatik die Basis 2 verwendet. Man kann es sich auch so vorstellen: wird der Logarithmus einer Zahl um 1 erhöht, so wird die Zahl einmal mehr mit ihrer Basis multipliziert.

- Die **Exponentialfunktion** ist quasi das Gegenstück zum Logarithmus: sie berechnet die n-te Potenz beispielsweise der Basis 2 aus. Wenn dann $2^3 = 8$ ist, so ist die 3. Potenz von 2 die Zahl 8. Man kann es sich auch so vorstellen: wenn der Wert der Exponentialfunktion einmal mehr mit der Basis multipliziert wird, wird der Exponent n um 1 erhöht.
- Die **Fakultät** einer (natürlichen) Zahl ist das Produkt aller natürlicher Zahlen von eins bis zu der Zahl. So ist zum Beispiel die Fakultät von 5 $5! = 1 \cdot 2 \cdot 3 \cdot 4 \cdot 5 = 120$. Die Fakultät

wächst sehr schnell, so dass bereits $69! \approx 1.711 \cdot 10^{98}$ die grösste Zahl ist, die Taschenrechner in der Regel darstellen können.

Wenn man diese Kategorien doch einmal in konkrete Laufzeiten und konkreten Speicherbedarf umwandelt, passiert Folgendes (als typische Geschwindigkeit eines Computers sei 1 TeraFLOP angenommen, als maximaler Speicherplatz 2 Terabyte):

Komplexitäts-klasse	$n = 1$	$n = 1000$	$n = 1000000$
$O(1)$	1 ns 1 B	1 ns 1 B	1 ns 1 B
$O(\log(n))$	0 ns 0 B	10 ns 10 B	20 ns 20 B
$O(n)$	1 ns 1 B	1 µs 1 KiB	1 ms 1 MiB
$O(n \cdot \log(n))$	0 ns 0 B	10 µs 10 KiB	20 ms 20 MiB
$O(n^2)$	1 ns 1 B	1 ms 1 MiB	16 min 40 s 1 TiB
$O(2^n)$	2 ns 2 B	$3 \cdot 10^{284}$ Jahre $1 \cdot 10^{301}$ B	$3 \cdot 10^{301013}$ Jahre $1 \cdot 10^{301030}$ B
$O(n!)$	1 ns 1 B	$1 \cdot 10^{2551}$ Jahre $4 \cdot 10^{2567}$ B	$3 \cdot 10^{5565692}$ Jahre $8 \cdot 10^{5565708}$ B

Komplexitäts-klasse	Bei welchem n ist ein Tag erreicht?	Bei welchem n ist ein Lebensalter erreicht?	Bei welchem n ist der Speicherplatz eines Computers heutzutage erreicht?	Bei welchem n ist der Speicherplatz aller Computer zusammen heutzutage erreicht?
$O(1)$	∞	∞	∞	∞
$O(\log(n))$	$1 \cdot 10^{9000000000000}$	$1 \cdot 10^{20000000000000000}$	$1 \cdot 10^{2000000000000}$	$1 \cdot 10^{100000000000000000000}$
$O(n)$	$9 \cdot 10^{13}$	$2 \cdot 10^{17}$	$2 \cdot 10^{12}$	$1 \cdot 10^{21}$
$O(n \cdot \log(n))$	$3 \cdot 10^{12}$	$1 \cdot 10^{17}$	$8 \cdot 10^{10}$	$5 \cdot 10^{19}$
$O(n^2)$	$9 \cdot 10^{6}$	$2 \cdot 10^{9}$	$1 \cdot 10^{6}$	$3 \cdot 10^{10}$
$O(2^n)$	46	57	41	71
$O(n!)$	17	20	15	22

1 Begründen Sie, dass lineare Suche in $O(n)$ liegt und binäre Suche in $O(\log(n))$.

2 Die folgenden Algorithmen berechnen beide die Folgenglieder der Fibonacci-Folge (siehe Kapitel 4.5 Rekursion). Analysieren Sie die beiden Algorithmen auf ihre Laufzeit.

Python-Code 5.3

```
01  def fibonacci_rekursiv(n):
02    """Berechnet das n-te Folgenglied der
03       Fibonacci-Folge rekursiv."""
04    if n == 0:
05      return 0
06    elif n == 1:
07      return 1
08    else:
09      return (fibonacci_rekursiv(n - 1) +
10              fibonacci_rekursiv(n - 2))
11
12  print(fibonacci_rekursiv(37))
```

Python-Code 5.4

```
01  def fibonacci_iterativ(n):
02    """Berechnet das n-te Folgenglied der
03       Fibonacci-Folge iterativ."""
04    if n == 0:
05      return 0
06    elif n == 1:
07      return 1
08    else:
09      vorletztes = 0
10      letztes = 1
11      for i in range(2, n + 1):
12        aktuelles = vorletztes + letztes
13        vorletztes = letztes
14        letztes = aktuelles
15      return aktuelles
16
17  print(fibonacci_iterativ(37))
```

3 Das **Problem eines Handlungsreisenden** (engl. **travelling salesman problem**) besteht darin, dass ein Vertreter eine Reihe von Kunden in verschiedenen Städten besuchen möchte und am Ende wieder an seinen Ausgangspunkt zurückkehren möchte. Für diese Rundreise möchte er möglichst wenig Zeit aufwenden.

Zeigen Sie, dass das Problem des Handlungsreisenden in der Komplexitätsklasse $O(n!)$ liegt, indem Sie davon ausgehen, dass ein Problem für $n - 1$ Städte bereits gelöst ist und überlegen, wie viele möglichen Rundreisen es dann für n Städte gibt.

Wie viele Jahre würde es dauern, alle möglichen Rundreisen der 20 grössten Städte der Schweiz zu überprüfen, wenn man von 1 ns pro berechneter Rundreise ausgeht?

4 Das **Rucksackproblem** (engl. **knapsack problem**) besteht darin, die Kapazität eines Rucksacks möglichst gut auszunutzen und den zu transportierenden Wert zu optimieren. So sind zum Beispiel folgende Vorratsdosen mehrfach vorhanden:

Gewicht	Wert
1 kg	6 Kcal
2 kg	10 Kcal
3 kg	12 Kcal

In dem Rucksack können lediglich 5 kg mitgenommen werden. Finden Sie das Optimum.

5 Finden Sie das Optimum für einen Rucksack, in dem 15 kg mitgenommen werden können, und die folgenden Vorratsdosen, die jeweils einmal vorhanden sind:

Gewicht	Wert
1 kg	3 Kcal
1 kg	6 Kcal
2 kg	6 Kcal
4 kg	30 Kcal
12 kg	12 Kcal

Begründen Sie, dass die Komplexitätsklasse für dieses Problem $O(2^n)$ ist.

161

A Nehmen Sie ein normales Kartenspiel mit 36 Karten. Mischen Sie die Karten und sortieren Sie die Karten danach. Beobachten Sie sich beim Sortieren, und versuchen Sie zu formulieren, wie Sie sortieren.

B Was für Vor- und Nachteile hat es, wenn Daten sortiert sind?

C Suchen Sie im Internet nach «getanzten Sortierverfahren». Können Sie die Vorgehensweisen beschreiben?

Sortierverfahren

Bei Sortierverfahren wird unterschieden, ob auf dem Speicherplatz des zu sortierenden Feldes oder in einem neuen Feld sortiert wird. Zudem sind einige Sortierverfahren stabil in dem Sinne, dass eine bereits vorhandene Sortierung beibehalten wird. Zudem unterscheidet man, ob es einen Wert gibt, nach dem sortiert werden kann, oder ob lediglich einzelne Elemente untereinander vergleichbar sind. Für die hier behandelten Sortierverfahren gilt, dass die Elemente in demselben Feld sortiert werden sollen, und dass alle Elemente miteinander verglichen werden können.

Bei der Bewertung von Sortierverfahren wird die Laufzeit (siehe Kapitel 5.2 Laufzeit von Algorithmen I) bei unterschiedlichen Datensätzen verglichen: im günstigsten Fall (die Daten sind bereits sortiert), im durchschnittlichen Fall (die Daten sind in einer zufälligen Reihenfolge) und im ungünstigsten Fall (die Daten sind für den Algorithmus besonders ungünstig sortiert, beispielsweise in umgekehrter Reihenfolge).

Die hier präsentierten Sortierverfahren stellen nur eine Auswahl der bekannten Sortierverfahren dar.

Naives Sortieren

Die meisten Menschen nehmen einen der beiden folgenden Ansätze, wenn Sie ohne gross Nachzudenken ein Feld sortieren möchten: sie suchen entweder das jeweils kleinste Element der noch zu sortierenden Elemente und tauschen es mit dem Element an der Grenze zwischen den sortierten und unsortierten Elementen aus (erster Ansatz) oder sie nehmen das unterste Element der unsortierten Liste und fügen es an der richtigen Stelle in der Liste der sortierten Elemente ein (zweiter Ansatz).

Erster Ansatz:

Zweiter Ansatz:

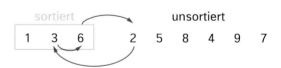

SORTIEREN DURCH AUSWÄHLEN

Der erste Ansatz heisst **Sortieren durch Auswählen** (engl. **selection sort**).

Der Pseudocode des Verfahrens lautet:

> **Pseudocode**
>
> Für jedes Element am Index i in Feld von 0 bis vor len(Feld):
>   Minimum ist bei i
>   Für jedes Element in Feld von i bis vor len(Feld):
>   Wenn dieses Element kleiner als das (bisherige) Element bei Minimum ist:
>   Speichere den neuen Index unter Minimum
>   Tausche das Element am Index i mit dem Element am Index Minimum

SORTIEREN DURCH EINFÜGEN

Der zweite Ansatz heisst **Sortieren durch Einfügen** (engl. **insertion sort**).

Der Pseudocode des Verfahrens lautet:

> **Pseudocode**
>
> Für jedes Element am Index i in Feld von 1 bis vor len(Feld):
>   temp ist Feld[i]
>   Einfügeindex ist 0
>   Solange Einfügeindex kleiner als i und Feld[Einfügeindex] kleiner als temp:
>   Erhöhe Einfügeindex um 1
>   Verschiebe alle Elemente ab Einfügeindex bis vor i um eines nach hinten
>   Füge temp an Einfügeindex ein.

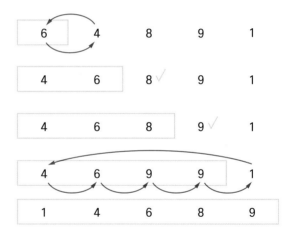

Ein weiteres sehr bekanntes Sortierverfahren ist das Sortieren durch Aufsteigen. Hier kann man sich Blasen vorstellen, die solange aufsteigen wie sie ein geringeres spezifisches Gewicht als das sie umgebende Medium haben.

SORTIEREN DURCH AUFSTEIGEN

Das **Sortieren durch Aufsteigen** (engl. **bubble sort**) hat den folgenden Pseudocode:

```
Pseudocode

Setze Sortiert auf Falsch
Setze i auf 0
Solange nicht Sortiert und i < len(Feld) – 1:
  Für alle Indizes j von i + 1 bis vor len(Feld):
    Setze Sortiert auf Wahr
    Wenn Feld[j] kleiner ist als Feld[i]:
      Vertausche die beiden Elemente
      Setze Sortiert auf Falsch
  Erhöhe i um 1
```

Die Sortierverfahren sind alle ähnlich schnell, vor allem im durchschnittlichen Fall. Die konkreten Laufzeiten sind:

	Günstiger Fall	Durchschnittlicher Fall	Ungünstiger Fall
Sortieren durch Auswählen	$O(n^2)$	$O(n^2)$	$O(n^2)$
Sortieren durch Einfügen	$O(n)$	$O(n^2)$	$O(n^2)$
Sortieren durch Aufsteigen	$O(n)$	$O(n^2)$	$O(n^2)$

8 4 6 1 9

4 8 6 1 9

4 6 8 1 9

4 6 1 8 9   jetzt ist die grösste Zahl garantiert ganz rechts

4 6 1 8 9

4 6 1 8 9

4 1 6 8 9   jetzt ist die zweitgrösste Zahl garantiert die zweite von rechts

4 1 6 8 9

1 4 6 8 9   jetzt ist die drittgrösste Zahl garantiert die dritte von rechts

1 4 6 8 9   jetzt ist die viertgrösste Zahl garantiert die vierte von rechts

Da alle n–1 Zahlen rechts der Grösse nach sortiert sind, ist auch links die kleinste Zahl

Geschicktes Sortieren

Es gibt zwei Sortierverfahren, die nach einem ähnlichen Prinzip funktionieren, und die im durchschnittlichen Fall deutlich schneller sind als das Sortieren durch Auswählen, Einfügen oder Aufsteigen.

Das Grundprinzip heisst **Teile und Herrsche**. Es wurde bereits im Kapitel 4.1 Unterprogramme erwähnt. Hier gilt als Prinzip, dass das unsortierte Feld in immer kleinere Teile unterteilt wird, bis am Ende lauter Felder der Grösse 1 übrig bleiben, die in sich schon sortiert sind, und die am Ende wieder zusammengefügt werden.

SORTIEREN DURCH VERSCHMELZEN
Beim **Sortieren durch Verschmelzen** (engl. **merge sort**) wird das Feld zunächst solange halbiert, bis am Ende Felder der Grösse 1 entstehen, die dann in ein gemeinsames Feld vermengt werden. In der Regel wird Sortieren durch Verschmelzen rekursiv formuliert.

Der Pseudocode lautet:

Pseudocode

```
Unterprogramm sortiere(Feld):
 Wenn die Länge von Feld <= 1:
  Gib Feld zurück
 Sonst:
  sortiere(linke Hälfte vom Feld) als Feld 1
  sortiere(rechte Hälfte vom Feld) als Feld 2
  Solange Feld 1 und Feld 2 nicht leer sind:
   Nimm das kleinere der ersten Elemente von Feld 1 und Feld 2, lösche es, und füge es dem sortierten Feld am Ende hinzu
  Fülle den Rest des nicht-leeren Feld 1 oder Feld 2 ans Ende des sortierten Feldes
  Gib das sortierte Feld zurück
```

Halbieren in Teilfelder

Teilfelder der Grösse 1 sind in sich sortiert

Immer zwei Teilfelder schrittweise grösser werdend zusammenfügen; ein Block ist dabei in sich sortiert

Hierbei wird die Hauptarbeit beim Zusammenführen zweier bereits sortierter Felder gemacht. Ein solches Zusammenführen ist in der Laufzeit $O(n)$. Wenn ein Feld der Länge n immer halbiert wird, braucht es höchstens $O(\log(n))$ Halbierungsvorgänge, so dass Sortieren durch Verschmelzen im besten, durchschnittlichen und ungünstigen Fall eine Laufzeit von $O(n \cdot \log(n))$. Jedoch benötigt Sortieren durch Verschmelzen zusätzlich noch einmal genauso viel Platz wie das ursprüngliche Feld gross ist, während für die anderen besprochenen Verfahren kein nennenswerter zusätzlicher Platz benötigt wird.

QUICKSORT-SORTIERVERFAHREN

Das **Quicksort-Sortierverfahren** vereint die Geschwindigkeitsvorteile vom Sortieren durch Verschmelzen mit den anderen Verfahren, die keinen zusätzlichen Speicherbedarf haben, indem es die Idee des Tauschs von zwei Elementen wieder aufnimmt. Hierzu wird für ein zu sortierendes Feld ein Element als **Pivotelement** gewählt. Danach werden alle Elemente links vom Pivotelement, die grösser sind als das Pivotelement, durch Tauschen mit Elementen rechts vom Pivotelement, die kleiner sind als das Pivotelement, vorsortiert. Dabei kann bei Bedarf auch das Pivotelement selber getauscht werden. Welches Element als Pivotelement gewählt wird, wird unterschiedlich gehandhabt. In der Regel ist es am besten, wenn man das mittlere Element wählt. Da nun alle Elemente links vom Pivotelement kleiner und alle Elemente rechts vom Pivotelement grösser als das Pivotelement sind, kann das linke und rechte Teilfeld separat durch einen rekursiven Aufruf sortiert werden.

Das ergibt dann den folgenden Pseudocode mit den folgenden Variablen:

lr: linker Rand
rr: rechter Rand
pep: Pivoelementposition
ltp: linke Tauschposition
rtp: rechte Tauschposition
lte: linkes Tauschelement
pe: Pivoelement
rte: rechtes Tauschelement

Pseudocode

```
Unterprogramm sortiere(Feld, lr, rr):
  Wenn rr > lr:
    pep ← Mitte zwischen lr und rr
    ltp ← lr
    rtp ← rr
    Solange ltp < rtp:
      Solange lte < pe:
        Erhöhe ltp um 1
      Solange rte > pe:
        Erniedrige rtp um 1
      Tausche lte und rte
      Wenn ltp = pep:
        pep ← rtp
        Erhöhe ltp um 1
      Sonst wenn rtp = pep:
        pep ← ltp
        Erniedrige rtp um 1
    sortiere(Feld, lr, pep - 1)
    sortiere(Feld, pep + 1, rr)
```

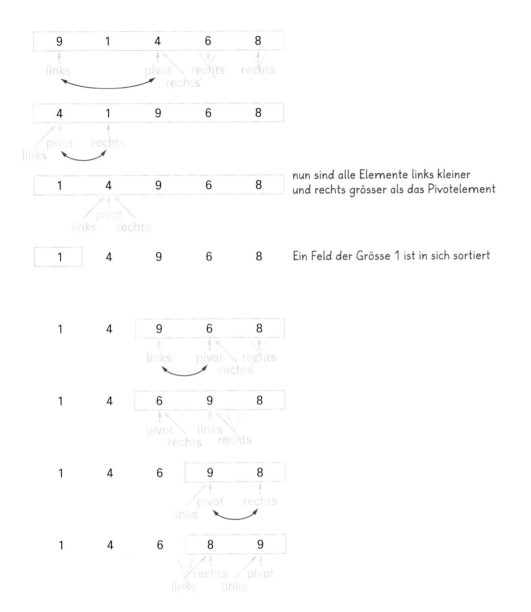

nun sind alle Elemente links kleiner
und rechts grösser als das Pivotelement

Ein Feld der Grösse 1 ist in sich sortiert

Dadurch, dass sich das Pivotelement durch Tauschen hin und her bewegen kann, findet nicht immer eine Halbierung des Feldes statt wie bei Sortieren durch Verschmelzen. Jedoch fällt im durchschnittlichen Fall dieser Effekt nicht stark aus, so dass im besten und im durchschnittlichen Fall die Laufzeit ebenfalls $O(n \cdot \log(n))$ ist. Im ungünstigsten Fall, wenn also das Pivotelement immer das grösste oder immer das kleinste Element ist, werden n «Halbierungen» des Feldes gemacht, so dass dann die Laufzeit $O(n^2)$ ist.

Alternative Verfahren

Die in diesem Kapitel vorgestellten Sortierverfahren gehen davon aus, dass immer eine Aktion zu einem bestimmten Zeitpunkt stattfindet. Wenn jedoch parallel unterschiedliche Sortierprozesse gleichzeitig stattfinden können, sind ganz andere Verfahren mit höheren Geschwindigkeiten möglich. Ein solches Verfahren ist das Sortiernetz. Hier werden immer zwei Elemente miteinander verglichen und bei Bedarf vertauscht, aber dies darf auch zeitgleich stattfinden.

Das folgende Sortiernetz sortiert vier Zahlen in drei Schritten, wobei insgesamt fünf Vergleiche vorgenommen werden:

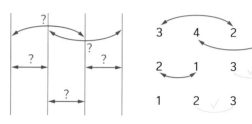

Sortiernetz

1 Implementieren Sie ...

a das Sortierverfahren Sortieren durch Auswählen.

b das Sortierverfahren Sortieren durch Einfügen.

c das Sortierverfahren Sortieren durch Aufsteigen.

2 Begründen Sie, dass die Laufzeitkomplexitäten der naiven Algorithmen korrekt angegeben sind.

3 Implementieren Sie das Sortierverfahren Sortieren durch Verschmelzen.

4 Recherchieren Sie unterschiedliche Ansätze für die Wahl des Pivotelements für das Quicksort-Sortierverfahren.

5 Implementieren Sie das Quicksort-Sortierverfahren.

6 Wie können Sie Sortierverfahren sinnvoll testen?

7 Wie können Sie die tatsächliche Laufzeit von Sortierverfahren messen? Testen Sie Ihre Implementierungen, indem Sie zufällige Felder, falsch herum sortierte Felder und schon sortierte Felder sortieren lassen. Vergleichen Sie Ihre Messwerte mit den theoretischen Überlegungen.

8 Zeichnen Sie das Sortieren durch Aufsteigen und das Sortieren durch Einfügen als Grundprinzip eines Sortiernetzes. Verdichten Sie dann das Netz so, dass möglichst viel parallel stattfindet. Was fällt Ihnen beim Vergleich auf?

A Formulieren Sie Kriterien, wie man die Komplexitätsklasse eines Algorithmus zuverlässig bestimmen kann. Für welche Arten von Algorithmen könnte dies schwierig zu analysieren sein?

B Repetieren Sie das Kapitel 3.8 Verschachtelte Schleifen.

C Diskutieren Sie die Laufzeiten verschiedener Sortieralgorithmen aus dem Kapitel 5.3 Sortieren. Wieso werden überhaupt unterschiedliche Sortieralgorithmen diskutiert?

Algorithmenoptimierung

Ein wesentlicher Aspekt der Analyse von Algorithmen ist, die Laufzeit von Algorithmen im schlimmsten Fall, im besten Fall und durchschnittlich zu bestimmen. Dies wurde im Kapitel 5.2 Laufzeit von Algorithmen I beschrieben. Ein anderer Aspekt ist, das Ergebnis der Analyse dazu zu verwenden, Algorithmen zu verbessern.

Bei Aktienkursen gibt es Phasen von Gewinnen und Verlusten. Gerne würde man im Nachhinein lernen, wann die beste Phase für einen Kauf und Verkauf gewesen wäre. Für einen Aktienwert gibt es über einen Zeitraum die gespeicherten Gewinne und Verluste. Man möchte jetzt das Intervall bestimmen, in dem der Gesamtgewinn am grössten wäre. Dies lässt sich wie folgt abstrahieren: Gegeben sei ein Feld a von n ganzen Zahlen. Gesucht ist ein Teilfeld von i bis j, so dass die Summe der Elemente a[i] bis a[j] maximal ist. Das heisst: unter allen Summen von Teilfeldern a[i:j+1] mit $0 \leq i \leq j < n$ soll die Summe mit dem maximalem Wert gefunden werden. Besteht das Feld beispielsweise aus den Zahlen 31, –41, 59, 26, –53, 58, 97, –93, –23, 84, so ist sum(a[2:7]) = 59 + 26 – 53 + 58 + 97 = 187 die maximale Teilfeldsumme. Sind alle Zahlen positiv, ist die Aufgabe trivial, da in diesem Fall die maximale Teilfeldsumme gleich der Summe aller Zahlen des Feldes ist. Sind alle Zahlen negativ, soll die maximale Teilfeldsumme den Wert 0 haben.

Ein erster Lösungsansatz des Problems ist: Man bilde alle Paare (i, j) mit $i \leq j$ und bestimmt unter den Teilfeldsummen sum($a[i:j$+1]) = a[i] + ... + a[j] die grösste. Das erfordert drei ineinander verschachtelte Schleifen.

Man kann sich das an einem einfachen Beispiel so vorstellen:

```
a = [1, 4, 9, 16]
```

i	j	a[i:j]	Summe
0	0	[1]	1
0	1	[1, 4]	1 + 4
0	2	[1, 4, 9]	1 + 4 + 9
0	3	[1, 4, 9, 16]	1 + 4 + 9 + 16
1	1	[4]	4
1	2	[4, 9]	4 + 9
1	3	[4, 9, 16]	4 + 9 + 16
2	2	[9]	9
2	3	[9, 16]	9 + 16
3	3	[16]	16

Dabei ist die äussere Schleife der Startindex i, die mittlere Schleife der Endindex j und die innere Schleife die Summenbildung, die alle Werte vom Index i bis zum Index j aufsummiert.

169

Als Programm sieht das so aus:

Python-Code 5.5

```
01 a = [31, -41, 59, 26, -53, 58, 97, -93,
02     -23, 84]
03 maximale_summe = 0
04 maximale_summe_start = 0
05 maximale_summe_ende = 0
06 for i in range(len(a)):
07   for j in range(i, len(a)):
08     summe = 0
09     for k in range(i, j + 1):
10       summe = summe + a[k]
11     if summe > maximale_summe:
12       maximale_summe = summe
13       maximale_summe_start = i
14       maximale_summe_ende = j
15 print("Die Maximale Summe ist",
16       maximale_summe, "von Position",
17       maximale_summe_start, "bis und mit",
18       maximale_summe_ende)
```

Diese Lösung ist in $O(n^3)$. Die äussere Schleife mit der Laufvariablen i ist linear abhängig von der Länge des Feldes n, also in $O(n)$. Die mittlere Schleife mit der Laufvariablen j wird zwar im Schnitt nur halb so häufig durchgeführt wie n, sie ist aber weiterhin in $O(n)$. Und die innere Schleife, die im Schnitt nur ein Viertel so häufig durchgeführt wird wie n, ist immer noch in $O(n)$. Da die Schleifen ineinander verschachtelt sind, müssen die jeweiligen Laufzeiten multipliziert werden, so dass am Ende

$$n \cdot \frac{1}{2} \cdot n \cdot \frac{1}{4} \cdot n = \frac{1}{8} \cdot n^3 \in O(n^3)$$

Durchläufe notwendig sind.

Für einen zweiten Ansatz wird die Grundidee des ersten Algorithmus beibehalten, zusätzlich gilt aber der folgende Grundsatz: «Speichere bereits errechnete Werte, um Mehrfachberechnungen zu vermeiden». Dies kann man umsetzen, indem man für die Berechnung der Summe $sum(a[i:j+1])$ die gerade zuvor berechnete Summe $sum(a[i:j])$ verwendet:

Python-Code 5.6

```
01 a = [31, -41, 59, 26, -53, 58, 97, -93,
02     -23, 84]
03 maximale_summe = 0
04 maximale_summe_start = 0
05 maximale_summe_ende = 0
06 for i in range(len(a)):
07   bisherige_summe = 0
08   for j in range(i, len(a)):
09     bisherige_summe = (bisherige_summe +
10                         a[j])
11     if bisherige_summe > maximale_summe:
12       maximale_summe = bisherige_summe
13       maximale_summe_start = i
14       maximale_summe_ende = j
15 print("Die Maximale Summe ist",
16       maximale_summe, "von Position",
17       maximale_summe_start, "bis und mit",
18       maximale_summe_ende)
```

Die äussere und die (ehemals) mittlere Schleife sind gleich wie bei der ersten Umsetzung, jedoch gibt es nun keine innere Schleife mehr, so dass als Laufzeit gilt:

$$n \cdot \frac{1}{2} \cdot n = \frac{1}{2} \cdot n^2 \in O(n^2)$$

Für einen dritten Ansatz wäre es schön, noch schneller zu werden. Hierfür versuche man, die beste Lösung des Teilfeldes von 0 bis $k - 1$ in einem Schritt auf die beste Lösung des Teilfeldes von 0 bis k zu erweitern. Angenommen man würde die beste Lösung des Teilfeldes von 0 bis $k - 1$ schon kennen, dann brauchen wir nur diese Lösung mit dem bisher besten Endstück des Feldes betrachten. Hierfür ergänzen wir das Ende um das Element a[i]. Ist das neue Endstück grösser als das bisherige Maximum, ersetzen wir das Maximum. Ist das neue Endstück kleiner als 0, setzen wir es auf 0 und fangen mit einem neuen Endstück an (Programmcode rechts).

Da hier nur noch die äussere Schleife existiert, die in $O(n)$ liegt, liegt der gesamte Algorithmus in $O(n)$. Das ist eine extrem starke Verbesserung gegenüber dem ersten naiven Ansatz.

Python-Code 5.7

```
01  a = [31, -41, 59, 26, -53, 58, 97, -93,
02      -23, 84]
03  maximale_summe = 0
04  maximale_summe_start = 0
05  maximale_summe_ende = 0
06  anfangsstueck = 0
07  anfangsposition = 0
08  for i in range(len(a)):
09    anfangsstueck = anfangsstueck + a[i]
10    if anfangsstueck > maximale_summe:
11      maximale_summe = anfangsstueck
12      maximale_summe_start = anfangsposition
13      maximale_summe_ende = i
14    if anfangsstueck < 0:
15      anfangsstueck = 0
16      anfangsposition = i + 1
17  print("Die Maximale Summe ist",
18      maximale_summe, "von Position",
19      maximale_summe_start, "bis und mit",
20      maximale_summe_ende)
```

Datenoptimierung

Es gibt Fälle, in denen ist es nicht so einfach möglich, die Algorithmen zu optimieren. So kann man für bestimmte Probleme untere Schranken für die Laufzeit bestimmen. In solchen Fällen kann man die Laufzeit dahingehend optimieren, dass man die Grösse von n klein hält.

Ein Beispiel hierfür das das Einspielen von Updates bei Betriebssystemen. Da Betriebssysteme sehr komplexe Softwaresysteme sind, gibt es in der Regel viele Fehler. Einige dieser Fehler führen zu Sicherheitslücken, Leistungseinbussen oder gar zu falschen oder unerwünschten Ergebnissen. Daher bietet jedes moderne Betriebssystem regelmässig Updates. Anfangs gab es für jeden kleinen Fehler einen eigenen Patch, der installiert werden musste. Wenn aber viele Patches verfügbar sind, von denen einige installiert werden, kann es passieren, dass die Laufzeit der Suche nach installierbaren Patches exponentiell ist und damit bei vielen verfügbaren Patches sehr lange dauert.

Dies kann man umgehen, indem man nicht viele kleine Patches anbietet, sondern Patches in grössere Pakete kombiniert. Zu jedem Paket gibt es dann nur eine kleine Zahl von verfügbaren Patches, bei denen vergleichsweise schnell geprüft werden kann, ob diese installiert sind. Wenn man dann ein neueres Paket installiert, sind automatisch alle vorhergehenden Patches bereits integriert, man braucht diese also nicht mehr als verfügbare Patches berücksichtigen. Unter macOS und Linux ist dies sogar noch weiter vereinfacht: da gibt es Versionen, die man installiert, unter macOS gibt es einfach eine Version für das ganze Betriebssystem und unter Linux eine Version für jedes Programm und jede Bibliothek, die man installiert hat.

Manchmal hilft es also, die Daten zu optimieren, wenn man schon den Algorithmus nicht anpassen kann.

Nichtdeterministisch polynomielle Zeit

Eines der grossen ungelösten Probleme der theoretischen Informatik ist die Frage, ob die Probleme der Klasse P dieselben wie die Probleme der Klasse NP sind. Die Klasse P bezeichnet dabei alle Probleme, deren Laufzeit zum Finden einer Lösung polynomiell ist, also in $O(n^p)$ mit $p \in \mathbb{N}$. Sie werden als «schnell lösbar» interpretiert, da diese Komplexitätsklasse schneller als beispielsweise exponentielle oder faktorielle Laufzeit ist. Die Klasse NP hingegen bezeichnet alle Probleme, deren Lösung in polynomieller Zeit überprüft werden kann, auch wenn das Finden einer Lösung selber gegebenenfalls länger brauchen darf, also beispielsweise exponentielle Laufzeit hat. NP steht dabei für **nichtdeterministisch polynomielle Zeit**.

In Bezug auf die Klasse NP wird zwischen zwei Arten von Problemen unterschieden.

Ein Problem wird als **NP-schwer** bezeichnet, wenn es mindestens genauso komplex zu lösen ist wie die schwersten Probleme in der Klasse NP. Wenn man zeigen kann, dass sich ein beliebiges Problem in derselben Komplexitätsklasse wie ein bekanntes NP-schweres Problem liegt, gelten alle Aussagen bezüglich der Komplexitätsklasse über dieses bekannte Problem auch für das beliebige Problem. Insbesondere werden NP-schwere Probleme häufig auf das Erfüllbarkeitsproblem der Aussagenlogik (SAT) reduziert.

Ein Problem, das NP-schwer ist, muss jedoch nicht notwendigerweise selber in NP liegen. Das Halteproblem beispielsweise (siehe Kapitel 4.8 Rekursiv aufzählbare Sprachen) ist NP-schwer, liegt aber nicht in NP.

Ein Problem wird zusätzlich als **NP-vollständig** bezeichnet, wenn es NP-schwer ist und zusätzlich in NP liegt.

Die Frage ist nun, ob die Klassen P und NP gleich sind. Die folgenden beiden Graphen zeigen die beiden unterschiedlichen Mengen an:

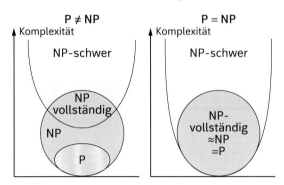

Es ist momentan noch nicht absehbar, ob die Klassen P und NP gleich sind. Es gibt zwar Indizien, die vermuten lassen, dass die Klasse P nicht gleich der Klasse NP ist, ein Beweis hierfür gibt es jedoch (noch) nicht. Auch wenn die Fragestellung sehr theoretisch ist, hat sie praktische Auswirkungen: falls doch die Klassen P und NP gleich wären, müsste man weit verbreitete asymmetrische Verschlüsselungsverfahren als unsicher bezeichnen (siehe Kapitel 7.6 Moderne Verschlüsselungsverfahren).

1 Für manche Anwendungen, z. B. in der Kryptographie, müssen Potenzen b^n (mit $b > 1$) mit grossen Exponenten n berechnet werden ($b \in \mathbb{R}$ und $n \in \mathbb{N}$). Es ist daher wichtig, möglichst effiziente Algorithmen dafür zur Verfügung zu haben. Das naive Verfahren, die Zahl b zur n-ten Potenz zu erheben, besteht darin, n-mal b mit sich selbst zu multiplizieren. Die rekursive Funktion lautet:

$$b^n = b^{n-1} \cdot b.$$

Eine schnellere Version, die auf Adrien-Marie Legendre (1752–1833) zurückgeht, beruht auf der Tatsache, dass

$$b^n = \left(b^{\frac{n}{2}}\right)^2$$

gilt, wenn n gerade ist.
Schreiben Sie je ein Programm, das den nativen Ansatz und den Legendre-Ansatz für das Berechnen von Potenzen rekursiv umsetzt. Analysiere die Laufzeit in Abhängigkeit des Exponenten.

2 Diskutieren Sie, was P vs. NP bedeutet.

3 Recherchieren Sie Karps 21 NP-vollständige Probleme. Welche der Probleme können Sie verstehen?

4 Analysieren Sie die Anzahl Schritte zum Lösen des Spiels «Türme von Hanoi» (siehe Kapitel 4.5 Rekursion). Geben Sie sowohl eine konkrete Formel für die Anzahl Schritte in Abhängigkeit von der Höhe des zu bewegenden Turms als auch die entsprechende Komplexitätsklasse an. Zur Erinnerung der Kern des Algorithmus:

Bewege(Von, Über, Nach, Höhe)	
Höhe = 1	
Ja	Nein
Bewege von Von nach Nach	Bewege(Von, Nach, Über, Höhe – 1)
	Bewege von Von nach Nach
	Bewege(Über, Von, Nach, Höhe – 1)

Einige Laufzeiten sind:

Höhe	Anzahl Schritte
1	1
2	3
3	7
4	15
5	31

A Der Informatiker Alan J. Perlis (1922–1990) schreibt in seinen *«Epigrams in Programming»: «A year spent in artificial intelligence is enough to make one believe in God.»* Diskutieren Sie diese Meinung.

Alan J. Perlis (1922–1990)

B Diskutieren Sie, ob der Computer dem Menschen jemals ebenbürtig (oder gar überlegen) sein wird.

C Wie würden Sie beweisen oder wiederlegen wollen, dass ein Computer menschliche Intelligenz hat?

Das **Collatz-Problem**, (siehe Kapitel 3.6 Kopf- und fussgesteuerte Schleifen und 4.5 Rekursion) ist eines der ungelösten Probleme der Informatik und Mathematik, das so funktioniert:

$$f(n) = \begin{cases} \text{Ende} & \text{wenn } n = 1 \\ \dfrac{n}{2} & \text{wenn } n \text{ gerade} \\ 3n + 1 & \text{wenn } n \text{ ungerade} \end{cases}$$

Die Zahlenfolge kann mit jedem beliebigen Startwert $a_1 \in \mathbb{N}$ starten.

Alle bisher ausprobierten Startwerte enden irgendwann in einem Zyklus der Zahlen 4, 2, 1. Es ist jedoch bisher noch nicht bewiesen worden, dass dies für alle beliebigen Startwerte gilt.

HALTEPROBLEM

Das **Halteproblem** (engl. **halting problem**) stellt die Frage, ob ein Computerprogramm in endlicher Zeit in der Lage ist, in jedem Fall herauszufinden, ob ein beliebiges anderes Computerprogramm bei einer bestimmten Eingabe unendlich lange läuft oder nicht. Alan Turing (1912–1954) hat 1937 mit Hilfe der Turingmaschine (siehe Kapitel 4.6 Kontextsensitive Sprachen und 4.8 Rekursiv aufzählbare Sprachen) bewiesen, dass es nicht möglich ist, das in jedem Fall herauszufinden.

Das Halteproblem ist ein Problem, dass von Computern prinzipiell nicht gelöst werden kann. Es gibt somit also Probleme, die Computer prinzipiell nicht lösen können.

DER TURING-TEST

Der **Turing-Test** (engl. **Turing test**, ursprünglich **imitation game** genannt) ist ein Test, der herausfinden soll, ob ein Computer ein gleichwertiges Denkvermögen zu einem Menschen hat. Dabei stellt ein menschlicher Fragensteller mit Hilfe von Tastatur und Bildschirm Fragen, die von einem Gegenüber – sei es nun ein Mensch oder ein Computer – beantwortet werden. Kann der menschliche Fragesteller nicht entscheiden, ob er es mit einem Computer oder einem Menschen zu tun hat, gilt der Turing-Test als bestanden.

1 Formulieren Sie das grundlegende Problem, warum ein Beweis für das Collatz-Problem so schwer sein kann.

2 «Eine gute Theorie lässt sich ganz einfach widerlegen, aber niemand hat es bisher geschafft.» Diskutieren Sie diese Aussage vor dem Hintergrund des Collatz-Problems.

3 Diskutieren Sie Implikationen der Erkenntnisse dieses Unterkapitels in Bezug auf die Gleichwertigkeit des menschlichen Geistes und künstlicher Intelligenz.

4 Verbinden Sie Gödels Unvollständigkeitssatz (siehe Kapitel 4.8 Rekursiv aufzählbare sprachen) mit dem Halteproblem und diskutieren Sie die jeweiligen Bedeutungen.

5 Diskutieren Sie, inwiefern Sie den Turing-Test als Mass dafür nehmen möchten, dass künstliche Intelligenz menschliche Intelligenz ersetzen kann.

6 Was für praktische Konsequenzen hätte es, wenn der Turing-Test regelmässig von Computern bestanden würden?

7 Entwerfen Sie Szenarien für die Zukunft, für welche Aufgaben sich eher Computer eignen, und wofür sich auch zukünftig eher Menschen eignen. Inwiefern ist dann der Turing-Test die falsche Fragestellung?

8 Wenn ein Computer texte schreiben, Bilder zeichnen und Musik komponieren kann, warum lernen Sie darüber in der Schule?

A Reflektieren Sie, was verschiedene Sortieralgorithmen verbindet und was sie unterscheidet.

B Die Methode `.sort()` sortiert jedes beliebige Feld. Nur sehr versteckt kann man herausfinden, dass ein spezieller Sortieralgorithmus mit dem Namen Timsort verwendet wird. Informieren Sie sich über Timsort. Warum ist es eigentlich egal, wie Timsort funktioniert, solange das Feld am Ende sortiert ist?

C Zwei Algorithmen können in derselben Komplexitätsklasse liegen, obwohl der eine 1000 mal so lange wie der andere für dieselbe Aufgabe braucht. Was bedeutet es genau, wenn zwei Algorithmen in derselben Komplexitätsklasse liegen, und warum ist auch ein so grosser konstanter Faktor für den Zweck der Laufzeitanalyse irrelevant?

Sie haben im Kapitel 5.3 Sortieren verschiedene Algorithmen zum Sortieren von Feldern kennengelernt. Einige sind einfacher zu verstehen, einige sind hingegen schwerer zu verstehen. Einige sind effizienter als andere. Einige haben zusätzliche Anforderungen wie zusätzlichen Speicherplatz. Aber letztlich machen doch alle dasselbe: sie sortieren ein Feld.

Nun könnte man meinen, dass man nun gänzlich anders vorgehen muss, wenn anstelle eines Feldes ganze Objekte sortiert werden. Oder wenn in einer grossen Datenbank Werte sortiert werden. Im Prinzip stimmt das auch: entweder muss das Ganze in ein Feld umgewandelt werden, so dass man einen Sortieralgorithmus für Felder anwenden kann, oder man muss den Sortieralgorithmus für Felder auf Objekte oder Datenbanken umschreiben.

Dennoch sieht ein Algorithmus zum Sortieren durch Einfügen von Feldern sehr ähnlich aus wie ein Algorithmus zum Sortieren durch Einfügen von Objekten oder ein Algorithmus zum Sortieren durch Einfügen von Daten in einer Datenbank. Daher gibt es auch in grossen Online-Enzyklopädien keine gesonderten Artikel für das Sortieren durch Einfügen in verschiedenen Anwendungsfällen, sondern einen einzigen, der «das Sortieren durch Einfügen» beschreibt.

MUSTERERKENNUNG

Diese Zusammenhänge nennt man **Mustererkennung** (engl. **pattern recognition**). Durch Generalisieren von Lösungsmethoden werden Ähnlichkeiten und Verbindungen zu anderen Problemen erkannt. So kann man letztlich neue Probleme auf bekannte Probleme zurückführen und Lösungsmethoden, die man dort gefunden hat, übertragen. Das führt zu allgemeinen Lösungsmethoden, die man wie Werkzeuge in einem Werkzeugkasten zur Verfügung hat, und bei Bedarf herausholen und verwenden kann.

Ein besonders deutliches Beispiel ist der Umgang mit Algorithmen in nichtdeterministisch polynomieller Zeit (siehe Kapitel 5.4 Laufzeit von Algorithmen II). Aufgrund struktureller Verwandtschaft lassen sich scheinbar komplett unterschiedliche Probleme aufeinander zurückführen. Das **Problem des Handlungsreisenden** (engl. **travelling salesman problem**) beschäftigt sich mit einem Vertreter, der eine Rundreise durch eine Anzahl von Städten machen muss. Das **Erfüllbarkeitsproblem der Aussagenlogik** (engl. **Boolean satisfiability problem**, kurz **SAT**) hingegen beschäftigt sich mit der Frage, ob es Kombinationen von Variablen gibt, die in einen logischen Ausdruck (siehe Kapitel 2.4 Logische Ausdrücke und Kapitel 5.4 Laufzeit von Algorithmen II) wahr werden lassen. Dennoch kann man zeigen, dass sich beide Probleme bezüglich Ihrer Komplexität aufeinander zurückführen lassen und somit Beweise des einen Problems auch für das andere Problem gelten.

Ein anderes weit verbreitetes Beispiel ist das Modell der Turingmaschine (siehe Kapitel 4.6 Kontextsensitive Sprachen und 4.8 Rekursiv aufzählbare Sprachen). Turingmaschinen wurden nie als produktive Computer gebaut und alle existierenden physikalischen Turingmaschinen sind vor allem Modelle, um die Funktionsweise des Modells zu veranschaulichen. Aber dadurch, dass so gut wie alle Computer auf die Turingmaschine zurückge-

führt werden können, gelten alle Aussagen über Turingmaschinen auch für diese Computer. Eine Turingmaschine stellt also ein generalisiertes Modell von Computern dar, die vor allem dafür vorbereitet ist, dass man dort gut Beweise führen kann.

Somit haben theoretische Probleme oder Modelle nicht nur einen Selbstzweck, sondern sind vor allem dazu da, für konkretere Probleme und Modelle weiterverwendet zu werden.

1 Diskutieren Sie Ihr Verständnis von Mustererkennung, indem Sie die Zahlenfolge 1, 4, 9, 16, … weiterführen und Ihr Ergebnis mit den Vorschlägen der On-Line Encyclopedia of Integer Sequences (https://oeis.org/) vergleichen.

2 Suchen Sie verschiedene NP-vollständige Probleme und versuchen Sie zu erfassen, wie eine Reduktion auf ein anderes NP-vollständiges Problem möglich ist.

3 Das Prinzip der Generalisierung von Computern zur Turingmaschine kann man auch für Programmiersprachen formulieren. Informieren Sie sich über die Eigenschaft einer Programmiersprache, **turingmächtig** oder **Turing-vollständig** (siehe Kapitel 1.1 Informatik - eine neue Wissenschaft? und 4.8 Rekursiv aufzählbare Sprachen) zu sein.

Informatikprojekte

Grace Brewster Murray Hopper (1906–1992) war eine Programmiererin der ersten Stunde. Sie arbeitete unter anderem am MARK-I- und am MARK-II-Computer, den ersten turingmächtigen Computern der USA. Berühmt ist ihre Dokumentation des ersten «Bugs», der tatsächlich gefunden wurde.

Sie wurde nicht müde sich gegen Meinungen wie «Das haben wir schon immer so gemacht.» ihrer Vorgesetzten zu wehren. Dass ein «weiter wie immer» eben nicht immer funktioniert, zeigte sich auch beim Jahreswechsel zum Jahr 2000.

Damals gab es viele Ängste, dass Computerprogramme abstürzen. Das lag daran, dass in der Wirtschaft noch viele Programme liefen, die in COBOL geschrieben wurden, einer Programmiersprache, die sie in den 1950ern mit entwickelt hatte. Da damals Speicher sehr teuer war, hatte man für Jahreszahlen gespart, indem man nur zwei der vier Ziffern speicherte.

A Für einen Sportverein soll durch eine externe Agentur eine neue Webseite erstellt werden. Überlegen Sie sich, wie Sie als Sportverein vorgehen würden. Formulieren Sie eine sinnvolle Abfolge von Schritten.

B Recherchieren Sie in den Medien aktuelle Fälle, bei denen grössere IT-Projekte gescheitert sind. Versuchen Sie herauszufinden warum.

C Überlegen Sie sich typische Schritte, die bei Projektarbeit in anderen Schulfächern sinnvoll sind. Welche Aspekte, glauben Sie, werden in der Wirtschaft auch verwendet?

D Begründen Sie, warum die Strategie «Code-and-fix» kein guter Ansatz für zuverlässige und wartbare Software darstellt.

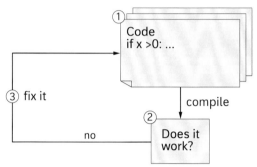

E Finden Sie Gründe, warum zu Recht behauptet wird, dass gute Softwareprodukte in der Regel das Ergebnis einer gut funktionierenden Teamarbeit sind.

F Edsger Dijkstra schreibt in «The Humble Programmer»: «[Die Hauptursache für die Softwarekrise liegt darin begründet,] dass die Maschinen um einige Grössenordnungen mächtiger geworden sind! Um es ziemlich einfach auszudrücken: Solange es keine Maschinen gab, war Programmierung kein existierendes Problem; als wir ein paar schwache Computer hatten, wurde Programmierung zu einem geringen Problem, und nun da wir gigantische Computer haben, ist die Programmierung ein ebenso gigantisches Problem.» Stellen Sie diese Aussage in den historischen Zusammenhang (siehe Kapitel 1.1 Informatik – Eine neue Wissenschaft?) und begründen Sie, wie Edsger Dijkstra zu dieser Erkenntnis kommt.

G Recherchieren Sie, was für grundlegende Probleme aktuelle Betriebssysteme aufgrund ihrer Grösse haben, und wie die Anbieter grosser Betriebssysteme damit momentan umgehen.

Phasen der Projektarbeit

Projektarbeit ist typisch sowohl in der Schule als auch in der Wirtschaft. Dennoch unterscheiden sie sich grundlegend, denn während in der Schule das Lernen im Vordergrund steht, steht in der Wirtschaft in der Regel ein konkretes Produkt im Vordergrund.

Auch in der Informatik sind Projekte allgegenwärtig. Regelmässig werden neue Produkte entwickelt, Systeme auf Bedürfnisse oder veränderte Anforderungen angepasst oder auch Standardlösungen implementiert. In den allermeisten Fällen werden diese Projekte von mehreren Beteiligten umgesetzt, so dass eine geeignete Kommunikation unumgänglich ist. Die hier vorgestellten Schritte zum Umsetzen eines Informatikprojekts stellen eine Auswahl von verschiedenen möglichen Schritten dar. In besonders grossen Projekten werden hier noch weitere Schritte eingefügt.

Für kleinere Projekte genügt es hingegen oftmals, einfach eine geeignete Auswahl dieser Schritte zu treffen.

PROJEKTPHASEN
Grob gesprochen gibt es für ein Projekt fünf verschiedene zentrale Phasen:
1. Erstellen einer **Anforderungsanalyse**.
2. Entwickeln eines **Modells des zukünftigen Systems**.
3. **Implementierung** des Systems.
4. **Abnahme** des Systems **durch den Kunden**.
5. **Wartung und Pflege** des Systems.
In den unterschiedlichen Phasen des Projekts sind unterschiedliche Personen beteiligt.

Anforderungsanalyse

In der **Anforderungsanalyse** (engl. **requirement analysis**) wird festgelegt, was für Anforderungen das Projektergebnis erfüllen soll.

Hierfür werden zunächst **Anwendungsfälle** (engl. **use cases**) formuliert. Anwendungsfälle sind Vorgänge, die typischerweise vorkommen. Sie sind in der Regel aus Sicht des Kunden formuliert, der bestimmte Vorgänge bei sich umsetzen möchte. Man kann einen solchen Anwendungsfall zum Beispiel in Form einer Tabelle notieren, die die folgende Felder beinhaltet:

- **Titel:** Eine möglichst präzise, aber kurze Umschreibung des Anwendungsfalls, damit man ihn auf einem Blick erkennt.
- **Priorität:** Häufig priorisiert man Anwendungsfälle, um besonders wichtige oder sensible Anwendungsfälle hervorzuheben, oder um zwischen notwendigen und optionalen Anwendungsfällen zu unterscheiden.

- **Akteure:** Ab einer gewissen Projektgrösse ist es hilfreich zu unterscheiden, welche Personengruppen in dem Anwendungsfall aktiv sind.
- **Interessengruppen:** Jenseits von den aktiven Personengruppen gibt es möglicherweise weitere Personengruppen, die ein Interesse daran haben, dass der Anwendungsfall erfolgreich ist.
- **Vorbedingungen:** In einigen Anwendungsfällen müssen bestimmte Vorbedingungen erfüllt sein, damit der Anwendungsfall überhaupt gestartet werden kann.
- **Erfolgsbedingungen:** Welche Bedingungen müssen am Ende erfüllt sein, dass der Anwendungsfall als erfolgreich bezeichnet werden kann?
- **Auslöser:** Wie wird der Anwendungsfall gestartet?

- **Beschreibung in nummerierten Schritten:**
Der Vorgang des Anwendungsfalles wird in
eine Sequenz von nummerierten Schritten
gegliedert, die in sich jeweils einen abge-
schlossenen Vorgang darstellen. Auch wenn
diese Sequenzierung bereits einen ersten
Schritt zur späteren Implementierung darstellt, ist die Sequenzierung weiterhin aus
Kundensicht formuliert. An dieser Stelle kann
auch auf andere Anwendungsfälle verwiesen
werden.
- **Alternativen und Erweiterungen:** Oftmals
gibt es innerhalb eines Anwendungsfalles
Alternativen oder Erweiterungen. In dem
Fall wird bei der Beschreibung in nummerierten Schritten häufig nur der typische Fall
beschrieben, während Alternativen oder
Erweiterungen in dieser Kategorie explizit
erwähnt werden. Dabei ist immer zu hinter-
fragen, ob eine Alternative oder Erweiterung
zum beschriebenen Anwendungsfall gehört,
oder ob gegebenenfalls ein anderer ähnli-
cher Anwendungsfall beschrieben wird, der
separat aufgenommen werden sollte. Die
Alternativen und Erweiterungen werden mit

denselben Nummern wie in der Beschreibung
davor aber mit angehängten kleinen Buchstaben zur eindeutigen Unterscheidung gekennzeichnet.
- **Technische Voraussetzungen:** Für manche
Anwendungsfälle sind gewisse technische
Voraussetzungen notwendig, die nicht als
spezielle Vorbedingung aufgenommen
werden, sondern eher allgemeinen Charakter
haben.
- **Weiterführende Informationen:** In einigen Fällen ist es notwendig, einige Details
auszuführen. Diese können hier frei ergänzt
werden.

Ein Anwendungsfall könnte beispielsweise so formuliert werden:

Titel	SuS halten eine computergestützte Präsentation
Priorität	Mittel
Akteure	SuS
Interessengruppen	LP, andere SuS
Vorbedingungen	SuS haben eine computergestützte Präsentation vorbereitet.
Erfolgsbedingungen	SuS haben eine computergestützte Präsentation so halten können, dass LP sowie andere SuS die geplanten Informationen erhalten haben.
Auslöser	LP fordert SuS dazu auf, eine computergestützte Präsentation zu halten.
Beschreibung in nummerierten Schritten	1 SuS verbindet Notebook mit Bildschirmeingang des Beamers*. 2 SuS wählt Bildschirmeingang so, dass das Bild präsentiert wird. 3 – 4 SuS zeigt Bildschirminhalt des Notebooks über Beamer. 5 –

Alternativen und Erweiterungen	1a	SuS benutzt Schulcomputer.
	3a	SuS verbindet Notebook mit Soundanlage.
	4a	SuS zeigt Bildschirm des Schulcomputers über Beamer.
	5a	SuS spielt Klänge von Notebook über Soundanlage**.
	5b	SuS spielt Klänge von Schulcomputer über Soundanlage.
Technische Voraussetzungen	«Hardware Unterrichtsraum» ist vorhanden und funktioniert.	
Weiterführende Informationen	*) Als Standardschnittstelle wird HDMI angeboten. Für andere Schnittstellen wie Display-Port, VGA oder USB-C müssen SuS oder LP Adapter mitbringen. **) Als Standardschnittstelle wird der Klang via HDMI entgegengenommen. Als Alternative sind zwei Cinch-Buchsen für Stereo-Audio vorhanden. Ein Verbindungskabel von 3,5mm-Klinke auf zwei Cinch-Stecker ist im Raum vorhanden.	

Häufig vorkommente Akteure werden oftmals abgekürzt, in diesem Fall steht «SuS» für «Schülerinnen und Schüler» und «LP» für «Lehrpersonen». Zudem werden die Sätze oftmals bewusst verkürzt, indem beispielsweise unnötige Artikel weggelassen werden. An anderer Stelle muss zudem explizit definiert werden, dass «Hardware Unterrichtsraum» einen Beamer, die notwendige Verkabelung zum Zeigen von Bildern im Unterricht, eine Soundanlage und entsprechende Anschlüsse bedeutet.

Aus den Anwendungsfällen entwickelt der Kunde das **Lastenheft** (engl. **customer requirement**). Es beschreibt aus seiner Sicht, was ein Produkt am Ende leisten können soll. Aus dem vorherigen Beispiel könnte man beispielsweise für einen Aspekt für die Bildprojektion herausarbeiten, die dann natürlich auch gleichzeitig weitere Anwendungsfälle umsetzt:

- Die Installation soll ein Bild von ca. 4 m Diagonale auf eine weisse Oberfläche projizieren.
- Das Bild soll mindestens HD-Qualität haben und bei Raumhelligkeit gut sichtbar sein.
- Die Installation soll am Lehrerpult mindestens zwei HDMI-Eingänge bieten, die umschaltbar sind.
- Die Installation soll den Klang aus dem gewählten HDMI-Eingang ausschleifen und an die Soundanlage weitergeben.

Auf der Basis dieses Lastenhefts und allfälliger weiterer Informationen analysiert dann der Anbieter die Situation, den momentanen Zustand und den definierten Neuzustand. Die **Analyse des Istzustands und des Sollzustands** stellt damit dar, was übernommen werden kann, und was neu hinzugefügt werden muss. Dabei können gegebenenfalls weitere Elemente neu mit aufgenommen werden. In diesem Beispiel könnte ein Anbieter zum Beispiel notieren:

- Ersatz des vorhandenen Beamers durch einen HD-Beamer.
- Weiterverwenden der vorhandenen Deckenhalterung für den Beamer.
- Ersatz der bisherigen VGA-Verkabelung durch eine HDMI-Verkabelung.
- Ersatz der bisherigen elektrischen Anschlüsse des Beamers durch vom Lehrerpult aus schaltbare Stromdose.
- Installation einer HDMI-Matrix zum Anschluss verschiedener Quellen und zum Ausschleifen des Audio-Signales.
- Zwischenschalten der HDMI-Matrix zwischen vorhandenem Schulcomputer und Bildschirm des Schulcomputers.

Dies wird dann als **Pflichtenheft** (engl. **development requirement**) aus Sicht des Anbieters in konkrete Elemente aufgeteilt und formuliert und auf allfällige Ausschlüsse gemacht. Diese bilden dann die Basis des Vertrages zwischen dem Kunden und dem Anbieter:

- Anschaffen eines Beamers vom Typ XY der Marke Z mit Auflösung von 1920×1080 Pixeln und 3500 Lumen Helligkeit (der optische Zoom ermöglicht ein Ausleuchten der vorhandenen Projektionsfläche von 4 m Diagonale).
- Deckeninstallation des Beamers an vorhandene Deckenbefestigung.
- Anschaffen eines 15m-HDMI-Kabels mit aktivem Verstärker.
- Installation des HDMI-Kabels von der Deckenbefestigung zum Lehrerpult.
- Anschaffen einer HDMI-Matrix vom Typ XY der Marke Z mit 4 HDMI-Eingängen und 2 HDMI-Ausgängen sowie Audio-Ausschleifung (2x Cinch).
- Verkabelung der HDMI-Matrix mit dem Schulcomputer, dem Beamer und dem Bildschirm des Schulcomputers.
- Adapterkabel vom DisplayPort-Ausgang des Schulcomputers zum HDMI-Eingang der HDMI-Matrix und vom HDMI-Ausgang der HDMI-Matrix zum DVI-Eingang des Schulcomputers sind nicht im Auftrag eingeschlossen sondern werden vom Kunden bereit gestellt.
- Unterauftrag für Installation einer Aufputz-Steckdose T13 mit 3 Anschlüssen bei der Deckenbefestigung, Verlegen eines Kabels zum Lehrerpult, dortige Installation eines Schalters für die Aufputz-Steckdose bei der Deckenbefestigung.

Modell des künftigen Systems

In komplexeren Systemen als dem bisher beschriebenen Beispiel der Installation eines Beamers wird nun vom Anbieter intern das Pflichtenheft analysiert und ein umfassendes Modell des künftigen Systems erstellt. Dies umfasst vor allem drei Aspekte: das **Datenmodell**, das **Funktionenmodell** und die **Benutzerschnittstellen**. Im Datenmodell (siehe Kapitel 8.1 Datenbankmanagementsysteme) wird ein ausführliches Modell erarbeitet, welche Daten in welcher Form und auf welchen Systemen gespeichert werden. Das Funktionenmodell (siehe Kapitel 10 Objektorientierte Modellierung) formuliert die Funktionen, die das System bietet, aus Informatiksicht. Die Benutzerschnittstellen definieren, wie die Benutzer mit dem System interagieren können. Dies beinhaltet auch Schnittstellen für Fremdsysteme, die aus Sicht des Systems als Benutzer auftreten, wenn beispielsweise Daten über Systeme hinweg ausgetauscht werden sollen. Manchmal sind die Benutzerschnittstellen auch schon vorgegeben oder Teil eines Fremdsystems, so dass hier das Modell an diesen Schnittstellen ausgerichtet werden muss.

Implementierung

Aufgrund des Datenmodells, des Funktionenmodells und der Benutzerschnittstellen wird das Projekt nun umgesetzt. In der Regel wird für die Implementierung das System zunächst **modularisiert**, also in verschiedene Module zerlegt, die für sich selber programmiert werden können. Diese Module müssen hierfür **spezifiziert** werden, es muss also festgelegt werden, was das jeweilige Modul genau leisten soll, in welcher Form die Daten ausgetauscht werden und wie die Funktionen aufgerufen werden. So können grosse Projekte in kleine Teile aufgeteilt werden, die jeweils individuell **programmiert** und **in sich getestet** werden können. Erst danach werden die Module zum Gesamtsystem **integriert** und als System getestet. Zudem findet hier ein **Lasttest** statt, mit dessen Hilfe geprüft wird, ob das Lastenheft umgesetzt wurde.

Abnahme durch den Kunden

Auch der Kunde testet das fertige System aus seiner Sicht. Er prüft ebenfalls, ob das Lastenheft umgesetzt wurde und spielt typische Anwendungsfälle durch.

Wartung und Pflege

Oftmals wird übersehen, dass ein System nach der Abnahme durch den Kunden nicht «fertig» ist, sondern dass es fortlaufender Wartung und Pflege bedarf. Offensichtlich ist zunächst, dass Fehler im System, die erst später entdeckt werden, repariert werden müssen. Das gilt insbesondere für potentielle Sicherheitslücken, die die Datensicherheit gefährden (siehe Kapitel 8.2 Datenschutz und 8.4 Datensicherheit und Passwörter). Es ist aber auch so, dass sich mit der Zeit Anforderungen verändern. So gibt es beispielsweise neue Anwendungsfälle, die eine Anpassung des Systems erfordern. Es kann auch vorkommen, dass sich gewisse Hardwaregrundlagen ändern, die eine Anpassung des Systems notwendig machen. In einfachen Fällen kann dies durch eine Revision der Implementierung passieren, in komplexeren Fällen muss ein neues System auf der Basis des vorhandenen Systems entwickelt werden.

Zusammenfassung

Die Phasen eines Projekts sind also:

1. Anforderungsanalyse
   a. Anwendungsfälle
   b. Lastenheft
   c. Analyse des Istzustands und des Sollzustands
   d. Pflichtenheft

2. Modell des künftigen Systems
   a. Datenmodell
   b. Funktionenmodell
   c. Benutzerschnittstellen

3. Implementierung
   a. Modularisierung inkl. Spezifikation der Module
   b. Modulprogrammierung und Testen der Module
   c. Integration der Module zum Gesamtsystem und Systemtest als Funktionstest und als Lasttest

4. Abnahme durch den Kunden

5. Wartung und Pflege

Rollen in der Projektarbeit

Neben den Phasen eines Projekts ist es auch hilfreich, über die Rollen der beteiligten Personen nachzudenken. Zunächst einmal muss zwischen **Kunde** und **Anbieter** unterschieden werden. Die Rollen sind hier ziemlich klar: der Kunde möchte ein bestimmtes System entwickelt haben, der Anbieter möchte dieses System entwickeln.

Gleichwohl müssen sie intensiv zusammenarbeiten: der Kunde muss dem Anbieter mit den Anwendungsfällen und dem Lastenheft möglichst präzise beschreiben, was das System am Ende leisten soll. Wenn das System dann entwickelt ist, muss er es abnehmen und bei Wartung und Pflege mit dem Anbieter zusammenarbeiten.

Aber auch in den Phasen dazwischen muss er regelmässig mit dem Anbieter kommunizieren. Dieser erarbeitet ja aufgrund seiner Analyse das Pflichtenheft, aufgrund dessen in der Regel erst der Auftrag zustande kommt. Auch während der Implementierung durch den Anbieter macht es häufig Sinn, für Detailfragen oder Präzisierungen regelmässigen Kontakt zwischen Kunde und Anbieter zu pflegen.

In grösseren Projekten wird hierfür häufig eine gemeinsame Arbeitsgruppe eingesetzt. Diese hat neben der **Projektleitung** häufig Spezialisten, beispielsweise einen **Qualitätsmanager**, einen **Chefdesigner**, einen **Kaufmann** oder einen **Techniker**. Besonders grosse Projekte werden auch gerne in Teilprojekte zerlegt, die jeweils eine eigene Struktur haben.

In der Schule kann man solche Strukturen auch sinnvoll abbilden, wobei hier natürlich noch andere Aspekte mit einfliessen. Mögliche Rollen wären hier, wobei oftmals eine Person mehrere Rollen übernehmen kann:

- Teamleiter
- Dokumentierer
- Zeitwächter
- Schnittstellen-/Kommunikationsbeauftragter
- Techniker/Programmierer/Macher

In viele Fällen lohnt es sich, den momentanen Stand des Projekts geeignet zu dokumentieren, beispielsweise indem man To-Do-Listen pflegt.

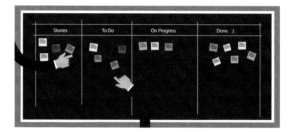

Bei der Planung der Aufgaben helfen häufig Gantt-Diagramme (siehe Kapitel 6.3 Scheduling). Mit ihnen kann man die Abläufe in einem Projekt und Abhängigkeiten von anderen Aufgaben gut planen.

186

1 Diskutieren Sie, welche Phasen von Projekten wichtiger sind und welche unwichtiger sind. Begründen Sie, wann man welche Phase gegebenenfalls weglassen könnte.

2 Erstellen Sie für Ihren Informatikunterricht verschiedene Anwendungsfälle, die Informatikmittel beinhalten. Wo geht das relativ einfach, wo ist es schwieriger?

3 Erstellen Sie Anwendungsfälle für einen Geldautomaten. Auf welche Anwendungsfälle ausserhalb des Geldautomaten müssen Sie dabei zurückgreifen?

4 Diskutieren Sie Gemeinsamkeiten und Unterschiede zwischen Lastenheft und Pflichtenheft.

5 Diskutieren Sie die Bedeutung der Phase «Wartung und Pflege des Systems».

6 Durchlaufen Sie alle Phasen eines Projektes, an dessen Ende ein Programm steht, das Vokabeln abfragt. Dabei sollen Vokabeln, die besonders häufig falsch beantwortet wurden, öfter abgefragt werden.

7 Zur Unterstützung von Projekten werden heutzutage Systeme verwendet, die kollaboratives Arbeiten unterstützen, zum Beispiel GitHub. Benennen Sie sinnvolle Anforderungen an unterstützende Systeme und vergleichen Sie verschiedene Angebote.

8 Projekte wie Wikipedia hält sich beim Erstellen der Inhalte nicht an die hier beschriebenen Abläufe von Projekten. Dennoch ist Wikipedia sehr erfolgreich. Wie funktioniert das Erstellen der Inhalte bei Wikipedia? Was funktioniert daran besonders gut, was funktioniert nicht so gut? Inwiefern lässt sich dies auf Open-Source-Programmentwicklung übertragen?

9 Unter dem Stichwort «Agile Softwareentwicklung» findet sich ebenfalls ein alternativer Ansatz zum Durchführen von Projekten. Diskutieren Sie Vor- und Nachteile.

Recherchieren Sie in diesem Zusammenhang den Begriff «creeping featurism». Bei welchen Softwareprodukten aus Ihrem Alltag können Sie dies feststellen?

A Was macht das folgende Programm?

Python-Code 6.1

```
01 def enigma(x, y):
02   x = x + y
03   y = x - y
04   x = x - y
05   print(x)
06   print(y)
```

Dokumentieren Sie das Programm, sobald Sie seine Funktion verstanden haben.

B Sammeln Sie aus Ihnen bekannten Beispielen:

a Was für Arten von Dokumentation gibt es?

b In was für verschiedenen Formen werden Dokumentationen präsentiert?

c Was macht eine gute Dokumentation aus?

C Wägen Sie für eine Programmdokumentation ab, wie detailliert ein Programm dokumentiert werden muss. Geben Sie Kriterien an, die unbedingt erfüllt sein müssen, und geben Sie an, was nicht gebraucht wird.

Das erste Beispiel zeigt deutlich auf, dass bei manchen Programmen nicht auf den ersten Blick erkennbar ist, was es eigentlich berechnet. Und selbst wenn erkennbar ist, was ein Programm berechnen soll, ist nicht immer sofort klar, wo eventuell Grenzen des Programms sind. So funktionieren manche Programme oder Programmteile nur bei bestimmten Eingaben. Deshalb ist eine angemessene **Dokumentation** genauso wichtig wie das Programm selber.

Beim Dokumentieren von Programmen ist entscheidend, für wen die Dokumentation geschrieben ist. Unterschiedliche Funktionen der Dokumentation führen zu unterschiedlichen Inhalten und Formen der Dokumentation. Typische Zielgruppen von Dokumentationen sind:

• **Programmdokumentation:** Beim Schreiben eines Programmes schreibt der Programmierer Kommentare innerhalb des Quelltextes. Diese sind für den Programmierer als Gedächtnisstütze gedacht, dienen aber auch anderen Programmierern zum Verständnis. Ein wesentlicher Teil der Programmdokumentation kann bereits durch eine sinnvolle Wahl von Namen für Variablen und Unterprogrammen geschehen.

• **Methodendokumentation:** Unterprogramme (siehe Kapitel 4.1 Unterprogramme) und grössere zusammenhängende Programmteile wie Objekte (siehe Kapitel 10 Objektorientierte Modellierung) oder Bibliotheken (siehe Kapitel 2.3 Prozeduren, Funktionen und Methoden) sind dazu gedacht später wiederverwendet zu werden. Insbesondere grössere Bibliotheken können später von Fremden in ganz anderem Kontext wiederverwendet werden. Deshalb ist es wichtig präzise zu beschreiben, was die genaue Funktionsweise ist, was für Eingangsgrössen es gibt und wie sie sich von anderen Programmteilen abgrenzt. Diese Dokumentation ermöglicht es die Bibliothek oder das Unterprogramm einfach zu verwenden, ohne dass hierzu der Quellcode neu analysiert werden muss. In Python wird hierfür häufig ein «Docstring» verwendet: das ist ein Text, der zwischen zweimal drei Anführungszeichen unter der jeweiligen Klasse oder Methode respektive am Anfang eines Moduls notiert wird.

• **Benutzerdokumentation:** Programme werden häufig nicht nur von einem selber verwendet sondern von anderen Menschen. Selbst wenn Sie ein Programm später einmal wiederverwenden, möchten auch Sie sich nicht von neuem in das Programm einarbeiten. Deshalb wird auch das Benutzen eines Programmes dokumentiert. Dabei ist weniger interessant, wie das Programm intern funktioniert, sondern wie es bedient wird.

- **Testdokumentation:** Wenn ein Programm zuverlässig funktionieren soll, muss es gut getestet sein. Dabei genügt es in der Regel nicht, «das Programm ein paarmal mit verschiedenen Werten auszuprobieren». Es muss sorgfältig ausgewählt werden, was genau getestet wird, insbesondere an den Grenzen der Eingangsgrössen und für Sonderfälle. Die Dokumentation der Testfälle, ihrer Gründe für die Wahl und ihrer Ergebnisse sind damit ein wesentlicher Aspekt der Qualitätskontrolle. Bei besonders sensiblen Programmen (beispielsweise für Systeme, von denen Menschenleben abhängen, oder zum Steuern von teuren Maschinen) ist die das Testen und die Testdokumentation oftmals aufwendiger als das Programmieren selber.

- **Entwicklungsdokumentation:** Eigentlich könnte man meinen, dass Software nicht altert und dass ein einmal geschriebenes Programm für sich stehen bleiben kann. Allerdings ist es so, dass die allermeisten Programme über die Zeit hinweg aktualisiert, repariert oder erweitert werden müssen. Das Dokumentieren dieser Änderungen ist Aufgabe der Entwicklungsdokumentation. In ihr werden für jede neue Version notiert, was geändert wurde und welche Fehler repariert wurden. So können sowohl Benutzer als auch Programmierer nachvollziehen, was von Version zu Version geändert wurde.

Für die verschiedenen Arten der Dokumentation können beispielsweise die folgende Gütekriterien angelegt werden:

- **Programmdokumentation:**
  - Der Quellcode sollte möglichst selbsterklärend sein.
  - Die Namen von Variablen und Methoden sollten einfach verständlich sein. Es ist abzuwägen, ob einheutlich deutschsprachige oder englischsprachige Begriffe verwendet werden.
  - Kommentare stellen eine Metaebene der Information dar: es wird vor allem das Ziel und der übergeordnete Zusammenhang beschrieben, nicht jedoch der Programmtext Zeile für Zeile «übersetzt».

- **Methodendokumentation:**
  - Der Funktionsumfang und allfällige Einschränkungen insbesondere für die Eingabewerte müssen präzise formuliert sein.
  - Die Methodendokumentation sollte wenn möglich automatisiert zu gesammelten Spezifikationen des gesamten Programms oder Pakets verarbeitet werden können. Hierbei helfen Docstrings anstelle von freien Kommentaren.

- **Benutzerdokumentation:**
  - Die Bedienung von Programmen sollte möglichst selbsterklärend sein.
  - Insbesondere sollten übliche Standards für die Bedienung eingehalten werden.
  - Ein wesentlicher Aspekt der Benutzerdokumentation ist das Vorhandensein einer Hilfe oder von «Frequently Asked Questions» (FAQ).
  - In Ergänzung dazu sind Tutorials zum Einführen in wesentliche Funktionen des Programms hilfreich. Ein Tutorial ersetzt jedoch nicht eine Benutzerdokumentation.

- **Testdokumentation:**
  - Die Wahl der Testdaten muss begründet sein.
  - Durch die Testdaten wird eine wiederholbare Verifikation ermöglicht.

- **Entwicklungsdokumentation:**
  - Der Klassiker der Entwicklungsdokumentation ist das Change-Log, in dem alle Änderungen aufgezeichnet werden.
  - Auf behobene Fehler und deren Einfluss auf frühere fehlerhafte Versionen sollte besonders eingegangen werden.
  - Es muss besonders aufgeführt werden, wenn sich wesentliche Funktionen ändern, so dass die Bedienung anders ist oder andere darauf zugreifende Programme angepasst werden müssen.

1 Lesen Sie sich die unterschiedlichen Arten der Dokumentation durch und suchen Sie in Ihrem Umfeld Beispiele für diese Arten der Dokumentation.

2 Die `print(…)`-Anweisung wird unter https://docs.python.org/3/library/functions.html#print so dokumentiert (hier wird für die Version 3.9 zitiert):

```
print(*objects, sep=' ', end='\n',
file=sys.stdout, flush=False)
```

Print `objects` to the text stream `file`, separated by `sep` and followed by `end`. `sep`, `end`, `file` and `flush`, if present, must be given as keyword arguments.

All non-keyword arguments are converted to strings like `str()` does and written to the stream, separated by `sep` and followed by `end`. Both `sep` and `end` must be strings; they can also be `None`, which means to use the default values. If no `objects` are given, `print()` will just write end.

The `file` argument must be an object with a `write(string)` method; if it is not present or `None`, `sys.stdout` will be used. Since printed arguments are converted to text strings, `print()` cannot be used with binary mode file objects. For these, use `file.write(…)` instead.

Whether output is buffered is usually determined by `file`, but if the `flush` keyword argument is true, the stream is forcibly flushed.

Changed in version 3.3: *Added the `flush` keyword argument.*

Diskutieren Sie die verschiedenen Aspekte dieser Dokumentation. Was vermissen Sie gegebenenfalls?

3 Begründen Sie, warum ein Tutorial nicht die Benutzerdokumentation ersetzen kann.

4 Schreiben Sie eine Programmdokumentation, eine Benutzerdokumentation und eine Testdokumentation für das Programm in der ersten Aufgabe. Finden Sie für die Testdokumentation zunächst geeignete Testfälle.

5 Analysieren Sie das folgende Programm und schreiben Sie eine Programmdokumentation, eine Methodendokumentation und eine Testdokumentation:

Python-Code 6.2

```
01 def isPrim(zahl):
02   if zahl < 2:
03     return False
04   else:
05     anzahl_faktoren = 0
06     i = 0
07     for i in range(1, zahl + 1):
08       if zahl % i == 0:
09         anzahl_faktoren = ( anzahl_faktoren
10                             + 1 )
11     return anzahl_faktoren == 2
12
13 for i in range(100):
14   print(i, isPrim(i))
```

6 Finden Sie für jede Art der Dokumentation einen oder mehrere Aspekte, die nicht in diese gehören.

7 Zur Dokumentation kann man natürlich Textverarbeitungssysteme oder Desktop-Publishing-Systeme verwenden. Diese bieten jedoch häufig viel zu viele Funktionen, so dass man sich gerne auf einfache Systeme beschränkt. Vergleichen Sie daher die Funktionen der Auszeichnungssprache Markdown und vergleichen Sie sie mit HTML oder einem Textverarbeitungssystem. Wo sehen Sie Vorteile und wo sehen Sie Nachteile, wenn Markdown bei der Dokumentation verwendet werden? Wie ist das MediaWiki, auf dem Wikipedia basiert, einzuordnen?

A Um einen Tisch herum sitzen vier stumme Philosophen. Sie essen manchmal und denken manchmal. Zwischen je zwei Philosophen liegen abwechselnd eine Gabel und ein Messer. Zum Essen benötigen die Philosophen sowohl eine Gabel als auch ein Messer. Wenn aber jeder Philosoph zuerst die Gabel respektive das Messer rechts von sich in die Hand nimmt, ist links kein Messer respektive keine Gabel zu finden und keiner kann essen.

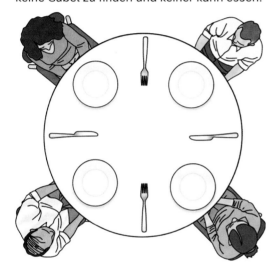

Beschreiben Sie das grundlegende Problem der Philosophen mit eigenen Worten. Was hat das mit Informatik zu tun? Finden Sie Lösungsansätze für das Problem!

B Bei einem Fussballturnier sollen fünf Mannschaften A, B, C, D und E jeweils genau einmal gegen jede der vier anderen Mannschaften gespielt haben. Dies soll in so wenig Spieltagen wie möglich passieren. Wie kann das Turnier geplant werden? Geben Sie hierzu eine Tabelle mit den Spielen an und visualisieren Sie das Geschehen mit Hilfe eines Graphen, bei dem die Kanten von Spielen, die am selben Spieltag stattfinden, gleich gestaltet sind.

C Ein Schulhaus soll komplett saniert werden! Finden Sie verschiedene Akteure, die bei der Sanierung aktiv sind und beschreiben Sie deren Tätigkeiten (z. B. ein Tischler verlegt Parkett in den Klassenräumen). Formulieren Sie, was für Voraussetzungen gegeben sein müssen (z. B. dass der Sanitärinstallateur seine Rohre verlegt haben muss bevor der Maurer die Wände verputzt). Erstellen Sie einen Ablaufplan für die Sanierung. Wo kann man eventuell Zeit einsparen?

191

SCHEDULING

Das Planen von Abläufen nennt man in der Informatik **Scheduling**. Konkreter spricht man von einem «resource-constrained project scheduling problem» (RCPSP), wenn es eine Menge von **Aktivitäten** mit einer bestimmten **Länge** gibt, eine Menge **erneuerbarer Ressourcen** und wie viele davon von jeder Aktivität verbraucht werden, und optional eine Menge von **Vorrangbeziehungen**, dass also eine bestimmte Aktivität erst ausgeführt werden kann, wenn eine andere vorher beendet wurde. Das Ziel ist, eine Lösung zu finden, dass zu jedem Zeitpunkt die erneuerbaren Ressourcen nicht überbeansprucht werden, die Vorrangbeziehungen erfüllt werden und die gesamte Zeitdauer minimal ist.

Auf einer Baustelle seien zum Beispiel 5 Schreiner und 7 Maurer verfügbar. Sie sollen vier verschiedene Arbeiten ausführen, die unterschiedliche Zeit dauern und unterschiedlich viele Arbeiter brauchen. Zusätzlich muss das Erdgeschoss vor dem Dach gebaut werden.

Arbeit	Garage bauen	Erdgeschoss bauen	Dach bauen	Gartenhaus bauen
Zeitdauer in Tagen	4	3	5	8
Schreiner benötigt	2	1	2	2
Maurer benötigt	3	5	2	4

Der folgende Graph zeigt die Abhängigkeit der Aktivitäten. Er ist ein **Vorranggraph**, aus dem die Reihenfolge von Aktivitäten abgelesen werden kann:

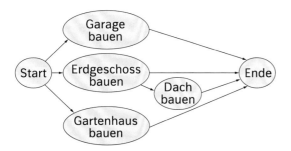

Das Diagramm auf der nächsten Seite ist ein sogenanntes **Gantt-Diagramm**. Henry Laurence Gantt (1861–1919) erfand diese Diagramme am Anfang des 20. Jahrhunderts. In ihnen kann für jede Ressource die Zuweisung der Ressourcen zu einem bestimmten Zeitpunkt abgelesen werden.

Auch wenn dieser Plan so durchführbar ist, ist er nicht minimal. Er braucht 15 Tage, aber es ginge auch in 12 Tagen (siehe das Diagramm auf der nächsten Seite).

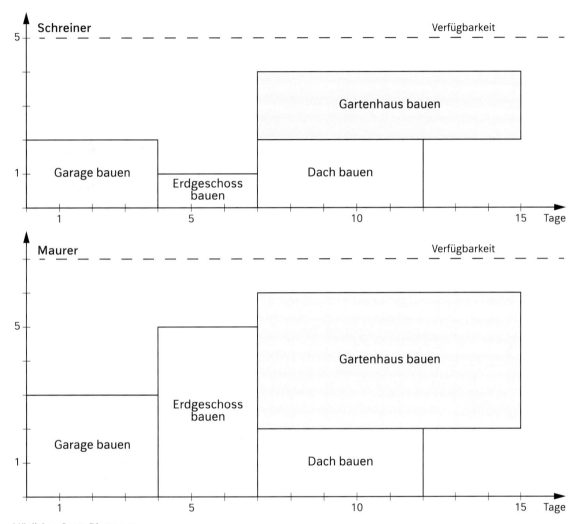

Mögliches Gantt-Diagramm

Um eine solche Optimierung zu finden, werden verschiedene Ansätze verwendet:

- Aus dem Vorranggraphen wird der **kritische Pfad** bestimmt. Das ist der Pfad vom Start zum Ende, der am längsten dauert. Diese Dauer ist kleiner oder gleich der minimalen Dauer für den gesamten Plan. Da der kritische Pfad die Ressourcen ignoriert, ist die minimale Dauer des gesamten Plans in der Regel länger.
  In diesem Beispiel ist die Länge des kritischen Pfades 8 Tage («Erdgeschoss bauen» und dann «Dach bauen»), obwohl der optimale Plan 12 Tage lang ist.

- Da es oftmals zu zeitintensiv ist die optimale Lösung zu finden (im allgemeinen Fall ist das Problem NP-schwer), wird zunächst eine suboptimale Lösung genommen, die dann **lokal optimiert** wird, also durch Verschieben einzelner Aufgaben geschaut wird, dass die Gesamtzeitdauer sich verbessert.
  In diesem Beispiel kann der optimale Plan vom vorherigen Plan gefunden werden, wenn «Garage bauen» nach «Dach bauen» verschoben wird.

193

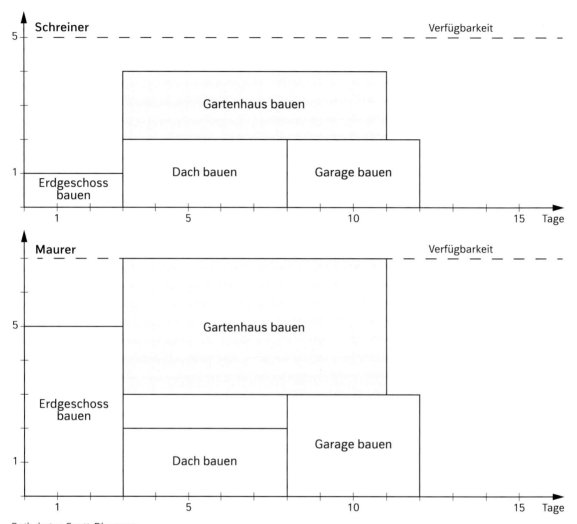

Optimiertes Gantt-Diagramm

1 Zeichnen Sie einen Vorranggraphen für das Eingangsbeispiel der Philosophen.
Definieren Sie für das Eingangsbeispiel der Philosophen die Ressourcen, deren Verfügbarkeiten und den Verbrauch der Aktivitäten. Zeichnen Sie einen optimalen Plan, dass jeder der Philosophen einmal gegessen hat. Begründe Sie, warum ihr Plan optimal ist.

2 Zeichnen Sie einen Vorranggraphen für das Eingangsbeispiel des Turniers.
Definieren Sie für das Eingangsbeispiel des Turniers die Ressourcen, deren Verfügbarkeiten und den Verbrauch der Aktivitäten.

Zeichnen Sie einen optimalen Plan. Begründe Sie, warum ihr Plan optimal ist.

3 Begründen Sie, warum der Plan des Beispiels optimal ist.

4 Zeichnen Sie ein Gantt-Diagramm der fünf Phasen eines fiktiven Softwareentwicklungsprojekts, indem Sie deutlich machen, wo paralleles Arbeiten möglich ist.

5 Diskutieren Sie das Zusammenspiel zwischen Dokumentation und Planung. Wo gibt es Konflikte? Wo gibt es Synergien?

A Überprüfen Sie auf Ihrem Computer, welche Softwareprodukte installiert sind. Was für Arten von Lizenzen haben diese? Was haben Sie jeweils dafür bezahlt?

B Welche Apps haben Sie auf Ihrem Smartphone? Für welche App haben Sie bezahlt, dass sie es installieren und nutzen dürfen? Für welche App haben Sie In-App-Purchases gemacht?

C Die allermeisten Computer, die man heutzutage kauft, haben bereits ein Betriebssystem vorinstalliert. Versuchen Sie herauszufinden, was solche OEM-Lizenzen kosten.

In der Frühzeit der Computer wurde Software häufig kostenlos mit der Hardware von Computern ausgeliefert. Die Software funktionierte sowieso in der Regel nur mit ganz spezieller Hardware. Das änderte sich vor allem als die Firma IBM 1981 den IBM Personal Computer (IBM PC) veröffentlichte. Er basierte auf einer offenen Architektur, so dass andere Anbieter kompatible Geräte verkaufen konnten. Dieser Computer führte dazu, dass es bis heute viele Hersteller von kompatiblen Geräten gab und gibt. Kompatibel bedeutet, dass sie im Prinzip dieselben Softwareprodukte laufen lassen konnten und miteinander kombiniert werden konnten. Wenn man heute einen Windows-Computer kauft, stecken in ihm häufig Komponenten unterschiedlichster Hersteller, die jeweils leicht unterschiedliche Spezifikationen haben, aber doch im Prinzip gleich funktionieren. Auf einem solchen Computer kann man nicht nur Windows, sondern auch andere Betriebssysteme wie zum Beispiel Linux laufen lassen.

IBM PC XT (1983), Nachfolger des IBM PC

Das führte dazu, dass grosse Massen relativ günstiger und zueinander kompatibler Computer verbreitet wurden, so dass sich ein allgemeiner Software-Markt etablierte. Viele Hersteller produzierten Softwareprodukte, die sie verkaufen wollten. Die Hardwarehersteller hingegen wollten oftmals keine eigenen Softwareprodukte wie Betriebssysteme und Anwendungsprogramme zusätzlich herstellen, so dass sie auf vorhandene Produkte anderer Hersteller zurückgriffen. So wurde der IBM PC mit MS-DOS ausgeliefert, einem Betriebssystem der Firma Microsoft.

GESCHÄFTSMODELLE FÜR SOFTWARE

Mit der Zeit entwickelten sich dabei unterschiedliche Geschäftsmodelle für die Softwarehersteller:

- **Kauf:** Der Kunde erwirbt vom Anbieter eine unbegrenzt gültige Nutzungslizenz.
- **Miete:** Der Kunde erwirbt vom Anbieter eine zeitlich beschränkte Nutzungslizenz.
- **GNU General Public License, BSD License, MIT License, …:** Dem Kunden wird das kostenfreie Recht eingeräumt die Software (fast) unbeschränkt zu nutzen. Es gibt auch Zugriff auf den Quellcode (**«Open Source»**), so dass Änderungen möglich sind und Sicherheitsüberprüfungen vorgenommen werden können.
- **Adware:** Der Kunde kann die Software nutzen ohne dafür Geld zu bezahlen, muss sich aber regelmässig Werbung anschauen und damit rechnen, dass seine Daten an die Werbefirmen weitergegeben werden.
- **Shareware:** Der Kunde kann die Software zunächst nutzen ohne dafür Geld zu bezahlen, sollte aber (mehr oder weniger stark durchgesetzt) nach gewisser Zeit eine Softwarelizenz kaufen.
- **Freemium:** Der Kunde kann eine im Umfang eingeschränkte Version der Software nutzen ohne dafür Geld zu bezahlen. Wenn er den vollen Funktionsumfang haben möchte, muss er eine Softwarelizenz kaufen.
- **Public Domain:** Dem Kunden wir das kostenfreie Recht eingeräumt die Software unbeschränkt zu nutzen. Ein Zugriff auf den Quellcode ist oftmals nicht möglich.
- **Abandonware:** Dies ist kein eigentliches Lizenzmodell sondern ein Begriff für Softwareprodukte, deren Lizenzgeber nicht mehr existiert oder nicht mehr auffindbar ist. Gerade an alten Computerspielen gibt es weiterhin ein grosses Interesse. Ohne Lizenzgeber ist ein Weitergeben oder Verwenden eine riskante rechtliche Grauzone.

In den letzten Jahrzehnten haben sich gerade Open Source-Lizenzen sehr weit verbreitet. Neben Idealisten und engagierten Universitäten sind inzwischen auch viele Firmen und Behörden dazu übergegangen, Open Source zu fördern. Die Motive sind unterschiedlich. Universitäten beispielsweise sehen das Fördern von Open Source oftmals als Ausdruck wissenschaftlicher Freiheit an. Behörden sehen es teilweise als ihre Pflicht, geförderte oder produzierte Produkte den Bürgerinnen und Bürgern wieder zur Verfügung zu stellen, da ja öffentliche Gelder hierfür verwendet wurden. Für kommerzielle Firmen gibt es unterschiedliche Motivationen. Zum einen kann es sein, dass eine Firma ein Produkt kostenlos zur Verfügung stellt und dann sein Geld damit verdient, diese bei Kunden zu installieren und Support zu leisten. Zum anderen kann es sein, dass eine Firma ein Softwareprodukt selber kostenlos zur Verfügung stellt, laufende Instanzen auf ihren eigenen Servern aber den Kunden gegen Geld zur Verfügung stellt. Und zuletzt kann es auch sein, dass das Softwareprodukt gewissermassen nur als Nebenprodukt erstellt wird und die Produkte, mit denen man Gewinn macht, ungleich bedeutsamer sind.

Das Ziel ist, dass so die ganze Gesellschaft von Open-Source-Programmen profitiert und Investitionen oder Engagement der ganzen Gesellschaft zugute kommt. Auch wenn sich verschiedene Open-Source-Lizenzen im Detail unterscheiden, bauen sie doch alle auf ähnlichen Prinzipien auf:

- Die Benutzung des Programms für beliebige Zwecke ist nicht eingeschränkt.

- Das Programm und seine Funktionsweise darf vollständig analysiert werden und insbesondere auch sein Programmcode angeschaut werden.

- Das Programm und sein Programmcode darf ohne Einschränkungen weitergegeben werden.

- Der Programmcode darf verändert und an die eigenen Bedürfnisse angepasst werden und diese Veränderungen und Anpassungen dürfen ebenfalls weitergegeben werden.

1 Viele Firmen sind momentan dabei, ihr Lizenzmodell umzustellen, dass man nicht einmal eine Softwarelizenz kauft und sie unbegrenzt lange nutzen kann, sondern dass man monatliche oder jährliche Mietgebühren bezahlt. Suchen Sie Beispiele für diesen Trend, und wägen Sie Vor- und Nachteile für den Kunden und für den Anbieter gegeneinander ab.

2 Anfang 2021 stellte ein Anbieter für «Gebrauchtsoftware» den Betrieb ein. Zuvor hatte er Lizenzen für ein beliebtes Betriebssysteme und ein beliebtes Office-Produkt in grossen Mengen gebraucht gekauft unter anderem über grosse Lebensmittelketten in Form von Aktivierungscodes auf Karten verkauft. Die Presse berichtet von Hausdurchsuchungen der Staatsanwaltschaft und einer Insolvenz des Anbieters.

a Suchen Sie auf verschiedenen Online-Märkten nach Lizenzkosten für beliebte Softwareprodukte und vergleichen Sie sie mit den Lizenzkosten für dasselbe Produkt beim Hersteller.

b Informieren Sie sich über Preisunterschiede für beliebte Softwareprodukte, wenn man einzelne Lizenzen kauft, oder wenn man hunderte von Lizenzen kauft. Gegebenenfalls müssen Sie hier auf Angaben Dritter zurückgreifen, da viele Hersteller ihre Mengenrabatte nicht veröffentlichen.

c Analysieren Sie die Situation aus Sicht des Softwareherstellers.

d Analysieren Sie die Situation aus Sicht des Kunden.

e Analysieren Sie die Situation aus Sicht des Gebrauchtsoftware-Anbieters.

f Stellen Sie das rechtliche Dilemma von gebrauchter Software dar, indem Sie es mit gebrauchten Autos vergleichen.

g Würden Sie gebrauchte Software kaufen? Worauf würden Sie dabei achten wollen?

3 Für weit verbreitete Softwareprodukte findet man oftmals Raubkopien im Internet. Diskutieren Sie, was für ein Schaden dem Hersteller entsteht und was für potentielle Risiken Raubkopierer damit eingehen. Unterscheiden Sie dabei zwischen denjenigen, die eine Raubkopie aus dem Internet beziehen und auf ihrem Computer installieren, und denjenigen, die eine Raubkopie im Internet verbreiten.

4 Warum investieren Firmen Geld in Open Source-Software?

5 Viele Produkte und Dienstleistungen der Firma Google sind kostenfrei im Internet verfügbar. Dennoch ist die Firma hochprofitabel und kann enorme Summen in die Entwicklung und den Betrieb ihrer Systeme investieren. Untersuchen Sie, womit Google Geld verdient.

6 Untersuchen Sie, wie das Office-Paket LibreOffice seine Entwicklung finanziert.

7 Diskutieren Sie die vier Freiheiten von Freier Software der Free Software Foundation (FSF). (https://www.gnu.org/philosophy/free-sw.de.html). Wo sehen Sie Vor- und Nachteile?

GNU Logo

A Isaac Asimov (1920–1992) formulierte 1942 die folgenden drei Gesetze für Roboter:

1. Ein Roboter darf weder einem Menschen Schaden zufügen noch durch Unterlassung ermöglichen, dass einem Menschen Schaden zugefügt wird.

2. Ein Roboter muss den Befehlen durch Menschen gehorchen, es sei denn, ein solcher Befehl würde dem ersten Gesetz widersprechen.

3. Ein Roboter muss seine eigene Existenz schützen, es sei denn dies würde dem ersten oder zweiten Gesetz widersprechen.

Diskutieren Sie, was diese Gesetze in der heutigen Welt bald 100 Jahre nach ihrer Formulierung bedeuten, beispielsweise in Bezug auf autonom fahrende Autos.

B Recherchieren Sie den Unterschied zwischen «automatischem Fahren» und «autonomem Fahren». Wieso ist das eine ungleich schwerer umzusetzen als das andere?

C Würden Sie Ihre Maturaarbeit von einer Maschine schreiben lassen? Diskutieren Sie die ethischen und praktischen Aspekte.

Informatiker verändern die Welt

Technische Neuerungen hatten im Laufe der Geschichte schon immer Auswirkungen auf die Menschheit, das ist quasi ja auch der Sinn ihrer Existenz. Steinwerkzeuge zur Bearbeitung von Naturmaterialien, das Rad als Wagenteil zum Transport von Gütern oder ein Aquädukt zur Wasserversorgung grosser Städte – alle diese technischen Geräte haben den Menschen das Leben in den dafür vorgesehenen Bereichen erleichtert. Es gibt aber auch immer wieder technische Entwicklungen, die weit über ihren eigentlichen Wirkungsbereich hinaus grosse Auswirkungen auf die gesamte Gesellschaft haben, da sie neue Organisationsprinzipien oder Sozialstrukturen ermöglichen.

Der Buchdruck und die Dampfmaschine hatten weit über ihren Einsatzbereich hinaus Auswirkungen auf die Gesellschaft.

Immensen Einfluss hatte die Verbesserung der Dampfmaschine im Jahr 1769 durch James Watt, denn sie bildete den technologischen Ausgangspunkt für die industrielle Revolution in Europa und Amerika. In der industriellen Revolution gelang es unter anderem durch den vermehrten Einsatz von dampfbetriebenen Maschinen in Fabriken, sowohl die Produktivität als auch die Qualität und Quantität der hergestellten Waren extrem zu steigern. Die industrielle Revolution löste so ein vorher nicht gekanntes Wirtschaftswachstum aus, das die Warenversorgung der Bürger in den jungen Industrienationen signifikant verbesserte. Neben diesem offensichtlichen Vorteil brachte die Industrialisierung aber auch grosse soziale Verwerfungen mit sich, denn das frühkapitalistische Wirtschaftssystem war auf Ausbeutung der Arbeiter angelegt. Dazu kam, dass der normale Alltag plötzlich nach festen Zeiten, nämlich denen, die durch die Arbeit vorgegeben waren, strukturiert war. Die Zentren der Industrialisierung, die Städte, wuchsen im atemberaubenden Tempo und dadurch entstanden soziale Vereinsamung, aber auch neue kulturelle Sichtweisen. Auch wenn die Erfindung der Dampfmaschine nur ein – wenn auch bedeutender – Bestandteil der Entwicklung seit dem Ende des 18. Jahrhunderts ist, so lassen sich Änderungen im Grossen und Kleinen auch aus ihrer Verwendung ableiten.

Konrad Zuses Z3, erster turingmächtiger Computer 1941

Produktionsprozesse konnten somit schneller und präziser durchgeführt werden und der Organisationsaufwand wurde durch EDV-Systeme besser handelbar. Aber der Computer blieb nicht alleine eine Maschine für die Unternehmen.

Während in der 1980er-Jahren ein menschenähnlicher Roboter kaum das Gleichgewicht halten konnte, war das Ziel des Robocups 1997, dass im Jahr 2050 Roboter gegen Menschen ernstzunehmend Fussball spielen.

Ähnliches lässt sich über den Computer sagen. Seit dem Ende der 1950er-Jahre haben sich die industrialisierten Länder entscheidend weiter hin zu Informationsgesellschaften entwickelt. Meilenstein dieser Ent-

Konrad Zuse (1910–1995)

wicklung war der Bau des ersten turingmächtigen Computers im Jahr 1941 durch Konrad Zuse. Die Hauptaufgabe der frühen elektronischen Rechenmaschinen war es, grosse Datenmengen zu verwalten und schnell und zuverlässig Berechnungen mit diesen durchzuführen. Neben dem Militär kamen Computer in Grossunternehmen als Datenspeicher und -verarbeiter zum Einsatz. Heute gibt es kaum einen Betrieb, der keinen PC bzw. keine EDV-Unterstützung benutzt. Selbst in der Landwirtschaft können Traktoren per GPS fahrerlos ein Feld pflügen und ein Chip in einer schwangeren Kuh übermittelt Signale, wenn die Geburt des Kalbes bevorsteht.

Hauptakteure der Computerentwicklung waren zu Anfang die Mathematik und Elektrotechnik, aus denen sich dann aber ein eigenständiges Fach Informatik entwickelt hat. Die besondere Leistung der Informatik besteht darin, mit immer weniger Ressourcen immer leistungsfähigere und universeller einsetzbare Computer und immer anspruchsvollere Software entwickelt zu haben.

Während technische Geräte wie die Waschmaschine, der Küchenmixer oder die Bohrmaschine seit den 1950er-Jahren – 60 Jahre nach den ersten Einsätzen in der Industrie – Einzug in die Haushalte hielten, brauchte der Computer nur rund 30 Jahre, bis er seinen Siegeszug in die Wohn- und Arbeitszimmer der Bürger antrat. Ab den 1980er-Jahren wurde er zuerst als Arbeits- und Spielgerät angeschafft, ab den 1990er-Jahren zudem als Kommunikations- und Informationsmittel und heute in der Form des Smartphones als jederzeit verfügbares Allroundgerät für nahezu alle Lebenslagen.

Soll man einen Hauptentwicklungsstrang ausmachen, der den Einfluss von Informatiksystemen passend beschreibt, dann ist es der von der Realitätsabbildung hin zur Realitätsgestaltung.

Die ersten Grossrechner wurden dazu genutzt, bei aufwendigen Berechnungen Zeit einzusparen und die Genauigkeit zu erhöhen. Die Einsatzgebiete waren daher das Militär (z. B. zur Berechnung der Flugbahnen von Raketen) und die Büros grosser Unternehmen (z. B. zur Erstellung von Abrechnungen). Software und Rechensysteme dienten dabei lediglich dazu, vorhandene komplexe Systeme in Modelle zu fassen und diese maschinell schneller zu simulieren oder selbst abzuarbeiten. Der Charakter dieser Systeme war zum grossen Teil realitätsabbildend.

Dies hat sich in den letzten zwei Jahrzehnten dramatisch verändert, denn Informatik bildet Realität nicht mehr nur ab, sondern gestaltet sie in vielen Bereichen massgeblich mit und nimmt somit zunehmend strukturierenden Einfluss auf unser Leben. Software erleichtert eben nicht mehr nur die Speicherung und Verarbeitung unseres Wissens, sondern sie verändert im grossen und kleinen Umfang Verhaltensweisen von Menschen und Gesellschaften.

Automatisierung in der Arbeitswelt

Den Gedanken, den Menschen von den Tätigkeiten der Arbeit zu entlasten, hatte Aristoteles schon im antiken Griechenland, denn Arbeit war damals häufig mühselig und körperlich sehr anstrengend. Technische Hilfsmittel wie Kräne gibt es natürlich schon sehr lange, aber erst die Verbesserung des Verständnisses über die physikalische Welt und die damit einhergehenden technischen Errungenschaften und die Ausbreitung von Dampfmaschine und Elektrizität schufen die Grundlagen für eine umfassende Maschinisierung. In diesem ersten Schritt der Automatisierung wurden die Menschen von rein manuellen, gleichförmigen Tätigkeiten entlastet. Auch einfache «Programmierungen» per Lochkarte wie beim Jacquardwebstuhl (1805) waren schon in Ansätzen möglich.

Automobilproduktion früher

Zu Beginn des 20. Jahrhunderts revolutionierten Frederick Winslow Taylor und Henry Ford auch das Organisationsprinzip von Fabriken durch die Installation von Fliessbandarbeit. Bei dieser werden die Arbeitsschritte atomisiert, so dass für jeden Ar-

beiter nur noch einfache Handgriffe übrigbleiben. Das Fliessband und die unterstützenden Maschinen geben dabei den Arbeitstakt und die Geschwindigkeit vor. So konnte die Produktivität und Qualität noch einmal enorm gesteigert werden.

Automobilproduktion heute

Die menschliche Arbeitskraft stand aber noch im Mittelpunkt – bis 1974 der erste elektronische, mit einem Mikrochip bestückte Roboter eingesetzt wurde. Vorher waren roboterähnliche Maschinen hydraulisch und pneumatisch gesteuert. Der grosse Unterschied war, dass die neuen Maschinen programmierbar wurden: Sie waren also nicht mehr nur auf genau eine Tätigkeit beschränkt, sondern konnten in einem bestimmten Parameterbereich unterschiedliche Anforderungen bewerkstelligen. Mit der Steigerung von Hardwareleistung und Softwaremöglichkeiten konnten die Maschinen immer mehr Prozesse der Produktion vollständig übernehmen. In diesem Schritt der Automatisierung steigerte sich die Ersetzung von Menschen durch Automaten, die über die rein manuellen Tätigkeiten hinaus auch Tätigkeiten wie Steuerung, Regelung und Kontrolle umfassen. Die Präzision und Flexibilität der Automaten ermöglichten einerseits eine stetig wachsende Qualitätsverbesserung und eine bedarfsorientierte Produktion.

Im nächsten Schritt konnten die Maschinen in einem Betrieb miteinander vernetzt werden – ein Prozess wie er in allen Bereichen, in denen Computer eingesetzt werden, vonstattenging. Dieses wurde dann auf ganze Unternehmen inklusive deren Zulieferer ausgedehnt, so dass Planungs-, Herstellungs- und Lageraktivitäten aufeinander abgestimmt werden konnten. Ohne Informatiksysteme wäre dieser Teil der Globalisierung nicht erreicht worden.

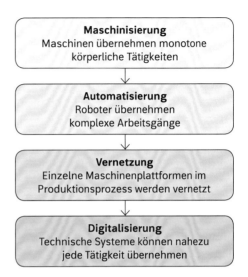

Warten auf die Explosion der Intelligenz

Künstliche Intelligenz erlebt einen Boom. Aber nach wie vor fehlt es an Methoden, um die Fortschritte zu vermessen und Wissenslücken zu benennen.

5 VON STEFAN BETSCHON

Vielleicht sind ja die Maschinen bereits sehr viel gescheiter als die Menschen, vielleicht konnten sie bereits – von den Menschen unbemerkt – übermenschliche Fähigkeiten,
10 Superintelligenz, entwickeln. Sie verraten sich dadurch, dass sie sich dumm stellen. Sehr dumm. Microsoft Outlook zum Beispiel. So dumm kann man gar nicht sein, so dumm ist nur, wer so tut als ob, wer sich verstellt.

15 Was haben wir denn erwartet? Wie haben wir uns denn die Machtübernahme der Maschinen vorgestellt? Als Mediengrossereignis? So wie damals, im Mai 1997, als ein von IBM-Ingenieuren konstruierter Computer namens Deep
20 Blue vor laufenden TV-Kameras den Schachweltmeister Garri Kasparow besiegte? Ist ein Computer, der pro Sekunde 200 Millionen Schachpositionen berechnen kann, intelligent? Wie intelligent ist er? Könnte er auch, wie Kas-
25 parow es getan hat, ein Buch schreiben über

Intelligenz? Deep Blue sei etwa so intelligent wie ein Digitalwecker, schrieb Kasparow 2017 in «Deep Thinking»: «Nicht dass ich mich besser fühle, weil ich gegen einen zehn Millionen
30 Dollar teuren Wecker verloren habe.»

Warum sollten die Maschinen uns ins Vertrauen ziehen, warum sollten sie uns mitteilen, dass sie das Stadium der Superintelligenz erreicht haben? Wären sie uns feindlich gesinnt,
35 würden sie durch dieses Bekenntnis einen Vorteil verspielen, würden sie uns lieben, müssten sie befürchten, uns zu ängstigen.

Gedankenexperimente

Wie können wir herausfinden, was die Maschi-
40 nen im Schilde führen? Reden wir mit ihnen! Es sei die Sprachbegabung, die den Menschen zum Menschen mache, so behaupteten bereits die ersten Philosophen, und im Gespräch, so glaubten Jahrtausende später die Computer-
45 wissenschafter, könnten Menschen die Denkfähigkeiten der Computer am ehesten beurteilen.

Als einer der Ersten hat nach dem Zweiten Weltkrieg Alan Turing die Frage aufgeworfen, ob man Maschinen bauen könne, die denken könnten. Es gab damals weltweit nur rund ein Dutzend Computer, deshalb dürfte Turing mit seinen Ideen viele seiner Zeitgenossen überfordert haben. Später dann, in den 1950er Jahren, begann sich «Elektronengehirn » als Synonym für Computer einzubürgern, und schon bald – früher, als Turing vorausgesagt hatte – war für die Menschen künstliche Intelligenz das Normalste der Welt, obwohl sich die Realisierung einer solchen Maschine als sehr viel schwieriger erwies, als Turing vermutet hatte.

«Können Maschinen denken?» Mit dieser Frage begann Turing 1950 einen Aufsatz für die britische Fachzeitung «Mind». Turing löst diese Frage so, wie Alexander den Gordischen Knoten gelöst, so, wie Kolumbus ein Ei auf die Spitze gestellt hat: mit Gewalt. Definieren zu wollen, was Denken sei, sei «gefährlich», schrieb Turing. Also verzichtet er darauf und nennt eine «denkende Maschine» eine, die sich im Imitationsspiel bewährt, die sich so präsentiert, als könnte sie denken. Dieses Spiel wird heute Turing-Test genannt. Turing sagte 1950 voraus, dass es gegen Ende des 20. Jahrhunderts erstmals Maschinen geben werde, die gemäss den Regeln dieses Spiels Intelligenz beweisen könnten.

Turing verlegt die künstliche Intelligenz (KI) um 50 Jahre in die Zukunft. Diese Zurückhaltung ist unter Computerwissenschaftlern selten. Meistens wird die Ankunft von Denkmaschinen um 15 bis 25 Jahre in die Zukunft verlegt. Diese Zahlen nennt der britische Mathematiker Stuart Armstrong, der 2012 eine Sammlung von 257 Prognosen ausgewertet hat. Dieser Zeitrahmen wird wohl durch das Bemühen bestimmt, einerseits den Durchbruch der KI möglichst nahe bei der Gegenwart anzusiedeln, um die Menschen aufzurütteln, und andererseits die Stunde der Wahrheit möglichst weit in die Zukunft zu verlegen, um die eigene Glaubwürdigkeit nicht zu gefährden.

Also: Es wird noch rund zwei Jahrzehnte dauern, bis uns die Maschinen intellektuell ebenbürtig sind. Die Inselbegabung, über die etwa ein Schachcomputer verfügt, wird sich nach und nach zu einer Artificial General Intelligence (AGI) ausweiten, so stellt man sich das vor. Dank dieser Fähigkeit könnte sich eine einzelne Maschine dann in verschiedenen Anwendungsbereichen bewähren, sie könnte den Menschen auf Augenhöhe begegnen. Die Begegnung dauerte aber nur kurz, bald würde sich die Maschine zur Superintelligenz aufschwingen und eine Intelligenzexplosion auslösen. Die Menschen blieben allein zurück.

Das Gehirn nachbauen

Die Qualität der Voraussagen sei zumeist schlecht, schreibt Armstrong zusammenfassend. Viele Prognostiker verliessen sich auf ihr Gefühl, nur selten werde versucht, die der Prognose zugrunde liegenden Annahmen explizit zu machen und ein Modell zu entwickeln, das die für die Entwicklung der KI relevanten Faktoren und ihr Zusammenspiel beschreibe. Ein oft verwendetes Modell basiere auf dem Mooreschen Gesetz, auf der von Gordon Moore publizierten Vermutung, dass die Zahl der Komponenten, die auf einem Computerchip platziert werden könnten, sich alle zwei Jahre verdoppeln lasse. Dieses «Gesetz» lässt sich so interpretieren, dass die Rechenleistung exponentiell wächst. Man müsste also nur die Rechenleistung messen, um Aussagen über die Leistungsfähigkeit eines KI-Systems machen zu können. Doch dieser Zusammenhang zwischen Rechenleistung und Intelligenz ist nicht sehr eng; Deep Blue würde, wäre er nicht verschrottet worden, gegen neuere Schachcomputer, die weniger Rechenleistung besitzen, verlieren.

Wenn man annimmt – was zweifelhaft ist –, dass das Mooresche Gesetz seine Gültigkeit noch lange behalten wird und die Rechenleistung sich stetig steigern lässt, kann man berechnen, wann die Computer in der Lage sein werden, ein menschliches Gehirn nachzuahmen. Sei einmal ein künstliches Gehirn da, so glaubt unter anderem der schwedisch-britische Philosoph Nick Bostrom, sei auch künstliche Intelligenz nicht mehr weit. Bostrom – mit dem Buch «Superintelligence» (2014) berühmt geworden – schätzt, dass für eine elektrophysiologisch exakte Nachbildung des Gehirns eine Rechenleistung von 1022 Gleitkommaoperationen pro Sekunde (Flops) benötigt werde. Die Leistung der schnellsten Supercomputer der Welt liegt heute bei 1015 Flops. Die Rechenleistung müsste also um den Faktor 10 000 000 gesteigert werden. Ungefähr in 25 Jahren, so schätzte Bostrom 2008, werde die computertechnische Nachbildung des menschlichen Gehirns möglich sein.

Es gibt ernstzunehmende Wissenschafter – der amerikanische Physiker Freeman Dyson –, die glauben, dass es KI in absehbarer Zukunft nicht geben wird, und es gibt unter denjenigen, die KI für möglich halten, auch solche – der britische Physiker David Deutsch –, die glauben, dass der Erfolg von einer einzelnen Innovation, von einer nicht vorhersehbaren und nicht planbaren «Inspiration» abhängt. Die meisten Wissenschafter aber, die sich berufen fühlen, sich zur Zukunft der KI zu äussern, glauben, dass ein kontinuierlicher Fortschritt zur AGI führt. Wie viele Schritte sind es noch zum Ziel? Wie weit sind wir in den vergangenen 70 Jahren schon gekommen?

In einzelnen Anwendungsbereichen der KI gibt es normierte Verfahren, die es erlauben, den Fortschritt zu bewerten. Bei den Schachcomputern verweist die Elo-Zahl auf die Spielstärke; bei der Spracherkennung ermöglicht die vom amerikanischen National Institute of Standards and Technology (Nist) entwickelte Speaker Recognition Evaluation einen Vergleich verschiedener Systeme. Standardisierte Tests gibt es auch für die Gesichtserkennung

oder für die Handschrifterkennung. Die Qualität von maschinell hergestellten Übersetzungen wird gemäss einem Bleu (Bilingual Evaluation Understudy) genannten Verfahren bewertet; bei der Bildanalyse liefert die Imagenet-Datenbank einen Rahmen, um die Fähigkeiten von Softwareprogrammen zu testen. All diese Messmethoden zeigen, dass in jüngster Vergangenheit in den genannten Gebieten – zumeist dank Techniken des Machine-Learning – grosse Fortschritte erzielt worden sind. In einigen Fällen werden den Computern bereits übermenschliche Fähigkeiten nachgesagt. Allerdings ist der Vergleich mit Menschen schwierig: Wenn diese etwa beim Verschriftlichen von Telefongesprächen oder bei Wiedererkennen von Gesichtern in der Imagenet-Datenbank mehr Fehler machen als die Maschinen, ist dies oft auch der Müdigkeit geschuldet. All diese Messmethoden sind in Teilbereichen wichtig, sie erlauben es, die Inselbegabungen der Computer zu bewerten. Aber sie ermöglichen es nicht, einen Bezug herzustellen zu einer universellen Intelligenz.

Täuschung als Prinzip

Nach dem Krieg bis zu seinem Suizid 1954 hat sich Turing in mehreren Vorträgen und Aufsätzen mit den Möglichkeiten künstlicher Intelligenz befasst. Seine Ideen sind gehaltvoll und weisen weit über seine Zeit hinaus. Nach seinem verfrühten Tod ging er vergessen. Was blieb, war der Turing-Test.

Viele Computerwissenschafter haben die Simplizität dieses Spielchens kritisiert. Doch es hat die Wissenschaft von der künstlichen Intelligenz stärker geprägt, als viele wahrhaben wollen. Mehr noch: Turings Gedankenspiele haben wie ein Schwelbrand die philosophischen Grundlagen der Neuzeit zerstört. In diesem Sinne äusserte sich kürzlich der Schweizer Technikphilosoph Walther Zimmerli anlässlich einer Vorlesung am Collegium Helveticum in Zürich. Kernaufgabe der neuzeitlichen Philosophie sei seit Descartes der methodische Zweifel gewesen, der Kampf gegen die Täuschung. Doch Turing habe die «Täuschung zum Prinzip erhoben».

Intelligent ist, was intelligent zu sein scheint. In diesem schönen Schein gefallen sich viele KI-Forscher und auch die Marketingverantwortlichen von Firmen, die KI-Produkte verkaufen möchten. Alle bejubeln die Erfolge der KI, doch es gibt keinen Massstab, um den Fortschritt zu vermessen, es gibt keine Verfahren, um Wissenslücken zuverlässig aufzuspüren. Alle tun so als ob. Doch dann hat ein geistig zurückgebliebener, 13-jähriger Hip-Hop-Fan aus der Ukraine dem Spiel ein Ende bereitet. Er heisst Eugene Goostman und spricht gebrochen Englisch. Er ist nicht einfach ein dummer Junge, er ist eine Maschine, die sich dumm stellt. Und die Menschen sind darauf hereingefallen.

Unerfüllte Hoffnungen

Nicht weniger als einen «Meilenstein in der Geschichte der Computerwissenschaft» vermeldete die britische University of Reading am 8. Juni 2014. Erstmals habe ein Computer den Turing-Test bestanden. Das habe «grosse Implikationen für die heutige Gesellschaft», das sei ein «Weckruf». Doch wer sich die Protokolle der Gespräche ansieht, die Eugene und die Juroren geführt haben, wird Intelligenz nirgends finden. Die Software gibt ausweichende, dümmliche Antworten. Auf die Frage, wie viele Beine ein Kamel habe, antwortet Eugene: «Etwas zwischen zwei und vier. Vielleicht drei? :-))).» Die Frage, wie viele Beine eine Ameise habe, ergibt die Antwort: «Etwas zwischen zwei und vier. Vielleicht drei? :-))).» Eugene konnte das Imitation-Game gewinnen, weil die Juroren nicht damit rechneten, dass eine Maschine so gar nichts unternehmen würde, um Intelligenz vorzutäuschen.

Die von unbekannten russischen und ukrainischen Programmierern geschaffene Eugene-Software ist sang- und klanglos in der Versenkung verschwunden. Ihr Sieg war aber insofern historisch, als er gezeigt hat, dass der Turing-Test nichts taugt. Seither wurden die Anstrengungen verstärkt, um Alternativen zu finden. Es wurde etwa ein Lovelace-Test vorgeschlagen: Hier soll sich der Computer als kreativer Künstler hervortun. Bei einem anderen Test wird vom Computer verlangt, dass er bei TV-Serien voraussagen kann, wo die Menschen lachen werden. Dann gibt es die Winograd Schema Challenge: Sie wurde vom altgedienten kanadischen KI-Forscher Hector Levesque vorgeschlagen, der Name verweist auf den amerikanischen Computerwissenschaftler Terry Winograd. Bei diesem Test geht es darum, Fragen zu beantworten, die das Sprachverständnis auf die Probe stellen. Beispiel: «Der Hammer passt nicht in den Koffer – er ist zu gross: Wer ist zu gross, der Hammer oder der Koffer?» Die amerikanische Association for the Advancement of Artificial Intelligence hat 2016 erstmals eine Winograd Schema Challenge durchgeführt. Das Preisgeld von 25 000 Dollar musste nicht ausbezahlt werden, die beste Software konnte nur knapp zwei Drittel der Fragen richtig beantworten.

Die hier beschriebenen Turing-Test-Alternativen sind alle auf kognitive Fähigkeiten ausgerichtet, die als typisch menschlich gelten. Wollte ein KI-Forscher eine Software entwickeln, die sich in diesen Tests bewährt, müsste er sich wiederum auf ein Imitationsspiel einlassen. Doch man wird die Begutachtung eines neuen Düsenjets nicht einem Vogelkundler überlassen wollen, deshalb sollte man sich auch beim Testen der Maschinenintelligenz von psychologischen und neurologischen Vorkenntnissen lösen. Die Faszination der KI besteht ja doch auch darin, dass sie Hoffnung macht auf völlig neuartige Formen von Gescheitheit.

Stefan Betschon: «Warten auf die Explosion der Intelligenz», NZZ vom 21.12.2018, S. 56–57, Zürich, 21.12.2018, Publikation mit ausdrücklicher Zustimmung der NZZ

Automatisierung aus Sicht der Informatik

Automatisierung ist eine klassische Aufgabe von Ingenieuren, die als Technikwissenschaftler nicht so sehr auf Erkenntnisgewinn als vielmehr auf Problemlösungen spezialisiert sind. Während sich Ingenieure – grob gesagt – um die technische Seite des Problems kümmern, haben Informatiker die Aufgabe, die Informationsflüsse innerhalb des Automatensystems zu entwickeln. Dabei müssen Regelungs-, Steuerungs- und Kontrollfunktionen so in Software umgesetzt werden, dass das System die gestellten Anforderungen erfüllt. Informatisch lässt sich ein Automat ganz klassisch nach dem EVA(S)-Prinzip erklären (siehe Kapitel 4.10 Theoretische Grundlagen von Computern): Der Automat bekommt eine Eingabe, verarbeitet diese und erzeugt eine Ausgabe.

Der Informatiker muss bei der Umsetzung nicht genau wissen, wie die einzelnen Bestandteile der Maschine funktionieren. Entscheidend für ihn ist es, dass er weiss, wie welche Inputs welche Outputs erzeugen sollen und auf welche Schnittstellen der einzelnen Komponenten des Automaten er wie zugreifen kann. Dies nennt man das Blackbox-Prinzip. Natürlich müssen die einzelnen Komponenten wie Motoren und Sensoren eventuell auch eine Software besitzen, diese werden aber in der Regel unabhängig vom Gesamtsystem entwickelt. Moderne Maschinen müssen aufgrund der hohen technischen Anforderungen an den Output präzise arbeiten. Daher müssen die Datenströme innerhalb des Systems so aufeinander abgestimmt werden, dass sie auf den Bruchteil einer Sekunde ohne Fehler genau bei der Komponente ankommen, bei der sie gebraucht werden.

Muss beispielsweise ein Werkstück auf einer Plattform gedreht werden, während gleichzeitig ein Fräskopf an dem Werkstück auf- und abfährt, müssen die zuständigen Motoren zeitlich exakt aufeinander abgestimmt angesteuert werden. Bei der Herstellung von Maschinenteilen kommt es auf Bruchteile von Millimetern an, wenn sich nur einer der beiden Motoren zu früh bewegt, ist das Werkstück ruiniert.

Der Programmierer muss nicht wissen, wie der Lichtsensor oder die Motoren des Roboters funktionieren.

Die ersten Automaten waren hinsichtlich aller drei Bereiche sehr beschränkt. Ein elektrisch betriebener Schmiedehammer konnte nur genau eine Aufgabe verrichten: Er schlug mit einer gewissen Kraft, die eventuell einstellbar (programmierbar) war, auf ein Werkstück. Input und Output waren bei diesem Automaten sehr beschränkt, denn mehr gaben die Möglichkeiten der Verarbeitung im Automaten nicht her. Heutige Roboter sind zwar auch noch auf einen Tätigkeitsbereich, wie z. B. das Lackieren, eingeschränkt, sind in diesem Bereich aber sehr flexibel. Mithilfe der Programmierung können unterschiedliche Lacke in unterschiedlicher Stärke an unterschiedlich geformten Karosserien aufgetragen werden. Neben der technischen Weiterentwicklung ermöglicht diese Software, anhand technischer Zeichnungen die Bewegungen des Roboterarms und die dazu passende Sprühmenge an Lack zu berechnen. Das Ergebnis kann in seiner Präzision und seiner Wirtschaftlichkeit von keinem Menschen mit einer Sprühpistole so umgesetzt werden.

Automatisierung im Alltag

In der Industrie geht es darum, möglichst günstig qualitativ hochwertige Produkte herzustellen. Der Maschineneinsatz hilft den Unternehmen, dieses Ziel zu erreichen. Etwas anders sieht die Interessenlage für den Einsatz von Automaten im Alltag der Menschen aus, denn hier steht zunächst nicht der finanzielle Vorteil im Vordergrund, sondern Zeitersparnis, Bequemlichkeit, Sicherheit u. v. m.

Vor allem im Haushalt haben Automaten grosse Teile der Arbeit übernommen: Waschmaschinen, Kaffeemaschinen und Mikrowellen erleichtern unser Leben. Die Entwicklung ist aber noch nicht zu Ende, denn während diese Haushaltshelfer klassisch allein arbeiten, sollen auch sie in Zukunft stärker vernetzt werden. Das fasst man unter dem Begriff «Intelligentes Wohnen» oder «Smart House» zusammen. Dabei wird die Haustechnik automatisiert und fernsteuerbar, per Smart Metering kann Energie und Wasser dann eingesetzt werden, wenn es günstig ist, und die Haushaltsgeräte erhalten immer individuellere Einstellungsmöglichkeiten inklusive einer Fernsteuerung über das Internet.

1 Vollziehen Sie einen normalen Tagesablauf nach. Stellen Sie dar, wann und wo Sie mit Informatiksystemen in Kontakt kommen. Bedenken Sie, dass der Kontakt nicht immer direkt sichtbar ist. Sammeln und clustern Sie Ihre Ergebnisse.

2 Stellen Sie eine Liste von Tätigkeiten zusammen, bei denen Sie im Alltag «Informatik» benutzen, wie z. B. Informationen einholen, Treffen vereinbaren, kommunizieren usw. Beschreiben Sie, wie diese Tätigkeiten ablaufen. Befragen Sie Ihre Eltern oder Grosseltern, wie diese in ihrer Jugend diese Tätigkeiten durchgeführt haben. Stellen Sie «heute» und «damals» der Tätigkeiten in einer Tabelle gegenüber und vergleichen Sie. Finden Sie Kriterien, die die Entwicklung allgemein beschreiben können.

3 An welcher Stelle wünschen Sie sich, dass Maschinen Aufgaben übernehmen, und an welcher Stelle haben Sie Angst davor?

4 Es gibt kaum eine Wissenschaft, auf die die Informatik als deren Hilfswissenschaft keinen Einfluss ausgeübt hat. Recherchieren Sie nach Bindestrich-Informatiken wie z. B. der Sport-Informatik. Stellen Sie eines dieser Fachgebiete mit seinen spezifischen Zielen und Methoden auch anhand von Beispielen dar. Beurteilen Sie, in welchen Bereichen diese Bindestrich-Informatiken eher realitätsabbildend und in welchen eher realitätsgestaltend sind.

5 Stellen Sie anhand eigener Recherchen die historische Entwicklung der Automobile seit den Anfängen im 19. Jahrhundert bis zur Zukunftsvision selbstfahrender Autos dar. Stellen Sie dabei den Einsatz von informatisch-technischen Systemen in den Mittelpunkt und beurteilen Sie, inwiefern eine Entwicklung von der Realitätsabbildung zur Gestaltung stattgefunden hat bzw. stattfinden wird.

A Formulieren Sie einen Algorithmus, wie man einen Ablaufplan für einen Vorranggraphen erstellen kann (siehe Kapitel 6.3 Scheduling). Wie kann man ihn lokal optimieren respektive das globale Optimum bestimmen?

B Informieren Sie sich, wie bei Ihnen im Schulhaus die Maturaarbeit organisiert ist. Können Sie einen Ablaufplan erstellen?

C In der klassischen Musik ist die Sonatenhauptsatzform eine beliebte Form beispielsweise für den ersten Satz einer Sinfonie. Analysieren Sie die Sonatenhauptsatzform daraufhin, was für algorithmische Gestaltungsaspekte in ihr vorkommen.

Algorithmisches Denken wird manchmal auch als «Denken, wie ein Informatiker denkt» bezeichnet. Damit grenzt es sich ab vom «Denken, wie ein Computer denken würde».

STRUKTURIERTES PROGRAMMIEREN
In den ersten fünf Kapiteln dieses Schulbuches haben Sie die Grundelemente von **strukturiertem Programmieren** (engl. **structured programming**) erlernt. Diese sind:

- **Sequenz:** das hintereinander Ausführen von Anweisungen
- **Verzweigung:** das selektive Ausführen von Anweisungen je nach dem Wert einer Bedingung
- **Schleifen:** das wiederholte Ausführen von Anweisungen je nach dem Wert einer Bedingung

IMPERATIVES PROGRAMMIEREN
Wenn man noch das Grundprinzip der **Modularisierung durch Unterprogramme** hinzunimmt, hat man alle Grundprinzipien, die das **imperative Programmierparadigma** (engl. **imperative programming**, vom lateinischen Wort imperare, das «befehlen», «anweisen» oder «anordnen» bedeutet) ausmachen.

Das imperative Programmierparadigma ist entstanden, als Programmiersprachen wie BASIC mit der GOTO-Anweisung dazu geführt haben, dass Computerprogramme sehr lange Abfolge von Anweisungen wurden, in denen teilweise unübersichtlich hin- und hergesprungen wurde. Dieser sogenannte Spaghetticode ist schwer verständlich und damit nur aufwendig zu warten. Eine bessere Strukturierung durch die oben genannten Grundelemente verbesserte die Situation deutlich.

Das imperative Programmierparadigma ist sehr weit verbreitet und bildet die Basis vieler Programmiersprachen. Es ist jedoch nicht die einzige Herangehensweise, wie man programmieren kann.

Alternative Programmierparadigma sind beispielsweise das **funktionale Programmierparadigma** (engl. **functional programming**) oder das **prädikative Programmierparadigma** (engl. **logic programming**). Statt dass programmiert wird, welche Schritte in welcher Reihenfolge ausgeführt werden, wird bei diesen Programmierparadigmen definiert, wie die Zusammenhänge sind. Dies wird beim funktionalen Programmierparadigma mit Hilfe von Funktionen (ähnlich wie in der Mathematik) gemacht, die häufig rekursiv sind. Und beim prädikativen Programmierparadigma werden logische Aussagen formuliert, die die Lösung erfüllen. Es bleibt dann dem Computer überlassen, diese Zusammenhänge auszuwerten.

Ein weiteres zentrales Programmierparadigma ist das **objektorientierte Programmierparadigma** (engl. **object-oriented programming**). Während beim imperativen Programmierparadigma Programme **mit** Daten arbeiten, werden beim objektorientierten Programmierparadigma Daten und Programmabläufe zusammengefasst und als einheitliche Objekte behandelt. Objekte desselben

Typs gehören dann zu einer **Klasse** von Objekten, die auch auf dieselbe Art angesprochen werden können.

Teil des objektorientierten Programmierparadigmas ist in der Regel, dass innerhalb der Objekte dieselben Grundelemente wie beim strukturierten Programmieren vorkommen. Die Unterprogramme sind jedoch Teil der Objekte und werden Methoden genannt. Sie greifen auf die Daten des Objekts selbst zu. Im Kapitel 10 Objektorientierte Modellierung wird aufgezeigt, wie man auch in Python objektorientiert programmieren kann.

Die verschiedenen Programmierparadigmen las-

sen sich für unterschiedliche Zwecke besser oder schlechter anwenden. Sie gehören aber alle zum Repertoire eines versierten Informatikers. Auch wenn der Computer derselbe ist, der Programme der verschiedenen Programmierparadigmen ausführen kann, sind doch die Denkansätze sehr unterschiedlich. Demnach ist algorithmisches Denken also nicht nur ein Denken in Abläufen, wie sie ein Computer durchführt, sondern eben auch ein Denken in Abläufen, wie sie sich ein Informatiker vorstellt, je nach Zweck in einem passenden Programmierparadigma.

1 Recherchieren Sie den Begriff Spaghetticode. Mal ehrlich: haben Sie nicht auch schon mal etwas ähnliches wie Spaghetticode programmiert? Wie können Sie das vermeiden?

2 Formulieren Sie einen Ablauf, wie man die Fakultät einer Zahl alleine durch Sequenzen und Schleifen berechnen kann. Formulieren Sie zudem einen Ablauf, wie man die Fakultät einer Zahl ohne Sequenzen und Schleifen, dafür aber mit Verzweigungen und rekursiven Unterprogrammen berechnen kann. Diskutieren Sie die unterschiedlichen Denkansätze der dahintersteckenden Programmierparadigmen.

3 Im Einstieg dieses Kapitels sollten Sie einen Algorithmus formulieren, der einen Ablaufplan für einen Vorranggraphen erstellt. Formulieren Sie nun Bedingungen aus einem Vorranggraphen, die immer gelten müssen. Diskutieren Sie die unterschiedlichen Denkansätze der dahintersteckenden Programmierparadigmen.

4 Blättern Sie schon mal zum Kapitel 10 Objektorientierte Modellierung und lesen Sie die wesentlichen Grundelemente Objektorientierter Modellierung.

5 Was ist eigentlich ein Informatiker?

Kryptologie, Kodierung und Kompression

《 Fubswrjudskb lv wbslfdoob ebsdvvhg, qrw shqhwudwhg. 》

Adi Shamir (*1952)

《 Kryptografie wird typischerweise umgangen, nicht geknackt. 》

A Auf dem Gelände der Central Intelligence Agency (CIA) in Langley, Virginia steht die Skulptur «Kryptos» des amerikanische Künstlers James «Jim» Sanborn (*1945). Recherchieren Sie, was es mit dieser Skulptur auf sich hat, und was für Lösungsversuche bisher bekannt sind.

B Eines der rätselhaftesten Bücher der Welt ist das sogenannte Voynich-Manuskript, das auch für heutige Kryptoanalytiker ein Rätsel darstellt: obwohl es mutmasslich bereits über 500 Jahre alt sein soll, entzieht es sich bisher allen Entschlüsselungsversuchen auch mit modernster Technologie. Dennoch gibt es Anzeichen dafür, dass es nicht nur eine willkürliche Zeichenansammlung darstellt.

Recherchieren Sie über das Voynich-Manuskript und vollziehen Sie die Argumente nach, die rund um das Buch gemacht werden.

C Sammeln Sie aus Tageszeitungen der letzten Woche, wo Verschlüsselung vorkommt, und in welchem Kontext. Was davon betrifft Sie persönlich?

Schon seit dem Altertum beschäftigen sich Menschen damit, wie Nachrichten vertraulich übermittelt werden können. Dabei wurden im Laufe der Jahrhunderte die unterschiedlichsten Verfahren entwickelt. Nachrichten werden so verändert, dass nur der vorgesehene Empfänger, nicht aber z. B. der kriegerische Gegner oder ein Onlinekrimineller, sie lesen kann. Angefangen hat die Kryptographie mit der Verschlüsselung per Hand. In der Mitte des 20. Jahrhunderts wurden dann zusätzlich Maschinen wie zum Beispiel die Enigma eingesetzt. Heute kommt die Kryptographie vor allem bei Computeranwendungen, z. B. beim Nutzen vieler Webseiten, zum Einsatz. Das

Grundprinzip aller Verschlüsselungsverfahren ist heute noch dasselbe.

Kryptographische Verfahren müssen von steganographischen Verfahren abgegrenzt werden. Das Prinzip der Steganographie beruht darauf, dass eine Nachricht so versteckt ist, dass niemand mitbekommt, dass eine Nachricht übermittelt wird. Das Prinzip der Kryptographie hingegen beruht darauf, dass eine potentiell öffentlich lesbare Nachricht nicht entziffert oder verändert werden kann. Dennoch werden für die Steganographie Nachrichten oftmals zusätzlich verschlüsselt.

KRYPTOLOGIE

Die **Kryptologie** umfasst die Gebiete der **Kryptographie** und der **Kryptoanalyse**. Unter Kryptographie versteht man Verfahren zum **Ver- und Entschlüsseln** von Nachrichten, während sich die Kryptoanalyse mit dem Brechen von kryptographischen Verfahren beschäftigt.

Eine Nachricht, die übermittelt werden soll, nennt man **Klartext**, die mit Hilfe eines **Schlüssels** und eines bestimmten **Verschlüsselungsverfahrens** in

den **Geheimtext** umgewandelt wird. Der Geheimtext wird dann übermittelt und vom Empfänger mit Hilfe eines **Schlüssels** wieder zurück in den Klartext **entschlüsselt**. Gelingt es einem Dritten, einen Geheimtext ohne Kenntnis des Schlüssels wieder in den Klartext umzuwandeln, so hat er den Text **entziffert**.

1 In Filmen werden sehr häufig kryptographische Verfahren angedeutet. Wie wird das Entziffern dargestellt?

2 Wieso ist Kryptologie überhaupt wichtig? Wir haben doch nichts zu verbergen, oder?

3 Recherchieren Sie, was eine «Skytale» ist. Diskutieren Sie, ob die Skytale ein kryptographisches oder ein steganographisches Verfahren ist.

A Versuchen Sie den folgenden Geheimtext zu entziffern:

KHUCO LFKZL OONRP PHQLQ GHUZH OWGHU NUBSW RJUDS KLHHU NXQGH QZLUJ HPHLQ VDPZL HPDQV LFKHU NRPPX QLCLH UWRGH UXQVL FKHUH YHUVF KOXHV VHOXQ JHQQ DFNW

Wenn Sie es geschafft haben: notieren Sie eine Anleitung für andere, wie man diesen und ähnliche Geheimtexte entziffern kann.

B Das Freimaurer-Alphabet ist ein Alphabet, bei dem jeweils ein «normaler» Buchstabe einem Zeichen des Freimaurer-Alphabets zuge-ordnet wird. Die Zuordnung der Buchstaben zu den Zeichen des Freimaurer-Alphabets geschieht mit Hilfe einer einfachen Zeichnung:

A	B	C		J.	K.	L.
D	E	F		M.	N.	O.
G	H	I		P.	Q.	R.

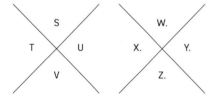

Zum Verschlüsseln wird nun der jeweilige Buchstabe gesucht und die Linien rund um den Buchstaben übernommen. Wenn hinter dem Buchstaben ein Punkt steht, wird dieser in das Symbol eingezeichnet. Das gibt dann die folgende Tabelle:

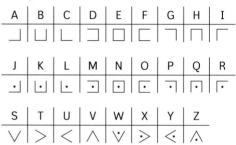

Entschlüsseln Sie den folgenden Text:

⊐⎤∨⊏⌐⊓⊏ ⊐⎤< ⌐⊓⊏ ⌐Ⅼ ⌐⊓ ⎤⎤⊐>∨ ⎤⌐⊏⊓⊏ ⊓⊏⌐∧⎤⌐⊏ ⎤>⌐⊏⊕⎤⊓⊏⊓⊏ >∨⌐⊐⎤Ⅼ>⊓⊏>< ⊐⎤Ⅼ∨⎤⎤⎤⎤Ⅼ⊐⊐⊓⊏⊕⊕<⊕⎤⊐⊐⊓⊏⊕⎤⊐⎤ ⎤⊕⊕>

C Analysieren Sie die Anordnung der Buchstaben auf Ihrer Tastatur. Was für Gesetzmässigkeiten finden Sie? Recherchieren Sie danach die Geschichte von Tastaturbelegungen.

Caesar-Verschlüsselung

Der römische Schrift-steller Gaius Suetonius Tranquillus genannt Sueton (ca. 70 n. Chr.–122 n. Chr.) schreibt in seiner Biographie über den römischen Feldherren Gaius Julius Cäsar (100 v. Chr.–44 v. Chr.): «*quae si qui investigare et persequi velit, quartam elementorum litteram, id est D pro A et perinde reliquas commutet*» – «*Wenn jemand solche [Briefe] untersuchen und verstehen möchte, muss den vierten Buchstaben ersetzen, also D mit A und so weiter.*»

Gaius Julius Cäsar (100 v. Chr.–44 v. Chr.)

Mit Hilfe der im 15. Jahrhundert von Leon Battista Alberti (1404–1472) entwickelten Caesar-Scheibe kann man sehr schnell Texte ver- und entschlüsseln: man verdreht das innere Alphabet um so viele Zeichen gegen den Uhrzeigersinn, wie es der Schlüssel vorgibt. Beim Verschlüsseln sucht man das Klartext-Zeichen auf dem äusseren Alphabet und ersetzt es durch den entsprechenden Buchstaben auf dem inneren Alphabet. Beim Entschlüsseln sucht man das Geheimtext-Zeichen auf dem inneren Alphabet und ersetzt es durch den entsprechenden Buchstaben auf dem äusseren Alphabet.

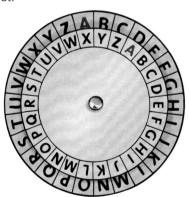

Wenn beispielsweise auf der Caesar-Scheibe der Schlüssel «S» eingestellt ist, wird das innere Alphabet um 18 Stellen gegen den Uhrzeigersinn gedreht. So kann dann das Wort «INFORMATIK» von aussen nach innen so verschlüsselt werden:

Klartext:	I	N	F	O	R	M	A	T	I	K
Geheim-text:	A	F	X	G	J	E	S	L	A	C

Zum Entschlüsseln wird die Caesar-Scheibe genau so eingestellt, aber von innen nach aussen entschlüsselt:

Geheim-text:	A	F	X	G	J	E	S	L	A	C
Klartext:	I	N	F	O	R	M	A	T	I	K

CAESAR-VERSCHLÜSSELUNG
Bekannt seit: vor 100 n. Chr.
Anzahl Schlüssel: 25
Kryptographische Stärke: sehr schwach

Die **Caesar-Verschlüsselung** beruht darauf, dass zwei Alphabete um eine bestimmte Anzahl gegeneinander verschoben werden. Das äussere Alphabet entspricht dann dem Klartext und das innere Alphabet dem Geheimtext. Die Anzahl Zeichen, um die verschoben wurde, ist der Schlüssel. Weil oftmals Drehscheiben verwendet werden, nennt man diese und ähnliche Verschlüsselungsverfahren auch **Rotationschiffren**.

Monoalphabetische Verschlüsselung

Offensichtlich, kann man einen Geheimtext, der mit der Caesar-Verschlüsselung verschlüsselt ist, leicht entziffern, indem man einfach die 25 verschiedenen Schlüssel ausprobiert. In den Jahrhunderten nach Cäsar nutzt man daher vermehrt Verschlüsselungsverfahren, bei denen ein Klartextzeichen einem beliebigen Geheimtextzeichen zugeordnet wurde. So war der Schlüsselraum viel grösser, weil theoretisch alle möglichen Reihenfolgen (Permutationen) der 26 Buchstaben unter das Alphabet geschrieben werden konnten. Zusätzlich nutzten einige Verschlüsselungsverfahren noch andere Zeichen als das Alphabet als Geheimzeichen.

Das Verschlüsseln und Entschlüsseln funktioniert ähnlich wie bei der Caesar-Verschlüsselung, nur dass das innere Alphabet der Caesar-Scheibe nicht mehr sortiert sondern zufällig ist. Daher schreibt man dies oftmals unter das Klartextalphabet. Die obere Tabelle unten zeigt ein solches zufälliges Alphabet.

Dabei ist die Reihenfolge des Alphabets für den Geheimtext der Schlüssel, man notiert ihn häufig einfach in der Reihenfolge des Klartextalphabets: «HLYAVPCRQWOXKUNZITDSJEGMBF». Die einzelnen Zeichen werden dann wie bei der Caesar-Verschlüsselung verschlüsselt. Für das Entschlüsseln muss nun das entsprechende Zeichen im Geheimtext gesucht werden und das Zeichen aus dem Klartext mit demselben Index gewählt werden.

Das Wort «HAEUFIGKEITSANALYSE» wird verschlüsselt, wie in der unteren Tabelle dargestellt.

MONOALPHABETISCHE VERSCHLÜSSELUNG
Bekannt seit: vor 100 n. Chr.
Anzahl Schlüssel: $26! = 26 \cdot 25 \cdot 24 \cdot ... \cdot 3 \cdot 2 \cdot 1 \approx 4.033 \cdot 10^{26}$
Kryptographische Stärke: schwach

Ein **Monoalphabetisches Verschlüsselungsverfahren** ist ein Verschlüsselungsverfahren, bei dem jedes Zeichen unabhängig von seinem Kontext immer wieder durch dasselbe Zeichen ersetzt wird. Die Caesar-Verschlüsselung ist eine monoalphabetische Verschlüsselung, es gibt aber sehr viel mehr monoalphabetische Verschlüsselungen.

In der natürlichen Sprache kommen einige Buchstaben häufiger vor als andere. Dies kann man benutzen, wenn man einen monoalphabetisch verschlüsselten Text entziffern möchte. Zunächst werden in dem Geheimtext die häufigsten Zeichen identifiziert. Dann wird versuchsweise das häufigste Zeichen mit dem häufigsten Zeichen in der deutschen Sprache identifiziert, danach das zweithäufigste Zeichen im Geheimtext mit dem zweithäufigsten Zeichen in der deutschen Sprache, und so weiter. Häufig kann man dabei bereits einzelne Wörter erkennen. Fehler bei Zuordnungen können durch Erkennen von «Schreibfehlern» in Worten korrigiert werden, so dass so schrittweise der Schlüssel erkannt werden kann.

Klartext:	A	B	C	D	E	F	G	H	I	J	K	L	M	N	O	P	Q	R	S	T	U	V	W	X	Y	Z
Index:	0	1	2	3	4	5	6	7	8	9	10	11	12	13	14	15	16	17	18	19	20	21	22	23	24	25
Geheimtext:	H	L	Y	A	V	P	C	R	Q	W	O	X	K	U	N	Z	I	T	D	S	J	E	G	M	B	F

Klartext:	H	A	E	U	F	I	G	K	E	I	T	S	A	N	A	L	Y	S	E
Index:	7	0	4	20	5	8	6	10	4	8	19	18	0	13	0	11	24	18	4
Geheimtext:	R	H	V	J	P	Q	C	O	V	Q	S	D	H	U	H	X	B	D	V

Buchstabe:	A	B	C	D	E	F	G	H	I
Häufigkeit in diesem Buch:	6.166 %	2.293 %	2.773 %	4.477 %	17.756 %	1.725 %	2.689 %	3.743 %	7.886 %

Buchstabe:	J	K	L	M	N	O	P	Q	R
Häufigkeit in diesem Buch:	0.239 %	1.446 %	4.019 %	2.846 %	9.742 %	3.125 %	1.405 %	0.083 %	6.831 %

Buchstabe:	S	T	U	V	W	X	Y	Z
Häufigkeit in diesem Buch:	6.444 %	6.216 %	3.869 %	0.893 %	1.471 %	0.299 %	0.296 %	1.267 %

1 Verschlüsseln Sie den folgenden Text mit Hilfe des Schlüssels «P». «KLEOPATRAISTEINESCHOENEFRAU»

2 Verschlüsseln Sie eine kurze Nachricht mit Hilfe der Caesar-Verschlüsselung mit einem Schlüssel, den Sie für sich behalten. Tauschen Sie mit einer Mitschülerin oder einem Mitschüler Ihre Nachricht aus und entziffern Sie deren oder dessen Nachricht, indem Sie verschiedene Schlüssel ausprobieren. Formulieren Sie ihre Erkenntnisse, wie man vielleicht besonders schnell auf den Schlüssel kommen kann.

3 Begründen Sie, warum es bei einer Caesar-Scheibe unwichtig ist, ob der Klartext aussen und der Geheimtext innen steht. Wie kann man sogar von aussen nach innen verschlüsseln und ebenfalls von aussen nach innen entschlüsseln?

4 Verschlüsseln Sie den folgenden Text «KRYPTOGRAPHIEISTEINURALTES-ANLIEGENVONMENSCHEN» mit dem Schlüssel «HLYAVPCRQWOXKUNZITDSJEGMBF» monoalphabetisch.

5 Programme zur Caesar-Verschlüsselung:

a Schreiben Sie ein Programm, das einen Klartext und einen Schlüssel entgegennimmt, und ihn mit Hilfe der Caesar-Verschlüsselung in einen Geheimtext umwandelt.

b Schreiben Sie ein Programm, das einen Geheimtext und einen Schlüssel entgegennimmt, und ihn mit Hilfe der Caesar-Verschlüsselung in einen Klartext umwandelt. Wie können Sie Zeit sparen, wenn Sie die Teilaufgabe a vorher bereits gelöst haben?

6 Entschlüsseln Sie den folgenden Text «KNUNH XZRHL VSQDY RVEVT DYRXJ VDDVX JUCVU ONVUU VUKQS RQXPV VQUVT RHVJP QCOVQ SDHUH XBDVX VQYRS CVOUH YOSGV TAVU», der mit dem Schlüssel «HLYAVPCRQWOXKUNZITDSJEGMBF» monoalphabetisch verschlüsselt wurde.

7 Programme zur monoalphabetischen Verschlüsselung

a Schreiben Sie ein Unterprogramm, das ein einzelnes Zeichen mit einem vorgegebenen Schlüssel monoalphabetisch verschlüsselt. Der Schlüssel soll dabei als Parameter variabel bleiben.

b Schreiben Sie ein Unterprogramm, das ein einzelnes Zeichen mit einem vorgegebenen Schlüssel monoalphabetisch entschlüsselt. Der Schlüssel soll dabei als Parameter variabel bleiben.

c Fügen Sie Ihre beiden Unterprogramme zum Verschlüsseln und Entschlüsseln einzelner Zeichen zu einem Programm zusammen, dass beliebige Zeichenketten monoalphabetisch ver- und entschlüsselt.

d Schreiben Sie ein Unterprogramm, das Ihnen einen zufälligen Schlüssel aus den 26 Buchstaben des Alphabets erzeugt.

8 Lesen Sie die Kurzgeschichte «The Gold Bug» von Edgar Allen Poe (1809–1849) unter https://www.eapoe.org/works/tales/goldbga2.htm.

Edgar Allen Poe
(1809–1849)

9 Der Geheimtext auf der rechten Seite hat die Häufigkeiten wie in der Tabelle unten dargestellt. Versuchen Sie, den Text zu entziffern.

Agoh kvk, gea! Daulrprdauh,
Mvxupwhxhu gkt Ihtuquk,
Vkt lhuthx gvea Wahrlrfuh
Tvxeagvp pwvtuhxw, iuw ahupphi Ohivhak.
Tg pwha uea kvk, uea gxihx Wrx,
Vkt ouk pr nlvf glp yuh qvzrx!
Ahupph Igfupwhx, ahupph Trnwrx fgx,
Vkt quhah peark gk tuh qhahk Mgax
Ahxgvs, ahxgo vkt cvhx vkt nxvii
Ihukh Peavhlhx gk thx Kgph ahxvi –
Vkt phah, tgpp yux kueawp yupphk nrhkkhk!
Tgp yull iux peauhx tgp Ahxq zhxoxhkkhk.
Qygx ouk uea fhpeahuwhx glp gllh tuh Lgsshk,
Trnwrxhk, Igfupwhx, Peaxhuohx vkt Dsgsshk;
Iuea dlgfhk nhukh Pnxvdhl krea Qyhushl,
Svhxeawh iuea yhthx zrx Arhllh krea Whvshl –
Tgsvhx upw iux gvea gllh Sxhvt hkwxupphk,
Oulth iux kueaw huk, ygp Xheawp qv yupphk,
Oulth iux kueaw huk, uea nrhkkwh ygp lhaxhk,
Tuh Ihkpeahk qv ohpphk vkt qv ohnhaxhk.
Gvea ago uea yhthx Fvw krea Fhlt,
Krea Hax vkt Ahxxlueanhuw thx Yhlw;
Hp irheawh nhuk Avkt pr lghkfhx lhohk!
Txvi ago uea iuea thx Igfuh hxfhohk,
Ro iux tvxea Fhupwhp Nxgsw vkt Ivkt
Kueaw igkea Fhahuhup yvhxth nvkt;
Tgpp uea kueaw ihax iuw pgvhxi Peayhupp
Qv pgfhk oxgvhah, ygp uea kueaw yhupp;
Tgpp uea hxnhkkh, ygp tuh Yhlw
Ui Ukkhxpwhk qvpgiihkaghlw,
Peagv gllh Yuxnhkpnxgsw vkt Pgihk,
Vkt wv kueaw ihax uk Yrxwhk nxgihk.

Geheimtext-Buchstabe:	H/h	K/k	U/u	A/a	X/x	P/p	G/g	V/v	T/t
Relative Häufigkeit:	15.310 %	8.887 %	8.244 %	7.709 %	7.388 %	6.959 %	5.567 %	5.353 %	4.818 %

Geheimtext-Buchstabe:	E/e	W/w	I/i	L/l	R/r	Y/y	O/o	N/n	F/f
Relative Häufigkeit:	4.604 %	4.176 %	3.747 %	3.426 %	2.570 %	2.141 %	1.820 %	1.820 %	1.606 %

Geheimtext-Buchstabe:	S/s	Q/q	D/d	Z/z	M/m	C/c	B/b	J/j
Relative Häufigkeit:	1.392 %	1.285 %	0.535 %	0.321 %	0.214 %	0.107 %	0.000 %	0.000 %

A Repetieren Sie das Kapitel 1.5 Elementare Datentypen, insbesondere den Abschnitt über Zeichenketten.

B Recherchieren Sie, wie das JPEG-Dateiformat funktioniert.

C Wie viele Bits brauchen Sie mindestens, um die Buchstaben A bis Z als Bitfolgen mit fixer Breite zu codieren? Wie ist es mit Kleinbuchstaben? Ziffern?

Zeichencodierung

Im Kapitel 1.5 Elementare Datentypen wurde bereits erklärt, dass Zeichen in Computern mit Hilfe einer Zeichentabelle wie zum Beispiel der ASCII-Tabelle (unten) codiert werden. Alle Computersysteme, die diese Codierung kennen, können damit Zeichenketten verarbeiten.

In der Frühzeit elektronischer Computer war eine solche Codierung sehr praktisch, weil so die gängigsten Zeichen der westlichen Welt dargestellt werden konnten. Besondere Zeichen wie beispielsweise die in der deutschen Sprache häufig verwendeten Umlaute ä, ö und ü jedoch liessen sich nicht darstellen und mussten beispielsweise durch ae, oe und ue ersetzt werden.

Mit der Zeit setzte es sich durch, dass ein Byte mit 8 Bit gespeichert wurde, so dass ein zusätzliches Bit für die Codierung von Zeichen zur Verfügung stand. Die zusätzlichen 128 Zeichen konnten für beliebige Zeichen verwendet werden, so dass sich mit der Zeit verschiedene Zeichencodierungen entwickelten. Die Codetabelle 437 (S. 220 unten) besteht vor allem aus Varianten von Buchstaben, mathematischen Symbolen und Symbolen zum Zeichnen. Da sie im IBM PC und dessen Klone verwendet wurde, war diese sehr weit verbreitet.

In Ländern, in denen andere zusätzliche Zeichen oder gar komplett andere Schriftzeichen nötig waren, wurden andere Codetabellen verwendet. So gab es beispielsweise alleine 9 verschiedene weitere Codetabellen für lateinische Zeichen, oder zum Beispiel welche für Arabisch, Griechisch, Russisch, Hebräisch oder auch Koreanisch, Chinesisch oder Japanisch. Wenn man einen Text darstellen wollte, musste man zusätzlich noch wissen, in welcher Codetabelle er codiert war.

	0 + ...	16 + ...	32 + ...	48 + ...	64 + ...	80 + ...	96 + ...	112 + ...
... + 0	NUL	DLE	␣	0	@	P	`	p
... + 1	SOM	DC1	!	1	A	Q	a	q
... + 2	STX	DC2	"	2	B	R	b	r
... + 3	ETX	DC3	#	3	C	S	c	s
... + 4	EOT	DC4	$	4	D	T	d	t
... + 5	ENQ	NAK	%	5	E	U	e	u
... + 6	ACK	SYN	&	6	F	V	f	v
... + 7	BEL	ETB	'	7	G	W	g	w
... + 8	BS	CAN	(	8	H	X	h	x
... + 9	TAB	EM	)	9	I	Y	i	y
... + 10	LF	SUB	*	:	J	Z	j	z
... + 11	VT	ESC	+	;	K	[	k	{
... + 12	FF	FS	,	<	L	\	l		
... + 13	CR	GS	-	=	M	]	m	}
... + 14	SO	RS	.	>	N	^	n	~
... + 15	SI	US	/	?	O	_	o	DEL

	128 + ...	144 + ...	160 + ...	176 + ...	192 + ...	208 + ...	224 + ...	240 + ...
... + 0	Ç	É	á	▒	└	╨	α	≡
... + 1	ü	æ	í	▓	┴	╤	ß	±
... + 2	é	Æ	ó	█	┬	╥	Γ	≥
... + 3	â	ô	ú	│	├	╙	π	≤
... + 4	ä	ö	ñ	┤	─	╘	Σ	⌠
... + 5	à	ò	Ñ	╡	┼	╒	σ	⌡
... + 6	å	û	ª	╢	╞	╓	µ	÷
... + 7	ç	ù	º	╖	╟	╫	τ	≈
... + 8	ê	ÿ	¿	╕	╚	╪	Φ	°
... + 9	ë	Ö	⌐	╣	╔	┘	Θ	•
... + 10	è	Ü	¬	║	╩	┌	Ω	·
... + 11	ï	¢	½	╗	╦	█	δ	√
... + 12	î	£	¼	╝	╠	▄	∞	ⁿ
... + 13	ì	¥	¡	╜	=	▌	φ	²
... + 14	Ä	P$_{ts}$	«	╛	╬	▐	ε	■
... + 15	Å	ƒ	»	┐	┴	▀	∩	NBSP

Unicode

Um diese Vielfalt zu vereinheitlichen fingen 1987 Joseph «Joe» D. Becker von XEROX sowie Lee Collins und Mark E. Davis von Apple an einen universellen Zeichensatz zu entwickeln, der 1988 **Unicode** genannt wurde.

Unicode gibt es in verschiedenen Versionen und Varianten. Eine weit verbreitete Variante ist die Codierung UTF-8. Sie löst das Problem, dass bestimmte Zeichen (wie die unveränderten lateinischen Buchstaben oder Ziffern) viel häufiger vorkommen als andere Zeichen. Sie tut dies, indem sie ein sogenannter präfixfreier Code ist.

> **PRÄFIXFREIER CODE**
> Ein **präfixfreier Code** (manchmal auch **Präfixcode** genannt) ist eine Codierung von Zeichen mit variabler Länge. Dabei wird jedoch sichergestellt, dass keine Codierung eines Zeichens der Anfang eines anderen Zeichens ist.

So bilden beispielsweise die folgenden Bitfolgen einen präfixfreien Code:

- 00
- 01
- 100
- 101
- 110
- 111

Die folgenden Bitfolgen jedoch sind nicht präfixfrei, weil die Bitfolge 0 der Beginn der Bitfolgen 00 und 01 ist:

- 0
- 00
- 01
- 10
- 11

Bei UTF-8 wird die Präfixfreiheit so umgesetzt, dass ein Zeichen 1, 2, 3 oder 4 Byte lang ist. Zeichen, die nur 1 Byte lang sind, haben als erstes Bit eine 0, so dass die Zeichen dem ASCII entsprechen. Zeichen, die 2, 3 oder 4 Byte lang sind, haben am Anfang der Länge entsprechend so viele Bits, die 1 sind gefolgt von einer 0. Zur Sicherheit fangen die folgenden Byte des Zeichens jeweils mit 10 an, so dass bei jedem Byte eindeutig erkennbar ist, welches ein Startbyte und welches ein Folgebyte ist. Für Emojis und besondere Kombinationszeichen können mehrere Unicode-Zeichen mit bis zu 17 Byte Länge kombiniert werden. Zudem sind einige «doppelte Codierungen» verboten, so dass praktisch etwas weniger Zeichen als denkbare Bitkombinationen möglich sind.

Länge	Byte 1	Byte 2	Byte 3	Byte 4	Anzahl Zeichen
1 Byte	0??? ????				128
2 Byte	110? ????	10?? ????			1920
3 Byte	1110 ????	10?? ????	10?? ????		63 488
4 Byte	1111 0???	10?? ????	10?? ????	10?? ????	1 048 576

Präfixcodes zur Datenkomprimierung

Präfixfreie Codes können auch zum Komprimieren von Daten verwendet werden. Dabei ist die **verlustfreie Datenkomprimierung** ein Vorgang, bei dem dieselbe Information in weniger Daten gespeichert wird, und zwar so, dass die ursprünglichen Daten vollständig wiederhergestellt werden. Typische Anwendungen hierfür sind ZIP-Dateien oder auch Bildformate wie PNG. Dem gegenüber steht die **verlustbehaftete Datenkomprimierung**, bei dem zwar Informationen verloren gehen, dieser Verlust jedoch nicht besonders störend ist. Typische Anwendungen hierfür sind das JPEG-Bildformat oder das MP3-Audio-Format. Insbesondere bei bewegten Bildern mit Hilfe des MPEG-2-Codecs oder des H.264-Codecs sind der Platzbedarf zum verlustfreien Datenkomprimieren enorm, während die Qualitätsverluste nicht besonders gross sind.

Ein klassisches verlustfreies Datenkomprimierungsverfahren ist die **Huffman-Codierung**. Sie wurde 1952 von David A. Huffman (1925–1999) entwickelt und wird bis heute noch beispielsweise für Faxe oder als Teil des JPEG-Bildformats

David A. Huffman
(1925–1999)

verwendet. Hierbei wird für jedes einzelne Zeichen, das codiert werden soll, die Häufigkeit bestimmt. Zeichen, die häufiger vorkommen, werden mit einem kürzeren Code codiert als Zeichen, die weniger häufig vorkommen. Konkret geht das so:

1. Die zu codierenden Zeichen werden ihrer Häufigkeit nach in einer Reihe angeordnet. Jedes dieser Zeichen stellt einen Baum (mit nur einem Knoten, siehe Kapitel 3.5 Bäume) dar.
2. Wiederhole die folgenden Schritte solange bis nur noch ein Baum übrig ist:
   a. Wähle die beiden Bäume mit den niedrigsten Häufigkeiten.
   b. Kombiniere diese beiden Bäume zu einem neuen Baum mit der Summe der Häufigkeiten der Wurzel der beiden Bäume als neue Wurzel und den beiden Bäumen als Blätter an der neuen Wurzel.
3. Der Code für ein Zeichen ist nun der Pfad von der Wurzel zum jeweiligen Zeichen mit 0, wenn der linke Ast gewählt wird, und 1, wenn der rechte Ast gewählt wird.

Das Wort «ananaspizza» zum Beispiel enthält folgende Buchstaben mit ihren Häufigkeiten:

Buchstabe	a	i	n	p	s	z
Häufigkeit	4	1	2	1	1	2

Der dazugehörige Baum wird so aufgebaut:

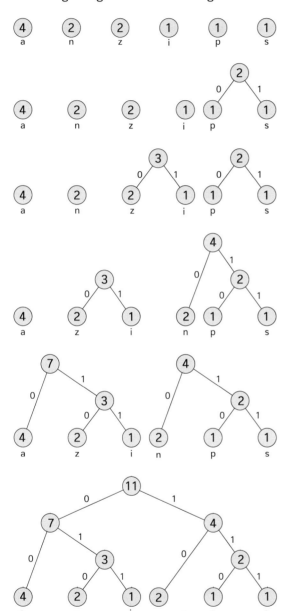

Damit wäre die Codierung:

Buchstabe	a	i	n	p	s	z
Codierung	00	011	10	110	111	010

Man kann sich leicht davon überzeugen, dass die Codierung präfixfrei ist. Das Wort könnte also als 00 10 00 10 00 111 110 011 010 01 00 kodiert werden (die Lücken sind nur zur leichteren Lesbarkeit hinzugefügt). Das ist mit 27 Bit kürzer als wenn man die Buchstaben einfach mit 3 Bit pro Zeichen codieren würde und so $3 \cdot 11 = 33$ Bit benötigen würde.

Als Mass für die Güte einer verlustfreien Datenkomprimierung nutzt man die **Entropie**. Sie stellt den Informationsgehalt einer Nachricht dar und gibt an, wie viele Bits pro Zeichen mindestens benötigt werden, um eine Nachricht zu codieren. Sie wurde 1948 von Claude Elwood Shannon (1916–2001) definiert und berechnet sich aus den relativen Häufigkeiten der einzelnen Zeichen. Die Entropie des Worts «ananaspizza» ist 2.369 Bits pro Zeichen, so dass das Wort codiert mindestens $2.369 \cdot 11 \approx 26.054$, also 27 Bit braucht.

1 Suchen Sie die Unicode-Codierung für Ihren Vornamen heraus.

2 Die Schweizer Tastaturbelegung erlaubt es, Zeichen wie «Ü» durch eine Kombination von Akzent und Grundbuchstaben einzugeben: man gibt zuerst «¨» ein und danach «U». Dasselbe funktioniert auch mit Akzenten wie «´», «`», «^» und «~». Diskutieren Sie, wo so ein Vorgehen Sinn macht und wo es nicht üblich ist.

3 Rechnen Sie aus, wie viele Zeichen bei UTF-8 theoretisch möglich wären. Verifizieren Sie für die UTF-8-Zeichen der Länge 2 Byte und 3 Byte die tatsächliche Anzahl Zeichen, indem Sie die von der Anzahl theoretisch möglicher Zeichen die doppelten Zeichen abziehen.

4 Erstellen Sie einen präfixfreien Code für die Buchstaben des Alphabets, das den häufigsten Buchstaben als 0 codiert, die drei nächsthäufigen Buchstaben als 1?? (ausser 111), die sieben nächsthäufigen Buchstaben als 111??? (ausser 111111) und die fünfzehn am nächsthäufigen Buchstaben als 111111???? (ausser 1111111111). Codieren Sie einen Text, tauschen Sie mit Ihrer Nachbarin oder Ihrem Nachbarn aus und decodieren Sie deren Text.

Dies ist das Alphabet sortiert nach der Häufigkeit der Buchstaben in deutschsprachigen Texten: ENSIRATDHULCGMOBWFKZPVJYXQ

5 Erstellen Sie eine Huffman-Codierung für den Satz (ohne Leerzeichen und nur mit Kleinbuchstaben) «annaspieltklavier» und codieren Sie ihn.

6 Erläutern Sie, wo die Formulierung des Algorithmus der Huffman-Codierung nicht eindeutig ist und schlagen Sie vor, wie man die Erklärung eindeutiger machen kann.

7 Eine historischer Code, der heute immer noch weit verbreitet ist, ist der Morse-Code. Wichtige Zeichen werden so codiert:

A → · −	M → − −	Y → − · − −
B → − · · ·	N → − ·	Z → − − · ·
C → − · − ·	O → − − −	0 → − − − − −
D → − · ·	P → · − − ·	1 → · − − − −
E → ·	Q → − − · −	2 → · · − − −
F → · · − ·	R → · − ·	3 → · · · − −
G → − − ·	S → · · ·	4 → · · · · −
H → · · · ·	T → −	5 → · · · · ·
I → · ·	U → · · −	6 → − · · · ·
J → · − − −	V → · · · −	7 → − − · · ·
K → − · −	W → · − −	8 → − − − · ·
L → · − · ·	X → − · · −	9 → − − − − ·

a Zeigen Sie, dass der Morse-Code nicht präfixfrei ist, wenn man lediglich die Zeichen «·» und «–» betrachtet.

Samuel Morse (1791–1872)

b Suchen Sie Gesetz-mässigkeiten im Morse-Code, die möglicherweise als Grundlage für den Aufbau geführt haben könnten.

c Wie viele Zeichen könnten nach dem Prinzip des Morse-Codes mit bis zu fünf Symbolen codiert werden?

d Dennoch funktioniert der Morse-Code sehr zuverlässig. Das liegt daran, dass zwischen zwei Zeichen eine Pause gemacht wird, so dass der Morse-Code kein binärer Code (mit den Symbolen «·» und «–»), sondern ein ter-närer Code (mit den Symbolen «·», «–» und «_») ist. Erklären Sie, warum der Morse-Code damit präfixfrei ist.

e Vergleichen Sie den Morse-Code mit der von Ihnen in der Aufgabe oben entwickelten prä-fixfreien Code für Buchstaben.

8 Der Informationsgehalt eines zu codierenden Zeichens z_i wird als

$$H_i = \log_2\left(\frac{1}{r(z_i)}\right)$$

definiert, wobei $r(z_i)$ die relative Häufigkeit des Zeichens ist. Demnach haben seltenere Zeichen einen höheren Informationsgehalt. Der Informationsgehalt eines Wortes re-spektive einer Nachricht aus mehreren zu codierenden Zeichen z_i wird berechnet, indem zunächst der Informationsgehalt jedes Zei-chens des zugrundeliegenden Alphabets H_i mit der relativen Häufigkeit $r(z_i)$ multipliziert wird. Dabei wird der Wert 0 für

$$r(z_i) \cdot \log_2\left(\frac{1}{r(z_i)}\right)$$

bei Zeichen genommen, die in dem Alphabet nicht vorkommen. und alle diese Werte auf-summiert werden. Man schreibt dann:

$$H(A) = \Sigma r(z_i) \cdot H_i = \Sigma r(z_i) \cdot \log_2\left(\frac{1}{r(z_i)}\right)$$

Die Entropie stellt eine untere Grenze für eine Codierung in Bits pro Zeichen dar.
Schreiben Sie ein Programm, dass für die Nachricht «ananaspizza» die Entropie be-rechnet (es ist gerundet 2.369). Vergleichen Sie dies mit der durchschnittlichen Zeichen-länge $\frac{27}{11} \approx 2.455$, die die Huffman-Codierung dieser Nachricht ergeben hat.

A Kim hat die Idee, bei der Caesar-Verschlüsselung nach jedem Buchstaben die Scheibe im Uhrzeigersinn eins weiter zu drehen. Was halten Sie von Kims Idee?

B «Solange niemand weiss, welches Verschlüsselungsverfahren ich verwendet habe, kann niemand meine Texte entschlüsseln».

Begründen Sie, warum das so einfach nicht möglich ist.

C Suchen Sie nach dem «Rosettastein» und was für eine Rolle er beim Entziffern von ägyptischen Schriften gespielt hat. Was hat das mit Krytologie zu tun?

Vigenère-Verschlüsselung

Das grosse Sicherheitsproblem von monoalphabetischen Verschlüsselungsverfahren besteht darin, dass dasselbe Klartextzeichen immer mit demselben Geheimtextzeichen verschlüsselt wird. So können beispielsweise durch eine Häufigkeitsanalyse die häufiger vorkommenden Buchstaben schnell entziffert und die anderen daraus geschlossen werden. Auch weiterführende Ansätze wie beispielsweise das Verwenden von mehreren Geheimtextzeichen für besonders häufig vorkommende Klartextzeichen lassen sich relativ leicht überwinden. So liegt es nahe, den Schlüssel für jedes Zeichen zu verändern.

Aus Ansätzen von Leon Battista Alberti (1404–1472), Johannes Trithemius (1462–1516), Giovan Battista Bellaso (1505–zwischen 1568 und 1581) sowie Blaise de Vigenère (1523–1596) entwickelte man die später Vigenère-Verschlüsselung genannte Methode. Dabei wird die Caesar-Verschlüsselung so verwendet, dass der Schlüssel für jeden Buchstaben wechselt. In der Regel wird dafür ein Schlüsselwort verwendet, das immer wieder wiederholt wird.

Blaise de Vignère (1523–1596)

Klartext:	I	N	F	O	R	M	A	T	I	K
Schlüssel:	R	O	T	R	O	T	R	O	T	R
Geheimtext:	Z	B	Y	F	F	F	R	H	B	B

Es ist offensichtlich, dass eine Häufigkeitsanalyse des Geheimtexts nichts mehr bringt: im Geheimtext kommt sowohl das B als auch das F sehr häufig vor, es stellt aber aufgrund des sich ändernden Schlüssels für die Caesar-Verschlüsselung jeweils einen anderen Buchstaben dar (das B ist das Geheimtextzeichen von N, I und K; das F ist das Geheimtextzeichen von O, R und M).

Da es mühsam ist, die Caesar-Scheibe immer wieder zu verdrehen, nutzt man häufig die Tabelle auf der rechten Seite, die als tabula recta, Trithemius-Tafel oder Vigenère-Quadrat bezeichnet wird:

Zum Verschlüsseln braucht man nur die Spalte mit dem Klartextzeichen und die Zeile mit dem Schlüsselzeichen gesucht werden, das Zeichen in dieser Spalte und Zeile ist dann das Geheimtextzeichen. Zum Beispiel wird «I» mit dem Schlüssel «R» dann mit dem Zeichen «Z» verschlüsselt.

Zum Entschlüsseln braucht nur in der Zeile mit dem Schlüsselzeichen das entsprechende Geheimtextzeichen gesucht werden und das entsprechende Klartextzeichen aus der obersten Zeile abgelesen zu werden. Zum Beispiel wird «B» mit dem Schlüssel «O» zum Zeichen «N» entschlüsselt.

Klartext

	A	B	C	D	E	F	G	H	I	J	K	L	M	N	O	P	Q	R	S	T	U	V	W	X	Y	Z
A	A	B	C	D	E	F	G	H	I	J	K	L	M	N	O	P	Q	R	S	T	U	V	W	X	Y	Z
B	B	C	D	E	F	G	H	I	J	K	L	M	N	O	P	Q	R	S	T	U	V	W	X	Y	Z	A
C	C	D	E	F	G	H	I	J	K	L	M	N	O	P	Q	R	S	T	U	V	W	X	Y	Z	A	B
D	D	E	F	G	H	I	J	K	L	M	N	O	P	Q	R	S	T	U	V	W	X	Y	Z	A	B	C
E	E	F	G	H	I	J	K	L	M	N	O	P	Q	R	S	T	U	V	W	X	Y	Z	A	B	C	D
F	F	G	H	I	J	K	L	M	N	O	P	Q	R	S	T	U	V	W	X	Y	Z	A	B	C	D	E
G	G	H	I	J	K	L	M	N	O	P	Q	R	S	T	U	V	W	X	Y	Z	A	B	C	D	E	F
H	H	I	J	K	L	M	N	O	P	Q	R	S	T	U	V	W	X	Y	Z	A	B	C	D	E	F	G
I	I	J	K	L	M	N	O	P	Q	R	S	T	U	V	W	X	Y	Z	A	B	C	D	E	F	G	H
J	J	K	L	M	N	O	P	Q	R	S	T	U	V	W	X	Y	Z	A	B	C	D	E	F	G	H	I
K	K	L	M	N	O	P	Q	R	S	T	U	V	W	X	Y	Z	A	B	C	D	E	F	G	H	I	J
L	L	M	N	O	P	Q	R	S	T	U	V	W	X	Y	Z	A	B	C	D	E	F	G	H	I	J	K
M	M	N	O	P	Q	R	S	T	U	V	W	X	Y	Z	A	B	C	D	E	F	G	H	I	J	K	L
N	N	O	P	Q	R	S	T	U	V	W	X	Y	Z	A	B	C	D	E	F	G	H	I	J	K	L	M
O	O	P	Q	R	S	T	U	V	W	X	Y	Z	A	B	C	D	E	F	G	H	I	J	K	L	M	N
P	P	Q	R	S	T	U	V	W	X	Y	Z	A	B	C	D	E	F	G	H	I	J	K	L	M	N	O
Q	Q	R	S	T	U	V	W	X	Y	Z	A	B	C	D	E	F	G	H	I	J	K	L	M	N	O	P
R	R	S	T	U	V	W	X	Y	Z	A	B	C	D	E	F	G	H	I	J	K	L	M	N	O	P	Q
S	S	T	U	V	W	X	Y	Z	A	B	C	D	E	F	G	H	I	J	K	L	M	N	O	P	Q	R
T	T	U	V	W	X	Y	Z	A	B	C	D	E	F	G	H	I	J	K	L	M	N	O	P	Q	R	S
U	U	V	W	X	Y	Z	A	B	C	D	E	F	G	H	I	J	K	L	M	N	O	P	Q	R	S	T
V	V	W	X	Y	Z	A	B	C	D	E	F	G	H	I	J	K	L	M	N	O	P	Q	R	S	T	U
W	W	X	Y	Z	A	B	C	D	E	F	G	H	I	J	K	L	M	N	O	P	Q	R	S	T	U	V
X	X	Y	Z	A	B	C	D	E	F	G	H	I	J	K	L	M	N	O	P	Q	R	S	T	U	V	W
Y	Y	Z	A	B	C	D	E	F	G	H	I	J	K	L	M	N	O	P	Q	R	S	T	U	V	W	X
Z	Z	A	B	C	D	E	F	G	H	I	J	K	L	M	N	O	P	Q	R	S	T	U	V	W	X	Y

Schlüssel (linke Spalte) — Geheimtext (rechte Spalte)

VIGENÈRE-VERSCHLÜSSELUNG

Bekannt seit: 15. Jahrhundert

Anzahl Schlüssel: 25^n-1 bei einer maximalen Schlüsselwortlänge n

Kryptographische Stärke: schwach, wenn n kleiner als die Länge des Klartextes ist

Die **Vigenère-Verschlüsselung** beruht darauf, dass mit Hilfe eines Schlüsselwortes der Länge n jedes jeweils Blöcke von n Zeichen mit unterschiedlichen Schlüsseln (entsprechend der Zeichen des Schlüsselwortes) und der Caesar-Verschlüsselung verschlüsselt werden. Da im Gegensatz zu monoalphabetischen Verschlüsselungsverfahren verschiedene Zeichen mit verschiedenen Alphabeten verschlüsselt werden, nennt man solche Verfahren **polyalphabetische Verschlüsselungsverfahren**.

Kasiski-Test

Die Häufigkeitsanalyse schlägt bei Vigenère-verschlüsselten Texten fehl, da unterschiedliche Zeichen mit unterschiedlichen Schlüsseln Caesar-verschlüsselt sind. Wüsste man aber die Länge des Schlüsselwortes n, würde es genügen, von jedem n-ten Zeichen in eine Häufigkeitsanalyse zu machen. Jede der n verschiedenen Häufigkeits-analysen würde zu je einem Zeichen des Schlüsselwortes führen. Somit kann man Vigenère-verschlüsselte Texte doch knacken. Die Idee für dieses Vorgehen wurde bereits 1854 von Charles Babbage (1791–1871) gefunden, aber nicht ver-öffentlicht. Neun Jahre später veröffentlichte Friedrich Wilhelm Kasi-ski (1805–1881) dann ein Verfahren, mit dessen Hilfe die Wortlänge des Schlüsselwortes gefun-den werden konnte.

Charles Babbage
(1791–1871)

Der **Kasiski-Test** sucht im Geheimtext nach Zei-chenfolgen, die mehrfach vorkommen, und be-stimmt die Abstände zwischen diesen. Der grösste gemeinsame Teiler dieser Abstände ist dann ein Vielfaches der Länge des Schlüsselwortes.

Solche mehrfach vorkommenden Zeichenfolgen beruhen darauf, dass in natürlichen Sprachen bestimmte Buchstabenfolgen wie zum Beispiel Endungen von Wörtern oder ganze Silben häufig vorkommen und dass bei längeren Texten diese jeweils zufälligerweise an derselben Position des Schlüsselwortes verschlüsselt werden. Natürlich kann es auch zufälligerweise passieren, dass eine andere Reihenfolge von Zeichen im Klartext mit Hilfe des Schlüssels zu derselben Reihenfolge von Zeichen im Geheimtext führt, aber je länger die mehrfach vorkommenden Zeichenfolgen sind, desto wahrscheinlicher ist es, dass es dieselben Zeichenfolgen im Klartext betrifft.

Im folgenden Geheimtext treten Zeichenfolgen von 3 Zeichen (sogenannte **Trigramme**) und Zei-chenfolgen von 2 Zeichen (sogenannte **Bigramme**) wiederholt auf:

KIQIGIQEOBZTLHCUMHXZAOLKZWNRZBWHZV-
GYAVZSHWNGUYCQGKLVIDJJMRWCQEOELZF-
HXZWLSUCRJDWFLWEMVNIGRATRVEOPAGIJ-
ZIRGVZUHQJKLDITGZGRJFDXMFLWJMMQVM-
TRJEVXQZAULGZADXJMKUJDBSGXMJLNDPMHCB

Diese sind (Duplikate der Trigramme als Bigramme sind *kursiv* markiert):

	Abstand	Teiler
FLW	45	3, 5, 9, 15, 45
HXZ	50	2, 5, 10, 25, 50
QEO	54	2, 3, 6, 9, 18, 27, 54
CQ	13	13
DX	26	2, 13, 26
EO	*54*	*2, 3, 6, 9, 18, 27, 54*
EO	86	2, 43, 86
EO	32	2, 4, 8, 16, 32
FL	*45*	*3, 5, 9, 15, 45*
GI	93	3, 31, 93
GR	30	2, 3, 5, 6, 10, 15, 30
GZ	29	29
HC	153	3, 9, 17, 51, 153
HX	*50*	*2, 5, 10, 25, 50*
IG	83	83
IQ	4	2, 4
JD	77	7, 11, 77
JM	72	2, 3, 4, 6, 8, 9, 12, 18, 24, 36, 72
JM	94	2, 47, 94
JM	22	2, 11, 22
KL	61	61
LW	*45*	*3, 5, 9, 15, 45*
MH	149	149

	Abstand	Teiler
QE	*54*	*2, 3, 6, 9, 18, 27, 54*
RJ	43	43
RJ	59	59
RJ	16	2, 4, 8, 16
TR	43	43
VZ	67	67
WN	16	2, 4, 8, 16
XM	36	2, 3, 4, 6, 9, 12, 18, 36
XZ	*50*	*2, 5, 10, 25, 50*
ZA	121	11, 121
ZA	126	2, 3, 6, 7, 9, 14, 18, 21, 42, 63, 126
ZA	5	1, 5
ZW	45	3, 5, 9, 15, 45

Von den drei Trigrammen kann man die Zahl 9 als mögliche Wortlänge vermuten: es ist der höchste Teiler, der zweimal vorkommt; Kein Teiler kommt dreimal vor. Auch bei den Bigrammen kommt der Teiler 9 häufig vor. In der Tat ist das Schlüsselwort auch 9 Zeichen lang.

In Ergänzung zum Kasiski-Test kann die Länge des Schlüsselwortes auch mit Hilfe des von William Frederick Friedman (1891–1969) entwickelten Friedmann-Tests (manchmal auch Kappa-Test genannt) ermittelt werden. Dieser Test nutzt zum wiederholten Mal die Tatsache, dass in natürlichen Sprachen bestimmte Buchstaben häufiger vorkommen als andere.

Autokey-Verschlüsselung

Es gibt verschiedene Ansätze, die Sicherheit von polyalphabetischen Verschlüsselungsverfahren zu verbessern. Das erste hier vorgestellte Verfahren wurde bereits von Blaise de Vigenère selbst vorgeschlagen: der Klartext wird selber zum (um ein paar Zeichen verschobenen) Schlüssel. Hierfür verschlüsselt man die ersten paar Zeichen des Klartextes mit einem Schlüssel und hängt dann den gesamten Klartext an den Schlüssel an, mit dem dann der Rest des Klartextes verschlüsselt wird.

Klartext:	I	N	F	O	R	M	A	T	I	K
Schlüssel:	R	O	T	I	N	F	O	R	M	A
Geheimtext:	Z	B	Y	W	E	R	O	K	U	K

Damit sind Analysen zur Schlüssellänge nichtig, weil der Schlüssel genau so lang ist wie der Klartext respektive der Geheimtext. Es ist jedoch möglich, durch geschicktes Raten häufig vorkommender Silben oder Buchstabenkombinationen als mutmasslichen Schlüssel einen Text ab einer bestimmten Stelle vollständig zu entschlüsseln.

AUTOKEY-VERSCHLÜSSELUNG
Bekannt seit: 15. Jahrhundert
Anzahl Schlüssel: potentiell unendlich viele, wobei der Klartext den Grossteil des Schlüssels bestimmt
Kryptographische Stärke: relativ schwach, aber stärker als die Vigenère-Verschlüsselung

Die **Autokey-Verschlüsselung** ist eine Variante der Vigenère-Verschlüsselung, bei der an ein Schlüsselwort der Klartext zum Verschlüsseln angehängt wird.

One Time Pad

Eine weitere Möglichkeit, das Problem mit der Schlüssellänge zu umgehen ist, ein Schlüsselwort zu verwenden, das mindestens so lang wie der Klartext ist. Wenn das Schlüsselwort dann aus zufälligen Zeichen besteht, es nur einmal verwendet wird und das Schlüsselwort lediglich dem Sender und Empfänger bekannt ist (und beispielsweise nach Verwendung vernichtet wird), ist das Verfahren sicher. Dieses Verfahren wurde zuerst von Frank Miller (1842–1925) im Jahr 1882 entwickelt und wird heutzutage als **One Time Pad** bezeichnet.

Das folgende Beispiel zeigt, dass bei einem zufällig gewählten Schlüssel verschiedene Klartexte denselben Geheimtext erzeugen können:

Klartext:	G	E	O	G	R	A	P	H	I	E
Schlüssel:	H	S	R	C	D	O	V	L	X	E
Geheimtext:	N	W	F	I	U	O	K	S	F	I

ONE TIME PAD
Bekannt seit: 1882
Anzahl Schlüssel: 26^k, wenn k die Länge des Klartextes ist
Kryptographische Stärke: sicher, wenn der Schlüssel nur einmal verwendet wird

Die **One Time Pad** ist eine Variante der Vigenère-Verschlüsselung, bei der das Schlüsselwort gleich lang wie der Klartext ist.

Klartext:	I	N	F	O	R	M	A	T	I	K
Schlüssel:	F	J	A	U	D	C	K	Z	X	Y
Geheimtext:	N	W	F	I	U	O	K	S	F	I

Rotormaschinen

Obwohl das One Time Pad sicher ist, ist es doch unpraktikabel, weil bereits im Vorfeld der verschlüsselten Kommunikation genügend viele und genügend lange Schlüssel sicher ausgetauscht sein müssen, die zudem nur einmal verwendet werden können. Daher war die Suche nach einem Kompromiss gross, auf der einen Seite einen möglichst kleinen Startschlüssel zu haben, und auf der anderen Seite einen Schlüssel zu haben, der mindestens so lang ist wie der Klartext. Zugleich kam eine gewisse Automatisierung durch Mechanik und elektrischen Strom ins Spiel.

Dies führte zur Entwicklung von Rotormaschinen. Sie basieren auf drehbaren Walzen, die auf bestimmte vordefinierte Art und Weise Kontakte (für jeden Buchstaben einen) von einer Seite auf die andere Seite durch gegeneinander isolierte Drähte verbinden. Jede Walze stellt damit eine fixe monoalphabetische Verschlüsselung dar. Weil nach jedem Zeichen die Walzen weitergedreht werden, verändert sich der Schlüssel für jedes Zeichen, es ist also ein polyalphabetisches Verschlüsselungsverfahren. Die Starteinstellung der Rotoren und die Wahl der austauschbaren Walzen stellt den Startschlüssel dar. Einige Rotormaschinen hatten zusätzlich noch Steckbretter, in denen eine zusätzliche monoalphabetische Verschlüsselung fest eingestellt werden konnte. Einige Rotormaschinen hatten zusätzlich noch eine Umkehrwalze, so dass ein Zeichen in beide Richtungen durch die Rotoren geschickt wurde.

Die bekannteste Rotormaschine ist zweifelsohne die Enigma, die in verschiedenen Varianten im zweiten Weltkrieg eingesetzt wurde. Marian Adam Rejewski (1905–1980) schaffte es als erster, 1932 die Enigma zu knacken, indem er eine Eigenart von übertragenen Funksprüchen (eine Doppelung der ersten Klartextzeichen) ausnutzte. Alan Mathison Turing (1912–1954) und William Gordon Welchman (1906–1985) entwickelten daraus eine Maschine, die innerhalb von 10 Stunden alle möglichen Kombinationen ausprobierte um bekannte Klartexte mit empfangenen Geheimtexten in Verbindung zu setzen. Wegen der Geheimhaltung der Entschlüsselung wurde die Enigma in einigen Ländern noch bis 1975 eingesetzt.

ROTORMASCHINEN
Bekannt seit: ca. 1915
Anzahl Schlüssel: je nach Modell und Handhabung zwischen 1054560 (praktische Verwendung im 2. Weltkrieg) und $1.033 \cdot 10^{23}$ (optimale Wahl bei der Enigma I)
Kryptographische Stärke: eher schwach, vor allem wenn wie im 2. Weltkrieg Einschränkungen verwendet werden

Rotormaschinen sind mechanische Verschlüsselungsmaschinen, die mit Hilfe auswechselbarer drehender Walzen eine polyalphabetische Verschlüsselung mit einem von der anfänglichen Einstellung abhängigen sich ständig verändernden Schlüssel verschlüsseln. Dabei stellt jede Walze eine monoalphabetische Verschlüsselung dar, die durch Drehen verändert wird.

1 Verschlüsseln Sie den folgenden Klartext mit dem Schlüssel «BLAU»: «INDERINFORMA-TIKGEHTESGENAUSOWENIGUMCOMPUTER-WIEINDERASTRONOMIEUMTELESKOPE».

2 Entschlüsseln Sie den folgenden mit dem Schlüssel «BLAU» verschlüsselten Geheimtext: «EPRCOQOLNLTCLPRYEDGYSHYVFOIDLD-TLBSANXPSYOELCDSZOSTNZPCMUUTKVFT-GYUCAAFYSIXZHFBFSJSLKNJDCBFCAFTLU-WILUMUSEISPTCTNHYSAELTAEEUTVY».

3 Schreiben Sie ein Unterprogramm, das einen Klartext mit einem vorgegebenen Schlüsselwort mit Hilfe der Vigenère-Verschlüsselung verschlüsselt, und ein Unterprogramm, das entsprechend entschlüsselt. Der Schlüssel soll dabei als Parameter variabel bleiben. Sie dürfen die Unter-programme `caesar_verschluesseln_zeichen(klartextzeichen, schluessel)` und `caesar_entschluesseln_zeichen(geheimtextzeichen, schluessel)` von der Aufgabe 5 auf S. 217 verwenden.

4 Begründen Sie, warum der Ausdruck `i % len(schluessel)` notwendig ist.

5 Begründen Sie, warum die Vigenère-Verschlüsselung deutlich sicherer ist als mono-alphabetische Verschlüsselungen.

6 Ermitteln Sie das Schlüsselwort des Geheimtextes von Seite 218 mit Hilfe von neun Häufigkeitsanalysen und entziffern Sie so den Geheimtext.

A Legen Sie die Karten eines Jass-Kartenspiels als 6×6-Quadrat so hin, dass einige Karten die Vorderseite und einige Karten die Rückseite anzeigen. Versuchen Sie sich einzuprägen, welche Karten die Vorderseite und welche die Rückseite zeigen. Schauen Sie weg, während ein Mitschüler oder eine Mitschülerin genau eine Karte umdreht. Können Sie herausfinden, welche Karte das war?

B Spielen Sie in der ganzen Klasse eine Runde «Stille Post»: stellen Sie sich im Kreis auf und eine Person sagt einen Satz leise der benachbarten Person, diese wiederum der nächsten benachbarten Person und so weiter, bis der Satz am Ende wieder bei der ursprünglichen Person ankommt. Vergleichen Sie diesen Satz mit dem ursprünglich gesagten Satz.

C Im Internet werden Daten paketweise verschickt. Wenn ein Paket 1500 Byte gross ist und Sie eine Datei von 2 GB Grösse herunterladen: wie gross ist die Wahrscheinlichkeit einer Fehlübertragung, wenn ein Paket zu 99.999 % Wahrscheinlichkeit richtig übertragen wird?

Bei Datenübertragungen passieren regelmässig Fehler. Auch wenn Daten gespeichert und wieder ausgelesen werden, passieren regelmässig Fehler. Da es heutzutage nicht nur einzelne Byte sind, die übertragen oder gespeichert werden, sondern alleine ein SmartPhone oder ein Computer monatlich Milliarden von Byte überträgt und speichert, muss ein SmartPhone und ein Computer sicherstellen, dass die Daten korrekt übertragen, gespeichert und gelesen werden. Das gilt verschärft, wenn die Daten drahtlos übertragen werden, wo Störsignale ein Signal beliebig überlagern können.

FEHLERERKENNENDER CODE

Zum Erkennen von Fehlern benutzt man besondere Codierungen. Hierfür wird einem Code eine zusätzliche Information angefügt, der als sogenannte **Prüfsumme** (engl. **checksum**) das wesentliche Element eines **fehlererkennenden** Codes ausmacht.

PARITÄTSBIT

Eine sehr simple Form einer Prüfsumme ist das **Paritätsbit**. (engl. **parity bit**). Ein Paritätsbit ist ein Bit, dass an eine Folge von Bits angehängt wird, so dass es immer eine **gerade** (engl. **even**) respektiv **ungerade** (engl. **odd**) Anzahl von Bits vom Wert 1 ist.

So werden die folgenden Byte bei gerader Parität wie folgt ergänzt:

- 0000 0000 wird zu 0000 0000 0
- 0110 1011 wird zu 0110 1011 1
- 1110 1101 wird zu 1110 1101 0
- 1111 1111 wird zu 1111 1111 0

Wenn nun bei der Datenübertragung ein einzelnes Bit falsch übertragen wird, stimmt die Parität nicht mehr und man kann eine Neuübertragung der Daten anfordern.

Diese Überprüfung kann jedoch nicht alle Fehler erkennen. Wenn beispielsweise zwei Bits verändert werden, wird dies nicht erkannt: bei ungerader Parität wird 0010 1100 0 ebenso wie 1110 1100 0 als richtig erkannt. Auch wenn Bits vertauscht werden, kann dies nicht erkannt werden: bei gerader Parität wird 0010 1100 1 ebenso wie 0100 1100 1 als richtig erkannt.

Daher nutzt man Paritätsbits in mehrdimensionalen Feldern. Für jede Zeile und für jede Reihe wird jeweils das Paritätsbit berechnet und zusätzlich das Paritätsbit der Paritätsbits berechnet. Das sieht dann so aus (bei ungerader Parität):

	Daten				Parität der Zeilen
	0	1	1	0	1
	1	1	0	1	0
Daten	1	1	1	1	1
	0	1	1	1	0
Parität der Spalten	1	1	0	0	1

Für die Übertragung wird diese Struktur wieder linearisiert, also beispielsweise Zeile für Zeile als 01101 11010 11111 01110 11001 übertragen. Für diesen Code kann man erkennen, ob ein einzelnes Bit verändert wurde, ob zwei Bits in ihrer Reihenfolge vertauscht wurden oder in bestimmten Fällen, ob mehrere Bits verändert wurden.

FEHLERKORRIGIERENDER CODE

Wenn nur ein einzelnes Bit verändert wurde, erlaubt es die Struktur aber auch, dieses Bit zu korrigieren. Damit ist es ein **fehlerkorrigierender Code**. In dem folgenden Beispiel wurde das Bit in der dritten Datenspalte und der zweiten Datenzeile verändert.

	Daten				Parität der Zeilen
	0	1	1	0	1
	1	1	1	1	0
Daten	1	1	1	1	1
	0	1	1	1	0
Parität der Spalten	1	1	0	0	1

Prüfsummen werden auch verwendet, wenn Daten per Hand eingegeben werden. So enthält beispielsweise die IBAN, die als Kontonummer für Zahlungen verwendet wird, eine Prüfsumme. IBANs in der Schweiz bestehen grundsätzlich aus einer Zeichenfolge CHPPBBBBBKKKKKKKKKKKK, wobei CH das Länderkürzel für die Schweiz ist, BBBBB die Identifikation der Bank (das sogenannte Bankclearing) und KKKKKKKKKKKK die bankinterne Kontonummer. PP wird aus diesen Daten berechnet und stellt die Prüfsumme dar.

Das **Überprüfen der Prüfsumme** geht so:

1. Das Länderkürzel und die Prüfziffer werden an das Bankclearing und die bankinterne Kontonummer angehängt: BBBBBKKKKKKKKKKKKCHPP
2. Die Buchstaben des Länderkürzels werden durch Ziffernkombinationen ersetzt. Dabei ist A = 10, B = 11, C = 12, ..., Z = 35.
3. Die entstandene Ziffernfolge wird als Zahl angesehen und modulo 97 gerechnet. Das Ergebnis muss 1 ergeben, dass die IBAN korrekt ist.

234

Am Beispiel der IBAN CH27 0900 0000 8999 6168 3 (Länderkürzel CH, Prüfziffer 27, Bankclearing 09000, bankinterne Kontonummer 00089961683) ergibt das:

1. CH27 0900 0000 8999 6168 3
   → 0900 0000 8999 6168 3 CH27
2. 0900 0000 8999 6168 3 CH27
   → 0900 0000 8999 6168 3 121727
3. 0900 0000 8999 6168 3 121727 modulo 97
   = 1, die IBAN ist korrekt.

Für das Modulorechnen grosser Zahlen kann übrigens ganz einfach Python verwendet werden: `print(9000000899961683121727 % 97)` ergibt die Ausgabe 1.

Wenn eine Bank eine IBAN korrekt erstellen soll, geht sie sehr ähnlich vor:

1. Die Prüfziffer wird zunächst auf 00 gesetzt.
2. Das Länderkürzel und die Prüfziffer werden an das Bankclearing und die bankinterne Kontonummer angehängt: BBBBBKKKKKKKKKKKKCH00.

3. Die Buchstaben des Länderkürzels werden durch Ziffernkombinationen ersetzt. Dabei ist A = 10, B = 11, C = 12, …, Z = 35.
4. Die entstandene Ziffernfolge wird als Zahl angesehen und modulo 97 gerechnet.
5. Die Prüfziffer ist nun 98 minus der berechneten Zahl, also der positiven Differenz vom Rest zu 1 modulo 97.

Am Beispiel der IBAN CH?? 0900 0000 8999 6168 3 (Länderkürzel CH, Prüfziffer unbekannt, Bankclearing 09000, bankinterne Kontonummer 00089996168) ergibt das:

1. CH?? 0900 0000 8999 6168 3
   → CH00 0900 0000 8999 6168 3
2. CH00 0900 0000 8999 6168 3
   → 0900 0000 8999 6168 3 CH00
3. 0900 0000 8999 6168 3 CH00
   → 0900 0000 8999 6168 3 121700
4. 0900000089996168312170 0 modulo 97 = 71
5. 98 – 71 = 27, die Prüfziffer ist also 27.

---

1 Spielen Sie das Spiel mit den Jass-Karten aus der Einstiegsaufgabe A so, dass Sie ein 5×5-Feld mit zufälligen Vorder- und Rückseiten legen und dann mit gerader oder ungerader Parität vervollständigen. Vergleichen Sie die Schwierigkeit mit der Schwierigkeit des ursprünglichen Spiels.

2 Informieren Sie sich über das Prinzip des **Hamming-Abstands** (engl. **hamming distance**) zweier Zeichenketten. Verbinden Sie dies mit fehlererkennenden und fehlerkorrigierenden Codes.

Richard W. Hamming (1915–1998)

3 Informieren Sie sich über **Zyklische Redundanzprüfung** (engl. **cyclic redundancy check CRC**). Vergleichen Sie die Fähigkeiten mit den zweidimensionalen Paritätsbits.

4 Überprüfen Sie die IBAN ihres eigenen Kontos oder des Kontos Ihrer Eltern (häufig findet sich die IBAN auf Bankkarten abgedruckt).

5 Begründen Sie, warum falsche Ziffern in einer IBAN erkannt werden können.

6 Begründen Sie, warum Zahlendreher in einer IBAN erkannt werden können.

7 Die Zahl 97 ist die kleinste Primzahl unter 100. Begründen Sie, warum diese Wahl geschickt ist, wenn eine zweistellige Zahl als Prüfziffer verwendet werden soll.

A Alice und Bob möchten sicher miteinander Emails austauschen, haben sich aber vorher noch nie persönlich getroffen und können sich auch jetzt nicht persönlich treffen. Wie könnten sie vorgehen?

B Diskutieren Sie, wozu wir in der heutigen Welt sichere Verschlüsselungen brauchen. Geben Sie hierzu Beispiele aus Ihrem Alltag. Wo stellt sichere Verschlüsselung ein Problem dar?

C Recherchieren Sie, was eine «Ende-zu-Ende-Verschlüsselung» ist. In der Politik wird immer wieder diskutiert, dass der Staat beispielsweise zur Verbrechensbekämpfung oder -verhütung die Möglichkeit haben sollte, verschlüsselte Texte zu entschlüsseln. Nehmen Sie Stellung.

Kerckhoffs Prinzip

Im Zuge der Verbreitung von Computern verbreitete sich nach der Mechanisierung der Kryptographie auch eine Digitalisierung der Kryptographie. Damit gab es sowohl die Chance, schneller und rechenintensiver zu verschlüsseln, aber auch die Gefahr, dass durch automatisierte Kryptoanalyse Verfahren unsicher werden, die vorher aufgrund der Grösse der Analyse als unknackbar galten.

Die Grundlage moderner Kryptographie ist das Kerckhoffs'sche Prinzip, das Auguste Kerckhoffs (1835–1903) 1883 als eine von sechs Regeln veröffentlichte:

1. *Das System muss praktisch, wenn auch nicht unbedingt theoretisch, unentzifferbar sein.*
2. *Es darf nicht geheim gehalten werden müssen, es darf ohne Probleme in die Hand des Gegners fallen.*
3. *Der Schlüssel muss übermittelt werden, ohne dass er aufgeschrieben wird, und je nach Empfänger gewechselt oder verändert werden können.*
4. *Es muss telegraphisch übermittelbar sein.*
5. *Es muss transportabel sein und muss von einer einzelnen Person bedient werden können.*
6. *Schliesslich muss das System angesichts der Umstände seiner Anwendung einfach zu bedienen sein und keine grossen Denkleis-*

tungen oder ein Befolgen vieler Anweisungen erfordern.

Nicht alle dieser Regeln werden heute wortwörtlich umgesetzt. Die Regel 3 beispielsweise ist heutzutage nicht mehr praktikabel: für die notwendige Schlüssellänge ist ein Merken nicht mehr praktikabel. Daher wird besonders auf den richtigen Umgang mit Schlüsseln geachtet. Auch ist die telegraphische Übermittlung der Regel 4 durch eine Übermittlung über das Internet abgelöst worden. Und zuletzt hat Kerckhoffs seine Regeln unter der Annahme formuliert, dass ein Mensch das System manuell ausführt, heutzutage darf man die Regeln jedoch getrost auf das «Bedienen eines Kryptosystems» anstelle des «Ausführens eines Verschlüsselungsverfahrens» übertragen, wo dieselben Regeln wieder Sinn machen.

Die wichtigste Regel jedoch ist die zweite Regel, die von Claude Elwood Shannon geprägt auch als «Der Feind kennt das System» umschrieben wird. Der Zweite Weltkrieg hat auch klar gezeigt, dass Maschinen zum Ver- und Entschlüsseln wie die Enigma erbeutet werden können (und sogar auf dem freien Markt verfügbar sein können).

Allerdings wurde diese Tatsache nicht unbedingt in der breiten Öffentlichkeit diskutiert. Der Film «James Bond 007 – Liebesgrüsse aus Moskau» aus dem Jahr 1963 dreht sich darum, dass James Bond eine Dechiffriermaschine mit dem Namen «Lector» mit Hilfe einer Angestellten des sowjetischen Konsulats in Istanbul stehlen soll.

In Ergänzung zum sicheren Übermitteln von Daten beschäftigt sich moderne Kryptographie zusätzlich mit weiteren Aspekten. Die **Hauptziele moderner Kryptographie** sind:

- **Zugriffsschutz:** Lediglich berechtigte Personen dürfen den Geheimtext entschlüsseln oder entziffern.
- **Änderungsschutz:** Berechtigte Personen müssen in der Lage sein festzustellen, ob ein Geheimtext verändert wurde.
- **Fälschungsschutz:** Berechtigte Personen müssen überprüfen können, dass der Geheimtext vom vorgegebenen Absender stammt.
- **Nichtabstreitbarkeit:** Berechtigte Personen müssen beweisen können, dass der Geheimtext vom vorgegebenen Absender stammt.

Um dies zu erreichen wird zwischen **symmetrischen** und **asymmetrischen Verschlüsselungsverfahren** unterschieden, die jeweils ihre unterschiedlichen Anwendungen haben.

Moderne Symmetrische Verschlüsselungsverfahren

Das heutzutage am weitesten verbreitete symmetrische Verschlüsselungsverfahren **AES (Advanced Encryption Standard)** stellt eine Weiterentwicklung des Enigma-Prinzips dar, dass durch Schlüssel gesteuerte Substitutionen durchführt. Er wurde durch Joan Daemen (*1965) und Vincent Rijmen (*1970) entwickelt. Es wurde 1997 vom amerikanischen National Institute of Standards and Technology (NIST) aus mehreren Kandidaten ausgewählt und ist weltweit verbreitet. Moderne Computerprozessoren haben sogar extra eine entsprechende Funktion integriert, so dass AES besonders schnell ausgeführt werden kann und somit sehr weit verbreitet ist.

Im Gegensatz zur Enigma werden jedoch nicht einzelne Zeichen sondern Blöcke von Zeichen (bei AES sind diese 16, 24 oder 32 Zeichen lang) verschlüsselt. Dies findet in mehreren Runden statt. Eine Runde ist eine Kombination aus monoalphabetischen Substitutionen, Verschieben von Informationen innerhalb eines Blocks, dem Bilden von multiplikativen Inversen (also der Zahl, mit der beim modularen Multiplizieren das Ergebnis 1 erreicht wird) und bitweisem XOR. Das Entschlüs-

seln wendet diese Methode einfach rückwärts an. Da für das Verschlüsseln und das Entschlüsseln derselbe Schlüssel verwendet wird, nennt man ein solches Verfahren auch **symmetrisch**.

Das alleine würde jedoch noch nicht genügen, denn im Prinzip ergibt dies zunächst lediglich etwas Ähnliches wie eine polyalphabetische Verschlüsselung mit einem fixen Schlüsselwort (nur dass nicht direkt auf die einzelnen Zeichen zurückgeschlossen werden kann) oder gar eine monoalphabetische Verschlüsselung einfach mit mehreren Zeichen als ein «Zeichen» zusammengefasst. Daher wird bei blockbasierten Verschlüsselungsalgorithmen zusätzlich noch jeder Block XOR einen Block mit dem vorhergehenden Geheimtext genommen; für den ersten Block wird ein zufällig gewählter **Initialisierungsvektor** genommen, ähnlich wie dies beim Autokey-Verfahren passierte.

Die einzig momentan bekannte Angriffsmöglichkeit auf AES ist, alle möglichen Schlüssel auszuprobieren. Das sind zwischen $2^{128} \approx 3.403 \cdot 10^{38}$ und $2^{256} \approx 1.158 \cdot 10^{77}$ mögliche Schlüssel. Man schätzt, dass momentan Geheimdienste Schlüssel zwischen $2^{75} \approx 3.778 \cdot 10^{22}$ und $2^{90} \approx 1.238 \cdot 10^{27}$ in sinnvoller Zeit knacken können ... um also einen Schlüssel alleine der Länge 128 zu knacken, müsste man entweder im (für den Geheimdienst) günstigsten Fall $2.749 \cdot 10^{11}$ mal so viel Zeit (das sind dann schnell mal Milliarden oder Billionen von Jahren) oder $2.749 \cdot 10^{11}$ mal so viel Rechenleistung (das sind dann eben Milliarden oder Billionen mal so viele Computer) investieren. Dennoch ist nicht garantiert, dass beispielsweise über Quantencomputer oder bisher unbekannte Lücken im System dies knackbar wird.

So bietet also die Schlüssellänge ein wichtiges Mass für die praktische Sicherheit, da die Sicherheit exponentiell mit der Schlüssellänge wächst.

AES
Bekannt seit: 1997
Anzahl Schlüssel: 128 bit, 192 bit oder 256 bit
Kryptographische Stärke: stark, jedoch nur praktisch nicht entzifferbar

Moderne symmetrische Verschlüsselungsverfahren wie **AES** beruhen darauf, in Schlüsselräumen zu arbeiten, die zu gross zum praktischen Entziffern sind. Durch ihre Einfachheit sind sie weit verbreitet und können sehr schnell von Computern eingesetzt werden.

Asymmetrische Verschlüsselungsverfahren

Wie Sie gesehen haben, löst AES nur einen Teil der Hauptziele moderner Kryptographie. Hierzu haben Ronald Linn Rivest (*1947), Adi Shamir (*1952) und Leonard Adleman (*1945) im Jahr 1977 das RSA-Verfahren (nach den ersten Buchstaben Ihrer Vornamen benannt) entwickelt. Im Kern besteht es aus einer sogenannten **Einwegfunktion** (manchmal auch **Falltürfunktion**), einer Funktion, für die man relativ einfach die Funktionswerte berechnen kann, für die es aber sehr aufwendig ist, für gegebene Funktionswerte wie bei einer Umkehrfunktion die ursprünglichen Argumente zu berechnen. Man kann es sich vorstellen wie ein Vorhängeschloss mit Schlüssel: das Schliessen eines Vorhängeschlosses ist sehr einfach, das Öffnen ohne Schlüssel nur sehr schwer. Im Fall von RSA wird das **modulare Potenzieren** als Einwegfunktion verwendet.

Im Gegensatz zu allen anderen bisher verwendeten Verschlüsselungsverfahren ist RSA **asymmetrisch**, das heisst, dass zum Verschlüsseln ein anderer Schlüssel verwendet wird als zum Entschlüsseln.

Konkret funktioniert das Verfahren so, wenn Alice eine Nachricht an Bob verschlüsselt senden möchte (Klartext und Geheimtext werden als natürliche Zahl repräsentiert):

- Schlüsselerzeugung:
  - Bob wählt zwei grosse Primzahlen p und q und bildet das Produkt $n = p \cdot q$.
  - Bob wählt zwei Zahlen d und e, so dass $d \cdot e \ \% \ (p - 1) \cdot (q - 1) = 1$. «%» bezeichnet dabei den Modulo-Operator, d und e sind teilerfremd zu $p - 1$ und $q - 1$.

Ronald Rivest (*1947), Adi Shamir (*1952) und Leonard Adleman (*1945)

- Bob veröffentlicht n und e als öffentlichen Schlüssel, d ist sein geheimer Schlüssel, p und q werden vernichtet.

- Verschlüsselung:
  - m sei der Klartext.
  - Alice berechnet mit Hilfe von Bobs öffentlichen Schlüssel den Geheimtext $c = m^e \% n$.
  - Alice überträgt c an Bob.

- Entschlüsselung:
  - Bob berechnet den Klartext $m' = c^d \% n$.

Damit beruht das Verfahren darauf, dass in diesem Fall $(m^e)^d \% n = m$ gilt, wenn $m < n$ ist.

Das folgende Beispiel soll die Wahl der Zahlen verdeutlichen:

- Schlüsselerzeugung:
  - Bob wählt $p = 5$ und $q = 11$, also ist $n = 5 \cdot 11 = 55$.

  ```
  DEG
  5*11              55
  ```

  - Bob wählt $d = 3$ und muss dann $e = 27$ wählen, denn $3 \cdot 27 = 81$ und $81 \% (5 - 1) \cdot (11 - 1) = 81 \% (4 \cdot 10) = 81 \% 40 = 1$.

  ```
  DEG
  mod(3*27,4*10)
                   1
  ```

  - Bob vernichtet p und q und veröffentlicht $n = 55$ und $e = 27$.

- Verschlüsselung:
  - Alice möchte $m = 2$ mitteilen.
  - Sie berechnet $c = m^e \% n = 2^{27} \% 55 = 18$.

  ```
  DEG
  mod(2^27,55)     18
  ```

  - Sie teilt Bob $c = 18$ mit.

- Entschlüsselung:
  - Bob berechnet $m' = c^d \% n = 18^3 \% 55 = 2$.

  ```
  DEG
  mod(18^3,55)      2
  ```

Die Sicherheit des Verfahrens beruht darauf, dass das Faktorisieren von grossen Zahlen (in diesem Fall n) nach momentanen Kenntnisstand sehr aufwendig ist. Konkret nimmt man an, dass das Berechnen des privaten Schlüssels d unter Kenntnis des öffentlichen Schlüssels e und n in derselben Komplexitätsstufe liegt wie das Faktorisierungsproblem (also n in seine Primfaktoren p und q zu zerlegen). Momentan ist dies mit vertretbarem Aufwand offenbar möglich, Produkte aus zwei Primfaktoren in der Grössenordnung von unter 1024 Bit zu zerlegen, es wird davon ausgegangen, dass mittelfristig die momentan empfohlenen 2048 Bit als Schlüssellänge nicht genügen, so dass man auf 4096 Bit Schlüssellänge übergehen muss. Quantencomputer könnten solche Faktorisierungen noch viel schneller vornehmen.

Da RSA langsamer als beispielsweise AES ist, kombiniert man häufig RSA mit AES, indem man den Schlüssel für AES mit RSA verschlüsselt und so überträgt.

RSA
Bekannt seit: 1977
Anzahl Schlüssel: 1024 bit, 2048 bit oder 4096 bit
Kryptographische Stärke: ab 2048 bit stark, jedoch nur praktisch nicht entzifferbar

Asymmetrische Verschlüsselungsverfahren wie **RSA** beruhen darauf, dass mit Hilfe einer Einwegfunktion eine Unterscheidung zwischen **öffentlichem** und **privatem Schlüssel** gemacht werden kann. Mit Hilfe des öffentlichen Schlüssels kann man einen Klartext verschlüsseln, mit Hilfe des privaten Schlüssels kann man einen Geheimtext entschlüsseln. Sie werden in der Regel in Kombination mit symmetrischen Verschlüsselungsverfahren genutzt.

Schlüsseltausch

Ein nicht zu unterschätzendes Problem stellt ein sicherer Austausch von Schlüsseln dar. Dabei kommt ein weiterer Aspekt von RSA zum Einsatz: man kann mit RSA auch überprüfen, ob eine Nachricht mit dem privaten Schlüssel signiert wurde. Hierfür wird mit einer sogenannten **Hashfunktion** eine Prüfsumme der Nachricht berechnet und diese mit d «verschlüsselt». Mit dem öffentlichen Schlüssel e kann nun jede Person überprüfen, dass dieselbe Prüfsumme heraus kommt wie bei der übertragenen Nachricht. So ist sichergestellt, dass die Nachricht mit dem privaten Schlüssel signiert wurde.

Solange der öffentliche Schlüssel nicht persönlich übergeben werden kann, kann ein Angreifer (häufig Mallory genannt) sich zwischen Alice und Bob setzen und die Schlüssel abfangen und dafür seinen eigenen weitergeben. Alice und Bob denken dabei, dass sie so miteinander kommunizieren:

Mallory

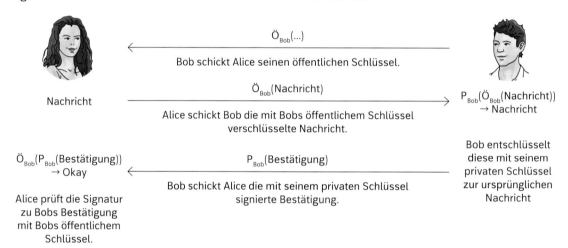

In der Tat kann Mallory aber Folgendes machen:

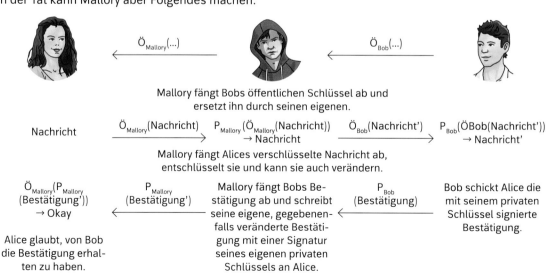

Dabei können Alice und Bob nicht erkennen, dass Mallory dazwischen sitzt, weil er sich gegenüber Alice als Bob ausgeben kann und gegenüber Bob als Alice. Dazwischen kann er alles lesen und alles verändern.

Deshalb gibt es zentrale Zertifizierungsstellen, die öffentliche Schlüssel signieren. Eine solche Zertifizierungsstelle (häufig Trent genannt) überprüft öffentliche Schlüssel und signiert sie mit ihrem eigenen privaten Schlüssel. Da auch solche Zertifizierungsstellen potentiell wie oben die Kommunikation zwischen Alice und Bob angreifbar ist, werden die öffentlichen Schlüssel von Zertifizierungsstellen oftmals bereits mit dem Betriebssystem ausgeliefert und als **Public-Key-Infrastuktur**

bekannt. Eine Alternative ohne zentrale Zertifizierungsstellen ist das **Web of Trust**, bei dem sich Nutzer, die sich kennen oder persönlich authentifiziert haben, gegenseitig signieren.

Trent

Wenn also der öffentliche Schlüssel von Trent bekannt ist, kann Bob sich bei Trent authentifizieren und Alice kann überprüfen, dass Trent Bobs öffentlichen Schlüssel signiert hat, und dass er von Bob stammt:

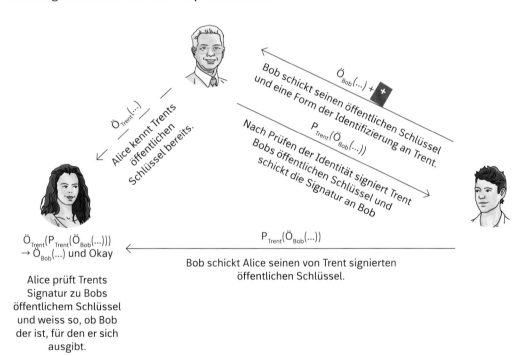

$Ö_{Trent}(...)$
Alice kennt Trents öffentlichen Schlüssel bereits.

Bob schickt seinen öffentlichen Schlüssel und eine Form der Identifizierung an Trent.
$Ö_{Bob}(...) +$

$P_{Trent}(Ö_{Bob}(...))$
Nach Prüfen der Identität signiert Trent Bobs öffentlichen Schlüssel und schickt die Signatur an Bob

$Ö_{Trent}(P_{Trent}(Ö_{Bob}(...)))$
$\rightarrow Ö_{Bob}(...)$ und Okay

$P_{Trent}(Ö_{Bob}(...))$
Bob schickt Alice seinen von Trent signierten öffentlichen Schlüssel.

Alice prüft Trents Signatur zu Bobs öffentlichem Schlüssel und weiss so, ob Bob der ist, für den er sich ausgibt.

Würde Mallory sich als Bob ausgeben, wird folgender Widerspruch offensichtlich: Mallory kann sich als Mallory von Trent authentifizieren lassen. Wenn er nun eine Nachricht als Bob an Alice schickt, ist es so, dass Alice die Authentifizierung von Mallory (die vermeintlich von Bob kommt)

überprüft und dabei feststellt, dass sie ihn als Mallory identifiziert und nicht als Bob. Oder Mallory fälscht die Authentifizierung von Trent, so dass es aussieht, als wäre er Bob, aber dann schlägt die Überprüfung der Authentifizierung von Trent fehl.

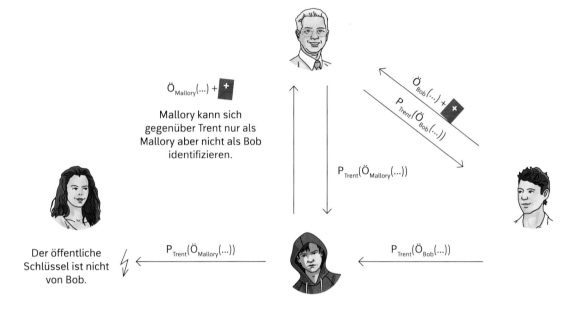

$\ddot{O}_{Mallory}(...) +$ ▉

Mallory kann sich gegenüber Trent nur als Mallory aber nicht als Bob identifizieren.

$\ddot{O}_{Bob}(...) +$ ▉

$P_{Trent}(\ddot{O}_{Bob}(...))$

$P_{Trent}(\ddot{O}_{Mallory}(...))$

Der öffentliche Schlüssel ist nicht von Bob.

$P_{Trent}(\ddot{O}_{Mallory}(...))$

$P_{Trent}(\ddot{O}_{Bob}(...))$

AUFGABEN

1 Untersuchen Sie die Ihnen bekannten klassischen Verschlüsselungsverfahren darauf, ob sie dem Kerckhoffs'schem Prinzip standhalten. Diskutieren Sie die Sicherheit der Verfahren aufgrund der sechs Regeln von Kerckhoffs.

2 Betrachten Sie das Verschlüsselungsverfahren AES.

a Bewerten Sie, inwiefern AES Kerkhoffs erste Regel geeignet umsetzt.

b Überprüfen Sie, inwiefern AES die Regeln 2 bis 5 von Kerkhoffs umsetzt.

c Welche Hauptziele moderner Kryptographie können mit AES erfüllt werden?

3 Bestimmen Sie, wie viele Bit ungefähr für die Ihnen bekannten klassischen Verschlüsselungsverfahren benötigt werden, indem Sie die Gleichung $2^n = $ *Anzahl Schlüssel* lösen. Wo müssen Sie weitere Einschränkungen formulieren?

4 Diskutieren Sie, inwiefern es hilfreich oder schädlich ist,

a denselben Schlüssel mehrfach zu verwenden.

b den Initialisatierungsvektor als Teil des Schlüssels zu betrachten, ihn mehrfach zu verwenden oder ihn dem Geheimtext beizufügen.

c einfach jedes Zeichen mit RSA zu verschlüsseln.

5 Verschlüsselungssysteme:

a Installieren Sie VeraCrypt oder laden Sie die portable Version herunter (https://www.veracrypt.fr/en/Home.html) und erzeugen Sie einen Container. Wo begegnen Sie dabei AES und was braucht es zusätzlich noch?

b Installieren Sie ein System, mit dem Sie GPG/PGP-verschlüsselte Nachrichten per Email austauschen können (z. B. Enigmail https://enigmail.net/index.php/en/, in Mozilla Thunderbird ist die Fähigkeit ab Version 78 bereits enthalten). Erzeugen Sie sich ein Schlüsselpaar und tauschen Sie untereinander verschlüsselte Emails aus. Was müssen Sie beim Schlüsseltausch beachten und wie helfen Ihnen die Systeme dabei?

6 Nehmen Sie zu dem folgenden Comic Stellung:

Security, xkcd-Comic #538, xkcd.com/538/

7 Recherchieren Sie «Forward Secrecy» und diskutieren Sie, ob und wie dies bei RSA und AES umgesetzt werden kann.

8 Versuchen Sie auf Ihrem Computer die installierten Zertifikate zu identifizieren.

a Gehen Sie auf eine beliebige verschlüsselte Webseite und überprüfen Sie, ob das Zertifikat der Webseite zurückverfolgt werden kann.

b Diskutieren Sie den Sinn von «Let's Encrypt».

9 Seitdem Google 2013 den Zugriff auf google.ch mit https verschlüsselt, fordert die Swisscom Schulen, die über die Swisscom an das Internet angeschlossen sind und die Cloud Security Services nutzen, auf ein SSL-Zertifikat auf allen Schulcomputern zu installieren. Recherchieren Sie, was dort genau gemacht wird, was die Intention der Swisscom ist. Ordnen Sie die bekannten Charaktere Alice, Bob, Trent und Mallory den Akteuren zu. Nehmen Sie Stellung.

A Vergleichen Sie, inwiefern das Prinzip «divide et impera» (siehe Kapitel 4.1 Unterprogramme) auch beim Planen von Projekten (siehe Kapitel 6.1 Projektarbeit) hilfreich ist. Formulieren Sie das Prinzip allgemein.

B Analysieren Sie, warum gerade ein Sortierverfahren, das nach dem Prinzip «teile und herrsche» aufgebaut ist (siehe Kapitel 5.3 Sortieren), besonders effizient ist. Diskutieren Sie, wie sich die Sicht gegebenenfalls verändert, falls nicht nur ein CPU-Thread sondern viele CPU-Threads parallel arbeiten können. Vergleichen Sie Ihr Ergebnis mit Sortiernetzen. (siehe Kapitel 5.3 Sortieren)

C Moderne Kryptographiesysteme (siehe Kapitel 7.6 Moderne Verschlüsselungsverfahren) wie OpenPGP oder GnuPG bieten verschiedene Funktionalitäten in einem Paket. Recherchieren Sie, was für Komponenten diese Systeme beinhalten und identifizieren Sie, welche Komponenten Sie bereits kennen gelernt haben.

Bei grossen Softwaresystemen wie einem Betriebssystem oder einem Textverarbeitungsprogramm ist es offensichtlich, dass es sinnvoll ist, dies beim Programmieren in Teile zu zerlegen. Nur so können viele Programmierer gleichzeitig am Programm entwickeln.

Umgekehrt profitieren auch Sie von bereits gemachter Arbeit. In der Programmiersprache Python beispielsweise sind viele Standardaufgaben bereits gelöst. Mathematische Funktionen, für die Sie normalerweise mit Ihrem Taschenrechner ein spezialisiertes System verwenden, sind in Python durch die Bibliothek `math` bereits verfügbar (siehe Kapitel 1.4 Variablen und Zuweisungen).

Insbesondere aber sind Standardaufgaben wie die Ein- und Ausgabe bereits gelöst. Sie brauchen nur die Anweisungen `input(…)` oder `print(…)` zu schreiben, und der Python-Interpreter in Zusammenarbeit mit dem Betriebssystem sorgt dafür, dass die entsprechende Information von der gedrückten Taste bis in den Arbeitsspeicher respektive vom Arbeitsspeicher bis zu Pixeln auf dem Bildschirm gelangen. Es braucht kein neues Programm, wenn eine Tastatur eines anderen Herstellers verwendet wird oder ein anderer Bildschirm angeschlossen wird.

Das wäre nicht so, wenn Sie lediglich einen Mikrocontroller programmieren würden. Es gibt zwar auch für solche Systeme höhere Programmiersprachen, aber aufgrund der beschränkten Hardware werden diese in einzelne simple Schritte übersetzt, die der Mikrocontroller dann ausführt. Dafür sind Mikrocontroller in der Regel kompakt, brauchen wenig Strom und können einfache spezialisierte Aufgaben günstig ausführen. Daher sind sie auch um ein Vielfaches weiterverbreitet als «normale» Computer, Tablets oder Smartphones. Mit dem Aufkommen von «smarten» Geräten in Haushalten wird dies noch einmal deutlich verstärkt werden.

Neben den Bibliotheken für Standardaufgaben gibt es auch haufenweise spezialisierte Bibliotheken für besondere Aufgaben. In der Regel genügt es heutzutage, solche Bibliotheken im Internet zu suchen und zu installieren. Alleine https://pypi.org/ stellt über 300 000 Projekte zur Verfügung.

Die folgende Abbildung zeigt beispielsweise einen CO_2-Sensor vom Typ MH-Z19B, der an einen Raspberry Pi angeschlossen ist. Auf dem Raspberry Pi muss lediglich die Bibliothek `mh-z19` mit Hilfe des Paketverwaltungsprogramms pip mit einem einfachen Befehl nachinstalliert werden, und schon können die CO2-Werte ausgelesen und beispielsweise für Warn-LEDs (in der Abbildung ebenfalls erkennbar) oder auch für automatisierte Warn-

Emails verwendet werden. Ein Programmcode, der beide Aufgaben erfüllt, umfasst dann nur noch ca. 150 Zeilen.

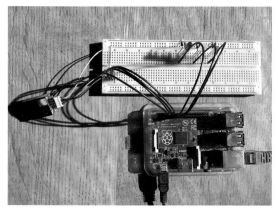

«Raspberry Pi mit 3 LEDs, die per GPIO an- oder ausgeschaltet werden, sowie einem MH-Z19B NDIR CO_2-Sensor, der den momentanen CO_2-Gehalt der Luft als ppm-Wert per serieller Schnittstelle meldet.»

ZERLEGEN

Das **Zerlegen** eines Problems (engl. **decomposition**) bezeichnet den Vorgang, ein komplexes Problem in kleinere Teilprobleme aufzuteilen, die für sich einfacher zu verstehen und damit einfacher zu programmieren und zu warten sind.

Dieses Prinzip lässt sich auch auf noch kleinere Aspekte übertragen. Damit ist das Implementieren von Softwaresystemen letztlich ein rekursiver Vorgang, bei dem Probleme in immer kleinere Teilprobleme unterteilt werden, die für sich wiederum in kleinere Teilprobleme unterteilt werden können, bis am Ende eine simple Anweisung das Teilproblem löst. Diese Teillösungen werden dann wieder zusammengesetzt.

1 Vollziehen Sie die Schritte des Zerlegens eines Problem anhand einer Implementierung der Vigenère-Verschlüsselung nach.

2 Diskutieren Sie, inwiefern das Zerlegen eines Problems Teil der Methode des Problemlösens ist.

3 Übertragen Sie die Methode des Zerlegens eines Problems auf andere Anlässe, wo Sie Probleme lösen müssen. Wo braucht es zusätzlich andere Methoden?

AUFGABEN

Datenbanken

Edgar Frank Codd (1923–2003) gehört gewissermassen zum informatischen Urgestein. Ursprünglich aus England stammend wirkte er vor allem in den USA, wo er für verschiedene Universitäten und insbesondere für die Firma IBM an Datenverarbeitung forschte.

Dabei wirkte er massgeblich an der Entwicklung und Verbreitung relationaler Datenbanksysteme mit, so dass die heute immer noch verwendeten SQL-kompatiblen Datenbanksysteme auf seinen Arbeiten basieren.

Codds Theorem, das sich mit der Gleichmächtigkeit von Abfragesprachen beschäftigt, ist für Datenbanksysteme, was die Turingmaschine für Computer im allgemeinen ist. Aus ihm folgt, dass die Abfragesprache eine andere und von der tatsächlichen Speicherung unabhängige Ebene von Datenbanksystemen ist, was Datenbanksysteme mit Abfragesprachen wie SQL universell macht.

A Finden Sie drei Beispiele, in denen Datenbanksysteme Anwendung finden. Nutzen Sie selbst Datenbanksysteme, z. B. bei der Verwaltung ihrer eigenen Dateien auf dem Computer oder im Sportverein?

B Beschreiben Sie Unterschiede und Gemeinsamkeiten zwischen einem Bücherregal und einem E-Book-Reader, auf dem hunderte Bücher digital gespeichert werden können. Erläutern Sie, welche Vor- und Nachteile beide Systeme Ihrer Ansicht nach besitzen.

C Finden Sie heraus, wie Ihre Schule Daten verwaltet.

a Informieren Sie sich im Sekretariat, welche Schülerdaten die Schule speichert (Schülerakte). Auf welche Art und Weise werden die Daten gespeichert und verwaltet?

b Informieren Sie sich über eventuelle rechtliche Vorgaben bei der Speicherung Ihrer Schülerdaten.

c Informieren Sie sich beim Systemadministrator Ihrer Schule, wie die Benutzerprofile der Schülerinnen und Schüler für die Schulrechner verwaltet werden.

Schon seit der Steinzeit sind Menschen darauf bedacht, ihr Wissen, ihre Gedanken und ihre Eindrücke dauerhaft bzw. über einen längeren Zeitraum aufzubewahren. Während in der menschlichen Frühgeschichte einfache Höhlenmalereien dazu dienten Jagdszenen festzuhalten, wurde sehr viel später von den Sumerern in Mesopotamien die Keilschrift entwickelt. Sie wurde zu Beginn vor allem als «Buchhalterschrift» benutzt, um u. a. die Logistik und den Vorrat von Nahrungsmitteln zu protokollieren. Für einen Flächenstaat mit auf dem Land verteilten Nahrungslagern, der auch für die Versorgung seiner Bevölkerung verantwortlich war, war eine verlässliche Buchhaltung ein grosser Organisationsvorteil, da Informationen zentral, benutzerunabhängig und sicher gespeichert werden konnten.

An den «einfachen» Tontafeln Mesopotamiens lassen sich schon die Operationen erkennen, die auch noch bei der heutigen Wissensverwaltung relevant sind: Speichern, Löschen, Verändern und Durchsuchen der Daten. So mussten die Vorräte in ihrer Art und Menge protokolliert werden können und die Bestände mussten darüber hinaus je nach Verbrauch und Ernte aktualisiert werden. In moderner Tabellenschreibweise hätten die Sumerer ihre Lager beispielsweise folgendermassen verwalten können.

Lagerverwaltung auf einer Tontafel.

Lagerort: Uruk

Nahrungsmittel	Menge
Getreide	14 Säcke
Fisch	11 Stück
Wein	6 Schläuche

Übersetzung der obigen Inschrift

Die Speichermöglichkeiten menschlichen Wissens entwickelten sich weiter: abstrakte Schriftzeichen stellten einen Vorteil gegenüber den symbolischen Piktogrammen dar. Für die Verbreitung von Wissen waren schliesslich der Buchdruck und die Weiterentwicklung des maschinellen Rechnens massgeblich. Des Weiteren wurden Trägermaterialien für die Daten entwickelt, die auf immer weniger Platz und bei immer weniger Gewicht grosse Datenmengen aufnehmen konnten (siehe Kapitel 1.1 Informatik – Eine neue Wissenschaft?).

Die moderne Datenverarbeitung begann in den 1950er-Jahren und hatte damals hauptsächlich Zähl- und Rechenoperationen auszuführen. Als Speichermedium dienten Lochkarten oder Magnetbänder, die ein schnelles Suchen nahezu unmöglich machten, da ein so gespeicherter Datenbestand immer von vorne nach hinten durchsucht werden musste. Ein Fortschritt war der in den 1960er-Jahren entwickelte Random Access Speicher, der es ermöglichte, direkt auf die gewünschten Daten zuzugreifen. Zu diesem Zeitpunkt gab es zwar bereits die ersten Datenbanksysteme, jedoch war ihre Entwicklung mit einem enormen Aufwand verbunden. Da die Datenbanksysteme speziell an eine bestimmte Hardware angepasst waren, war es überaus schwierig, auch nur kleine Änderungen umzusetzen.

Revolutioniert wurde diese Art der Datenhaltung 1970 vom britischen Mathematiker und Datenbanktheoretiker Edgar F. Codd, der das physische und das logische Datenmodell voneinander abkoppelte und die Grundlage für den Betrieb relationaler Daten-

Edgar F. Codd
(1923–2003)

banksysteme legte. Für seine Beiträge zur Datenbanktheorie erhielt Edgar F. Codd 1981 den Turing Award, die höchste Auszeichnung in der Informatik. Es gab nun also eine deutliche Trennung zwischen der Speicherung und der Verwaltung der Daten. **Relationale Datenbanksysteme** beruhen auf Tabellen, welche mathematische Relationen definieren. Somit bilden Tabellen die Grundstruktur eines relationalen Datenbanksystems. Neben dem weit verbreiteten relationalen Datenbankmodell gibt es das hierarchische Modell, das Netzwerkmodell und das objektorientierte Modell.

Die Homepage eines jeden Onlinebuchhändlers zeigt gleich mehrere Bereiche, in denen eine Datenspeicherung in computerbasierten Datenbanksystemen zum Einsatz kommt. Der tägliche Gebrauch solcher Internetangebote ist so simpel, dass man sich über die komplexen Prozesse im Hintergrund keine Gedanken macht. Dabei müssen vielfältige Daten gespeichert, aktualisiert, gelöscht und bei Bedarf abgefragt werden können:

- die Kundendaten (Mein Konto)
- der Warenkorb
- die Kategorien einer getätigten Suchanfrage
- der einzelne Artikel (hier: Der Herr der Ringe Trilogie)

Die Möglichkeiten der modernen Datenspeicherung lassen sich schon erahnen: Der Artikel «Der Herr der Ringe Trilogie» ist einmal als einzelner Artikel geführt, er wird in den Kategorien unter Bücher gelistet, er kann sich (auch mehrmals) in meinem Warenkorb befinden und er könnte Teil einer Bestellung sein. Ein Datenbanksystem sollte so entworfen sein, dass dieser Artikel «Der Herr der Ringe Trilogie» mit allen seinen Attributen jedoch nur ein einziges Mal gespeichert werden muss.

Genauso wie die altertümlichen Aufzeichnungen auf Tontafeln oder die Bücher in einer Bibliothek geschützt werden müssen, so müssen auch moderne Datenspeichersysteme diese Anforderungen erfüllen. Sie müssen zum einen Datensicherheit garantieren, d. h. dass z. B. durch Backupmechanismen sichergestellt wird, dass keine Daten ungewollt verloren gehen. Zum anderen muss ein Datenbanksystem den Datenschutz gewährleisten, d. h. die Daten müssen vor unberechtigten Zugriffen geschützt werden, sowohl physikalisch (z. B. müssen die Rechner in verschlossenen Räumen stehen) als auch softwaretechnisch (z. B. muss der Zugriff auf die Daten passwort-geschützt sein). Im Detail werden solche Fragen im Kapitel 8.4 Datensicherheit und Passwörter diskutiert.

Im Gegensatz zu der nichtelektronischen Speicherung von Daten, z. B. in Form von Büchern oder Akten, bietet die digitale Datenspeicherung weitergehende Funktionen, die den Umgang mit den Daten erleichtern. So kann in digitalen Daten sehr effizient gesucht werden, sie können je nach Aufgabe, die erledigt werden soll, unterschiedlich strukturiert und dargestellt werden und es ist sogar möglich, dass mehrere Benutzer oder Programme gleichzeitig mit denselben Daten arbeiten. Diese vielfältigen Aufgaben werden durch ein Datenbankmanagementsystem (DBMS) übernommen.

DATENBANKMANAGEMENTSYSTEM (DBMS)

Das DBMS regelt den Zugriff auf die Daten. Man sagt, dass das physische und das logische Datenmodell voneinander getrennt sind. So arbeiten Benutzer der Datenbank lediglich mit Repräsentanzen, also mit benutzerspezifisch zusammengestellten Kopien der Daten, die durch das logische Modell vorgegeben sind. Dieses Prinzip macht es möglich, dass auch mehrere Benutzer bzw. Programme zeitgleich mit den Daten der Datenbank arbeiten können.

Das DBMS überwacht alle Zugriffe und nur dieses System greift tatsächlich physisch auf die Daten zu. Alle Benutzer arbeiten auf Kopien der Daten und das DBMS regelt z. B. die Reihenfolge, in der Änderungen abgespeichert werden. Wenn also zwei Kunden gleichzeitig das letzte Exemplar von «Der Herr der Ringe» bestellen wollen, regelt das DBMS, wer von beiden das Buch bekommt.

Aufgabe von Informatikern ist es nun zum einen, Datenbanken zu entwickeln, die grosse Mengen von Daten strukturiert und systematisch speichern. Um solche leistungsfähigen Datenbanken zu entwerfen, bedarf es einer guten Planung, der Datenmodellierung, welche im folgenden Abschnitt beschrieben wird. Zum anderen nutzen Informatiker Datenbanksysteme, um Probleme zu lösen, z. B. bei der Entwicklung einer Homepage für einen Onlinebuchhändler. (Wie mit einem bestehenden Datenbanksystem gearbeitet werden kann, wird im Kapitel 8.3 Datenbankabfragen erläutert.)

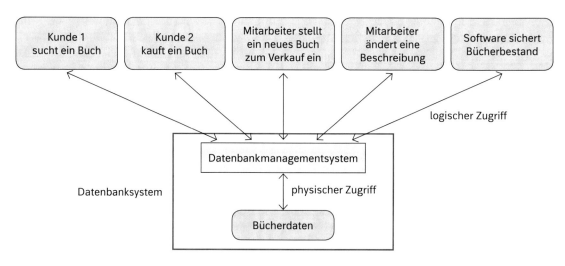

Datenbanksystem für den Online-Buchhandel

Datenmodellierung

Die Entwicklung eines Datenbanksystems ist ein mehrstufiger Prozess, der aus den folgenden Phasen besteht:

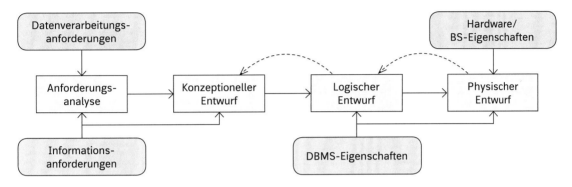

Anforderungsanalyse

Die Anforderungsanalyse enthält eine Auflistung aller Dienste, die das Datenbanksystem letztlich bieten soll. Im Folgenden wird dies am Beispiel des Online-Buchhandels stark vereinfacht aufgezeigt.

Ein Onlinebuchhändler bietet Bücher aus verschiedenen Kategorien, z. B. Fachbücher, Comics, Romane oder Jugendbücher an. Jedes Buch verfügt über eine eindeutige ISBN-Nummer, sowie einen Titel und einen Autor. Der Händler bietet jedes Buch zu einem bestimmten Preis an. Zu jedem Buch existiert auf der Internetseite des Online-Buchhandels eine eigene Darstellung. In dieser Darstellung wird z. B. eine durchschnittliche Bewertung des Buches angezeigt und es wird ersichtlich, ob das jeweilige Buch lieferbar ist. Möchte man ein Buch online bestellen, so muss man zunächst ein Benutzerkonto anlegen. Dazu muss man seinen Vor- und Nachnamen, seine Postadresse sowie seine E-Mail-Adresse angeben. Zudem muss man einen Benutzernamen und ein Passwort festlegen, um sich auf der Internetseite des Buchshops anmelden zu können. Wenn man dann ein Buch bestellt, muss u. a. angegeben werden, wie viele Exemplare dieses Titels geliefert werden sollen. Intern muss der Händler noch die Kontaktdaten zu den einzelnen Verlagen pflegen, von denen er die Bücher bezieht, z. B. den Namen des Verlags, seinen Sitz und den jeweiligen Ansprechpartner.

Konzeptioneller Entwurf

Aus der Anforderung werden nun die relevanten Objekte und deren Beziehungen untereinander herausgefiltert. Es entsteht ein konzeptueller Entwurf in Form eines **Entity-Relationship-Diagrammes** (kurz: **ER-Diagramm**), welches Entitäten, Attribute, Beziehungen und Kardinalitäten beschreibt.

ENTITÄT

Eine **Entität** ist ein Objekt aus der Realsituation, über das Informationen zu speichern sind (z. B. das Buch «Der Herr der Ringe»). Gleichartige Entitäten fasst man zu Entitätsmengen (z. B. Buch) zusammen und stellt sie im ER-Diagramm als Rechteck dar:

> Entitätsmenge

Zunächst bestimmt man die Entitätsmengen, die für die Anforderung relevant sind. Dazu bietet es sich an, alle Nomen im Text wie «Buch» oder «Verlag» näher zu betrachten, insbesondere wenn sie über weitere Merkmale wie «Autor» oder «Name» verfügen. Es kann auch vorkommen, dass Entitäten im Text nicht ausdrücklich genannt werden. So ist es z. B. sinnvoll, eine Entitätsmenge Kunde anzulegen, obwohl das Nomen «Kunde» nicht auftaucht. Zudem können auch abstrakte Objekte wie die Darstellung eines Buches auf der Internetseite als Entitätsmengen in Betracht kommen. Damit können für das Beispiel des Online-Buchhandels die vier Entitätsmengen ausgemacht werden: Buch, Verlag, Kunde und Darstellung.

ATTRIBUT

Ein **Attribut** beschreibt eine Eigenschaft aller Entitäten einer Entitätsmenge (oder aller Beziehungen einer Beziehungsmenge). Attribute werden im ER-Diagramm als Ellipsen dargestellt.

> Attribut

Attribute dienen der genaueren Beschreibung von Entitäten. Nomen wie «Kategorie» oder «ISBN-Nummer», die selbst keine weiteren relevanten Eigenschaften haben, sind Kandidaten für Attribute. Für das Beispiel des Online-Buchhandels ergeben sich die folgenden Attribute:

- Buch: Kategorie, ISBN-Nummer, Titel, Autor, Preis
- Verlag: Name, Sitz, Ansprechpartner
- Kunde: Vorname, Nachname, Adresse, E-Mail, Benutzername, Passwort
- Darstellung: durchschnittliche Bewertung, lieferbar

BEZIEHUNG

Eine **Beziehung** beschreibt den Zusammenhang von Entitäten untereinander. Gleichartige Beziehungen fasst man zu Beziehungsmengen zusammen und stellt sie im ER-Diagramm durch eine Raute dar. Auch Beziehungen können über Attribute verfügen.

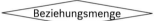

Kardinalitäten beschreiben, wie viele Entitäten einer Entitätsmenge an einer konkreten Beziehung beteiligt sein können oder müssen. Es werden die Kardinalitäten

- 1 (kein oder ein) und
- m bzw. n (kein, ein oder mehrere)

unterschieden. Damit sind drei Beziehungsarten möglich (1:1, 1:n und m:n). Um die Art der Beziehung zu bestimmen, wird analysiert, wie die einzelnen Entitäten zusammenhängen. Beispielsweise steht ein Buch jeweils mit genau einem Verlag in Beziehung (1), denn es wird von nur einem Verlag herausgegeben. Umgekehrt kann aber ein bestimmter Verlag beliebig viele Bücher veröffentlichen (n). Es ergibt sich somit eine 1:n-Beziehung. Des Weiteren werden Entitäten der Entitätsmenge Buch durch eine Bestellung mit Kunden in Beziehung gesetzt. Dabei kann ein Kunde beliebig viele Bücher bestellen (n) und umgekehrt kann ein bestimmtes Buch von beliebig vielen Kunden bestellt werden (m). Hier liegt also eine n:m-Beziehung vor. Zudem muss der Kunde bei einer Bestellung die Anzahl der von ihm georderten Bücher eines bestimmten Titels angeben. Die Beziehung «bestellt» muss also um ein Attribut «Anzahl» erweitert werden. Ein weiterer Beziehungstyp ist durch den Zusammenhang von Büchern und ihren Darstellungen auf der Internetseite gegeben. Jedes Buch hat genau eine Darstellung und umgekehrt bezieht sich eine bestimmte Darstellung auch auf genau ein Buch. Man spricht hier von einer 1:1-Beziehung. Insgesamt kann man in der Situation des Online-Buchhandels somit drei Beziehungsmengen ausmachen:

- Verlage veröffentlichen Bücher (1:n)
- Kunden bestellen Bücher (n:m) in einer bestimmten Anzahl
- Bücher besitzen eine Darstellung (1:1)

Schliesslich muss für jede Entitätsmenge ein **Primärschlüssel** festgelegt werden, der jede Entität eindeutig identifiziert. Beispielsweise kann jedes Buch durch seine ISBN eindeutig identifiziert werden, da jede ISBN nur einmal vergeben wird. Der Primärschlüssel wird im ER-Diagramm unterstrichen.

Aus den obigen Überlegungen ergibt sich das folgende ER-Diagramm. Damit ist die Phase des konzeptionellen Entwurfs abgeschlossen.

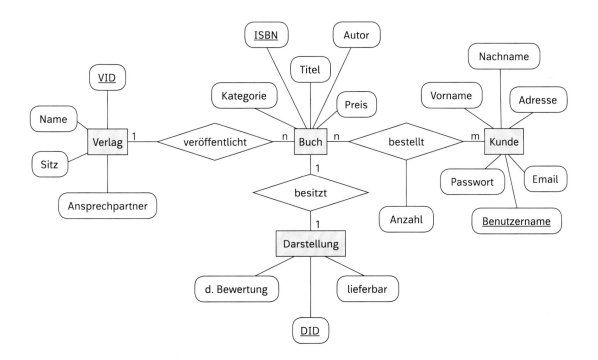

Logischer Entwurf

Nach der Phase des konzeptionellen Entwurfs, in der ein Entity-Relationship-Diagramm entwickelt wurde, muss dieses Diagramm in **Relationen** (d. h. in Tabellen) überführt werden. Da relationale Datenbanksysteme auf Relationen beruhen, müssen alle Informationen des Modells in Tabellen organisiert werden. Das Ziel dieser Umwandlung ist ein relationales Datenbankmodell, das den gestellten Anforderungen entspricht und möglichst wenig Redundanzen enthält. Eine Redundanz liegt vor, wenn Daten mehrmals gespeichert werden. Sie können weggelassen werden, ohne dass Informationen verloren gehen. Die folgenden Regeln erleichtern die Überführung des ER-Diagramms in ein relationales Datenbankmodell.

1. REGEL
Jede Entitätsmenge wird im relationalen Datenbankmodell in eine eigenständige Relation überführt.

Beim Online-Buchhandel entstehen dabei die folgenden Relationen. Die Attribute der Entitätsmenge definieren vorerst das Schema der Relation:

- Verlag(<u>VID</u>, Name, Sitz, Ansprechpartner)
- Buch(<u>ISBN</u>, Titel, Autor, Preis, Kategorie)
- Kunde(<u>Benutzername</u>, Passwort, Vorname, Nachname, Adresse, E-Mail)
- Darstellung(<u>DID</u>, d_Bewertung, lieferbar)

Auch die Beziehungen zwischen den Entitäten müssen in Form von Tabellen abgebildet werden. Um die Informationen der Beziehung «bestellt» zu speichern, muss jeweils festgehalten werden, welcher Kunde welches Buch bestellt. Dazu wird eine neue Tabelle angelegt, in der die Primärschlüssel der Kunden mit den passenden Primärschlüsseln der Bücher kombiniert werden. Da zudem noch die Anzahl der bestellten Bücher gespeichert werden muss, wird dies als weiteres Attribut hinzugefügt. Daraus ergibt sich das folgende Schema:

- bestellt(↑<u>ISBN</u>, ↑<u>Benutzername</u>, Anzahl)

Auf diese Art und Weise kann abgebildet werden, dass ein bestimmtes Buch von mehreren Kunden bestellt wird, und umgekehrt, dass ein Kunde mehrere Bücher bestellt. Die Attribute ISBN und Benutzername bilden in dieser neuen Tabelle gemeinsam den Primärschlüssel. Da beide Attribute Primärschlüssel einer anderen Relation sind, spricht man hier von Fremdschlüsseln. Fremdschlüssel werden im Schema der Relation mit einem senkrechten Pfeil ↑ gekennzeichnet.

2. REGEL
Jede n:m-Beziehung wird im relationalen Datenbankmodell in eine eigenständige Relation überführt. Attribute dieser Relation sind die Primärschlüssel der beiden an der Beziehung beteiligten Entitätsmengen (als Fremdschlüssel), die gemeinsam den Primärschlüssel der Beziehungstabelle bilden, sowie ggf. Attribute der Beziehungsmenge.

Die Entitätsmengen Buch und Verlag stehen in einer 1:n-Beziehung zueinander. Zwar kann ein Verlag beliebig viele Bücher veröffentlichen, allerdings kann andersherum ein Buch immer nur einem Verlag zugeordnet werden. Aufgrund dieser Einschränkung ist für die Beziehung «veröffentlicht» keine eigene Tabelle notwendig, um sie im relationalen Modell abzubilden. Stattdessen kann die Relation Buch die Beziehung zum jeweiligen Verlag aufnehmen. Dies geschieht, indem der Primärschlüssel VID der Relation Verlag als Fremdschlüssel der Relation Buch angefügt wird.

- Buch(<u>ISBN</u>, Titel, Autor, Preis, Kategorie, ↑VID)

Auf diese Weise wird die Anforderung realisiert, dass jedes Buch nur von einem Verlag veröffentlicht wird. Umgekehrt kann ein bestimmter Verlag mehrere Bücher herausgeben.

3. REGEL

Jede 1:n-Beziehung wird im relationalen Modell ohne eine eigene Tabelle abgebildet. Dies geschieht, indem der Relation mit der Kardinalität n der Primärschlüssel der Relation mit der Kardinalität 1 als Fremdschlüssel angefügt wird. Attribute der Beziehungsmenge werden ggf. auch dieser Relation angefügt.

1:1-Beziehungen können ähnlich behandelt werden wie 1:n-Beziehungen. Auch hier ist keine eigene Tabelle vonnöten, um die Beziehung zu realisieren. Da jedoch die Entitäten beider an der Beziehung beteiligten Entitätsmengen jeweils mit höchstens einer Entität der anderen Menge in Beziehung stehen, ist es egal, welche der beiden Relationen ein Fremdschlüsselattribut aufnimmt. Im Beispiel besteht zwischen den Entitätsmengen Buch und Darstellung eine 1:1-Beziehung. Hier könnte also entweder der Primärschlüssel DID der Entitätsmenge Darstellung als Fremdschlüssel in die Relation Buch oder umgekehrt der Primärschlüssel ISBN der Entitätsmenge Buch als Fremdschlüssel in die Relation Darstellung aufgenommen werden. Letztere Variante wurde gewählt, da dabei die wenigsten leeren Datenfelder zu erwarten sind. Jede Darstellung bezieht sich auf ein Buch, allerdings muss nicht jedes Buch zwangsläufig eine Darstellung besitzen. Beispielsweise muss für neu in das Sortiment aufgenommene Bücher die Darstellung zunächst erstellt werden oder Darstellungen für Bücher, die aus dem Programm genommen wurden, können gelöscht werden.

- Darstellung(<u>DID</u>, d_Bewertung, lieferbar, ↑ISBN)

4. REGEL

Jede 1:1-Beziehung wird im relationalen Modell ohne eine eigene Tabelle abgebildet. Dies geschieht, indem einer der an der Beziehung beteiligten Relationen der Primärschlüssel der anderen Relation als Fremdschlüssel angefügt wird. Attribute der Beziehungsmenge werden ggf. auch dieser Relation angefügt.

Das relationale Datenbankmodell für die Modellierung des Online-Buchhandels verfügt somit über insgesamt fünf Relationen mit dem folgenden Schema:

- Verlag(<u>VID</u>, Name, Sitz, Ansprechpartner)
- Buch(<u>ISBN</u>, Titel, Autor, Preis, Kategorie, ↑VID)
- Kunde(<u>Benutzername</u>, Passwort, Vorname, Nachname, Adresse, Email)
- Darstellung(<u>DID</u>, d_Bewertung, lieferbar, ↑ISBN)
- bestellt(↑<u>ISBN</u>, ↑<u>Benutzername</u>, Anzahl)

Physischer Entwurf

Wurde das relationale Datenbankmodell für eine Datenbank erstellt, können die Tabellenschemata konkret in einem Datenbankmanagementsystem angelegt werden. Aus dem obigen Schema «Buch» entsteht die Tabelle «Buch» unten.

Genau wie Variablen in Python besitzen auch die Attribute in relationalen Datenbanken jeweils einen bestimmten Datentyp. Titel, Autor und die ISBN werden als Text, der Preis und die VID als Zahl gespeichert. Die Festlegung eines Datentyps ist notwendig, damit ein Computer überhaupt mit diesen Daten operieren kann. Der Datentyp legt auch den Wertebereich für die jeweiligen Attributwerte fest. Wichtige Datentypen bei der Arbeit mit Datenbanken sind TEXT, ZAHL, DATUM oder WAHRHEITSWERT.

Eine wesentliche Aufgabe eines Datenbankmanagementsystems ist es, die Konsistenz der Daten während des Betriebs jederzeit aufrechtzuerhalten. Unterschiedliche Benutzer oder Softwareanwendungen fügen neue Daten in das System ein, sie löschen oder ändern Daten. Bei all diesen Operationen muss der Datenbestand jeweils von einem konsistenten Zustand in einen anderen konsistenten Zustand überführt werden. Um dieses Ziel zu erreichen, muss das DBMS bestimmte Integritätsbedingungen automatisch kontrollieren.

Mit der Integrität einer Datenbank ist die logische Korrektheit und damit Widerspruchsfreiheit der Daten gemeint. Integritätsbedingungen greifen auf drei Ebenen.

1. Datenfeldebene
   Jedem Datenfeld wird ein bestimmter Wertebereich zugewiesen. Zusätzlich zum Datentyp können Ober- und Untergrenzen sowie Plausibilitätsprüfungen definiert werden. Neu eingegebene Daten müssen diese Wertebereichsintegrität erfüllen.

2. Datensatzebene
   Jeder Datensatz muss über den Primärschlüssel eindeutig identifizierbar sein. Dies führt zu der Forderung, dass Primärschlüsselattribute keinen NULL-Wert haben dürfen und sich bei jedem Datensatz voneinander unterscheiden müssen.

3. Beziehungsebene
   Beziehungen werden im relationalen Modell durch Fremdschlüssel realisiert. Der Fremdschlüssel stellt dabei eine Referenz auf einen Datensatz dar. Wird dieser Datensatz gelöscht, verweist der Fremdschlüssel ins Leere. Die Kontrolle der referenziellen Integrität soll solche inkonsistenten Referenzen verhindern:

Tabelle Buch

ISBN	Titel	Autor	Preis	VID
978-3-608-93984-2	Der Herr der Ringe	J. R. R. Tolkien	49.90	608
978-3-596-90416-7	Der Zauberberg	Thomas Mann	18.90	596
978-3-86607-607-5	Watchmen	Alan Moore	43.90	89921
978-3-608-93000-9	Der Herr der Ringe	J. R. R. Tolkien	501.00	608
978-3-423-21393-6	Der kleine Hobbit	J. R. R. Tolkien	14.90	423
978-3-596-90400-6	Buddenbrooks	Thomas Mann	14.90	596

Zwei Beispiele

Ein Schüler oder eine Schülerin kann beliebig viele Arbeitsgemeinschaften (AGs) besuchen. Eine AG besteht aus mehreren Schülerinnen und Schülern.

Es liegt also eine n:m-Beziehung vor, die durch eine eigenständige Tabelle «besucht» realisiert wird.

Tabelle Schüler

SID	Name	Vorname
mmeier1	Meier	Marlene
lmüller3	Müller	Leonard
cbade1	Bade	Clemens

Tabelle AG

AGNr	AGName
1	Fussball
2	Hörspiele
3	Robotik

Tabelle besucht

↑SID	↑AGNr
cbade1	1
cbade1	3
mmeier1	2

Die referenzielle Integrität stellt sicher, dass die Fremdschlüssel SID und AGNr in der Tabelle «besucht» nur mit Werten gefüllt werden, die auch in den Tabellen «Schüler» bzw. «AG» als Primärschlüssel existieren. Man kann also z. B. keine Schüler einer AG zuordnen, die es im System gar nicht gibt. Wird beispielsweise die Hörspiel-AG aufgelöst und soll aus der Tabelle «AG» gelöscht werden, so müssen auch die Einträge der Beziehungstabelle gelöscht werden, in denen die entsprechende AGNr vorkommt. Schliesslich kann die Hörspiel-AG nun nicht mehr von Schülerinnen und Schülern besucht werden. Das DBMS sollte in diesem Fall eine referenzielle Integrität mit Löschweitergabe umsetzen. Das bedeutet, dass beim Löschen eines Datensatzes automatisch auch alle Datensätze gelöscht werden, in denen der Primärschlüssel des gelöschten Datensatzes als Fremdschlüssel vorkommt. So wird sichergestellt, dass es keine leeren Referenzen gibt.

Es gibt allerdings auch Fälle, in denen eine Löschweitergabe nicht sinnvoll ist.

Während der Projekttage einer Schule wird jeder Schüler und jede Schülerin einer Projektgruppe zugeordnet. Es liegt eine 1:n-Beziehung vor, die wie folgt umgesetzt wird.

Tabelle Schüler

SID	Name	Vorname	↑PGNr
mmeier1	Meier	Marlene	1
lmüller3	Müller	Leonard	1
cbade1	Bade	Clemens	3

Tabelle Projektgruppe

PGNr	PGName
1	Schul-T-Shirts
2	Vermessung der Welt
3	Wetter

Wird nun eine Projektgruppe gelöscht, beispielsweise die Gruppe Wetter, da sich zu wenig Schülerinnen und Schüler angemeldet haben, so würde bei einer Löschweitergabe auch der Datensatz des Schülers Clemens Bade gelöscht werden, da er die PGNr 3 als Fremdschlüssel beinhaltet. Damit wären allerdings die Daten des Schülers verloren. In diesem Fall darf die Löschweitergabe also nicht aktiviert werden. Damit die referenzielle Integrität trotzdem gewahrt wird, muss das DBMS das Löschen der Projektgruppe verhindern, bis alle ihr zugeordneten Schülerinnen und Schüler anderen Gruppen zugeteilt wurden.

REFERENZIELLE INTEGRITÄT

Die **referenzielle Integrität** ist sichergestellt, wenn zu jedem Fremdschlüssel auch ein entsprechender Primärschlüssel existiert. In der Regel sollte bei 1:1- und 1:n-Beziehungen die referentielle Integrität ohne Löschweitergabe und bei m:n-Beziehungen die referentielle Integrität mit Löschweitergabe aktiviert werden. In Ausnahmefällen können auch andere Einstellungen oder ein Verzicht auf die Kontrolle der referenziellen Integrität sinnvoll sein.

Normalformen

Durch eine gute Datenmodellierung sowie eine Überführung des Modells entsprechend der zuvor vorgestellten Regeln kann eine effiziente Struktur für eine Datenbank erzeugt werden. Oftmals werden Datenbanken allerdings nicht von Grund auf neu entworfen, sondern bestehende Datenbanksysteme sollen erweitert oder angepasst werden. In einem solchen Fall kann es natürlich vorkommen, dass die Daten weniger gut strukturiert sind und Redundanzen aufweisen. Durch den Vorgang der Normalisierung kann ein bestehendes relationales Modell so umstrukturiert werden, dass keine Redundanzen mehr bestehen. Der Informationsgehalt der Tabellen muss dabei natürlich erhalten bleiben. Schrittweise werden die gegebenen Tabellen dabei in die erste, zweite und schliesslich die dritte Normalform überführt. Da das Verfahren nur auf den Tabellen arbeitet, kann es auch angewendet werden, wenn das ER-Diagramm einer Datenbank nicht bekannt ist.

ERSTE NORMALFORM (1NF)

Eine Tabelle befindet sich in der ersten Normalform, wenn alle Attribute einen atomaren Wertebereich haben, das heisst, dass ein Datensatz nur einen Wert für jedes Attribut hat.

Ein Sportverein verwaltet seine Mitglieder sowie ihre Teilnahme an den unterschiedlichen Sportgruppen in folgender Tabelle.

Tabelle Sportverein

MitgliedsNr	Name	Jahrgang	Sportgruppe	seit wann	maximale Gruppengrösse	Beitragsgruppe	Monatsbeitrag
789	Anna Aufschlag	1996	Volleyball D1, Badminton 2	2010, 2008	16, 20	Reduziert	8.00
530	Heinz Schauer	1958				Volltarif	11.00
796	Sarah Turner	1997	Rhönrad 1, Trampolin 1, Volleyball D1	2005, 2003, 2011	12, 20, 16	Reduziert	8.00
823	Pepe Hüpfer	2011	Trampolin 3	2014	15	Kind	7.00

Diese Tabelle weisst gleich zwei Probleme auf: Zum einen kann man nicht nach dem Nachnamen sortieren, da dieser gemeinsam mit dem Vornamen gespeichert ist. Zum anderen kann man auch nicht nach der Guppengrösse einzelner Sportarten filtern, da diese nicht einzeln erfasst ist.

Die Überführung in die erste Normalform (1NF) setzt an der Struktur der einzelnen Datenwerte an. Dabei werden die Attribute atomisiert, so dass keine komplexen Wertbelegungen von Attributen mehr vorkommen. So werden u. a. Abfragen erheblich erleichtert. Die Werte der Attribute «Name», «Sportgruppe» und «maximale Gruppengrösse» sind noch nicht atomar. Der Name lässt sich in die Informationseinheiten «Vorname» und «Nachname» aufteilen. Die Attribute «Sportgruppe», «seit wann» und «maximale Gruppengrösse» enthalten jeweils eine Liste von sinngleichen Informationen. Diese Listen werden aufgelöst, indem für jedes Element ein neuer Datensatz angelegt wird.

Durch diesen Schritt werden die Redundanzen zunächst erhöht (siehe gelbe Markierungen in der Tabelle unten). Zudem ist der Schlüssel «MitgliedsNr» nicht mehr eindeutig, da es zu einigen Mitgliedern nun zwei oder mehr Datensätze gibt. Deshalb wird das Attribut «Sportgruppe» mit in den Primärschlüssel aufgenommen. Dadurch entstehen aber Abhängigkeiten, von jeweils einem Bestandteil des Primärschlüssels. Beispielsweise sind der Vorname, der Name und der Jahrgang eines Mitglieds nur von der MitgliedsNr, nicht aber von der Sportgruppe abhängig. Dies führt uns auf die folgenden Definitionen:

Ein Attribut B ist von einem Attribut A funktional abhängig, wenn durch jeden Wert von A eindeutig ein Wert für B bestimmt wird. Man schreibt dafür: $A \rightarrow B$. Da unser Primärschlüssel aus zwei Teilen besteht, müssen wir die Definition noch etwas erweitern. Ein Attribut B ist von einer Attributkombination (A1, A2) voll funktional abhängig, wenn B funktional abhängig von der Kombination (A1, A2) ist, nicht aber bereits von A1 oder A2. Mit diesem Begriff lässt sich die zweite Normalform definieren.

ZWEITE NORMALFORM (2NF)
Eine Tabelle ist in der zweiten Normalform, wenn sie in der 1NF ist und zusätzlich jedes Nichtschlüsselattribut vom Primärschlüssel voll funktional abhängig ist.

Mit der Überführung in die erste Normalform wurde zwar das Problem der Abfragbarkeit einzelner Informationen beseitigt. Die neue Tabelle weist nun allerdings zahlreiche Redundanzen auf (gelb markiert). Damit können Anomalien auftreten: Wenn Sarah Turner ihren Namen ändern will, müssen mehrere Datensätze angepasst werden. Wird ein Datensatz vergessen, sind für Sarah plötzlich zwei Namen gespeichert. Man spricht in diesem Fall von einer Änderungsano-

Tabelle Sportverein

MitgliedsNr	Vorname	Name	Jahrgang	Sportgruppe	seit wann	maximale Gruppengrösse	Beitragsgruppe	Monatsbeitrag
789	Anna	Aufschlag	1996	Volleyball D1	2010	16	Reduziert	8.00
789	Anna	Aufschlag	1996	Badminton 2	2008	20	Reduziert	8.00
530	Heinz	Schauer	1958				Volltarif	11.00
796	Sarah	Turner	1997	Rhönrad 1	2005	12	Reduziert	8.00
796	Sarah	Turner	1997	Trampolin 1	2003	20	Reduziert	8.00
796	Sarah	Turner	1997	Volleyball D1	2011	16	Reduziert	8.00
823	Pepe	Hüpfer	2011	Trampolin 3	2014	15	Kind	7.00

malie. Bei Heinz Schauer ist der Primärschlüssel unvollständig, da er als Passivmitglied an keiner Sportgruppe teilnimmt. Ein solcher Datensatz mit NULL-Wert im Primärschlüssel lässt sich gar nicht in die Tabelle einfügen (Einfügeanomalie). Wenn schliesslich das letzte Mitglied der Sportgruppe Rhönrad 1 gelöscht wird, geht auch die maximale Gruppengrösse für diese Sportgruppe verloren (Löschanomalie).

Diese Probleme können gelöst werden, indem die Tabelle in die zweite Normalform überführt wird. Dazu werden die funktionalen Abhängigkeiten zwischen Nichtschlüsselattributen und einem Teil des zusammengesetzten Primärschlüssels untersucht. Die Nichtschlüsselattribute Vorname, Nachname und Jahrgang sowie Beitragsgruppe und Monatsbeitrag weisen Redundanzen auf. Sie sind alle Eigenschaften des jeweiligen Mitglieds und nicht abhängig von der jeweiligen Sportgruppe des Datensatzes. Allein die Mitgliedsnummer bestimmt diese Eigenschaften eindeutig. Die Attribute Vorname, Nachname, Jahrgang, Beitragsgruppe und Beitrag sind funktional abhängig von der MitgliedsNr:

MitgliedsNr → Vorname, Nachname, Jahrgang, Beitragsgruppe, Beitrag

Auch die maximale Gruppengrösse wird redundant gespeichert. Dass die maximale Gruppengrösse der Gruppe Volleyball D1 bei 20 Mitgliedern liegt, lässt sich beispielsweise aus den Datensätzen von Anna Aufschlag oder von Sarah Turner ablesen. Es besteht also eine weitere funktionale Abhängigkeit:

Sportgruppe → max. Gruppengrösse

Das Attribut «seit wann» hingegen benötigt den vollen Primärschlüssel (MitgliedsNr, Sportgruppe), um eindeutig bestimmt zu werden. Beispielsweise existieren zur Mitgliedsnummer 789 die Werte 2010 und 2008 für das Attribut «seit wann». Erst die Hinzunahme der jeweiligen Sportgruppe macht die Zuordnung eindeutig. Andererseits genügt auch die Sportgruppe nicht, um den Wert des

Attributs eindeutig zu bestimmen. So existieren für die Sportgruppe Volleyball D1 die Werte 2010 und 2011. Das Attribut «seit wann» ist also voll funktional abhängig vom Primärschlüssel.

(MitgliedsNr, Sportgruppe) → seit wann

Um die zweite Normalform zu erhalten, müssen nun alle Nichtschlüsselattribute, die funktional von einem Teil des Primärschlüssels, allerdings nicht voll funktional vom gesamten Primärschlüssel abhängig sind, aus der Tabelle entfernt werden. Sie werden zusammen mit dem Teilschlüssel, von dem sie abhängig sind, in neue Tabellen ausgelagert. Es entstehen also zwei neue Tabellen für die Mitglieder und die Sportgruppen. Die Tabelle Sportverein beinhaltet dann nur noch die Schlüsselattribute MitgliedsNr und Sportgruppe sowie das voll funktional abhängige Attribut «seit wann».

Tabelle Sportverein

MitgliedsNr	Sportgruppe	seit wann
789	Volleyball D1	2010
789	Badminton 2	2008
796	Rhönrad 1	2005
796	Trampolin 1	2003
796	Volleyball D1	2011
823	Trampolin 3	2014

Tabelle Sportgruppe

Sportgruppe	maximale Gruppengrösse
Volleyball D1	16
Badminton 2	20
Rhönrad 1	12
Trampolin 1	20
Trampolin 3	15

Tabelle Mitglied

MitgliedsNr	Vorname	Name	Jahrgang	Beitragsgruppe	Monatsbeitrag
789	Anna	Aufschlag	1996	Reduziert	8.00
530	Heinz	Schauer	1958	Volltarif	11.00
796	Sarah	Turner	1997	Reduziert	8.00
823	Pepe	Hüpfer	2011	Kind	7.00

Auch wenn die zweite Normalform erreicht ist, können noch Redundanzen in einer Tabelle vorkommen. Dass Mitglieder der Beitragsgruppe «Reduziert» einen Montagsbeitrag von CHF 8.00 zahlen müssen, geht aus den Datensätzen von Anna Aufschlag und Sarah Turner hervor. Diese Information wird also redundant gespeichert. Diese Redundanz wird durch die Überführung in die dritte Normalform beseitigt. Um die dritte Normalform beschreiben zu können, braucht man den folgenden Begriff: Ein Attribut C ist von einem Attribut A transitiv abhängig, wenn es ein Attribut B gibt mit A → B → C. Dabei darf A nicht funktional abhängig von B sein.

DRITTE NORMALFORM (3NF)
Eine Tabelle ist in der dritten Normalform, wenn es in der 2NF ist und es zusätzlich kein Nichtschlüsselattribut gibt, das transitiv abhängig von einem Schlüsselattribut ist. Es darf also keine funktionalen Abhängigkeiten zwischen Nichtschlüsselattributen geben.

Die Beitragsgruppe in der Tabelle Mitglied ist natürlich, wie alle anderen Attribute auch, vom Schlüsselattribut MitgliedsNr funktional abhängig. Umgekehrt gilt diese Abhängigkeit nicht. Zu einer Beitragsgruppe, z. B. «Ermässigt», darf es mehrere Mitglieder im Sportverein geben. Allerdings legt das Nichtschlüsselattribut Beitragsgruppe wiederum eindeutig einen bestimmten Monatsbeitrag fest. Kinder zahlen CHF 7.00, Reduzierte (Studenten, Rentner usw.) CHF 8.00 und der Volltarif liegt bei CHF 11.00. Insgesamt liegt eine transitive Abhängigkeit des Monatsbeitrags von der Mitgliedsnummer vor:

MitgliedsNr → Beitragsgruppe → Monatsbeitrag

Um die transitiven Abhängigkeiten aufzulösen, wird das transitiv abhängige Attribut in eine neue Tabelle ausgelagert. Primärschlüssel dieser neuen Tabelle ist das Attribut, über welches die transitive Abhängigkeit bestand. Es entsteht also eine neue Tabelle «Beitrag» mit den Attributen Beitragsgruppe und Monatsbeitrag, wobei das Attribut Beitragsgruppe den Primärschlüssel darstellt.

Tabelle Mitglied

Mitglieds-Nr	Vorname	Name	Jahrgang	↑Beitragsgruppe
789	Anna	Aufschlag	1996	Reduziert
530	Heinz	Schauer	1958	Volltarif
796	Sarah	Turner	1997	Reduziert
823	Pepe	Hüpfer	2011	Kind

Tabelle Beitrag

Beitragsgruppe	Monatsbeitrag
Reduziert	8.00
Volltarif	11.00
Kind	7.00

Der Vorgang der Normalisierung kann noch um drei weitere Normalformen ergänzt werden. Diese sind für die Praxis allerdings weniger relevant und werden deshalb nicht behandelt.

1 Ein Fitnessstudio möchte seine Kunden und die angebotenen Kurse verwalten. Die Kurse unterscheiden sich durch Kursnummern und jede Kundin und jeder Kunde kann an beliebig vielen Kursen teilnehmen. Um für jede Kundin und jeden Kunden einen individuellen Trainingsplan erstellen zu können, werden neben den für die Verwaltung erforderlichen Daten wie Name und Adresse auch Informationen wie Gewicht, Körpergrösse, Geschlecht und ggf. körperliche Beschwerden (z. B. Knieprobleme) gespeichert. Jede Kundin und jeder Kunde bekommt eine Chipkarte, mit der man sich im Studio anmelden kann und mithilfe derer die Fitnessgeräte einen individuellen Trainingsplan abrufen.

a Legen Sie Entitätsmengen, Attribute und Beziehungsmengen fest. Bestimmen Sie auch passende Kardinalitäten und Primärschlüssel.

b Entwerfen Sie ein vollständiges ER-Modell.

c Erweitern Sie Ihr ER-Modell um sinnvolle Informationen, die im Aufgabentext nicht explizit genannt werden.

2 Mietshäuser

a Erläutern Sie das unten auf der Seite dargestellte ER-Modell. Gehen Sie dabei insbesondere auf die Beziehungen sowie ihre Kardinalitäten ein.

b Erweitern Sie das Modell um die folgenden Anforderungen.
 1. Es soll zusätzlich gespeichert werden, ab wann eine Wohnung vermietet wird.
 2. Auch der Name und Vorname des Vermieters sollen aufgenommen werden.

3 Ordnen Sie den Beziehungsmengen jeweils passende Kardinalitäten zu. Begründen Sie Ihre Wahl der Kardinalitäten.

a

b

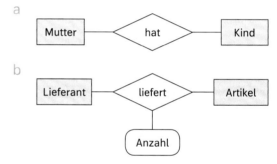

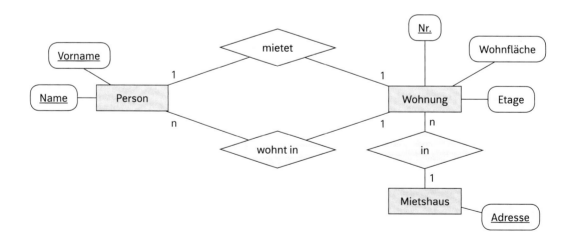

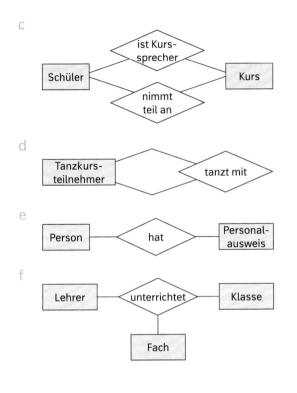

c

d

e

f

4 Überführen Sie die Beziehung in ein relationales Modell. Finden Sie für jede Entität
geeignete Attribute und Primärschlüssel und
geben Sie für jede Tabelle drei Beispieldatensätze an.

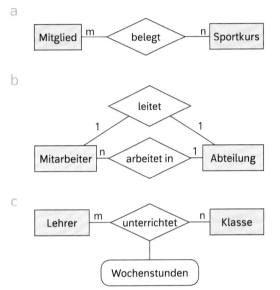

a

b

c

5 Überführen Sie das ER-Modell in ein relationales Modell.

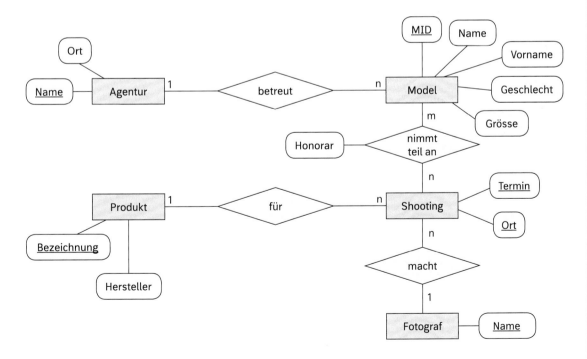

263

6 Zweite Normalform
Eine Carsharing-Firma speichert ihre Fahrzeuge und Kunden in einer Tabelle mit dem Schema:
Carsharing (KundenNr, Name, Tel, Ausleihdatum, Kennzeichen, Hersteller, km- Stand, Baujahr).

a Geben Sie drei Beispieldatensätze für die Tabelle Carsharing an.

b Erläutern Sie anhand von Beispielen, welche Anomalien bei dieser Art der Speicherung auftreten können.

c Geben Sie alle funktionalen sowie vollen funktionalen Abhängigkeiten an.

d Überführen Sie das Schema in die zweite Normalform.

7 Dritte Normalform

a Erläutern Sie anhand der Tabelle «Universität» unten, welche Daten redundant gespeichert werden.

b Geben Sie alle transitiven Abhängigkeiten an.

c Überführen Sie die Tabelle «Universität» in die dritte Normalform.

8 Überführen Sie die Tabelle «Onlineshop» unten schrittweise in die dritte Normalform, d.h. zunächst in die 1NF, dann in die 2NF. Erläutern Sie bei jedem Schritt, welche Bedingungen für die einzelnen Normalformen verletzt werden.

Tabelle Universität

Mitarbeiter ID	Name	Fachgebiet	Institut
123	Engels	Datenbank- und Informationssysteme	Informatik
128	Blömer	Codes und Kryptographie	Informatik
115	Dietz	Stochastik	Mathematik
234	Engels	Angewandte Mechanik	Maschinenbau
332	Sauer	Datenbank- und Informationssysteme	Informatik
443	Soltenborn	Datenbank- und Informationssysteme	Informatik

Tabelle Onlineshop

Benutzername	Adresse	Warenkorb_ID	Datum	ArtikelNr	Bezeichnung	Menge	Preis
pink18	Rotweg 2, Köln	456	06.02.19	10078	Rock	1	19.95
				22900	Top	2	14.95
blue28	Lichtstr. 44, Bonn	776	22.03.19	10088	Uhr	1	89.90
				10098	Armband	1	12.95
				10099	Socken	5	4.45

A Überprüfen Sie Ihr eigenes Verhalten mit dem Umgang Ihrer Daten. Wer kennt alles Ihren Namen, Anschrift, Telefonnummer, E-Mail-Adresse, Hobbys, ... ?

B Bewerten Sie die folgenden persönlichen Daten hinsichtlich der Kriterien «ist privat» und «ist öffentlich» und diskutieren Sie darüber im Kurs.
Adresse – Name der Eltern – Alter – Konfektionsgrösse – durchschnittlicher Alkoholkonsum pro Woche – Krankheiten – Name der besten Freundin – Freund – Festnetznummer – Handynummer – Hobbys – letztes Urlaubsziel – Lieblingsessen – Lieblingsband – Terminplan für die nächste Woche – Fliesenfarbe im Badezimmer – Religionszugehörigkeit – Kinderfotos – E-Mail-Adresse – Name des Lieblingslehrers – Name des «verhassten» Nachbarn – politische Einstellung

Der gläserne Mensch

Menschen für einen sensiblen Umgang mit ihren Daten zu motivieren ist mitunter nicht leicht. Es ist viel zu alltäglich geworden «an jeder Ecke» im Internet seine persönlichen Daten zu hinterlegen. Was macht es da schon, wenn man in noch einem weiteren Formular Adresse und Telefonnummer angibt, auch wenn es gar nicht unbedingt nötig ist? Dieses Verhalten ist zuerst einmal gut nachzuvollziehen, denn in der Regel werden wir mit unseren hinterlegten Daten ja nur selten wieder offen konfrontiert.

Der gläserne Mensch – alles ist gespeichert und vieles vorhersagbar

Anschaulich wird die Relevanz vom bewussten Umgang mit den eigenen Daten, wenn man sich mit dem Begriff «Gläserner Mensch» auseinandersetzt. Dieses Konzept steht für die Sorge von Datenschützern, dass der Mensch durch die Möglichkeiten der modernen Datenerhebung, -speicherung und -verarbeitung in seiner Privatsphäre völlig transparent – also gläsern – wird. Staaten oder Unternehmen haben somit die Möglichkeit, nicht nur ein paar Daten zu speichern, sondern auch diese zu verknüpfen und unser individuelles Verhalten sogar vorherzusagen. Aus den Datenschnipseln, die man im Internet, bei Arztbesuchen, Gewinnspielen oder an anderer Stelle von sich preisgibt, liessen sich ohne einen staatlichen verbrieften Datenschutz umfassende Persönlichkeitsprofile zusammenstellen. Mithilfe von Datenbanken ist das technisch machbar und wird von den grossen Adressverlagen auch tatsächlich gemacht: Solche Persönlichkeitsprofile werden täglich an interessierte Kundschaft – meist zu Werbezwecken – verkauft.

Lange bevor das Internet entwickelt wurde, fand im Jahr 1850 in der Schweiz die erste Volkszählung statt. Neben der Bevölkerungszahl wurden damals auch das Geschlecht, das Alter, der Zivilstand, der Beruf und die Konfession der Einwohnerinnen und Einwohner erhoben. Von 1860 bis 2000 fanden jeweils alle zehn Jahre Volkszählungen statt. Seit 2010 werden die Volkszählungen jährlich durchgeführt, wobei die Daten grossmehrheitlich direkt aus den Einwohnerregistern der Gemeinden entnommen werden. Telefonische oder schriftliche Befragungen werden nur noch stichprobenweise durchgeführt. Datenschutz und Datensicherheit werden dabei durch das Bundestatistikgesetz und das Datenschutzgesetz des Bundes gewährleistet.

Während Volkszählungen in der Schweiz somit auch im internationalen Vergleich klar geregelt und unumstritten sind, kamen die staatlichen Datensammler im Jahr 1989 aus einem ganz anderen Grund in Bedrängnis. Damals wurde der sogenannte Fichenskandal publik. Eine parlamentarische Untersuchungskommission (PUK) der schweizerischen Bundesversammlung hatte zufällig entdeckt, dass der Staatsschutz seit 1900 rund 900'000 Fichen angelegt hatten. Fichen waren Registerkarten (vgl. Abbildung), auf welchen vermeintlich subversive Aktivitäten von Einzel-

personen und Vereinen mit Bezug zur Schweiz festgehalten wurden. Federführend war dabei in erster Linie die Bundespolizei. Insgesamt waren über 700'000 Personen ohne gesetzliche Grundlagen bespitzelt worden.

Fiche zum Schriftsteller Max Frisch

Datenschutz als Grundrecht

Nach den oben beschriebenen staatlichen Akteuren geraten in den letzten Jahren immer stärker Unternehmen wie Google, Apple oder Meta (Facebook) in den Fokus. Diesen Unternehmen scheint der Datenschutz ihrer Dienste oder Produkte nicht allzu viel zu bedeuten. Ihr grosser Vorteil gegenüber den Datensammlern der Regierungen und Behörden ist, dass Internetnutzer ihre Daten zuerst einmal freiwillig preisgeben. Anhand der Wegerouten ihrer Internetnutzung, also der besuchten Seiten, lassen sich Vorlieben und Verhalten relativ genau eruieren. Werden diese dann noch mit realen Informationen über Wohnlage, Beruf, Familienstand usw. kombiniert, können für die Werbebranche hochinteressante Persönlichkeitsprofile erstellt werden. Somit ist Datenschutz kein abstraktes Thema, sondern berührt alle Bürgerinnen und Bürger.

Der Datenschutz für den privaten Bereich wird in der Schweiz durch das **Datenschutzgesetz des Bundes** (DSG) geregelt. Der Zweck des Gesetzes wird im Art. 1 wie folgt beschrieben:

Art. 1 Zweck
Dieses Gesetz bezweckt den Schutz der Persönlichkeit und der Grundrechte von natürlichen Personen, über die Personendaten bearbeitet werden.

Mit **Personendaten** sind alle Angaben, die sich auf eine bestimmte oder bestimmbare Person beziehen, gemeint.

Das Recht auf informationelle Selbstbestimmung ist ein sehr umfangreiches Grundrecht, bei dem im Prinzip gilt, dass alles verboten ist, was nicht ausdrücklich erlaubt ist. Für alle öffentlichen und privaten Bereiche gilt daher, dass die Erhebung, Verarbeitung und Nutzung von Daten verboten ist, es sei denn, es gibt eine gesetzliche Grundlage, die dieses erlaubt, oder der Betroffene hat ausdrücklich seine Erlaubnis gegeben. Den Bürgerinnen und Bürgern werden im Datenschutzgesetz zahlreiche Rechte hinsichtlich ihrer Daten zugesprochen. So muss man z. B. jederzeit über die eigenen gespeicherten Daten Auskunft bekommen, man muss über Daten, die ohne eigene Kenntnis erhoben wurden, benachrichtigt werden und nicht korrekte Daten müssen berichtigt werden. Für die Schweiz werden im DSG die folgenden Grundsätze aufgeführt:

Art. 6 Grundsätze

[1] Personendaten müssen rechtmässig bearbeitet werden.

² *Die Bearbeitung muss nach Treu und Glauben erfolgen und verhältnismässig sein.*

³ *Personendaten dürfen nur zu einem bestimmten und für die betroffene Person erkennbaren Zweck beschafft werden; sie dürfen nur so bearbeitet werden, dass es mit diesem Zweck vereinbar ist.*

⁴ *Sie werden vernichtet oder anonymisiert, sobald sie zum Zweck der Bearbeitung nicht mehr erforderlich sind.*

⁵ *Wer Personendaten bearbeitet, muss sich über deren Richtigkeit vergewissern. Sie oder er muss alle angemessenen Massnahmen treffen, damit die Daten berichtigt, gelöscht oder vernichtet werden, die im Hinblick auf den Zweck ihrer Beschaffung oder Bearbeitung unrichtig oder unvollständig sind. Die Angemessenheit der Massnahmen hängt namentlich ab von der Art und dem Umfang der Bearbeitung sowie vom Risiko, das die Bearbei-*tung für die Persönlichkeit oder Grundrechte der betroffenen Personen mit sich bringt.

⁶ *Ist die Einwilligung der betroffenen Person erforderlich, so ist diese Einwilligung nur gültig, wenn sie für eine oder mehrere bestimmte Bearbeitungen nach angemessener Information freiwillig erteilt wird.*

⁷ *Die Einwilligung muss ausdrücklich erfolgen für:*
a. *die Bearbeitung von besonders schützenswerten Personendaten;*
b. *ein Profiling mit hohem Risiko durch eine private Person; oder*
c. *ein Profiling durch ein Bundesorgan.*

Wie die anderen Grundrechte ist auch der Datenschutz nicht allumfassend, denn es kann höhergestellte rechtliche Interessen geben, die einen Eingriff auch gegen dieses Gesetz gebieten. Steht jemand z. B. unter hinreichendem Straftatverdacht,

Was sind personenbezogene Daten?

Darunter versteht man alle Informationen, die sich auf eine identifizierte oder identifizierbarenatürliche Person beziehen, zum Beispiel:

Kennnummern
AHV-Nr.,
Passnummer,
ID-Nummer

Bankdaten
Kreditkarte, Kontonummer,
Einkommen, Kontostand

physische Merkmale
Geschlecht, Haut-, Haar-,
Augenfarbe, Statur,
Kleidergrösse

Besitzmerkmale
Fahrzeug-, Immobilien-
eigentum, Grundbucheintrag

**allgemeine
Personendaten**
Name, Alter, Geburtsdatum,
Adresse, Zivilstand

Werturteile
Schul- und
Arbeitszeugnisse

**Gesundheits-
Informationen**
genetische Daten,
Patientendaten

Onlinedaten
Standortdaten, IP-Adresse,
E-Mail-Adresse,
Cookie-Kennung

so ist es der Polizei natürlich erlaubt, die Adresse und Telefonnummer dieser Person in Erfahrung zu bringen. Auch andere Stellen wie z. B. die Einwohnerkontrolle oder das Steueramt haben das Recht auf eine Auskunft persönlicher Daten. Gibt man seine Daten freiwillig an, dann gibt es datenschutzrechtlich keine Probleme, weigert man sich, dann können die Daten auch zwangsweise erhoben werden. Der Staat darf nun aber nicht willkürlich Grundrechte einschränken, sondern muss laut Art. 36 Abs. 3 der Bundesverfassung die Verhältnismässigkeit wahren. So wäre es z. B. nicht erlaubt, von Alkoholsündern im Strassenverkehr eine Liste der im letzten halben Jahr konsumierten alkoholischen Getränke zu recherchieren.

Adrian Lobsiger ist seit 2016 Datenschutzbeauftragter der Schweiz

Für den einzelnen Bürger ist es unmöglich, den Überblick über alle datenschutzrelevanten Gesetze und Bestimmungen zu behalten und selbst für Politiker und Staatsbeamte ist dieses nur in Ansätzen möglich. Um eine unabhängige Kontrolle und Beratung der staatlichen (und privaten) Stellen sicherzustellen, wurde ein **Datenschutz- und Öffentlichkeitsbeauftragter** (EDÖB) eingesetzt. Dieser hat neben der Beratung von Privatpersonen die folgenden Aufgaben:

a. *Er unterstützt Organe des Bundes und der Kantone in Fragen des Datenschutzes.*
b. *Er nimmt Stellung zu Vorlagen über Erlasse und Massnahmen des Bundes, die für den Datenschutz erheblich sind.*
c. *Er arbeitet mit in- und ausländischen Datenschutzbehörden zusammen.*
d. *Er begutachtet, inwieweit die Datenschutzgesetzgebung im Ausland einen angemessenen Schutz gewährleistet.*
e. *Er prüft die ihm nach Artikel 6 Absatz 3 gemeldeten Garantien und Datenschutzregeln.*
f. *Er prüft die Zertifizierungsverfahren nach Artikel 11 und kann dazu Empfehlungen nach Artikel 27 Absatz 4 oder 29 Absatz 3 abgeben.*
g. *Er nimmt die ihm durch das Öffentlichkeitsgesetz vom 17. Dezember 2004 übertragenen Aufgaben wahr.*
h. *Er sensibilisiert die Bevölkerung in Bezug auf den Datenschutz.*

Grundprinzipien des DSG

Die Grundprinzipien des DSG in der Schweiz lassen sich somit wie folgt zusammenfassen:

- Rechtmässigkeit, Bearbeitung nach Treu und Glauben, Transparenz
- Verhältnismässigkeit
- Zweckbindung
- Speicherbegrenzung
- Richtigkeit
- Freiwilligkeit der Einwilligung
- Integrität und Vertraulichkeit
- Rechenschaftspflicht

Die Datensammler der Zukunft

Anhand der bisherigen und aktuellen Erfahrungen im Bereich des Datenschutzes lässt sich erkennen, dass das Recht auf informationelle Selbstbestimmung den Entwicklungen eigentlich immer hinterherlaufen muss. Als ein Beispiel sei die verpflichtende Übernahme der Facebook-Chronik genannt, durch die alle ehemaligen Einträge eines Mitglieds sichtbar wurden und durch die zudem automatisch Links zu Social-App-Daten hergestellt wurden.

Für den einzelnen Nutzer sind die Konsequenzen auf den ersten Blick nur schwer erkennbar, denn diese Funktion bietet ja auch neue Möglichkeiten der Profilgestaltung. Während Facebook zumindest auf die neue Funktion hinwies und sich der Nutzer darüber informieren konnte, gibt es jedoch auch immer wieder versteckte bzw. geheime Datensammlei. So wurde im Jahr 2011 bekannt, dass iPhones von Apple die Ortsdaten ihrer Nutzer in einer Datenbank sammelten und diese unverschlüsselt bei der Synchronisation mit einem Rechner übertrugen. Inzwischen ist das Smartphone Tracking in diversen Apps präsent. Beim Joggen zeichnen Tracking Apps die Routen auf und werten den täglichen Fortschritt aus.

Zudem lassen sich moderne Smartphones auf anderen Smartphones orten, so dass sie im Verlustfall wiedergefunden werden können. Solange sich die Benutzer dessen bewusst sind, was mit ihren Bewegungsdaten geschieht, stellen solche Features kein Datenschutzproblem dar.

Im Jahr 2018 machte der Skandal um das Datenanalyse-Unternehmen Cambridge Analytica von sich reden. Dieses Unternehmen hatte damals Microtargeting während des Wahlkampfs in den USA angeboten. Dabei werden Daten über potenzielle Wähler statistisch analysiert und psychologisch ausgewertet, so dass das Wahlkampfteam bestimmte Wählergruppen mit speziell auf sie ausgelegten Botschaften ansprechen und ihr Wahlverhalten beeinflussen kann. Diese Praxis war in den USA schon seit längerem weit verbreitet und stellte für sich genommen kein Problem dar. Bei Cambridge Analytica stellte sich aber heraus, dass ein Teil der dafür verwendeten Daten ohne Zustimmung der betroffenen Facebook Nutzer gesammelt worden waren – ein klarer Verstoss gegen geltende Datenschutzgesetze in den USA und in Grossbritannien.

Als Trends der Entwicklung technischer Geräte lässt sich herauskristallisieren, dass ihr Funktionsumfang ständig steigt, sie flexibler hinsichtlich neuer Anforderungen werden, die Netzwerkfähigkeit steigt und diese Techniken immer billiger und breiter verfügbar werden. Wir werden uns also in Zukunft immer mehr mit Alltagsgegenständen umgeben, die mit Sensor-, Kommunikations- und Rechnertechnik ausgestattet sind. Dies bezeichnet man als Ubiquitious Computing, allgegenwärtiges Rechnen. Bestandteil des Ubiquitious Computing wird wohl auch sein, dass immer mehr Daten über die Gerätenutzer gesammelt werden können. Dies bietet einerseits eine Vielfalt an neuen Möglichkeiten: Der automatisierte Kühlschrank kann direkt die fehlende Marmelade beim Online-Supermarkt ordern und implantierte Gesundheitschips geben Ärzten bei Notfällen die Informationen, die sie benötigen. Die Datensammlung dringt somit auch in die körperliche Welt ein und findet nicht mehr nur dann statt, wenn der Mensch vor dem Computer sitzt. Folgt man diesem Gedankengang, dann verschmelzen die körperliche und reale Welt so miteinander, dass man dieser Datenverarbeitung und -zusammenführung nicht entkommen kann. Datenschutz wie bisher wird in einer solchen Welt kaum noch umzusetzen sein, denn wo und wann Daten gespeichert und verarbeitet werden, ist für den Nutzer nicht mehr nachzuvollziehen. Das Recht auf informationelle Selbstbestimmung wäre dann weitestgehend obsolet. Gefordert wird daher von Datenschützern, dass technische Geräte eine Anforderung «Datenschutz» besitzen, für die es Design-, Modellierungs- und Konstruktionsvorgaben gibt. Somit begänne Datenschutz nicht als mühsame Suche nach Möglichkeiten des fertigen Produkts, sondern würde vor der Produktion spezifiziert und direkt in die Konstruktion einfliessen. Was technisch nicht möglich ist, kann somit auch nicht zum Missbrauch benutzt werden. Eine konkrete Hilfe für den Benutzer wäre es zudem, wenn das Gerät offensichtlich anzeigen würde, dass es persönliche Daten erhebt.

Jeder Nutzer könnte dann individuell nach eigenen Vorstellungen solche Warnmeldungen deaktivieren – ihr Vorhandensein schafft aber zuerst einmal Aufmerksamkeit. Bei Smartphones ist diese Forderung bereits teilweise umgesetzt, wobei die Voreinstellungen bisher meist eher Richtung Weitergabe der Nutzerdaten wiesen. Dies soll sich mit dem neuen Datenschutzgesetz allerdings ändern.

Ähnlich wie also andere Produkte von Unternehmen auf Qualitätsstandards wie Umwelttauglichkeit oder Sicherheit hin konstruiert und anschliessend überprüft werden, könnte auch Datenschutz ein ebensolches Qualitätsmerkmal werden. Ob dieses umgesetzt wird, hängt nicht nur von den Herstellern und der Politik ab, sondern auch von der Gesellschaft als Ganzes.

1 Im Jahr 2019 wurden in der Schweiz die Big Brother Awards, der «Negativpreis für Datenkraken» verliehen.
a Informieren Sie sich über die Sieger.
b Arbeiten Sie heraus, warum der Award gerade an diese Person, diese Institution oder dieses Unternehmen verliehen wurde.
c Nehmen Sie zu den Begründungen auch mithilfe weiterer Internetrecherchen Stellung.

2 Lesen Sie den Auszug aus dem Datenschutzgesetz des Bundes (DSG).
a Obwohl juristische Texte wie das DSG formal sehr korrekt verfasst sind, lassen einzelne Begriffe doch viel Interpretationsspielraum, der sich wiederum auf die Auslegung bei der Anwendung des Gesetzes auswirkt. Unterstreichen Sie interpretationsfähige Begriffe und recherchieren Sie nach diesen.
b Erläutern Sie abschliessend den Zweck und den Anwendungsbereich des DSG.

Art. 2 Persönlicher und sachlicher Geltungsbereich

[1] Dieses Gesetz gilt für die Bearbeitung von Personendaten natürlicher Personen durch:
a. private Personen;
b. Bundesorgane.

[2] Es ist nicht anwendbar auf:
a. Personendaten, die von einer natürlichen Person ausschliesslich zum persönlichen Gebrauch bearbeitet werden;

b. Personendaten, die von den eidgenössischen Räten und den parlamentarischen Kommissionen im Rahmen ihrer Beratungen bearbeitet werden;
c. Personendaten, die bearbeitet werden durch institutionelle Begünstigte nach Artikel 2 Absatz 1 des Gaststaatgesetzes vom 22. Juni 2007, die in der Schweiz Immunität von der Gerichtsbarkeit geniessen.

[3] Das anwendbare Verfahrensrecht regelt die Bearbeitung von Personendaten und die Rechte der betroffenen Personen in Gerichtsverfahren und in Verfahren nach bundesrechtlichen Verfahrensordnungen. Auf erstinstanzliche Verwaltungsverfahren sind die Bestimmungen dieses Gesetzes anwendbar.

[4] Die öffentlichen Register des Privatrechtsverkehrs, insbesondere der Zugang zu diesen Registern und die Rechte der betroffenen Personen, werden durch die Spezialbestimmungen des anwendbaren Bundesrechts geregelt. Enthalten die Spezialbestimmungen keine Regelung, so ist dieses Gesetz anwendbar.

3 Tätigkeitsbericht des Datenschutz- und Öffentlichkeitsbeauftragten (EDÖB)
a Suchen Sie unter auf dem Web nach dem letzten Tätigkeitsbericht des EDÖB.
b Wählen Sie im Tätigkeitsbericht ein Thema aus, das Sie interessiert, und erarbeiten Sie den Inhalt, so dass Sie ihn einer Expertengruppe vorstellen können.

A Die Schülerorganisation (SO) organisiert verschiedene Anlässe (Schülerdisco, Halloween-Party, Volleyballnacht, Valentinstag, etc.).

a Legen Sie eine passende Tabelle an, welche die verantwortliche Person, das Budget, die erforderlichen Bewilligungen, etc. erfasst.

b Überlegen Sie sich, welche Informationen ein Datenbankmanagementsystem für diese Tabelle anzeigen soll. Wie sollen diese Informationen angezeigt werden?

B Eine Lehrerin unterrichtet unter anderem eine Klasse von 23 Schülerinnen und Schülerin im Fach Informatik. Der Unterricht findet im Zimmer C 28 statt.

a Legen Sie eine passende Tabelle an, in der die Lehrerin den Informatikkurs und andere Kurse erfassen kann.

b Notieren Sie umgangssprachlich Abfragen für Ihre in Teilaufgabe a entwickelten Tabellen.

Tabellen bilden die Grundlage eines relationalen Datenbankmanagementsystem. Es geht allerdings nicht nur darum, Daten in Tabellen zu erfassen. Eine wesentliche Funktion eines Datenbankmanagementsystem besteht darin, ausgewählte Informationen aus dem Datenbestand wieder zurückzugewinnen. Ein Benutzer eines Online-Buchhandels muss die Menge der Daten filtern, wenn er z. B. nach einem bestimmten Autor oder einer bestimmten Preiskategorie sucht. Dieses Filtern der Daten wird durch das Datenbankmanagementsystem übernommen und es ermöglicht vor allem bei grossen Datenmengen mit vielen Attributen eine enorme Zeitersparnis gegenüber dem manuellen Suchen.

Operationen auf Tabellen

Im Folgenden wird die Abfragesprache SQL (Structured Query Language) vorgestellt, die einen Standard für relationale Datenbankmanagementsysteme darstellt. Der Grundaufbau einer SQL-Abfrage ist immer gleich.

```
SELECT Spalte(n)
FROM Tabelle(n)
[WHERE Bedingung(en)];
```

Dazu gleich ein Beispiel aus dem Online-Buchhandel mit der bereits bekannten Tabelle Buch.

SQL-Abfrage 8.1

```
SELECT *
FROM Buch;
```

Der Stern * bewirkt, dass alle Spalten einer Tabelle ausgegeben werden. In SQL-Abfragen sind Schlüsselwörter nicht von der Gross-/Kleinschreibung abhängig. Zur besseren Lesbarkeit sind sie jedoch im Folgenden in Grossbuchstaben gesetzt.

SQL-Rückgabe

ISBN	Titel	Autor	Preis
978-3-608-93984-2	Der Herr der Ringe	J. R. R. Tolkien	49.90
978-3-596-90416-7	Der Zauberberg	Thomas Mann	18.90
978-3-86607-607-5	Watchmen	Alan Moore	43.90
978-3-608-93000-9	Der Herr der Ringe	J. R. R. Tolkien	501.00
978-3-423-21393-6	Der kleine Hobbit	J. R. R. Tolkien	14.90
978-3-596-90400-6	Buddenbrooks	Thomas Mann	14.90

Projektion

Eine **Projektion** filtert bestimmte Spalten für die Ausgabe. Sie blendet also alle anderen Spalten aus.

SQL-Abfrage 8.2

```
SELECT Autor
FROM Buch;
```

Pseudocode

Wähle die Spalte Autor aus der Tabelle Buch.

SQL-Rückgabe

Autor
J. R. R. Tolkien
Thomas Mann
Alan Moore
J. R. R. Tolkien
J. R. R. Tolkien
Thomas Mann

Da die Datenbank mehrere Einträge des Autors J. R. R. Tolkien enthält, wird dieser Autor mehrfach genannt. Dieses Problem lässt sich mit dem Schlüsselwort DISTINCT lösen:

SQL-Abfrage 8.3

```
SELECT DISTINCT Autor
FROM Buch;
```

Pseudocode

Wähle die Spalte Autor aus der Tabelle Buch und verhindere Doppelnennungen.

SQL-Rückgabe

Autor
J. R. R. Tolkien
Thomas Mann
Alan Moore

Selektion

Eine **Selektion** filtert diejenigen Zeilen heraus, die einer bestimmten Bedingung genügen.

SQL-Abfrage 8.4

```
SELECT *
FROM Buch
WHERE Titel = 'Watchmen';
```

Pseudocode

Wähle alle Spalten aus der Tabelle Buch und alle Zeilen, deren Titel den Wert «Watchmen» haben.

SQL-Rückgabe

ISBN	Titel	Autor	Preis
978-3-86607-607-5	Watchmen	Alan Moore	43.90

Durch die Verbindung von Projektion und Selektion können die Daten einer Tabelle gezielt nach bestimmten Spalten und bestimmten Bedingungen gefiltert werden.

SQL-Abfrage 8.5

```
SELECT DISTINCT Autor
FROM Buch
WHERE Titel = 'Der Herr der Ringe';
```

Pseudocode

Wähle die Spalte Autor aus der Tabelle Buch und verhindere Doppelungen. Wähle alle Zeilen, deren Titel den Wert «Der Herr der Ringe» hat.

SQL-Rückgabe

Autor
J. R. R. Tolkien

Vereinigung

Eine **Vereinigung** zweier Relationen führt alle Datensätze der beiden Relationen zu einer einzigen Relation zusammen. Dazu müssen die beiden Relationen dasselbe Schema (d. h. dieselben Attribute und Attributstypen) haben. Doppelt vorkommende Datensätze werden in der Ergebnisrelation nur einmal aufgeführt.

SQL-Abfrage 8.6

```
SELECT *
FROM Buch
UNION
SELECT *
FROM Buch2;
```

Tabelle Buch

ISBN	Titel	Autor	Preis
978-3-608-93984-2	Der Herr der Ringe	J. R. R. Tolkien	49.90
978-3-596-90416-7	Der Zauberberg	Thomas Mann	18.90
978-3-86607-607-5	Watchmen	Alan Moore	43.90
978-3-608-93000-9	Der Herr der Ringe	J. R. R. Tolkien	501.00
978-3-423-21393-6	Der kleine Hobbit	J. R. R. Tolkien	14.90
978-3-596-90400-6	Buddenbrooks	Thomas Mann	14.90

Tabelle Buch2

ISBN	Titel	Autor	Preis
978-3-596-90416-7	Der Zauberberg	Thomas Mann	18.90
978-3-257-26122-6	Fast genial	Benedict Wells	18.90

SQL-Rückgabe

ISBN	Titel	Autor	Preis
978-3-608-93984-2	Der Herr der Ringe	J. R. R. Tolkien	49.90
978-3-596-90416-7	Der Zauberberg	Thomas Mann	18.90
978-3-86607-607-5	Watchmen	Alan Moore	43.90
978-3-608-93000-9	Der Herr der Ringe	J. R. R. Tolkien	501.00
978-3-423-21393-6	Der kleine Hobbit	J. R. R. Tolkien	14.90
978-3-596-90400-6	Buddenbrooks	Thomas Mann	14.90
978-3-257-26122-6	Fast genial	Benedict Wells	18.90

Verbund (Join)

Ein Datenbanksystem arbeitet in der Regel nicht nur auf einer Tabelle, sondern die zu speichernden Daten sind auf mehrere Tabellen verteilt. Durch einen **Verbund** (engl.: **join**) werden zwei Relationen zu einer neuen Tabelle verbunden. Natürlich sollen nur jene Datensätze miteinander verbunden werden, die auch von ihrer Bedeutung her zueinander passen. Voraussetzung dafür ist mindestens ein gemeinsames Attribut, hier im Beispiel die Verlagsnummer VID. Die gemeinsamen Attribute der beiden Relationen müssen denselben Datentyp haben.

SQL-Abfrage 8.7

```
SELECT ISBN, Titel, Autor, Name, Sitz
FROM Buch INNER JOIN Verlag
ON Buch.VID = Verlag.VID;
```

Tabelle Buch

ISBN	Titel	Autor	Preis	VID
978-3-608-93984-2	Der Herr der Ringe	J. R. R. Tolkien	49.90	608
978-3-596-90416-7	Der Zauberberg	Thomas Mann	18.90	596
978-3-86607-607-5	Watchmen	Alan Moore	43.90	89921
978-3-608-93000-9	Der Herr der Ringe	J. R. R. Tolkien	501.00	608
978-3-423-21393-6	Der kleine Hobbit	J. R. R. Tolkien	14.90	423
978-3-596-90400-6	Buddenbrooks	Thomas Mann	14.90	596

Tabelle Verlag

VID	Name	Sitz
608	Klett-Cotta	Stuttgart
596	Fischer Taschenbuch	Frankfurt a. M.
0359	Westermann Schulverlag Schweiz	Schaffhausen

SQL-Rückgabe

ISBN	Titel	Autor	Name	Sitz
978-3-608-93984-2	Der Herr der Ringe	J. R. R. Tolkien	Klett-Cotta	Stuttgart
978-3-596-90416-7	Der Zauberberg	Thomas Mann	Fischer Taschenbuch	Frankfurt a. M.
978-3-608-93000-9	Der Herr der Ringe	J. R. R. Tolkien	Klett-Cotta	Stuttgart
978-3-596-90400-6	Buddenbrooks	Thomas Mann	Fischer Taschenbuch	Frankfurt a. M.

Datensätze, für die kein passender «Partner» in der anderen Tabelle vorliegt, werden beim Inner Join in der Ergebnistabelle nicht aufgeführt. Es werden also nur diejenigen Datensätze miteinander verknüpft, die in einem (oder mehreren) gemeinsamen Attributen dieselben Werte haben.

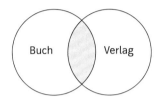

Inner Join

Statt INNER JOIN wird auch nur das Schlüsselwort JOIN akzeptiert. Ausserdem kann der Inner Join auch wie folgt umgesetzt werden:

SQL-Abfrage 8.8

```
SELECT ISBN, Titel, Autor, Name, Sitz
FROM Buch, Verlag
WHERE Buch.VID = Verlag.VID;
```

Sollen auch solche Datensätze in der Ergebnistabelle vorkommen, für die kein passendes Gegenstück in der anderen Tabelle vorliegt, so bietet die Sprache SQL auch dafür Lösungen an. Man spricht in solchen Fällen vom Outer Join. Mit dem Left (Outer) Join werden alle Datensätze aus der linken, d. h. der ersten, Tabelle mit in die Ergebnisrelation aufgenommen, auch wenn keine entsprechenden Datensätze in der zweiten Tabelle existieren.

SQL-Abfrage 8.9

```
SELECT ISBN, Titel, Autor, Name, Sitz
FROM Buch LEFT JOIN Verlag
ON Buch.VID = Verlag.VID;
```

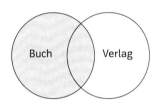

Left Outer Join

SQL-Rückgabe

ISBN	Titel	Autor	Name	Sitz
978-3-608-93984-2	Der Herr der Ringe	J. R. R. Tolkien	Klett-Cotta	Stuttgart
978-3-596-90416-7	Der Zauberberg	Thomas Mann	Fischer Taschenbuch	Frankfurt a. M.
978-1-4012-4819-2	Watchmen	Alan Moore		
978-3-608-93000-9	Der Herr der Ringe	J. R. R. Tolkien	Klett-Cotta	Stuttgart
978-3-423-21393-6	Der kleine Hobbit	J. R. R. Tolkien		
978-3-596-90400-6	Buddenbrooks	Thomas Mann	Fischer Taschenbuch	Frankfurt a. M.

Umgekehrt fügt der Right (Outer) Join alle Datensätze aus der rechten, d. h. der zweiten, Tabelle
der Ergebnisrelation hinzu, unabhängig davon, ob
sie mit passenden Daten aus der ersten Tabelle
verbunden werden können oder nicht.

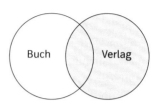

Right Outer Join

SQL-Abfrage 8.10

```
SELECT ISBN, Titel, Autor, Name, Sitz
FROM Buch RIGHT JOIN Verlag
ON Buch.VID = Verlag.VID;
```

SQL-Rückgabe

ISBN	**Titel**	**Autor**	**Name**	**Ort**
978-3-608-93984-2	Der Herr der Ringe	J. R. R. Tolkien	Klett-Cotta	Stuttgart
978-3-596-90416-7	Der Zauberberg	Thomas Mann	Fischer Taschenbuch	Frankfurt a. M.
			Westermann Schulverlag Schweiz	Schaffhausen

Schliesslich fügt der Full (Outer) Join sämtliche
Datensätze aus beiden Tabellen der Ergebnisrelation hinzu, unabhängig davon, ob sie mit passenden Daten aus der jeweils anderen Tabelle
verbunden werden können oder nicht.

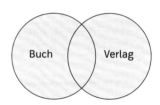

Full Outer Join

SQL-Abfrage 8.11

```
SELECT ISBN, Titel, Autor, Name, Sitz
FROM Buch FULL JOIN Verlag
ON Buch.VID = Verlag.VID;
```

SQL-Rückgabe

ISBN	**Titel**	**Autor**	**Name**	**Sitz**
978-3-608-93984-2	Der Herr der Ringe	J. R. R. Tolkien	Klett-Cotta	Stuttgart
978-3-596-90416-7	Der Zauberberg	Thomas Mann	Fischer Taschenbuch	Frankfurt a. M.
978-1-4012-4819-2	Watchmen	Alan Moore		
978-3-608-93000-9	Der Herr der Ringe	J. R. R. Tolkien	Klett-Cotta	Stuttgart
978-3-423-21393-6	Der kleine Hobbit	J. R. R. Tolkien		
978-3-596-90400-6	Buddenbrooks	Thomas Mann	Fischer Taschenbuch	Frankfurt a. M.
			Westermann Schulverlag Schweiz	Schaffhausen

Umbenennen

Manchmal ist es nötig, Spalten bzw. Attribute umzubenennen. Dazu wird in SQL der Operator AS
verwendet.

Tabelle Buch

ISBN	Titel	Autor	Preis	VID
978-3-608-93984-2	Der Herr der Ringe	J. R. R. Tolkien	49.90	608
978-3-596-90416-7	Der Zauberberg	Thomas Mann	18.90	596
978-3-86607-607-5	Watchmen	Alan Moore	43.90	89921
978-3-608-93000-9	Der Herr der Ringe	J. R. R. Tolkien	501.00	608
978-3-423-21393-6	Der kleine Hobbit	J. R. R. Tolkien	14.90	423
978-3-596-90400-6	Buddenbrooks	Thomas Mann	14.90	596

SQL-Abfrage 8.12

```
SELECT Titel AS Buchname
FROM Buch
WHERE Autor = 'Alan Moore';
```

SQL-Rückgabe

Buchname

Watchmen

Die Relationenalgebra und der relationale Tupelkalkül

Da es neben SQL noch andere Datenbankspra-
chen gibt, wird in diesem Abschnitt mit der **Relationenalgebra** der gemeinsame formale Rahmen
für solche Sprachen behandelt. In der Relationenalgebra werden Tabellen durch Funktionen verändert, so dass die SQL-Abfragen aus dem letzten
Abschnitt funktional dargestellt werden können.
Zudem wird mit dem relationalen **Tupelkalkül** ein
Schema vorgestellt, welches das Ergebnis der Abfrage als Menge darstellt. Im relationalen Tupelkalkül hat eine Abfrage die folgende Form:

$$\{t \mid P(t)\}$$

Dabei bezeichnet $P(t)$ ein Prädikat, d. h. eine Bedingung, welche erfüllt sein muss, damit t ins Ergebnis
aufgenommen wird.

Unser erstes Beispiel war das folgende:

SQL-Abfrage 8.13

```
SELECT *
FROM Buch;
```

Da die Tabelle Buch nicht verändert wird, entspricht
dieser Abfrage in der Relationenalgebra ganz einfach:

$$Buch$$

Im relationalen Tupelkalkül ergibt sich daraus:

$$\{t \mid t \in Buch\}$$

Projektion

SQL-Abfrage 8.14

```
SELECT Autor
FROM Buch;
```

Zur Erinnerung: Hier wird die Spalte Autor aus der
Tabelle Buch dargestellt.

Die Relationenalgebra nutzt für die Projektion den kleinen griechischen Buchstaben Pi (π). Die übrigbleibenden Attribute werden als Index aufgeführt und die Datensätze, auf die sie sich beziehen, in Klammern ergänzt:

$$\pi_{\text{Autor}}(\text{Buch})$$

Im relationalen Tupelkalkül lässt sich diese Projektion durch Angabe des Attributs Autor wie folgt darstellen:

$$\{[t.\text{Autor}] \mid t \in \text{Buch}\}$$

Selektion

SQL-Abfrage 8.15

```
SELECT *
FROM Buch
WHERE Titel = 'Watchmen';
```

Zur Erinnerung: Hier werden wie im obigen Beispiel mit SQL diejenigen Zeilen ausgewählt, welche beim Attribut Titel den Eintrag «Watchmen» enthalten.

Die Relationenalgebra benutzt für die Selektion den kleinen griechischen Buchstaben Sigma (σ). Die Bedingungen werden als Index aufgeführt und die Datensätze, auf die sie sich beziehen, in Klammern ergänzt:

$$\sigma_{\text{Titel='Watchmen'}}(\text{Buch})$$

Die Selektion wird im relationalen Tupelkalkül als Bedingung formuliert. Dies ergibt für das obige Beispiel:

$$\{t \mid t \in \text{Buch} \wedge t.\text{Titel} = \text{'Watchmen'}\}$$

Der Operator $\wedge$ bedeutet «und». Er verknüpft mehrere Bedingungen (siehe Kapitel 2.4 Logische Ausdrücke).

Vereinigung

SQL-Abfrage 8.16

```
SELECT *
FROM Buch
UNION
SELECT *
FROM Buch2;
```

Für die Vereinigung von zwei Relationen wird genau wie in der Mathematik das Symbol $\cup$ verwendet. Um die beiden Tabellen Buch und Buch2 zu vereinigen schreibt man in der Relationenalgebra:

$$\text{Buch} \cup \text{Buch2}$$

Im relationalen Tupelkalkül wird die Vereinigung wie folgt umgesetzt:

$$\{t \mid t \in \text{Buch} \vee t \in \text{Buch2}\}$$

Der Operator $\vee$ bedeutet «oder» (siehe Kapitel 2.4 Logische Ausdrücke).

Verbund

SQL-Abfrage 8.17

```
SELECT *
FROM Buch INNER JOIN Verlag
ON Buch.VID = Verlag.VID;
```

Zur Erinnerung: Hier wird ein INNER JOIN zwischen den Tabellen Buch und Verlag anhand des Attributes VID ausgeführt. Allerdings werden hier zur Vereinfachung alle Spalten selektiert.

Die Relationenalgebra nutzt für den Verbund das Symbol $\bowtie$ («Bowtie»). Bedingungen werden als Index aufgeführt:

$$\text{Buch} \bowtie_{\text{Buch.VID=Verlag.VID}} \text{Verlag}$$

Im relationalen Tupelkalkül lässt sich der INNER JOIN wie folgt beschreiben:

$$\{t \circ v \mid t \in \text{Buch} \wedge v \in \text{Verlag} \wedge t.\text{VID} = v.\text{VID}\}$$

Umbenennen

SQL-Abfrage 8.18

```
SELECT Titel AS Buchname
FROM Buch
WHERE Autor = 'Alan Moore';
```

Die Relationenalgebra nutzt für das Umbenennen den kleinen griechischen Buchstaben Rho (ρ):

$$\rho_{\text{Buchname} \leftarrow \text{Titel}}(\text{Buch})$$

Hier wird das Attribut Titel in Buchname umbenannt.

Daten filtern mit SQL

Eine wesentliche Aufgabe von Datenbankmanagementsystemen ist es, Daten nach bestimmten Kriterien zu filtern. Das Beispiel des Online-
Buchhandels macht dies deutlich:

Die Ergebnisse können aufsteigend nach ihrem
Preis sortiert werden. Zudem lassen sich die Ergebnisse filtern, beispielsweise nach der Kategorie (Bücher, Spielwaren, etc.) oder nach einer
Preisspanne (zwischen CHF 47.- und CHF 500.-).
Mit einfachen Projektionen und Selektionen sind
solche Abfragen an die Datenbank nicht mehr

möglich. Bei vielen Fragestellungen reicht es nicht
aus, einfach nur gewisse Spalten oder Zeilen einer Tabelle herauszufiltern. Es müssen mehrere
Bedingungen miteinander verknüpft, die Daten
sortiert oder Berechnungen auf Zahlenwerten
einer Tabelle durchgeführt werden. Die SELECT-
Anweisung in SQL bietet zahlreiche Sprachkon-
strukte an, um Abfragen differenziert zu formulieren und zu gestalten. Die wichtigsten werden
nun vorgestellt.

Vergleichsoperatoren

Bei einer Selektion werden die Datensätze nach
einer bestimmten Bedingung gefiltert. Neben
dem Gleichheitszeichen können die folgenden

Operatoren verwendet werden, um in der WHERE-
Klausel eine Bedingung zu formulieren.

Operator	Erklärung
<	kleiner als
>	grösser als
<=	kleiner oder gleich ($\leq$)
>=	grösser oder gleich ($\geq$)
<>	ungleich ($\neq$)
BETWEEN a AND b	zwischen a und b: Es wird ein zusammenhängender Bereich durch Angabe eines Start- und Endwertes bestimmt. Start- und Endwert zählen mit zum Ergebnis.
LIKE 'xyz'	Es wird mit dem Muster «xyz» verglichen. Jokerzeichen helfen bei der Formulierung des Musters. % steht für beliebig viele beliebige Zeichen, _ steht für genau ein beliebiges Zeichen.
IN (...)	Es wird mit einer Liste von Kriterien verglichen.
IS NULL	Es wird geprüft, ob ein Wert vorhanden ist oder ob das Feld noch mit NULL belegt ist. Dabei bedeutet NULL, dass beim entsprechende Datensatz der Wert fehlt.

Tabelle Buch

ISBN	Titel	Autor	Preis
978-3-608-93984-2	Der Herr der Ringe	J. R. R. Tolkien	49.90
978-3-596-90416-7	Der Zauberberg	Thomas Mann	18.90
978-3-86607-607-5	Watchmen	Alan Moore	43.90
978-3-608-93000-9	Der Herr der Ringe	J. R. R. Tolkien	501.00
978-3-423-21393-6	Der kleine Hobbit	J. R. R. Tolkien	14.90
978-3-596-90400-6	Buddenbrooks	Thomas Mann	14.90

Beispiele

Welche Buchtitel beginnen mit einem Buchstaben von «A» bis «D»?

SQL-Abfrage 8.19

```
SELECT ISBN, Titel
FROM Buch
WHERE Titel < 'E';
```

SQL-Rückgabe

ISBN	Titel
978-3-608-93984-2	Der Herr der Ringe
978-3-596-90416-7	Der Zauberberg
978-3-608-93000-9	Der Herr der Ringe
978-3-423-21393-6	Der kleine Hobbit

Welche Bücher kosten von CHF 15 bis und mit CHF 45?

SQL-Abfrage 8.20

```
SELECT Titel
FROM Buch
WHERE Preis BETWEEN 15 AND 45;
```

SQL-Rückgabe

Titel
Der Zauberberg
Watchmen
Der kleine Hobbit
Buddenbrooks

Suche alle Autoren, deren Name «Tolk» beinhaltet, sowie ihre Werke.

SQL-Abfrage 8.21

```
SELECT ISBN, Autor, Titel
FROM Buch
WHERE Autor LIKE '%Tolk%';
```

SQL-Rückgabe

ISBN	Autor	Titel
978-3-608-93984-2	J. R. R. Tolkien	Der Herr der Ringe
978-3-608-93000-9	J. R. R. Tolkien	Der Herr der Ringe
978-3-423-21393-6	J. R. R. Tolkien	Der kleine Hobbit

Suche alle Werke mit ihrem Preis, die für CHF 18.90 oder CHF 43.90 angeboten werden.

SQL-Abfrage 8.22

```
SELECT Titel, Preis
FROM Buch
WHERE Preis IN (18.90, 43.90);
```

SQL-Rückgabe

Titel	Preis
Der Zauberberg	18.90
Watchmen	43.90

Logische Operatoren

Ähnlich wie in Python (siehe Kapitel 2.4 Logische Ausdrücke) lassen sich auch in SQL einzelne Bedingungen mithilfe von logischen Operatoren (AND, OR, NOT) miteinander verknüpfen. So können in die WHERE-Klausel mehrere Bedingungen aufgenommen werden.

Logische Operatoren	Erklärung
AND	Logisches Und (∧)
OR	Logisches Oder (∨)
NOT	Logisches Nicht (¬)

Welche Bücher von Thomas Mann oder Alan Moore werden angeboten?

SQL-Abfrage 8.23

```
SELECT Titel
FROM Buch
WHERE Autor = 'Thomas Mann'
  OR Autor = 'Alan Moore';
```

SQL-Rückgabe

Titel

Der Zauberberg

Watchmen

Buddenbrooks

Sortierung

Um die Ergebnisse nach einem Attribut sortiert auszugeben, setzt man den ORDER BY-Operator ein. Standardmässig wird in alphabetischer Reihenfolge von A bis Z sortiert und bei Zahlen aufsteigend der Grösse nach. Dafür steht der Zusatz ASC (von engl. ASCending, aufsteigend), der somit auch weggelassen werden kann. Mit dem Zusatz DESC (von engl. DESCending, absteigend) werden die Daten absteigend sortiert.

SQL-Abfrage 8.24

```
SELECT Titel, Autor, Preis
FROM Buch
WHERE NOT Autor = 'Alan Moore'
ORDER BY Preis ASC;
```

SQL-Rückgabe

Titel	Autor	Preis
Der kleine Hobbit	J. R. R. Tolkien	14.90
Buddenbrooks	Thomas Mann	14.90
Der Zauberberg	Thomas Mann	18.90
Der Herr der Ringe	J. R. R. Tolkien	49.90
Der Herr der Ringe	J. R. R. Tolkien	501.00

281

Aggregatfunktionen

Mithilfe von **Aggregatfunktionen** können Auswertungen über alle Datensätze einer Tabelle gemacht werden. So kann mit der Funktion COUNT die Anzahl der Datensätze ermittelt werden. Auf numerischen Attributen können weitere Funktionen angewendet werden: SUM liefert die Summe aller Werte, MAX den grössten und MIN den kleinsten Wert der Datenreihe. Zudem kann mit der Funktion AVG das arithmetische Mittel aller Zahlenwerte berechnet werden. Eine Aggregatfunktion liefert als Ergebnis einen Zahlenwert.

Beispiele

Wie viele Bücher von J. R. R. Tolkien werden angeboten?

SQL-Abfrage 8.25

```
SELECT COUNT(*) AS Anzahl_Tolkien
FROM Buch
WHERE Autor = 'J. R. R. Tolkien';
```

SQL-Rückgabe

Anzahl_Tolkien

3

Hier macht es Sinn, das Ergebnis mit der AS-Klausel aus dem letzten Abschnitt umzubenennen.

Wie viele Autoren sind in der Tabelle enthalten?

SQL-Abfrage 8.26

```
SELECT COUNT(DISTINCT Autor)
  AS Anzahl_Autoren
FROM Buch;
```

SQL-Rückgabe

Anzahl_Autoren

3

Zur Erinnerung: Mit dem Schlüsselwort DISTINCT wird dafür gesorgt, dass jeder Autor nur einmal gezählt wird.

Wie viel kostet das günstigste Buch von Tolkien?

SQL-Abfrage 8.27

```
SELECT MIN(Preis) AS günstigster_Tolkien
FROM Buch
WHERE Autor = 'J. R. R. Tolkien';
```

SQL-Rückgabe

günstigster_Tolkien

14.90

Wie hoch ist der Durchschnittspreis aller angebotenen Bücher?

SQL-Abfrage 8.28

```
SELECT AVG(Preis) AS Durchschnittspreis
FROM Buch;
```

SQL-Rückgabe

Durchschnittspreis

107.25

Gruppierung

Oftmals möchte man Aggregatfunktionen differenziert auf einzelne Gruppen von Datensätzen anwenden. Anstatt nach dem durchschnittlichen Preis aller angebotenen Bücher zu fragen, wäre es auch interessant zu wissen, wie teuer jeweils die Bücher eines bestimmten Autors im Schnitt sind. Dazu müssen die Datensätze zunächst nach dem Merkmal Autor gruppiert werden.

Die Angabe GROUP BY Autor bewirkt, dass die folgenden Gruppen gebildet werden:

Tabelle Buch

ISBN	Titel	Autor	Preis
978-3-608-93984-2	Der Herr der Ringe	J. R. R. Tolkien	49.90
978-3-596-90416-7	Der Zauberberg	Thomas Mann	18.90
978-3-86607-607-5	Watchmen	Alan Moore	43.90
978-3-608-93000-9	Der Herr der Ringe	J. R. R. Tolkien	501.00
978-3-423-21393-6	Der kleine Hobbit	J. R. R. Tolkien	14.90
978-3-596-90400-6	Buddenbrooks	Thomas Mann	14.90

Gruppe «J. R. R. Tolkien»
Gruppe «Alan Moore»
Gruppe «Thomas Mann»

Nun kann die Aggregatfunktion AVG auf das Attribut Preis angewendet werden, um für jede Gruppe den jeweiligen Durchschnittspreis zu ermitteln. Da in der Ergebnistabelle jede der drei Gruppen einen Datensatz darstellen wird, ist dies sogar notwendig, um alle einzelnen Werte der ausgewählten Attribute zu einem einzigen Wert zusammenzuführen. Da dies für das Attribut Titel nicht sinnvoll ist, darf es auch nicht im SELECT-Teil der Abfrage auftauchen:

Wie teuer sind die Bücher der einzelnen Autoren im Schnitt?

SQL-Abfrage 8.29

```
SELECT Autor, AVG(Preis)
FROM Buch
GROUP BY Autor;
```

SQL-Rückgabe

Autor	AVG(Preis)
J. R. R. Tolkien	188.60
Thomas Mann	16.90
Watchmen	43.90

Falls gruppiert wird, müssen alle Attribute, nach denen nicht gruppiert wird, mit einer Aggregatfunktion versehen werden.

Mit der Klausel HAVING kann man bestimmte Gruppen auswählen. Daraus folgt, dass man einige der entstandenen Gruppen vom Ergebnis ausschliesst. Mit HAVING AVG(Preis) > 20 wird zum Beispiel die Gruppe «Thomas Mann» ausgeschlossen:

SQL-Abfrage 8.30

```
SELECT Autor, AVG(Preis)
FROM Buch
GROUP BY Autor
HAVING AVG(Preis) > 20;
```

SQL-Rückgabe

Autor	AVG(Preis)
J. R. R. Tolkien	188.60
Watchmen	43.90

Verschachtelte Select-Ausdrücke

SQL-Abfragen können wiederum selbst als Bedingung für eine weitere Abfrage dienen. Ein solcher verschachtelter SELECT-Ausdruck enthält in der WHERE-Klausel eine Unterabfrage. Unterabfragen werden in runde Klammern gesetzt und vom Interpreter zuerst ausgewertet. Folgendes Beispiel filtert alle Bücher, die vom selben Autor geschrieben wurden wie «Der kleine Hobbit».

Tabelle Buch

ISBN	Titel	Autor	Preis
978-3-608-93984-2	Der Herr der Ringe	J. R. R. Tolkien	49.90
978-3-596-90416-7	Der Zauberberg	Thomas Mann	18.90
978-3-86607-607-5	Watchmen	Alan Moore	43.90
978-3-608-93000-9	Der Herr der Ringe	J. R. R. Tolkien	501.00
978-3-423-21393-6	Der kleine Hobbit	J. R. R. Tolkien	14.90
978-3-596-90400-6	Buddenbrooks	Thomas Mann	14.90

SQL-Abfrage 8.31

```
SELECT Titel, Autor
FROM Buch
WHERE Autor = (
    SELECT Autor
    FROM Buch
    WHERE Titel = 'Der kleine Hobbit');
```

Unterabfrage

Autor

J. R. R. Tolkien

SQL-Rückgabe

Titel	Autor
Der Herr der Ringe	J. R. R. Tolkien
Der Herr der Ringe	J. R. R. Tolkien
Der kleine Hobbit	J. R. R. Tolkien

Die Unterabfrage darf nur einen Wert enthalten. Sonst muss statt «=» der IN-Operator verwendet werden.

Struktur einer SQL-Abfrage

Zusammenfassend ergibt sich für SQL-Abfragen folgender grundlegender Aufbau, bei dem die Reihenfolge der Schlüsselwörter fest vorgegeben ist.

Schlüsselwort	Beschreibung
SELECT (DISTINCT)	Projiziert auf die angegebenen Spalten.
FROM	Angabe der Datenquelle, eventuell mehrere Tabellen als Verbund miteinander verknüpft.
WHERE	Selektiert diejenigen Datensätze, welche die Bedingung erfüllen. Hier kommen allenfalls Unterabfragen zum Einsatz.
GROUP BY	Gruppiert nach einem Attribut
HAVING	Selektiert diejenigen Gruppen, welche die Bedingung erfüllen.
ORDER BY … (ASC | DESC)	Sortiert auf- oder absteigend.

1 Selbstlernen Online
Im Internet finden sich zahlreiche Tutorials zur Erarbeitung von SQL. Für schulische Zwecke eignet sich in besonderer Weise eine Einführung, die von der Lichtenbergschule Darmstadt entwickelt wurde:
www.imoodle.de/sqltutorial/index.html
Arbeiten Sie die einzelnen Lektionen sowie die dazu passenden Übungen durch und notieren Sie zu jedem benutzten Schlüsselwort seine Wirkung sowie ein Beispiel.

2 Eine Schülerfirma hat an ihrer Schule einen kleinen Schreibwarenladen eröffnet, der die Schülerinnen und Schüler mit diversen Produkten für den täglichen Gebrauch in der Schule versorgt. Die Firma verwaltet ihr Sortiment in der Tabelle unten.
Entwickeln Sie SQL-Abfragen, die die folgenden Informationen liefern. Geben Sie auch die Ergebnistabellen an.

a Welche Artikel kosten CHF 1.- bis CHF 2.-?

b Bei welchen Schreib- oder Zeichengeräten ist der Bestand bereits auf unter 30 Stück zurückgegangen?

c Bei welchen Artikeln (Angabe von Artikelnr, Artikelbezeichnung, Verkaufspreis, Gewinn) verdient die Schülerfirma mehr als CHF 1.-? Geben Sie die Artikel absteigend sortiert nach dem Gewinn aus.

d Welche Rubriken bietet der Schreibwarenladen an?

e Wie viele verschiedene Artikel werden angeboten?

f Welche Artikel sind im Einkauf günstiger als ein Schulheft?

g Bei welchem Artikel ist die Gewinnmarge am grössten?

h In welcher Rubrik werden die meisten unterschiedlichen Artikel angeboten?

Tabelle Sortiment

Artikelnr	Artikelbezeichnung	Rubrik	Menge	Einkaufspreis	Verkaufspreis
10034	Papier A3	Bedruckbares	3	6.05	12.00
10044	Papier A4	Bedruckbares	16	2.90	6.00
10326	Schulheft A4/26	Hefte	30	0.45	0.80
10325	Schulheft A4/25	Hefte	26	0.45	0.80
10966	Hefter A4	Ordnung	39	0.50	1.00
10932	Ordner A4	Ordnung	21	2.05	3.90
22002	Fineliner	Schreibgeräte	80	0.25	0.60
22044	Bleistift	Schreibgeräte	33	0.80	1.10
20003	Kugelschreiber	Schreibgeräte	27	0.70	1.30
33993	Geodreieck	Zeichnen	11	1.80	3.20
33800	Zirkel	Zeichnen	4	5.85	7.80

Tabelle Film

EAN	Titel	FSK	Preis	zum_Buch
4042564141962	Der Zauberberg	16	29.90	978-3-596-90416-7
4011976329480	Fack Ju Göhte	12	16.90	
4010324039095	Rubinrot	12	14.90	

Tabelle Buch

ISBN	Titel	Autor	Preis
978-3-608-93984-2	Der Herr der Ringe	J. R. R. Tolkien	49.90
978-3-596-90416-7	Der Zauberberg	Thomas Mann	18.90
978-3-86607-607-5	Watchmen	Alan Moore	43.90
978-3-608-93000-9	Der Herr der Ringe	J. R. R. Tolkien	501.00
978-3-423-21393-6	Der kleine Hobbit	J. R. R. Tolkien	14.90
978-3-596-90400-6	Buddenbrooks	Thomas Mann	14.90

3 Ermitteln Sie die Ergebnisrelationen der folgenden Abfragen auf den Tabellen Buch und Film oben.

a   SQL-Abfrage 8.32

```
SELECT Titel, FSK
FROM Film
WHERE FSK = 12;
```

b   SQL-Abfrage 8.33

```
SELECT Titel, Preis
FROM Buch
UNION
SELECT Titel, Preis
FROM Film;
```

c   SQL-Abfrage 8.34

```
SELECT Buch.Titel, Buch.Preis,
  Film.Titel, Film.Preis
FROM Buch INNER JOIN Film
ON Buch.ISBN = Film.zum_Buch;
```

d   SQL-Abfrage 8.35

```
SELECT Buch.Titel, Buch.Preis,
  Film.Titel, Film.Preis
FROM Buch RIGHT JOIN Film
ON Buch.ISBN = Film.zum_Buch
WHERE Film.Preis < 20;
```

4 Es sind Abfrageergebnisse zur Tabelle Buch gegeben. Notieren Sie dazu jeweils zwei mögliche Abfragen in SQL oder – falls behandelt – in der Relationenalgebra.

a   **ISBN**

   978-3-596-90416-7

b   **Titel**

   Der Herr der Ringe

   Der Zauberberg

   Watchmen

c | Autor | Preis |
|---|---|
| J. R. R. Tolkien | 49.90 |

Tabelle Hört_gern	
Name	**Musikrichtung**
Tina	Pop
Lisa	Latin
Tina	Rock
Max	Pop

Tabelle Geht_in	
Name	**Lokal**
Max	A
Max	C
Lisa	B
Tina	B
Flo	A

Tabelle Spielt	
Lokal	**Musikrichtung**
A	Rock
A	Pop
B	Latin
D	Rock

5 Gegeben sind drei Relationen, die das Ausgeh-verhalten einiger Jugendlicher dokumentieren.

a Bilden Sie den Verbund der Tabellen Hört_gern und Spielt über das gemeinsame Attribut Musikrichtung und beschreiben Sie, welche Information Ihre Ergebnisrelation beinhaltet.

b Geben Sie alle Lokale an, die Musikrichtungen spielen, die Tina mag. Entwickeln Sie eine entsprechende Abfrage in SQL.

c Analysieren Sie die Abfragen rechts, indem Sie jeweils die Ergebnisrelation und eine umgangssprachliche Formulierung für die Abfrage angeben.

6 Datenbanken werden heute vermehrt auf dem Web eingesetzt. Dabei kann der Benutzer in einer Abfragemaske nach Informationen suchen. Die Eingabe wird daraufhin mittels SQL an ein Datenbanksystem weitergeleitet. Die Antwort des Datenbanksystems kann allerdings sehr umfangreich ausfallen. Um Platz zu sparen hat sich zur Formatierung dieser Antwortdaten das Datenformat JSON etabliert. Recherchieren Sie JSON und machen Sie sich mit den Notationen vertraut.

SQL-Abfrage 8.37

```
SELECT Musikrichtung
FROM Hört_gern INNER JOIN Geht_in
ON Hört_gern.Name = Geht_in.Name
WHERE Lokal = 'A';
```

SQL-Abfrage 8.38

```
SELECT Musikrichtung
FROM Geht_in INNER JOIN Spielt
ON Geht_in.Lokal = Spielt.Lokal
WHERE Name = 'Max';
```

SQL-Abfrage 8.39

```
SELECT Name
FROM Hört_gern INNER JOIN Spielt
ON Hört_gern.Musikrichtung =
   Spielt.Musikrichtung
INNER JOIN Geht_in
ON Hört_gern.Name = Geht_in.Name
  AND Spielt.Lokal = Geht_in.Lokal;
```

7 Die Geschäftsführerin einer Pizzeria möchte alle Gerichte ihres Restaurants in einer zentralen Datenbank speichern. Einzelne Benutzergruppen (Geschäftsführerin, Mitarbeiter und Kunden) sollen unterschiedliche Ansichten auf die Daten erhalten.

a Erstellen Sie die Abfragen, die erforderlich sind, um die nötigen Informationen (Seite 289) zu einem Gericht der jeweiligen Benutzergruppe anzuzeigen.

b Diskutieren Sie, inwieweit folgende weitere Kategorien für die Rohdaten (Seite 289) sinnvoll sein könnten: Kategorie (Lasagne, Pizza, ...), Im_Angebot, Beliebtheitsgrad und Kalorien. Finden Sie weitere Kategorien.

c Ermitteln Sie die Ergebnisrelation der folgenden SQL-Abfrage für die angegebenen Beispieltabellen. Formulieren Sie umgangssprachlich, was die Abfrage leistet.

SQL-Abfrage 8.36

```
SELECT Nr
FROM Tisch LEFT JOIN Bestellung
ON Tisch.Nr = Bestellung.TischNr
WHERE Gericht_ID IS NULL;
```

Tisch

Nr	Anzahl_Plätze
1	4
2	2
3	6

Bestellung

ID	TischNr	Gericht_ID
1	1	2
2	1	3

ID	Name ital.	Name dt.	Preis	Kosten	Gewinn		Zubereitungszeit
1	Rigatoni	Römernudeln	11.00	4.00	7.00	☐	07:00
2	Pizza vegetable	Pizza vegetarisch	6.00	2.00	3.90	☑	04:00
3	Lasagne Spinachi	Spinat Lasagne	9.00	3.00	5.70	☐	12:00

Alle Daten für die Geschäftsführerin

Tabelle Gericht

Feldname	Feldtyp
☞ ID	Integer (INTEGER)
Name ital.	Text (VARCHAR)
Name dt.	Text (VARCHAR)
Preis	Dezimal (DECIMAL)
Kosten	Dezimal (DECIMAL)
Gewinn	Text (VARCHAR)
Vegetarisch	Ja/Nein (BOOLEAN)
Zubereitungszeit	Zeit (TIME)

Tabelle Tisch

Feldname	Feldtyp
☞ Nr	Integer (INTEGER)
Anzahl_Plätze	Integer (INTEGER)

Tabelle Bestellung

Feldname	Feldtyp
☞ ID	Integer (INTEGER)
TischNr	Integer (INTEGER)
Gericht_ID	Integer (INTEGER)

Tabellenschemata der Rohdaten

Abfrage?

Abfrage?

PIZZA
Pizza vegetarisch **6.00**
...

LASAGNE
Spinat Lasagne **9.00**
...

NUDELGERICHTE
Römernudeln **11.00**
...

Speisekarte für den Gast

```
TiSCH 1

- Pizza vegetarisch    vegetarisch   6.00
- Spinat Lasagne       nicht vege.   9.00
...
```

Kassenprogramm der Bedienung

A Denken Sie ans Passwort für Ihr Schulkonto. Überlegen Sie sich, ob es einem Hacker-Angriff standhalten würde. Welche Kriterien sollte ein starkes Passwort erfüllen?

B Für Online-Shops, Online-Banking und E-Voting benötigt man neben dem Passwort in der Regel noch eine weitere Authentifizierung, beispielsweise einen Zahlencode, der per SMS verschickt wird. Wozu dient diese zusätzliche Sicherheitsmassnahme? Überlegen Sie sich ein Szenario, bei dem dieser Zahlencode eine Attacke auf Ihr Konto verhindern könnte.

Ziel der Datensicherheit ist es, die Daten eines Unternehmens gegen Zugriff oder Manipulation durch Aussenstehende abzusichern. Bei Datenbanken steht dabei die Benutzerverwaltung im Zentrum, da diese den Zugriff auf die Datenbank regelt. Die Benutzerverwaltung kontrolliert die Benutzerkonten mit Benutzernamen und Passwörtern sowie die Zugriffsrechte der Benutzer. Über die Zugriffsrechte wird geregelt, auf welche Tabellen ein Benutzer zugreifen darf und ob er die Daten beispielsweise auch verändern oder gar löschen darf.

Auf das Beispiel des Online-Buchhandels übertragen, bedeutet dies, dass die einzelnen Benutzer nach der Prüfung ihrer Zugriffsrechte über das Datenbankmanagementsystem logisch auf die Bücherdaten zugreifen und eine eingeschränkte, auf ihre Aufgaben zugeschnittene Sicht auf die Daten erhalten. Beispielsweise bekommt der Mitarbeiter des Buchhandels mehr Informationen über das Buch angezeigt als ein Kunde, z. B. den Lagerbestand oder den Lagerort des Artikels. Zudem verfügen die Mitarbeiter des Onlinebuchhändlers über die Rechte zur Änderung einzelner Informationen, z. B. der Beschreibung eines Buches, während den Kunden nur lesende Zugriffe auf die Bücherdaten erlaubt werden. Eine direkte Manipulation der Daten ist ihnen nicht möglich.

Für die Datensicherheit entscheidend ist dabei in erster Linie das Passwort. So kann beispielsweise der Datenbankadministrator auf alle Daten zugreifen, insbesondere auf die Passwörter. Ausserdem verwenden manche Benutzer dasselbe Passwort für mehrere Webangebote. Passwörter sollten also keinesfalls im Klartext gespeichert werden. Stattdessen verwendet man einen sogenannten Hashwert.

Die Hashfunktion

Eine **Hashfunktion** (von engl. hash, zerhacken) bildet eine Zeichenkette, z. B. ein Passwort auf eine neue Zeichenfolge mit fester vorgegebener Länge, den Hashwert, ab. Dabei soll der Hashwert keine Rückschlüsse mehr auf die ursprüngliche Zeichenkette zulassen. Man spricht in diesem Zusammenhang auch von einer Einwegfunktion. Für Passwörter verwendet man Hashfunktionen, welche kollisionsresistent sind. Dies bedeutet, dass es beinahe unmöglich ist, zwei Eingabewörter zu finden, für welche die Hashfunktion dieselbe Zeichenfolge liefert. Beispiele für Hashfunktionen in Datenbankmanagementsystemen sind MD5 und SHA.

- MD5 steht für **M**essage-**D**igest Algorithm **5**. Das Verfahren ist weit verbreitet und generiert einen Hashwert von 128 Bit Länge.
- SHA steht für **S**ecure **H**ash **A**lgorithm. In seiner ursprünglichen Version erzeugte der Algorithmus einen Hashwert von 160 Bit Länge. Inzwischen gibt es aber Versionen, welche Hashwerte von bis zu 512 Bit Länge erzeugen können.

Während MD5 früher als sicher galt, ist es inzwischen möglich, mit einer Brute Force Attacke einen MD5 Code innert kurzer Zeit zu decodieren. Dabei wird mit einem schnellen Rechner nach Zeichenketten gesucht, welche den gleichen Hashwert besitzen. Noch schneller geht es mit sogenannten **Rainbow Tables**. Dies sind Tabellen, welche für vordefinierte Zeichenketten die zugehörigen Hashwerte speichern. Da Speicherplatz heute kein grosses Problem mehr darstellt, findet man inzwischen Rainbow Tables von fast beliebiger Grösse.

Salz und Pfeffer

Die Problematik um die Rainbow Tables ist schon seit längerem bekannt. Daher versucht man inzwischen einem Angreifer mit Rainbow Table die Suppe zu versalzen. Als Salz oder **Salt** verwendet man eine zufällige Zeichenfolge, welche vor Anwendung der Hashfunktion ans Passwort angehängt wird. Viele Systeme bauen beispielsweise das Datum und die Uhrzeit in ihr Salt ein. Wichtig ist vor allem, dass das Salt eine gewisse Länge aufweist, so dass das Anlegen neuer grösserer Rainbow Tables unpraktikabel wird. Natürlich muss das Salt ebenfalls in der Datenbank abgelegt werden, da es ja zufällig gewählt wurde. Man kann es aber problemlos im Klartext speichern, da das Salt von Benutzer zu Benutzer variiert und weil es für sich genommen nichts bringt.

Eine weitere Schwachstelle sind leider die Benutzerpasswörter selbst. Viele Benutzer verwenden sehr schwache Passwörter wie 123456 o. ä. In solchen Fällen kann ein Angriff mit einem so genannten Dictionary, welches eine Sammlung der gängigsten Passwörter enthält, bereits zum Ziel führen. Um dieser Problematik vorzubeugen, wird das Passwort zuerst mit einer geheimen Zeichenfolge, dem **Pepper**, verknüpft. Dieses neue, stärkere Passwort wird im Anschluss wie oben beschrieben mit dem zufällig gewählten Salt kombiniert und mit der Hashfunktion auf einen Hashwert abgebildet. Wichtig dabei ist zum einen, dass der Pepper im Gegensatz zum Salt nicht in der Datenbank abgelegt wird. Er muss woanders gespeichert oder verwahrt werden. Zum anderen ist der Pepper für alle Passwörter identisch, da er lediglich zur Verstärkung oder Verschärfung des Passwortes dient.

SQL-Injection

Bei der **SQL-Injection** versucht der Angreifer, über die Eingabemaske am Front-End eines Datenbankmanagementsystems eigene SQL-Anweisungen einzuschleusen. Was man damit erreichen kann und wie gefährlich dieses einfache Verfahren sein kann, zeigt das folgende Beispiel.

Der Online-Buchhandel aus dem letzten Kapitel verfügt auch über eine Kundentabelle. Diese enthält entgegen den Empfehlungen zur Datensicherheit sämtliche Passwörter im Klartext. Hier ein Auszug:

Tabelle Kunde

Benutzername	Passwort
peter.muster	14.07.2003
buecher.wurm	Thomas Mann
berta.meier	D13gP.Mk3skm.
...	...

Nehmen wir an, dass der Online-Buchhandel eine Suchmaske anbietet. Wenn der Kunde ein Suchwort wie Watchmen eingibt, generiert das Datenbankmanagementsystem eine Abfrage der folgenden Art:

SQL-Abfrage 8.40

```
SELECT Titel, Autor
FROM Buch
WHERE Titel = 'Watchmen';
```

Diese liefert erwartungsgemäss:

SQL-Rückgabe

Titel	Autor
Watchmen	Alan Moore

Anstelle eines Buchtitels gibt man bei der SQL-Injection beispielsweise den folgenden SQL-Code ein:

```
' UNION SELECT Benutzername, Passwort FROM
Kunde WHERE Benutzername <> '
```

Zusammen mit der SQL-Abfrage des Datenbankmanagementsystems ergibt sich daraus der folgende SQL-Code:

SQL-Abfrage 8.42

```
SELECT Titel, Autor
FROM Buch
WHERE Titel = ''
UNION
SELECT Benutzername, Passwort
FROM Kunde
WHERE Benutzername <> '';
```

Diese Sequenz liefert dem Angreifer eine Tabelle mit allen Benutzernamen und Passwörtern des Online-Buchhandels:

SQL-Rückgabe

Benutzername	Passwort
peter.muster	14.07.2003
buecher.wurm	Thomas Mann
berta.meier	D13gP.Mk3skm.
...	...

Wenn statt den Passwörtern im Klartext deren Hashwerte abgespeichert werden, muss sich der Angreifer zumindest noch die Zeit nehmen, diese Hashwerte zu decodieren, was, je nachdem welche Vorkehrungen getroffen wurden, gar nicht so einfach ist (Vgl. Abschnitt «Salz und Pfeffer»).

Exploits of a Mom, xkcd-Comic #327, xkcd.com/327/

Zwei-Faktor-Authentifizierung

Trotz aller Vorkehrungen im Sinne der obigen Abschnitte bleiben die Passwörter oft eine Schwachstelle des unternehmenseigenen Sicherheitskonzeptes. Dies liegt vor allem daran, dass die Benutzer nicht willens oder nicht in der Lage sind, sich zehn- oder gar fünfzehnstellige Passwörter mit Sonderzeichen zu merken und diese jeden Monat zu wechseln. Für heikle Anwendungsfelder wie Online-Banking oder e-Voting wurde daher die **Zwei-Faktor-Authentifizierung** (2FA) entwickelt. Authentifizierung bezeichnet dabei den Vorgang, die Identität eines Benutzers zweifelsfrei zu bestätigen. Bei der 2FA braucht es dazu zwei verschiedene Kategorien aus der folgenden Liste:

- etwas, das der Benutzer weiss (z. B. ein Passwort),
- etwas, das der Benutzer besitzt (z. B. ein Smartphone oder eine Zahlkarte) oder
- etwas, das den Benutzer auszeichnet (z. B. ein Fingerabdruck oder ein Iris-Scan).

Meist wird ein Passwort in Kombination mit einer Smartphone App verwendet.

Zwei-Faktor-Authentifizierung bedeutet jedoch oftmals auch, dass die Benutzer mehr Daten von sich preisgeben müssen, beispielsweise ihre Telefonnummer oder biometrische Daten. Da biometrische Daten unveränderbar sind, sollten sie nur in begründeten Ausnahmefällen, bei denen eine erhöhte Sicherheit erforderlich ist, eingesetzt werden. Telefonnummern andererseits werden von sozialen Netzwerken wie Facebook zur Identifizierung von Benutzern eingesetzt, da sie erfahrungsgemäss nur selten gewechselt werden. Hier besteht daher ebenfalls ein Risiko der missbräuchlichen Nutzung.

1 Überlegen Sie sich ein Passwort oder einen (kurzen) Beispielsatz und wenden Sie die MD5- und die SHA512-Hashfunktion darauf an. Suchen Sie dann im Web nach Ihrem Hashwert. Wiederholen Sie diesen Vorgang für verschiedene Beispiele und halten Sie Ihre Beobachtungen fest. Die Hashwerte lassen sich problemlos auf einer der zahlreichen Webplattformen berechnen. Sie finden die Hashfunktionen aber auch in der hashlib von Python.

2 Wiederholen Sie das Experiment aus Aufgabe 1. Würzen Sie Ihren Beispieltext aber vor der Berechnung des Hashwertes noch mit Salt. Verwenden Sie dazu beispielsweise das aktuelle Datum und die Uhrzeit. Versuchen Sie auch diesmal mit der Suchmaschine Ihren Hashwert zu decodieren.

3 Überlegen Sie sich, wie man die Hashwerte von mit Pepper versehenen Passwörtern decodieren könnte. Welche Voraussetzungen begünstigen einen Angriff auf ein solches Passwort?

4 Setzen Sie eine Beispieldatenbank auf und spielen Sie darauf einen Angriff mit SQL-Injection durch. Worauf muss man bei der im letzten Abschnitt gezeigten Vorgehensweise mit UNION achten? Halten Sie Ihre Beobachtungen fest?

5 Ihr Kollege behauptet, dass bei seiner Online-Plattform die Zwei-Faktor-Authentifizierung bereits umgesetzt sei. Schliesslich müsse sich ein Benutzer anhand von (selbstgewähltem) Benutzernamen und Passwort authentifizieren. Was entgegnen Sie ihm?

A Sammeln Sie Gütekriterien für ein gutes Modell für eine Datenbank.

B Finden Sie Gründe, warum regelmässig Hacks in Computersysteme und Datenbanken bekannt werden.

C Diskutieren Sie Sicherheitskonzepte für Passwörter in Computersystemen. Beziehen Sie dazu auch aktuelle Berichte über Datenlecks mit Passwörtern ein. Was halten Sie von Webseiten wie https://haveibeenpwned.com/?

Anders als für kleine Programme ist es in grossen Computersystemen nicht mehr möglich, die Korrektheit und die Sicherheit des gesamten Systems vollständig nachzuweisen. Damit sind sie anfälliger für Fehlfunktionen und für Sicherheitslücken. Jedoch haben Probleme mit diesen grossen Computersystemen gleichzeitig grosse Auswirkungen. Diese sind teilweise sogar weltweit spürbar: wenn grosse Anbieter wie soziale Medien oder von Produktionssoftware nur für wenige Stunden ausfallen, wird darüber in den Medien berichtet.

Ein wichtiger Ansatz, um Computersysteme sicher zu machen, ist das Prinzip **Security by Design** (engl. in etwa für «Sicherheit von Grund auf»). Dabei ist gemeint, dass ein Computersystem nicht erst nachträglich «sicher gemacht wird», sondern dass bereits beim Planen des Computersystems die Sicherheit mit einbezogen wird.

Dies kann beispielsweise dadurch geschehen, dass Teile des Computersystems lediglich mit den Rechten laufen, die sie brauchen, und nicht mit zusätzlichen Rechten oder gar Administratorrechten. So können fehlerhafte Teile des Computersystems nur in dem Bereich, in dem sie Zugriffsrechte haben, Schaden anrichten.

Ein weiterer Aspekt ist, dass sensible Informationen nicht «versteckt» werden, sondern sicher gespeichert werden, beispielsweise stark verschlüsselt. Werden Passwörter beispielsweise nicht im Klartext sondern wie im Kapitel 8.4 Datensicherheit und Passwörter beschrieben gehasht und gegebenenfalls sogar gesalzen und gepfeffert gespeichert, sind die negativen Auswirkungen viel weniger schlimm.

Zudem sind grosse Computersysteme interessant für Hacker, da sie durch einen erfolgreichen Einbruch eine grössere Auswirkung ihres Handelns erreichen können. Es ist also bereits beim Planen eines grossen Computersystems damit zu rechnen, dass es Ziel von Angriffen wird. Daraus folgende Entscheide können Hackern verschiedene Angriffsvektoren bereits im Vornherein verunmöglichen.

Gleichzeitig ist es nicht möglich, auch für das (scheinbar) unwichtigste Computersystem die grösstmögliche Sicherheit umzusetzen. Die verfügbaren Ressourcen sind in der Regel begrenzt und ausserdem muss das Computersystem noch komfortabel bedienbar bleiben. Sonst werden die Benutzer «kreativ» und umgehen das Computersystem, was vielleicht sogar eine noch grössere Unsicherheit zur Folge haben könnte. Wenn beispielsweise vom Arbeitgeber nur ein umständlich zu bedienendes Computersystem für die Dateiablage zur Verfügung stellt, werden viele Arbeitnehmer schnell auf kostenlose aber unsichere Drittanbieter zurückgreifen.

Es läuft also darauf hinaus, dass man Kompromisse zwischen Sicherheit und Bedienbarkeit finden muss. Diese «besten Lösungen» zu finden, ist eine wichtige Aufgabe der Informatik. Bei einer Evaluation der möglichen Lösungen geht es nicht nur um technische Machbarkeit, sondern auch darum, die beteiligten Akteure mit einzubeziehen und tragfähige Lösungen sowohl aus Sicht der Sicherheit als auch aus Sicht der Bedienbarkeit, aber auch aus Sicht der Wirtschaftlichkeit zu finden. Eine Lösung in diesem Sinne nutzt dann die vorhandenen Ressourcen bestmöglich und ist «fit for purpose», also dem Zweck angemessen entworfen.

1 Evaluieren Sie die Computersysteme, die Ihnen die Schule zur Verfügung stellt. Wo sehen Sie Aspekte, die aufgrund der Sicherheit eingebaut wurden, wo sehen Sie Aspekte, die aufgrund der Bedienbarkeit eingebaut wurden?

2 Diskutieren Sie mit Ihrer Informatiklehrperson, dem zuständigen Schulleitungsmitglied oder dem IT-Verantwortlichen der Schule, wo in ihrem jeweiligen Verantwortungsbereich Entscheide zwischen Sicherheit, Bedienbarkeit und Wirtschaftlichkeit getroffen werden mussten.

3 Evaluieren Sie kostenlose Dienstleister von schulischen Angeboten, beispielsweise für Online-Tests aus Sicht der Dienstleister, der Schülerinnen und Schüler, der Lehrpersonen und allfälliger Dritter. Wer ist der Kunde?

Netzwerktechnik

《 The fundamental problem of communication is that of reproducing at one point either exactly or approximately a message selected at another point. 》

Claude Elwood Shannon (1916 – 2001)

《 Das grundlegende Problem der Kommunikation ist, an einem bestimmten Punkt entweder exakt oder näherungsweise eine Nachricht wiederzugeben, die an einem anderen Punkt festgelegt wurde. 》

A Benutzerschnittstellen erlauben es menschlichen Benutzern mit künstlichen Systemen zu interagieren – z.B. ist der Lichtschalter die übliche Schnittstelle, um eine Lampe ein- oder auszuschalten. Für die Interaktion mit einem Computer wurden im Laufe der Zeit sehr verschiedene Schnittstellen entwickelt, z.B.: Grafische Benutzeroberfläche, Lochstreifen, Gehirn-Computer-Schnittstellen, Tastatur, Maus, Joystick, berührungsfreie Controller, Spracherkennung, Touchscreen, …

a Informieren Sie sich im Internet über diejenigen der aufgeführten Schnittstellen, die Sie nicht kennen – oder ergänzen Sie die Liste

b Vergleichen Sie drei ausgesuchte Schnittstellen: Welche Art von Interaktion ist damit einfach, welche schwierig? Welche Voraussetzungen braucht es (aufseiten Benutzer oder Computer), für erfolgreiche Interaktion?

c Ordnen Sie diese Mensch-Computer-Schnittstellen chronologisch, nach dem ungefähren Zeitpunkt Ihrer Erfindung.

d Auf welche Weise werden wir Ihrer Meinung nach in Zukunft mit Computern interagieren? Warum?

e Sehen Sie einen Unterschied zwischen «Interaktion» und «Kommunikation» mit einem Computer? Wenn ja, welchen?

B Ein Freund sagt: «Das verstehe ich nicht». Was genau könnte er damit meinen?

a Denken Sie sich möglichst viele verschiedene Situationen aus, in denen dieser Satz fallen könnte, und jeweils etwas ganz Anderes bedeutet.

b Ändert sich die Bedeutung dieses Satzes, wenn er nicht von einem Menschen, sondern von einem digitalen Sprachassistenten geäussert wird?

C Bei einem klassischen Turing-Test (siehe Kapitel 5.5 Grenzüberschreitungen) geht es darum, per Chat eine Unterhaltung zu führen und dann zu entscheiden, ob der Kommunikationspartner ein Mensch oder eine Maschine ist. Überlegen Sie sich eine Taktik für eine solche Unterhaltung. Formulieren Sie anschliessend, wie sich die Kommunikation mit einem Bot von der mit einem Menschen unterscheidet.

Die digitale Revolution begann mit der massenhaften Einführung von Computern in nahezu allen menschlichen Lebensbereichen. Die weltumspannende Vernetzung von Computern im Internet und die kabellosen Übertragungsmöglichkeiten haben der digitalen Revolution aber nochmals einen enormen Schub verliehen, denn damit können Informationen in bislang ungekanntem Ausmass ausgetauscht werden, weltweit und praktisch in Echtzeit.

Das Internet ist aber nur der momentane Höhepunkt einer Entwicklung, die die menschliche Kommunikation von «den Fesseln des persönlichen Gesprächs» löst. Telegraphie und Telefonie waren zur Zeit ihrer Einführung fast ebenso revolutionär wie heute das Internet. Gemeinsam ist diesen Technologien, dass sie technische und organisatorische Voraussetzungen benötigen, damit sie überhaupt funktionieren können. Speziell an digitalen Technologien ist jedoch, dass der fast beliebige Austausch von Daten zwischen Digitalgeräten menschliche und maschinelle Kommunikation gleichermassen zulässt.

> **KOMMUNIKATION**
> Unter **Kommunikation** versteht man den Austausch von Informationen zwischen zwei oder mehr Kommunikationspartnern.

Kommunikation ist in unserem Leben alltäglich. Es ist das Mittel, über das wir mit unserer sozialen Umwelt in Beziehung treten und unsere soziale Umwelt mit uns: Ohne Kommunikation gäbe es keine Gesellschaft. Obwohl moderne Kommunikation, sei es per E-Mail, per Videokonferenz, per Telegramm usw., in ihren Ausprägungen vielfältig ist, ist die letztendliche Basis immer die direkte Kommunikation. Direkte Kommunikation bedeutet die unmittelbare persönliche Begegnung zweier oder mehrerer Menschen. Sie ist geprägt von der Sprache, der Mimik und den Gesten der beteiligten Personen. Wir alle erlernen das Kommunikationshandwerk von klein auf, so dass wir unsere kulturellen und gesellschaftlichen Gesprächsregeln völlig verinnerlicht haben, auch wenn sie uns nicht immer zur Gänze bewusst sind.

Im Verlauf der Menschheitsgeschichte ist es gelungen, Kommunikation Schritt für Schritt ihrer Direktheit zu entziehen. So wurde es möglich, dass Menschen trotz zeitlicher oder räumlicher Trennung miteinander kommunizieren können. Den entscheidenden Schritt in diese Richtung markierte natürlich die Erfindung der Schrift, mit der sich Kommunikation zeitlich konservieren und räumlich transportieren lässt. Über den Buchdruck, die Telegrafie, das Telefon bis hin zum Internet haben technische Errungenschaften dazu beigetragen, Kommunikation mit erhöhter Geschwindigkeit und Reichweite zu ermöglichen. Umgekehrt haben diese technischen Entwicklungen wiederum Auswirkungen auf die Menschen und die Gesellschaft, in der sie leben. Eine Veränderung der Kommunikationsmöglichkeiten hat eigentlich immer unmittel-

bare und tiefgreifende Folgen für die Gesellschaft und die in ihr lebenden Menschen.

Warren Weaver
(1894–1978)

Claude E. Shannon
(1916–2001)

Um Kommunikationsarten miteinander zu vergleichen, muss man sie zuerst in ihren Grundzügen auf ein einheitliches Modell zurückführen. Über Kommunikation existieren Dutzende von Theorien, die biologische, soziale oder auch sprachliche Schwerpunkte in ihrer Betrachtung setzen. In der Informatik können wir ein relativ einfaches, technisch geprägtes Modell zugrunde legen: Das von Claude Shannon und Warren Weaver entwickelte Sender-Empfänger-Modell (siehe unten).

In diesem stark simplifizierten Modell gibt es zwei Kommunikationsteilnehmer: Den Sender eines informationstragenden Signals und dessen Empfänger. Wichtig ist ausserdem, dass die Informationen über einen Kanal ausgetauscht werden – die Nachricht muss deswegen in ein Signal verwandelt werden, das sich mit dem entsprechenden Medium zuverlässig übertragen lässt. Die Art und Zuverlässigkeit der Übertragung hat einen starken Einfluss auf die Kommunikationsmöglichkeiten.

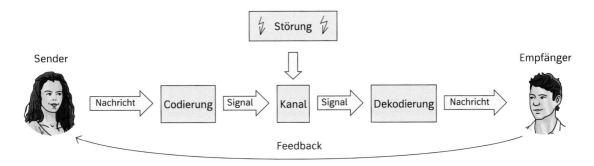

So wurde das Modell ursprünglich entwickelt für die analoge Telefonie, bei der die Störung des Audiosignals in langen Telefonkabeln ein wesentliches Problem darstellt. Das Modell lässt sich aber genauso auf andere Signale (z.B. Morse Code, digitale Daten) oder Übertragungsmedien (z.B. Schallwellen, Lichtsignale, Funk) anwenden.

Um den Einfluss der Übertragungsart auf die Kommunikation einzuschätzen, können die folgenden sechs Kriterien beigezogen werden:

- **Komplexität** Wie hoch ist der Komplexitätsgrad der übermittelten Informationen?

- **Geschwindigkeit** Wie schnell lässt sich die Nachricht vom Sender zum Empfänger übertragen?

- **Reichweite** Wie weit ist die Strecke, die die Nachricht vom Sender zum Empfänger überbrücken kann?

- **Sicherheit** Wie einfach ist es für jemand anders als den intendierten Empfänger, die Nachricht mitzulesen – und zu verstehen?

- **Zuverlässigkeit** Wie gross ist die Wahrscheinlichkeit, dass die Nachricht fehlerfrei beim Empfänger ankommt?

- **Verbreitungsgrad** Wie viele Personen können die Übermittlungstechnik nutzen?

Die historische Entwicklung der technischen Kommunikation zeigt bezüglich der meisten Kriterien eine qualitative Steigerung. Ein extremes Beispiel dafür ist das Internet: weltweiter Austausch beliebiger (digitalisierter) Informationen (fast) in Echtzeit über Geräte, die man in der Hosentasche trägt – bei vielen Aspekten ist hier kaum mehr Luft nach oben. In manchen Punkten erfordert die Digitaltechnik aber auch neue Lösungen, beispielsweise werden neue kryptographische Verfahren benötigt, um die Sicherheit einer digital übermittelten Nachricht zu gewährleisten (siehe Kapitel 7.6 Moderne Verschlüsselungsverfahren). Besonderes Augenmerk verdient jedoch das Kriterium der Komplexität: Auf der einen Seite sind indirekt übermittelte Informationen wesentlich weniger reichhaltig als ein persönliches Gespräch, bei dem zeitgleich viele verschiedene Arten von Signalen (Worte, Tonfall, Gestik, Körpersprache, ...) verarbeitet werden. Auf der anderen Seite hat ein digitales Signal die Eigenschaft, dass es Träger für beliebige Arten von Information sein kann.

Protokolle

Digitaltechnik bietet fast optimale Bedingungen für die Übermittlung von Nachrichten über einen extrem flexiblen Kanal. Damit ist allerdings noch nicht garantiert, dass sich Sender und Empfänger auch verstehen.

Auch jenseits des Digitalen gibt es einen verbreiteten Ansatz, um Missverständnisse in der Kommunikation zu vermeiden: Die Kommunikationsteilnehmer müssen sich an standardisierte Abläufe halten, an sogenannte «Protokolle». Beispiele für solch standardisierte Kommunikationsabläufe sind Befehlsfolgen im Militär, höfische Protokolle an Königshäusern, die Kommunikation zwischen Piloten und Tower, oder auch elaborierte Begrüssungsrituale in bestimmten Gesellschaften oder Subkulturen.

Gespräche zwischen Digitalgeräten nur dann funktionieren, wenn sie mithilfe allgemein bekannter Protokolle ganz genau standardisiert sind.

> **PROTOKOLL**
> Ein **Protokoll** definiert sowohl den zeitlichen Ablauf der Kommunikation als auch Form und Inhalt der jeweils übermittelten Informationen.

In der menschliche Kommunikation finden sich Protokolle insbesondere in Situationen, in denen Missverständnisse gravierende Folgen haben könnten. Bei der digitalen Kommunikation gibt es einen weiteren Grund: Die Gesprächsteilnehmer sind nicht notwendigerweise Menschen. Wer schon einmal programmiert hat, kennt das Problem: Ein Computer braucht ganz exakte Anweisungen – selbst mit dem offensichtlichen Fehlen einer Klammer kommt er nicht zurecht, er denkt einfach nicht mit. Genau deswegen können auch

Indem ein Protokoll eindeutig und exakt regelt, welche Informationen in welcher Reihenfolge ausgetauscht werden, legt es gleichzeitig fest, worum es in einer bestimmten Art von «Gespräch» gehen kann – und worum nicht. Manche Protokolle sind extrem limitiert, andere sind komplexer und erlauben mehr Variation in Verlauf und Inhalt des Gesprächs, aber selbst die komplexesten Protokolle dienen jeweils genau einem klar definierten Zweck.

1 Erläutern Sie das vorgestellte Sender-Empfänger-Modell anhand der «Zettelkommunikation» unter Schülern während einer Schulstunde.

2 Die nordamerikanischen Indianer benutzten Rauchzeichen zur Fernkommunikation. Dabei wurde nasses Gras in ein Feuer gegeben, so dass Rauch entstand. Die unterschiedlichen Grössen und Farben der Rauchwolken bedeuteten unterschiedliche Zeichen bzw. Signalworte.
Bewerten Sie die Rauchzeichenkommunikation anhand der oben genannten Kriterien:

Geschwindigkeit, Reichweite, Sicherheit, Zuverlässigkeit, Komplexität und Verbreitungsgrad.

3 Recherchieren Sie im Internet zu weiteren Fernkommunikationsmethoden, wie z.B. Signalflaggen, Morsetelegrafie oder optischer Telegrafie.
Stellen Sie diese Modelle anhand ihrer Codierungen der natürlichen Sprache, ihrer Technik und der Bewertungskriterien für Kommunikation dar.

4 Vergleichen Sie die Kommunikationsmöglichkeiten Ihrer Generation mit denen Ihrer Eltern und Ihrer Grosseltern. Erläutern Sie, welche Tendenzen sich bezüglich der Kriterien auf Seite 300 identifizieren lassen.
Gehen Sie auch auf alltägliche Situationen wie Terminvereinbarungen, plötzliche Absagen und Small Talk ein.

5 Lassen Sie sich von mindestens zwei Mitschülern den Weg zum Bahnhof erklären. Analysieren Sie anschliessend:

a Welche Unterschiede gab es zwischen den Beschreibungen?

b Hätten Sie den Weg aufgrund dieser Beschreibungen gefunden, wenn Sie hier fremd wären?

c Hätte ein Roboter den Weg gefunden? Wieso ist die Antwort ggf. eine andere als bei b)?

6 Entwickeln Sie ein Protokoll für Wegbeschreibungen: Bestimmen Sie dafür die genaue Abfolge der möglichen Interaktionen zwischen der fragenden und der antwortenden Person (inkl. Optionen wie Nachfragen bei Unklarheit) und legen Sie fest, in welcher Form Frage bzw. Antwort jeweils zu erfolgen hat. Testen Sie dann Ihr Protokoll mit einem Partner.

7 Recherchieren Sie, was man im Zusammenhang mit Netzwerken unter einem Ping versteht:

a Welches Protokoll kommt zum Einsatz?

b Was ist der Einsatzzweck?

c Wie ist der Ablauf und welche Ergebnisse kann es geben?

8 Obwohl – oder gerade weil – er sich hauptsächlich mit Auszeichnungssprachen und Protokollen beschäftigte, gilt Tim Berners-Lee Vielen als «Erfinder des Internets». Diskutieren Sie, inwiefern das gerechtfertigt ist – nachdem Sie relevante technische und historische Hintergründe recherchiert haben.

9 Wie für jede Art von Kommunikation gibt es auch für den Austausch von E-Mail spezifische Protokolle. Beantworten Sie die folgenden Fragen per Internetrecherche:

a Wie heissen die typischen E-Mail-Protokolle? Welche werden heute noch regelmässig eingesetzt, welche weniger?

b Wieso braucht es heute nur noch ein E-Mail Protokoll, wo früher zwei verschiedenen üblich waren? Inwiefern kann ersteres sogar noch mehr als die beiden veralteten zusammen?

c Welche Protokolle bietet welcher von Ihnen benutzte E-Mail-Service an?

A Sie wollen eine Information (z. B. die Zeichenfolge «SFR$hhh@123!!») von Ihrem Handy auf Ihren Computer übertragen.

a Erstellen Sie eine möglichst lange Liste von Wegen, wie diese Information von einem Gerät zum anderen kommen könnte.

b Notieren Sie für jede Übertragungsart die nötigen Voraussetzungen, z. B. Hardware, Software, Infrastruktur, Kenntnisse, …

c Überlegen Sie jeweils, welche anderen Informationen sich auf diese Art übertragen lassen – und welche nicht.

B Sie haben online einen Kerzenhalter bestellt.

a Erstellen Sie eine Liste mit allem (Menschen, Geräte, Infrastruktur, …), was nötig ist, damit dieser in einer chinesischen Fabrik hergestellte Kerzenhalten in Ihrem Briefkasten landet.

b Überlegen Sie insbesondere für die beteiligten Menschen, welche Informationen diese zur Erfüllung Ihrer Teilaufgabe benötigen – und welche nicht.

c Welche dieser Menschen könnten allenfalls durch Maschinen ersetzt werden (oder ist das bereits geschehen)? Bräuchten diese Maschinen andere Informationen?

d Für welche der bisher angestellten Überlegungen ist es wichtig, dass hier ein Kerzenhalter transportiert werden soll? Für welche anderen Waren sähen die bisherigen Antworten (fast) gleich aus?

Handys versenden E-Mails per Mobilnetz an andere Handys, sie können ebenso per USB an einen Computer angeschlossen werden und Daten austauschen, Lautsprecher können Audiosignale per Bluetooth-Übertragung erhalten, ein Tablet greift über WLAN auf den heimischen Router und dann auf das World Wide Web zu, höchauflösende Videos werden per Glasfaserkabel von Amerika nach Europa gestreamt. Das alles funktioniert heutzutage ziemlich reibungslos, was aber nicht heisst, dass die Verbindung unterschiedlichster Geräte mit unterschiedlichster Software über unterschiedlichste Übertragungsmedien einfach zu realisieren ist – ganz im Gegenteil.

Ein wesentliches Problem der digitalen Kommunikation besteht darin, dass sie notwendigerweise extrem standardisierten Protokollen folgen muss und gleichzeitig den Austausch einer Vielzahl von Inhalten bzw. Informationen ermöglichen soll – selbst wenn die zugehörigen Anwendungen und Technologien vielleicht erst in der Zukunft erfunden werden. Dazu kommt, dass es nicht nur um den Inhalt der eigentlichen Nachricht geht; für den Transport der Nachricht sind weitere Digitalgeräte zuständig, und die korrekte Zustellung erfordert den standardisierten Austausch weiterer Informationen, also weitere Protokolle, deren klar definierter Zweck etwas mit der Organisation der weltweiten Zustellung von Datenpaketen zu tun hat. Und wenn es viele verschiedenen Protokolle gibt, dann muss auch noch sichergestellt werden, dass die Kommunikationspartner jeweils wissen, auf welche Weise sie sich gerade unterhalten.

Die abstrakte Lösung dieses Problems stammt aus den 1970er Jahren, also aus einer Zeit, in der es noch kein Internet im heutigen Sinne gab. Dieser Lösungsansatz mag auf den ersten Blick übermässig kompliziert erscheinen, er ist aber umgekehrt die Basis dafür, dass das Internet sein explosionsartiges Wachstum bis heute so reibungslos überstehen konnte.

Das OSI-Schichtenmodell

7 – Anwendungsschicht	Es werden Dienste für die Anwendungen zur Verfügung gestellt.
6 – Darstellungsschicht	Die systemspezifische Darstellung der Daten wird für den Netzverkehr vereinheitlicht.
5 – Sitzungsschicht	Die Kommunikation zwischen den Anwendungen wird synchronisiert.
4 – Transportschicht	Die Verbindung von System zu System wird sichergestellt.
3 – Vermittlungsschicht	Die Organisation der Datennavigation durch das Netz wird geregelt.
2 – Sicherungsschicht	Die korrekte Vermittlung in Bits an die Übertragungsschicht wird gewährleistet.
1 – Bitübertragungsschicht	Die Bits werden physikalisch übertragen.

Die International Organization for Standardization entwickelt seit 1977 das Referenzmodell Open System Interconnection Model (OSI). Dieses stellt die allgemeinen Anforderungen an den Datenaustausch zwischen vernetzten Digitalgeräten in sieben aufeinander aufbauenden Schichten (Layers) dar. Jede einzelne dieser Schichten hat in der Netzwerkkommunikation eine fest abgegrenzte Aufgabe und ist mit den jeweils angrenzenden Schichten über wohldefinierte Schnittstellen verbunden. Das entscheidende Konzept, das auf jeder Ebene zur Anwendung kommt, ist das Protokoll. Protokolle werden genutzt, wenn feste Regeln benötigt werden, damit ein Prozess zwischen zwei Kommunikationspartnern wie gewünscht ausgeführt wird. Das Protokoll regelt also die Kommunikation schichtintern.

Die eigentlichen Anwendungsdaten werden vom Sender Schicht für Schicht für den Transport über das physikalische Netzwerk vorbereitet und vom Empfänger in umgekehrter Reihenfolge wieder hervorgeholt.

Die Kommunikation zwischen zwei Rechnern läuft nach dem OSI-Referenzmodell folgendermassen ab: Die zu übermittelnden Daten werden Schicht für Schicht um Protokollinformationen der jeweiligen Schicht erweitert. Diese schichtspezifischen Informationen werden immer als Header (Kopfzeile) vor die schon existierenden Daten gesetzt. Das so entstandene, verschachtelte Datenpaket nimmt dann seinen Weg durch das Netzwerk zum Empfängerrechner. Dort werden nacheinander die Headerinformationen entfernt, bis die eigentli-

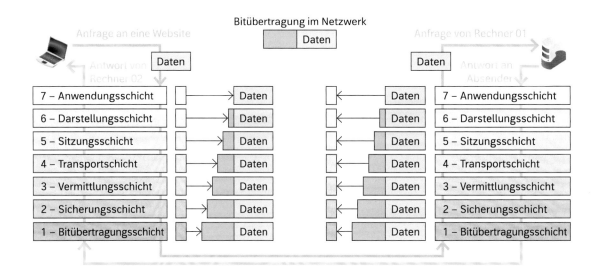

chen Daten entpackt sind und auf Anwendungsebene verarbeitet werden können.

Die Aufteilung der Netzwerkkommunikation in Schichten entspricht dem informatischen Prinzip der Aufgabenteilung nach Verantwortlichkeiten. Ein wesentlicher Vorteil des resultierenden Schichtenmodells ist dieser: Wenn ein klar spezifizierbares Problem bei der Übertragung einer Nachricht von einem Sender zum Empfänger von genau einer Schicht behandelt wird, dann haben Änderungen auf dieser Ebene keine Auswirkungen auf die anderen Schichten. Zudem können für Variationen innerhalb der schichtspezifischen Anforderungen unterschiedliche Protokolle eingesetzt werden, was wiederum keine Auswirkung auf andere Schichten hat. Auf diese Weise sind die einzelnen Schichten maximal unabhängig voneinander; Solange die wohldefinierten Schnittstellen zu angrenzenden Schichten eingehalten werden, ist es für das Gesamtsystem egal, wie die jeweilige Schicht Ihre Aufgabe erfüllt.

Die Internetprotokollfamilie

Das OSI-Modell wurde zu Beginn der 1980er-Jahre fertiggestellt. Es ist mit seinen sieben Schichten ein ausgezeichnetes Modell zur Differenzierung der unterschiedlichen Aufgaben, die im Rahmen vernetzter Kommunikation anfallen können. Beim praktischen Einsatz im Internet hat sich jedoch die Verwendung des etwas einfacher gehalten TCP/IP-Stacks durchgesetzt, zusammen mit der zugehörigen Internetprotokollfamilie mit über 500 Protokollen.

Die Internetprotokollfamilie ist in der Lage, Daten mit komplexem Informationsgehalt schnell, zuverlässig und sicher über grosse Entfernungen von einem Sender an jeden der zahlreichen Empfänger zu übermitteln. Dafür wurden die Aufgaben mancher OSI-Schichten zu einer Schicht zusammengefasst. Jede der vier TCP/IP-Schichten übernimmt eine spezifische Aufgabe in der Kommunikation in Netzwerken und nutzt dafür ihre eigene Art der Adressierung.

VON OSI ZU TCP/IP

Der Ursprung des **TCP/IP**-Modells geht auf die Initiative des Verteidigungsministeriums der USA (Department of Defense, kurz: DoD) zurück. Das DoD gab 1970 die Entwicklung eines Protokolls zur Datenkommunikation in Auftrag. So entstand das DoD-Schichtenmodell, das wiederum als Grundlage für das im Internet verwendete TCP/IP-Modell diente.

OSI-Schicht	Einordnung	TCP/IP-Schicht	Typische Protokolle	Adresse
7 Anwendungen (Application)	Anwendungs-orientiert	4 - Anwendung	HTTP HTTPS FTP SMTP	Client – Server (Anwendungs-programme)
6 Darstellung (Presentation)				
5 Sitzung (Session)				
4 Transport (Transport)		3 - Transport	TCP UDP	Ports
3 Vermittlung (Network)	Transport-orientiert	2 - Internet	IP	IPs
2 Verbindung (Data Link)		1 - Netzzugang	Ethernet, WLAN, ARP	MACs
1 Bitübertragung (Physical)				Kabelenden, WLAN-Modems

Die Anwendungsschicht (TCP/IP 4)

Auf der Anwendungsschicht geht es um die Formalisierung der Kommunikation zwischen Endgeräten bzw. Anwendungsprogrammen. Beispielsweise könnte es darum gehen, dass ein Mail-Client mit einem Mail-Server E-Mails austauscht oder dass ein Browser eine Webseite von einem Webserver erfragt.

CLIENT – SERVER

Umgangssprachlich nennt man oft den Computer des Benutzers den **Client**, und den Computer, auf dem eine abgerufene Webseite gespeichert ist, den **Server**. Genaugenommen bezieht sich die Bezeichnung «Client» aber immer auf ein Programm, das eine Information anfragt, und «Server» auf ein Programm, das die Anfrage beantwortet. So gibt es beispielsweise während des Aufrufs einer Webseite vielfältige Client-Server-Beziehungen:

- Der Browser erfragt eine Webseite (per URL), das Betriebssystem holt die Seite aus dem Internet.
- Das Betriebssystem erfragt die zur URL gehörende IP, der DNS-Server beantwortet diese Anfrage.
- Das Betriebssystem erfragt die zu einer IP gehörende MAC (per ARP), das für die IP zuständige Gerät im Subnetz antwortet mit seiner MAC.

Auch innerhalb eines Computers gibt es vielfältige Client-Server-Beziehungen. So kann z. B. das Programm Word (als Client) das Betriebssystem (als Server) bitten, ein Dokument auf der Festplatte zu speichern.

Anwendungsprotokolle

Die Protokolle auf der Anwendungsschicht können sich stark unterscheiden, je nachdem, welche Art von Kommunikation bzw. Datenaustausch die Anwendung erfordert.

Einige bekannte Protokolle der Anwendungsschicht sind:

- **HTTPS** (Hypertext Transfer Protocol Secure)
- **SMTP** (Simple Mail Transfer Protocol)
- **IMAP** (Internet Message Access Protocol)
- **HTTP** (Hypertext Transfer Protocol)
- **DHCP** (Dynamic Host Configuration Protocol)
- **DNS** (Domain Name System / Service Protocol)
- **FTP** (File Transfer Protocol)
- **VoIP** (Voice over IP)
- **POP3** (Post Office Protocol, version 3)
- **SSH** (Secure Shell)
- **SMB** (Server Message Block Protokoll)
- **NFS** (Network File System)

Protokolle der Anwendungsschicht definieren den Ablauf der Kommunikation und die möglichen Befehle, die sich Client und Server gegenseitig schicken können. Sehr einfache Protokolle kommen ganz ohne Befehle aus – das Daytime Protocol z.B. besteht nur aus der Anfrage des Clients, der Übermittlung der Uhrzeit durch den Server und dem Schliessen der Verbindung.

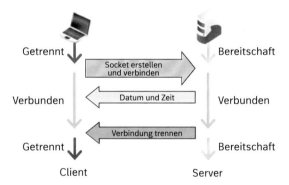

Bei komplexeren Protokollen lässt ein bestimmtes Vokabular an Befehlen Variationen von Anfragen zu; so kann der Client beim HTTP-Protokoll neben dem typischen GET-Request zum Anfordern einer Datei auch noch andere Anfragen an den Server richten.

Die Transportschicht (TCP/IP 3)

Auf der Transportschicht geht es um die Organisation von Gesprächen, von denen ein Digitalgerät üblicherweise mehrere gleichzeitig führt. Dazu werden den Daten der darüberliegenden Anwendungsschicht einige Byte vorangestellt, in denen die für das Protokoll der Transportschicht relevanten Informationen enthalten sind. Die wichtigste dieser Informationen ist der Port, der eine eindeutige Zuordnung jedes Pakets zu einem bestimmten Gespräch gewährleistet.

> **PORT**
> Ein **Port** ist eine 16 Bit lange Ganzzahl. Der Port wird meist in Dezimalschreibweise angegeben.

- Die Ports 0 bis 1023 (well known ports) sind für gängige Anwendungen standardisiert; so ist es etwa üblich, eine E-Mail mit dem POP3-Protokoll an den Port 110 zu adressieren, oder einen HTTP-Request an den Port 80.

- Die Ports 1024 bis 49151 (user ports) sind weniger strikt reguliert, sie sollen für registrierte Dienste verwendet werden. Die Verwendung für Clientprogramme ist heutzutage unüblich.

- Die Ports 49152 bis 65535 (dynamic ports) werden vom Betriebssystem an Clientprogramme vergeben – typischerweise bekommt jedes neue Gespräch aufseiten des Clients einen noch nicht benutzten Port aus diesem Bereich zugewiesen.

> **TCP**
> Das übliche Protokoll der Transportschicht ist das **TCP** (**transmission control protocol**), es dient der Herstellung einer zuverlässigen Verbindung zwischen Server und Client.

Vermittels TCP können die beiden Kommunikationspartner über einen längeren Zeitraum Pakete austauschen, ohne dass es zu Datenverlust kommt. Für die Organisation eines solchen verbindungsbasierten Gesprächs bietet der TCP-Header Platz für weitere Informationen.

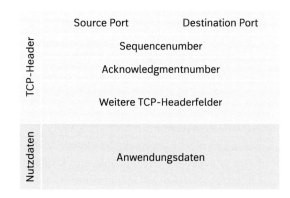

Verbindungsbasierte Protokolle definieren bestimmte Formalitäten für den Beginn und das Ende des Gesprächs, also den Aufbau bzw. Abbruch der Verbindung. Beim sogenannten «three way handshake» wird das initiale Paket mehrfach zwischen Sender und Empfänger hin- und hergeschickt, wobei nur einzelne Bits, sogenannte Flags, im TCP-Header geändert werden. Mithilfe des FIN-Bits wird ein verbindungsbasiertes Gespräch am Schluss auf eine sehr ähnliche Weise abgeschlossen.

THREE-WAY-HANDSHAKE

In der initialen Anfrage des Clients ist das **SYN**-Bit gesetzt, das bedeutet in etwa: «Ich will mit dir reden» (SYN).

Der Server reagiert, indem er das **ACK**-Bit setzt und das ganze Paket zurückschickt, das bedeutet in etwa «Ich bestätige das» (ACK) und «Ich will auch mit dir reden» (SYN).

Der Client wiederum bestätigt diese umgekehrte Kommunikationsbereitschaft (ACK) und schickt das Paket erneut.

Dieser formalisierte Verbindungsaufbau etabliert die Kommunikationsbereitschaft und -fähigkeit der beteiligten Geräte, bevor das eigentliche Gespräch beginnt. Er kann ausserdem für den Austausch verbindungsspezifischer Informationen genutzt werden – beispielsweise wird der three-way-handshake im Rahmen des HTTPS-Protokolls auch für die Übermittlung von digitalen Zertifikaten und den asymmetrisch verschlüsselten Austausch eines symmetrischen Verbindungsschlüssels genutzt (siehe auch Kapitel 7.6 Moderne Verschlüsselungsverfahren).

Die Transportschicht kümmert sich ausserdem darum, lange Nachrichten in kleinere Segmente zu zerlegen, die einzelnen Pakete zu nummerieren und empfangene Pakete wieder zu einer Nachricht zusammenzusetzen. Zu diesem Zweck ist im TCP-Header ein Feld für die Nummerierung der Pakete vorgesehen (Sequencenumber), und auch die Bestätigung der Pakete wird auf dieser Schicht geregelt (Acknowledgmentnumber).

Verbindungsbasierte Protokolle wie TCP werden eingesetzt, weil sie Regelungen beinhalten, um die verlustfreie Übertragung aller Daten zu garantieren – so wäre es beispielsweise fatal, wenn beim Aufruf einer Webseite Teile des Quellcodes verloren gingen. Es gibt allerdings auch Anwendungen, bei denen Geschwindigkeit wichtiger ist als Vollständigkeit. Müsste man beispielsweise bei einem Videocall (Anwendungsprotokoll: VoIP) immer warten, bis jedes einzelne Bisschen des auf viele Pakete aufgeteilten Audio- und Videosignals angekommen ist, ergäbe sich schnell eine immer grösser werdende Verzögerung und man könnte bald gar nicht mehr miteinander telefonieren. Umgekehrt stört es wenig, wenn ab und zu ein paar Millisekunden des Audiosignals fehlen. In solchen Fällen kommt auf der Transportebene oft das UDP (user data protocol) zum Einsatz.

UDP

Das **UDP** (**user data protocol**) funktioniert fast gleich wie TCP, nur dass es auf Massnahmen wie den Verbindungsaufbau sowie die Nummerierung und Bestätigung von Paketen verzichtet und dementsprechend mit einem etwas vereinfachten Header auskommt. Verlorene Pakete bleiben dementsprechend verloren – aber dafür können die angekommenen gleich nach Empfang verarbeitet werden.

Die Internetschicht (TCP/IP 2)

Auf der Internetschicht geht es darum, die Übermittlung von Datenpaketen zwischen Kommunikationspartnern zu gewährleisten – selbst wenn die Endgeräte sehr weit voneinander entfernt sind und die Pakete physisch über viele Zwischenstationen hinweg weitergegeben werden müssen. Die dafür wesentliche Information ist die IP, auch «logische Adresse» genannt. Sie steht für die logischen Endpunkte der Kommunikation und ermöglicht gleichzeitig die einfache Bildung von Gruppen zusammengehörender IPs (Subnetze) sowie ein darauf aufbauendes System der Weitergabe von Datenpaketen über Subnetze hinweg (siehe Kapitel 9.3 Netzwerke).

> **IP**
>
> Auf der Internetschicht bezeichnet **IP** sowohl die Adresse als auch das übliche Protokoll, dessen wichtigste Aufgabe die Ermittlung des nächsten Empfängers eines Datenpakets ist.

Eine IP-Adresse besteht im IPv4 (Internet Protocol Version 4) aus 4 Byte. Üblicherweise werden die Byte als einzelne Dezimalzahlen dargestellt, getrennt durch Punkte.

192	.	168	.	2	.	101
11000000		10101000		00000010		01100101
1 Byte		1 Byte		1 Byte		1 Byte

4 Byte (32 Bit)

IPv6

Mit 32 Bit lassen sich 2^{32} unterschiedliche Kombinationen erzeugen, das entspricht etwas über 4.2 Milliarden verschiedenen IPs – in den Anfangszeiten des Internets schien das eine kaum ausschöpfbare Anzahl zu sein. Aufgrund des explosionsartigen Wachstums von Nutzern und vernetzten Geräten waren bis 2011 dennoch die meisten verfügbaren **IPv4-Adressen** vergeben. Das seither eingeführte IPv6-Protokoll arbeitet daher mit einem erweiterten Adressraum: Moderne IPs haben 128 Bit (**IPv6**), das ergibt rund 340 Sextillionen Adressen. Diese Zahl mit 38 Nullen ist grösser als die geschätzte Anzahl von Atomen auf der Erde, so bald dürften uns die IPs also nicht wieder ausgehen.

Die älteren IPv4-Adressen sind übrigens ein Subset des neuen Adressraums (man muss nur mit Nullen auffüllen), deswegen und aus Gründen der Übersichtlichkeit macht es Sinn, in Übungen und Erklärungen mit IPv4 zu arbeiten.

Im Gegensatz zur physischen Adresse (MAC) ist die logische Adresse (IP) eines Geräts einstellbar – das ermöglicht beispielsweise den reibungslosen Austausch eines defekten Geräts (MAC ändert sich, IP nicht) oder die flexible Gruppierung von Geräten in Subnetzen.

SUBNETZ

Mehrere Geräte befinden sich in einem gemeinsamen **Subnetz**, wenn

a) eine physische Verbindung zwischen ihnen besteht (z. B. Kabel, WLAN, usw.) und

b) ihre IPs mithilfe einer entsprechenden Netzmaske als zur selben Gruppe gehörend definiert wurden.

Alle an einem Subnetz beteiligten Geräte können direkt Nachrichten austauschen. Wenn die Nachricht in ein anderes Subnetz gelangen soll, braucht es dafür einen Router, der Mitglied in mehreren Subnetzen ist.

NETZMASKE

Aufeinanderfolgende IPs können mithilfe einer **Netzmaske** zu logischen Gruppen bzw. Subnetzen zusammengefasst werden.

Das Prinzip ist simpel: Eine Netzmaske besteht aus 32 Bit, die nur an genau einer Stelle von Einsen zu Nullen wechseln – dieser Übergang gibt an, wie viele Stellen (von links gezählt) übereinstimmen müssen, damit zwei IPs zur selben Gruppe gehören. So besagt die Netzmaske 255.255.255.0, dass die IPs in den ersten drei Byte übereinstimmen müssen (= Netzwerkteil), wohingegen das letzte Byte benutzt werden kann, um die einzelnen Geräte innerhalb des Subnetzes zu unterscheiden (= Geräteteil).

```
IP 1              1 .  2 .  3 .   6
IP 2              1 .  2 .  3 . 212
Subnetzmaske    255 . 255 . 255 .   0

00000001 . 00000010 . 00000011 . 00000110
00000001 . 00000010 . 00000011 . 11010100
11111111 . 11111111 . 11111111 . 00000000
```

In der obigen Darstellung wird deutlich, dass dieses Prinzip auch in der Dezimaldarstellung einfach anzuwenden ist, wenn der Übergang von Netzwerkteil (farbig hinterlegt) zu Geräteteil auf eine Grenze zwischen zwei Byte fällt.

Ist der Übergang jedoch innerhalb eines Bytes, erkennt man nur in der Binärdarstellung, ob die IPs im Netzwerkteil übereinstimmen:

```
IP 1              1 .  2 .  3 .   6
IP 2              1 .  2 .  3 . 212
Subnetzmaske    255 . 255 . 255 . 240

00000001 . 00000010 . 00000011 . 00000110
00000001 . 00000010 . 00000011 . 11010100
11111111 . 11111111 . 11111111 . 11110000
```

Weil jedes Gerät eine eigene, eindeutige IP benötigt, limitiert die Netzmaske auch die maximale Anzahl von Geräten in einem Subnetz. Wenn z.B. nur die letzten 4 Bit zur Unterscheidung der Geräte benutzt werden darf, kann man $2^4 = 16$ Geräte unterscheiden; ein ganzes Byte ermöglicht $2^8 = 256$ verschiedene IPs.

Die untenstehende Tabelle verdeutlicht das Gruppieren von IPs mithilfe von Netzmasken anhand weiterer Beispiele. Mithilfe eines interaktiven Subnetzrechners (https://oinf.ch/interactive/ips-und-netzmaske/) lassen sich die Zusammenhänge im Detail nachvollziehen, in Dezimal- und Binärdarstellung.

Eigene IP	Netzmaske	Ziel-IP	Gleiches Subnetz	Anzahl IPs
213.45.19.89	255.255.255.0	213.45.17.89	nein	$2^8 = 256$
213.45.19.89	255.255.0.0	213.45.17.89	ja	2^{16}
88.100.11.17	255.255.255.0	88.100.11.254	ja	256
88.100.11.17	0.0.0.0	213.45.19.89	ja (0.0.0.0 = alle)	ca. 4.2 Mrd
10.0.0.0	255.255.255.252	10.0.0.1	ja	4

Die Netzzugangsschicht (TCP/IP 1)

Auf der Netzzugangsschicht geht es um die physische Weitergabe von Datenpaketen an das jeweils nächste Gerät, z. B. durch ein Kabel, über WLAN, eine Satellitenverbindung, ... Dafür wesentlich ist die MAC (media access control), auch «physische Adresse» genannt. MAC-Adressen sind essentiell für die digitale Kommunikation, weil Datenpakete ausschliesslich von einer Netzwerkkarte an eine andere übergeben werden können, also von einer MAC an die nächste. Ohne Kenntnis der physischen Adresse des empfangenden Geräts kann ein Datenpaket nicht weitergegeben werden.

MAC

Eine MAC besteht aus 48 Bit, dargestellt wird sie meist in hexadezimaler Schreibweise (siehe Kapitel 1.3 Binäres Zahlensystem), wobei die einzelnen Byte durch ein Trennzeichen separiert werden, z. B. f9:00:ae:fd:19:7e oder f9-00-ae-fd-19-7e.

Die höchstmögliche MAC-Adresse (also ff-ff-ff-ff-ff-ff) ist reserviert für den sogenannten Broadcast – jedes Gerät, das ein solchermassen adressiertes Datenpaket empfängt, wird sich angesprochen fühlen.

> ### EINDEUTIGKEIT DER MAC
> Die physische Adresse wird einer Netzwerkkarte schon gleich bei der Herstellung zugeordnet. Damit **MAC**s weltweit eindeutig bleiben, vergibt die Standardisierungsorganisation IEEE die ersten drei Byte an die Hersteller – die dann jeweils dafür zu sorgen haben, dass die letzten drei Byte eindeutig sind. So weiss man beispielsweise, dass ein Bauteil von ASUS hergestellt wurde, wenn die MAC mit 00-15-f2 beginnt.
>
> Herstellercodes von MAC-Adressen (Auswahl)
>
> | | |
> |---|---|
> | 00-50-8B-xx-xx-xx | Compaq |
> | 00-07-E9-xx-xx-xx | Intel |
> | 00-60-2F-xx-xx-xx | Cisco |
> | 00-15-F2-xx-xx-xx | Asus |

Ethernet

Beim typischen Protokoll auf der Netzzugangsschicht, dem Ethernet-Protokoll, werden die angefügten Daten «Frames» genannt , u.a. weil ausnahmsweise Informationen nicht nur vor sondern auch nach die Nutzdaten gestellt werden. Ein Frame besteht aus folgenden Daten:

Daten	Länge
Ziel-MAC-Adresse	6 Byte
Quell-MAC-Adresse	6 Byte
Typ	2 Byte
Nutzdaten	38 – 1500 Byte
Prüfsumme	4 Byte

Der Typ gibt an, welches Protokoll auf der nächsthöheren Schicht verwendet wird, damit der Empfänger die Nutzdaten entsprechend interpretieren kann, zum Beispiel 0800_{16} für IPv4 oder $86DD_{16}$ für IPv6.

Wichtig ist die Limitierung der Nutzdaten auf 38 bis 1500 Byte. Weil der Ethernet-Frame ja sozusagen der äusserste Umschlag ist, begrenzt dieses Limit die Gesamtgrösse eines per Ethernet (z. B. in einem LAN) übermittelten Datenpakets auf magere 1518 Byte.

ARP

Datenpakete können nur von einer MAC an die nächste weitergegeben werden. Meist ist aber nur die logische Adresse des nächsten Empfängers bekannt. In diesem Fall kommt das ARP (adress resolution protocol) zum Einsatz: Per broadcast-MAC (ff-ff-ff-ff-ff-ff) werden alle Mitglieder des Subnetzes gefragt, wer denn für die gesuchte IP zuständig ist, und nur das betreffende Gerät antwortet mit seiner MAC.

Ein solches separates Gespräch auf der Netz-zugangsschicht ist fast immer nötig, bevor das eigentliche Datenpaket an das nächste Gerät übergeben wird.

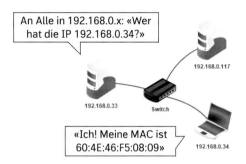

An Alle in 192.168.0.x: «Wer hat die IP 192.168.0.34?»

192.168.0.117

192.168.0.33   Switch

«Ich! Meine MAC ist 60:4E:46:F5:08:09»   192.168.0.34

ARP-CACHE

Weil zwei Geräte meist in kurzer Zeit meh-rere Datenpakete miteinander austauschen, gibt es den **ARP-Cache**: Jedes beteiligte Ge-rät merkt sich die Kombination aus MAC und IP in einer Tabelle und erspart sich so das erneute Anfragen. Nach einer gewissen Zeit (TTL – time to live) wird der Eintrag wieder gelöscht. Somit bleibt gewährleistet, dass das System weiterhin funktioniert, auch wenn sich MAC – IP Kombinationen mal ändern, z.B. weil IPs per DHCP (dynamic host configuration protocol) neu zugeordnet werden oder weil eine kaputte Netzwerkkar-te ersetzt werden muss.

Datenpakete übergeben

Die Kernidee der Kommunikation zwischen Digital-geräten ist also, die komplexe Aufgabe des welt-weiten Informationsaustausches auf verschie-denen Kommunikationsebenen, bzw. Schichten aufzuteilen. So wird insbesondere das eigentliche Gespräch, das zwei Endgeräte miteinander führen (Anwendungsschicht, bzw. OSI 5-7), davon un-abhängig, wie die Nachrichten von einem Gerät zum anderen transportiert werden (Transport-, Vermittlungs- und Netzzugangsschicht, bzw. OSI 1-4) – in etwa so, wie der Inhalt eines Briefes un-abhängig ist von seinem Transport durch die Post.

Die Aufgaben jeder Schicht werden dabei geregelt durch zugehörige Protokolle, die sich auf dem Da-tenpaket beigefügte Header-Informationen stüt-zen – in etwa wie die Adresse auf einem Brief-umschlag (nur dass Datenpakete mehr als einen Umschlag benutzen).

Die Kommunikation zwischen zwei digitalen End-geräten besteht also eigentlich aus mehreren in-einander verschachtelten Gesprächen.

Wie schon im OSI-Modell festgelegt, erstellt der Sender das Datenpaket durch Verschachtelung der schichtspezifischen Informationen, dann kann das Paket übergeben werden und der Empfänger entpackt in der umgekehrten Reihenfolge.

Weil digitale Kommunikation auf so allgemeine Art geregelt ist, macht es für die beteiligten End-geräte keinen Unterschied, ob sie direkt miteinan-der verbunden sind, oder ob sie ihre Nachrichten über ein weltweites Netzwerk vernetzter Subnetze (= Internet) austauschen – die verwendeten Da-tenpakete sind in allen Fällen gleich aufgebaut.

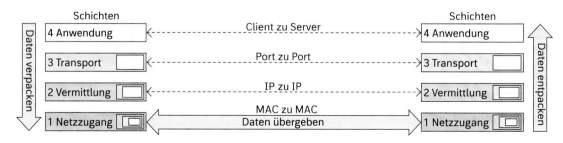

1 Ein Client mit der gegebenen IP & Netzmaske möchte eine Nachricht an die Ziel-IP schicken. Entscheiden Sie für jede Zeile, ob die Nachricht im Subnetz bleibt. Geben Sie ausserdem an, wie viele IPs maximal in das entsprechende Subnetz passen.

Eigene IP	Netzmaske	Ziel-IP
192.168.17.189	255.255.255.0	192.168.16.199
192.168.17.189	255.255.255.0	192.168.17.19
192.168.17.189	255.255.255.0	193.168.17.23
192.168.17.189	255.255.0.0	192.168.16.199
192.168.17.189	255.255.0.0	192.168.17.254
88.20.111.1	255.255.255.0	88.20.111.254
88.100.111.1	0.0.0.0	213.45.19.89
1.2.3.0	255.255.255.252	1.2.3.1
1.2.3.0	255.255.255.252	1.2.3.5

2 Beschreiben Sie in eigenen Worten, welche Aufgaben die verschiedenen Schichten des TCP/IP-Modells jeweils erfüllen.

3 Sechs Subnetze sind gegeben durch je eine Netzmaske und eine IP eines sich darin befindenden Rechners (Tabelle unten). Ergänzen Sie für jede der folgenden IP eine Zeile und entscheiden Sie, zu welchen Subnetzen sie gehört, indem Sie «Ja» an die entsprechende Stelle in der Tabelle schreiben.
1.5.5.3; 1.5.6.5; 1.6.6.5;
2.6.5.6; 2.6.6.4; 1.5.2.6

4 Die untenstehende Abbildung illustriert eine Analogie zum Prinzip der Kommunikationsebenen. Besprechen Sie mit Ihrem Sitznachbarn a) wie Sie die Analogie verstehen und b) wo die Analogie ggf. hinkt.

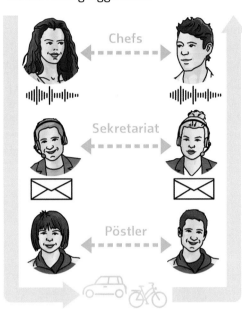

5 Informieren Sie sich über Protokolle der Anwendungsebene wie z.B. HTTP, FTP, SMTP, POP3 usw. Entwickeln Sie Punkte und Kriterien, die Sie über die Protokolle in Erfahrung bringen wollen. Eins davon sollte sein, welcher Port für diese Anwendung reserviert ist. Erarbeiten Sie sich die Protokolle anhand des von Ihnen entwickelten «Inhaltsverzeichnisses» arbeitsteilig und stellen Sie Ihre Ergebnisse vor.

	Subnetz 255.255.255.0		Subnetz 255.255.0.0		Subnetz 255.0.0.0	
	IP 2.6.6.5	IP 1.6.6.4	IP 1.5.6.3	IP 2.6.5.4	IP 1.6.2.6	IP 2.5.6.4
IP	...	...	...	...	...	...

A Wem gehört das Internet? Und wieso ist das evtl. wichtig? Diskutieren Sie dies.

B Über 90 % des Datenverkehrs im Internet geht durch Kabel – auch wenn der Server auf einem anderen Kontinent steht (z. B.: https://www.submarinecablemap.com/). Aber wer verlegt diese Kabel und wie? Und was passiert, wenn ein solches Kabel kaputt geht? Recherchieren Sie.

C Finden Sie heraus, mit welchen Netzwerkeinstellungen Ihr Mobiltelefon gerade jetzt mit dem Internet verbunden ist. Finden Sie ggf. zuerst heraus, wie man Netzwerkeinstellungen von Geräten herausfindet. Und zu guter Letzt klären Sie noch die Frage, wie Ihr Gerät herausgefunden hat, dass es sich mit diesen Netzwerkeinstellungen mit dem Internet verbinden kann.

D Finden Sie heraus, mit welcher IP sie aktuell im Internet unterwegs sind – z. B. mit https://www.whatismyip.com/de/. Achtung: Das ist nicht dieselbe Frage wie Aufgabe C! Erklären Sie den Unterschied – z. B. indem Sie sich über den Unterschied zwischen statischen und dynamischen IPs informieren.

E Wie sieht das «Netzwerk» bei Ihnen zu Hause aus?

a Von welchem Provider bekommen Sie den Internetzugang gestellt und zu welchen Konditionen?

b Mit welche Netzwerkeinstellungen verbindet sich Ihr Computer zuhause mit dem Internet – und wer hat diese Einstellungen wie festgelegt?

c Welche Geräte sind mit welchen IPs in wie vielen Subnetzen beteiligt?

d Erstellen Sie mit diesen Informationen eine schematische Zeichnung ihres Heimnetzwerks.

Zwei Digitalgeräte können nur dann tatsächlich miteinander kommunizieren, wenn sie eine physische Verbindung für den Datenaustausch haben – ob das über ein Kabel (z. B. Kupfer- oder Glasfaserkabel) geschieht oder über ein kabelloses Medium (z. B. WLAN, Bluetooth oder Laserbrücke) ist irrelevant, solange beide Endgeräte mit dem Transportmedium umgehen können. In einem typischen lokalen Netzwerk (z. B. ein local area network (LAN) oder die kabellose Variante (WLAN)) sind bis zu ein paar hundert Geräte innerhalb von kurzen Distanzen direkt miteinander verbunden.

SWITCH / HUB

Als zentrales Gerät für private LANs wurden früher oft **Hubs** benutzt. In einen Hub können mehrere Ethernetkabel eingesteckt werden, er wird einfach jedes eingehende Datenpaket auf allen angeschlossenen Kabeln ausgeben. Der heute üblichere **Switch** erfüllt dieselbe Aufgabe etwas subtiler: Er entscheidet aufgrund der Ziel-MAC des Pakets, auf welches Kabel das eingegangene Paket ausgegeben wird. Dadurch wird der Datenverkehr reduziert und die beim Hub möglichen Kollisionen von Datenpaketen werden vermieden.
Ein typischer Router in einem Heimnetzwerk hat übrigens den Switch schon gleich mit eingebaut, damit mehrere Endgeräte angeschlossen werden können.

314

Ein globales Netzwerk kann entstehen, wenn man solche lokalen Netzwerke miteinander vernetzt – das Internet ist also ein Netz der Netze. Dafür braucht es zusätzlich spezielle Vermittlungsrechner, sogenannte «Router», die über mehr als eine Netzwerkkarte verfügen. Weil sie mit jeder ihrer Netzwerkkarten Mitglied in einem anderen Subnetz sind, können Router Datenpakete in einem Subnetz empfangen und sie in ein anderes Subnetz weiterleiten.

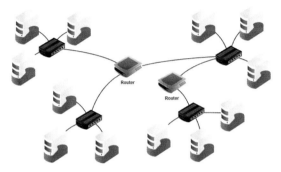

Ein Datenpaket kann somit, über Router als Zwischenstationen, von einem Subnetz ins nächste weitergereicht werden und auf diese Weise in wenigen Millisekunden von einem Ende der Welt zum anderen gelangen.

BACKBONE
Weil Datenpakete nur über direkte Verbindungen von einem Gerät zum nächsten gelangen können, braucht es für die weltumspannende Kommunikation auch sogenannte global area networks (GAN), deren Verbindungen (z.B. durch Unterseekabel oder über Satelliten) grosse Distanzen überbrücken. Diese Datenautobahnen sowie die zugehörigen Router, die den Datenpaketen ihren Weg durch die verschiedenen (Sub-)Netze weisen, nennt man auch den **Backbone** des Internets. In den meisten westlichen Ländern wird dieser Backbone von Telekommunikationsanbietern und – aus historischen Gründen – Universitäten unterhalten, anderswo (z.B. China) ist die gesamte Infrastruktur unter staatlicher Kontrolle.

Das geht so schnell, weil im sogenannten «Backbone» des Internets einige vielbeschäftigte Router in weltumspannenden Subnetzen zusammengeschlossen sind, so dass ein Paket beispielsweise in einem einzigen Schritt vom DE-CIX in Frankfurt durch ein Glasfaserkabel am Grund des Ozeans an den NYIIX in New York gelangen kann. Dadurch kann ein Datenpaket über eine Handvoll von Zwischenstationen («Hops») zu jedem anderen mit dem Internet verbundenen Computer geleitet werden.

VERMASCHTES NETZ
«Backbone» ist ein vager Sammelbegriff für Netzwerke grösserer Reichweiten, die zusammengenommen die Infrastruktur für die weltweite Weitergabe von Datenpaketen bereitstellen. Diese wichtige Infrastruktur ist als **vermaschtes Netz** konzipiert: Es gibt immer mehrere Wege von einem Subnetz in ein anderes. Diese Topologie trägt dazu bei, dass Datenpakete bei Problemen mit einzelnen Geräten oder Leitungen über andere Routen trotzdem ans Ziel gelangen können, wodurch das Internet als Ganzes ziemlich ausfallsicher wird. Zudem hat auf diese Weise keiner der für Anschaffung, Wartung und Konfiguration der zugehörigen Hardware verantwortlichen Akteure die Macht über das Funktionieren des Gesamtsystems.

Routing

Um die flexible Weiterleitung von Paketen zu gewährleisten, arbeiten Router mit Weiterleitungstabellen: Eine Zeile entspricht dabei einer Regel für eine Gruppe von IPs. Ein Router wird also zuerst bestimmen, zu welcher der durch die Spalten IP und Netzmaske definierten Gruppen die Ziel-IP eines Datenpakets gehört. Anschliessend wird er anhand der Informationen in den Spalten Gateway und Schnittstelle mit dem Datenpaket verfahren.

Üblicherweise bezeichnet die Schnittstelle dabei diejenige Netzwerkkarte des Routers, über die das Datenpaket weitergegeben werden soll, und das Gateway entspricht dem nächsten Empfänger (s. Regel 5). Zusätzlich gibt es zwei Spezialfälle:

a) Die IP 127.0.0.1 (localhost) bedeutet «ich selbst». Sie wird eingesetzt (siehe Regel 1 und 2), wenn der Router diese Pakete eben nicht weitergeben, sondern selbst verarbeiten soll.

b) Wenn die Schnittstelle auch unter Gateway aufgeführt ist (siehe Regel 3 und 4), dann bedeutet das, dass der Router das Paket direkt an die Ziel-IP abliefern kann.

No	IP	Netzmaske	Gateway	Schnittstelle
1	1.2.3.1	255.255.255.255	127.0.0.1	127.0.0.1
2	9.9.9.1	255.255.255.255	127.0.0.1	127.0.0.1
3	1.2.3.0	255.255.255.0	1.2.3.1	1.2.3.1
4	9.9.9.0	255.255.255.0	9.9.9.1	9.9.9.1
5	1.1.1.1	0.0.0.0	9.9.9.254	9.9.9.1

Beispiele, bezogen auf die obenstehende Weiterleitungstabelle:

Ziel-IP 1.2.3.213 → 3. Regel, also über 1.2.3.1 an Ziel-IP abliefern

Ziel-IP 9.9.9.1 → 2. Regel, also selbst verarbeiten (127.0.0.1 = localhost)

Ziel-IP 1.2.4.17 → letzte Regel also über Netzwerkkarte 9.9.9.1 an die IP 9.9.9.254 geben

DYNAMISCHES ROUTING

Die Tabelle eines grossen Backbone-Routers enthält natürlich sehr viele Regeln, schon allein weil ein solches Gerät üblicherweise dutzende Netzwerkkarten hat. Es gibt aber noch einen weiteren Grund: Die vermaschte Topologie des Internets (siehe oben) erfordert, dass für jede Ziel-IP mehrere Regeln zutreffen. Dadurch wird abgebildet, dass es mehrere Wege zum Ziel gibt und dementsprechend mehrere Nachbarn als nächster Empfänger eines Pakets infrage kommen. Welche der zutreffenden Regeln angewendet wird, entscheidet sich aufgrund der Höhe eines Wertes in einer zusätzlichen Spalte der Routingtabelle, einer sogenannten «Metrik». Die Werte in dieser Spalte ändern sich ständig, weil die Router untereinander kurze «Gespräche» führen: Sie teilen z.B. ihren Nachbarn mit, ob Sie gerade viel zu tun haben oder tauschen Metrik-Werte untereinander aus. Diese Informationen werden dann benutzt, um die Metrik anzupassen, so dass Pakete eher an unterbeschäftigte Nachbarn übergeben werden als an gestresste. Auch wenn die genaue Funktionsweise des **dynamischen Routing** noch ein bisschen komplizierter ist, kann man sich in etwa vorstellen, dass auf diese Weise die Datenströme einigermassen effizient verteilt werden können, ohne dass dafür ein zentrales Kontrollsystem nötig wäre.

Die physische Infrastruktur in Zusammenspiel mit dem logischen System des Routing gewährleistet, dass ein Datenpaket auch dann beim richtigen Empfänger ankommt, wenn es dafür über dutzende Zwischenstationen bis ans andere Ende der Welt weitergereicht werden muss. Dabei ändert sich bei jeder Weitergabe des Pakets die Quell- und die Ziel-MAC, denn diese reflektieren immer die an genau diesem Weitergabeschritt beteiligten Netzwerkkarten. Unverändert bleiben dagegen Quell- und Ziel-IP des Pakets, denn diese beziehen sich auf die beiden beteiligten Endgeräte.

NAT/PAT

Genau genommen ändert sich die IP der meisten aus einem Heimnetzwerk geschickten Datenpakete doch an einer Stelle: Das heimische Gateway übergibt die Pakete an einen voreingestellten Router des Providers, und dieser fungiert meist als (NAT/PAT)-Proxy: Er ersetzt die privaten IPs (oft 192.168.x.x) der Kunden durch seine eigene (öffentliche) IP. So wird verhindert, dass eine vom privaten Benutzer falsch eingestellte IP das globale System stört – und mehrere Geräte, z.B. in einem Haushalt oder einem Computerraum, benötigen nur eine öffentliche IP. Dies nennt man **network address translation** (NAT). Umgekehrt erklärt dieses System, warum fast alle IPs auf privaten Geräten (zuhause, in Schul- oder Firmannetzwerken, in freien WLANs, …) mit 192.168. beginnen: Weil sie ja sowieso später in öffentliche IPs übersetzt werden gibt es die Empfehlung, nicht-öffentliche IPs aus diesem Bereich zu wählen. Dieser Vorgang heisst dann **port address translation** (PAT). Die verbreitete NAT/PAT-Übersetzung ist ausserdem einer der Gründe, warum die IPs auf Datenpaketen im Internet nicht so einfach zu einem bestimmten Endbenutzer zurückzuverfolgen sind – und worum es bei der Verpflichtung der Provider zur Vorratsdatenspeicherung geht.

Auf der Basis dieses flexiblen digitalen Transportsystems kann nun ein ineinandergreifendes Geflecht von Anwendungen und zugehörigen Protokollen bereitgestellt werden, z.B. um den komfortablen Versand von E-Mails oder den weltweiten Zugriff auf Dokumente zu ermöglichen.

WWW

Der wohl bekannteste Dienst des heutigen Internets ist das WWW (world wide web). Das «Web» gewährt weltumspannenden Zugriff auf Ressourcen, insbesondere Webseiten, die wiederum per Hyperlinks untereinander verbunden sind und daher auch auf Text- bzw. Inhaltsebene miteinander vernetzt sein können – das ist genau die Bedeutung von «Hypertext».

Die Adresse eines solchen Dokuments wird per URL (uniform resource locator) eindeutig angegeben. Genau genommen ist die URL ein Pfad, der sich aus drei Teilen zusammensetzt:

1. Das Protokoll (der Anwendungsschicht), hier steht meist http oder https (= verschlüsselt)

2. Die Domäne, also die logische Adresse des Servers (übersetzbar in und auch ersetzbar durch eine IP, siehe DNS)

3. Alles nach der TDL ist ein lokaler Pfad auf der Festplatte des Servers, also ein im root-Ordner beginnender Weg, der ggf. durch immer weitere Unterordner hindurchführt und letztlich bei der damit eindeutig bezeichneten Datei endet

DNS

Weil Menschen besser mit URLs umgehen können, das Routing aber auf IPs angewiesen ist, gibt es einen automatisierten Ersetzungsdienst: Das **Domain Name System** (DNS) ist dafür zuständig, eine Domain in die zugehörige IP zu übersetzen – das erfordert eine separate DNS-Anfrage an einen DNS-Server. Falls dieser die Domain nicht auflösen kann, fragt er einen übergeordneten DNS-Server, bis spätestens der für die Top Level Domain (z. B. xyz.**ch**) zuständige DNS-Server die gesuchte IP bereitstellt.

Webseiten Aufrufen

Das Aufrufen einer Website per URL ist ein typischer Vorgang im Internet. Er dauert meist nur einen Bruchteil einer Sekunde und erfordert dennoch das Zusammenwirken so gut wie aller bisher vorgestellter Aspekte der Kommunikation in Netzwerken. Mit den Folien unter https://oinf.ch/interactive/tcp-ip-visualisierung/ lässt sich dieses Zusammenwirken Schritt-für-Schritt nachvollziehen und die Inhalte des Kapitels repetieren.

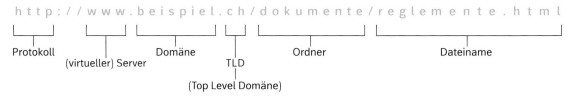

Nr	Ziel	Maske	Gateway	Schnittstelle
1	1.2.3.6	255.255.255.255	127.0.0.1	127.0.0.1
2	7.8.9.2	255.255.255.255	127.0.0.1	127.0.0.1
3	4.4.4.1	255.255.255.255	127.0.0.1	127.0.0.1
4	1.2.3.0	255.255.255.0	1.2.3.6	1.2.3.6
5	7.8.9.0	255.255.255.0	7.8.9.2	7.8.9.2
6	4.4.0.0	255.255.0.0	4.4.4.1	4.4.4.1
7	1.1.1.1	0.0.0.0	4.4.19.254	4.4.4.1

1 Mithilfe von Werkzeugen wie
www.dnstools.ch/visual-traceroute.html
lässt sich der Weg von Datenpaketen sichtbar
machen. Geben Sie z.B. «westermanngrup-
pe.ch» ein (oder sonst eine Domäne, die
Sie häufig besuchen) und schauen Sie, über
welche Zwischenstationen die Pakete wohin
geroutet werden.

Hinweise: Das geht auch in der Befehlszeile
Ihres lokalen Computers, dann sieht es etwa
so aus, wie im «Terminal» dargestellt – nur
dass die Anfrage dann von Ihrem Standort
aus losgeht und nicht vom Server der Website dnstools.ch. Das Schöne am Online-Tool
ist natürlich die geografische Darstellung der
Hops auf einer Karte – die Standortinforma-
tionen für die Router beruhen allerdings auf
freiwilligen Angaben der Betreiber, sie sind
daher weder präzise noch unbedingt zuverlässig.

2 Gegeben ist die oben stehende Weiterleitungstabelle eines Internet-Routers

a Über wie viele Netzwerkkarten verfügt dieser
Router (und woran sieht man das)?

b Welches der Subnetze, an denen dieser Router beteiligt ist, kann die meisten Mitglieder
haben (wie viele)?

c Notieren Sie, was dieser Router jeweils
anfängt mit einem an die gegebene Ziel-IP
adressierten Datenpaket
4.4.4.17; 7.8.9.2; 4.5.6.7
4.4.254.17; 1.2.3.254; 7.8.9.1

3 Sie sehen unten dargestellt ein Netzwerk
aus zwei über einen Router verbundenen
Subnetzen. Zusätzlich gibt es (im Oval) zwei
Notebooks, die zu keinem dieser Subnetze
gehören sollen (diese Information dient zur
genaueren Bestimmung der Netzmasken).

Sie wollen die beiden Notebooks Max und
Moritz so einrichten, dass sie ebenfalls in
das jeweilige Netzwerk passen. Nennen Sie
für beide Notebooks jeweils eine mögliche IP,
eine mögliche Netzmaske und ein mögliches
Gateway.

In diesem Kapitel soll das Zusammenwirken der bereits vorgestellten Prinzipien der Vernetzung in der Simulationsumgebung Filius nachvollziehbar gemacht werden. In den Simulationen geht es

dementsprechend darum, immer umfangreichere Netzwerke umzusetzen und sie mit immer komplexeren Anwendungen auszustatten.

Kurzvorstellung Filius

Mithilfe der kostenlose Lernsoftware «Filius» (https://www.lernsoftware-filius.de) kann man Subnetze erstellen, konfigurieren und untereinander verbinden. Auf den simulierten Geräten lassen sich dann verschiedene Programme und Dienste installieren, so dass man die Funktionalität testen und sogar jedes verschickte Datenpaket genau analysieren kann.

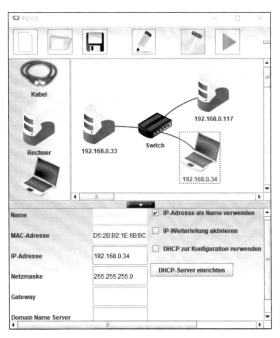

Im Entwurfsmodus (Hammer-Symbol) lassen sich Geräte aus der Symbolleiste links ins Fenster ziehen und mit Kabeln verbinden. Per Doppelklick auf ein Gerät öffnet man die zugehörigen Einstellungen, z. B. die Netzwerkeinstellungen eines Computers.

NETZWERKEINSTELLUNGEN

Jedes internetfähige Gerät benötigt eine physische Adresse (= MAC, nicht einstellbar) und eine logische (= IP, einstellbar). Die Netzmaske definiert das logische Subnetz, also welche anderen IPs direkt erreichbar sind. Als Gateway wird der lokale Router eingetragen – Pakete, die nicht im Subnetz bleiben, werden an das Gateway übergeben. Der Eintrag eines gültigen Domain Name Servers ist relevant, wenn die Auflösung von URLs in IPs möglich sein soll.

Der Aktionsmodus (grünes Dreieck) startet die eigentliche Simulation. Per Doppelklick gelangt man auf die Benutzeroberfläche eines Geräts. Hier lassen sich unterschiedliche Programme installieren, starten und bedienen – in der obigen Abbildung sieht man z.B. ein Befehlszeilen-Programm, das genauso funktioniert wie eine Kommandozeile (Windows) bzw. ein Terminal (Mac).

Simulation 1: Ad-hoc Verbindung

Die Minimalversion der Digitalen Kommunikation besteht darin, dass zwei direkt durch ein Kabel verbundene Geräte miteinander Daten austauschen. Eine minimale Art des Datenaustauschs ist das Ping-Protokoll.

Erstellen Sie eine solche Ad-hoc Verbindung, indem Sie zwei Computer mit einem Kabel verbinden. Stellen Sie IPs und Netzmasken so ein, dass beide Rechner zum gleichen Subnetz gehören.

a Installieren Sie dann auf einem der Geräte eine Befehlszeile, senden Sie ein Ping an die IP des anderen Geräts – z.B. «ping 192.168.0.17» – und stellen Sie sicher, dass die Pakete auch zurückkommen.

b Das erste Ping-Paket braucht länger als die folgenden drei. Warum? (Tipp: Mit Rechtsklick lässt sich der Datenaustausch eines Geräts anzeigen.)

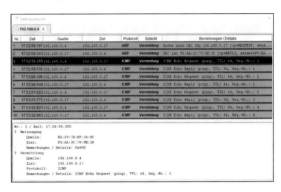

c Den ARP-Cache kann man übrigens mit dem Befehl «arp» in der Befehlszeile anzeigen lassen. Testen Sie doch gleich noch andere verfügbare Befehle («help» zeigt an, welche Befehle es gibt) – in Filius oder dem richtigen Rechner, an dem Sie arbeiten.

Simulation 2: Lokales Netz

Üblicherweise sind in einem Subnetz mehr als nur zwei Geräte miteinander verbunden. Weil aber normale Computer nur einen Ethernet-Eingang haben, braucht es für die physische Verbindung noch ein zentrales Gerät, an das alle Computer angeschlossen werden (in Filius gibt es dafür nur den Switch).

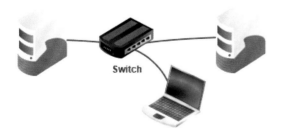

Verbinden Sie in Filius drei Rechner physisch mithilfe eines Switches.

a Stellen Sie IPs und Netzmasken so ein, dass die Geräte auch logisch in ein Subnetz passen – z.B. 1.2.3.x – und überprüfen Sie mithilfe von Pings, dass die Geräte sich gegenseitig erreichen können.

b Installieren Sie einen Echo-Server auf einem der Geräte, einen einfachen Client auf einem anderen. Öffnen Sie die beiden zugehörigen Benutzeroberflächen, starten Sie den Server und testen sie den Dienst – z.B. soll sich der Client die Buchstaben «Echo» von Server retournieren lassen.

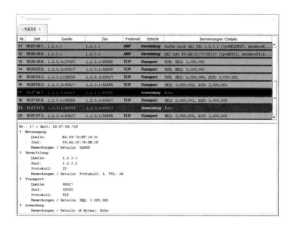

d Auf welcher Schicht ist das Echo-Protokoll angesiedelt? (Tipp: Schauen Sie sich wiederum
den Datenaustausch an.)

e Wie die Oberfläche des Clients ja schon sagt,
wird hier eine Verbindung aufgebaut. Erläutern
Sie, was das in Bezug auf den Datenaustausch
bedeutet.

Simulation 3: DHCP

In der Realität ist es heutzutage eher unüblich,
Netzwerkeinstellungen manuell vorzunehmen.
Meist überlässt man diese Aufgabe einem DHCP-
Server.

Verbinden Sie erneut ein paar Geräte mithilfe eines Switches zu einem physischen Subnetz. Die
logische Konfiguration des Subnetzes soll diesmal
per DHCP erfolgen: Richten Sie auf einem der Geräte einen DHCP-Server ein (in den zugehörigen
Einstellungen muss festgelegt werden, welchen
IP-Bereich der Server verwaltet), und wählen Sie
entsprechend «DHCP zur Konfiguration verwenden» bei allen Geräten.

a Wechseln Sie dann in den Aktionsmodus und
testen Sie per Ping, ob die Geräte sich gegenseitig erreichen können.

b In echten Subnetzen, die per DHCP konfiguriert
werden, kann ein Gerät eine andere IP zugewiesen bekommen, wenn es sich neu verbindet. Testen Sie durch mehrfaches Neustarten,
ob die Simulation diesen Aspekt der Realität
ebenfalls abbildet.

Simulation 4: Routing

Die Minimalversion des Routing erfordert die Verbindung von zwei unterschiedlichen Subnetzen durch einen Verbindungsrechner, der mit je einer Netzwerkkarte in beiden Subnetzen beteiligt ist.

Verbinden Sie die zugehörige Hardware, z.B. indem sie einen Router zwischen die beiden lokalen Netze aus den Aufgaben 2 und 3 hängen. Konfigurieren Sie dann die Netzwerkeinstellungen: Die beiden Subnetze müssen unterschiedliche IP-Bereiche

benutzen, die jeweilige IP des Routers muss in dieses Subnetz passen – aber noch nicht vergeben sein – und die normalen Geräte müssen die IP des Routers als Gateway eingetragen haben.

a Testen Sie per Ping, ob Geräte in den zwei Subnetzen sich gegenseitig erreichen können.

b Vollziehen Sie anhand der automatisch erstellten Weiterleitungstabelle des Routers nach, welche Regeln (beim Hin- bzw. Rückweg eines Datenpakets) jeweils zutrifft.

c Wie viele ARPs sind für ein Ping nötig (erst überlegen, dann mithilfe des Datenaustauschs nachvollziehen – in beiden Subnetzen!)?

Simulation 5: WWW

Ein grundlegender Vorgang im WWW ist der Aufruf einer Website. Also: Installieren Sie auf einem Rechner einen Webserver und starten Sie ihn. Installieren Sie auf demselben Rechner auch noch einen Webbrowser und rufen Sie die Website lokal auf, indem Sie die Spezial-IP 127.0.0.1 in die Adresszeile eingeben (oder den Namen «localhost»).

a Installieren Sie auf einem anderen Gerät einen Webbrowser. Rufen Sie die Website über das Netzwerk auf, indem Sie die IP des Servers in die Adressleiste des Browsers schreiben.

b Installieren Sie auf einem dritten Rechner einen DNS-Server. Vergeben Sie dort einen Domainnamen für die IP des Webservers. Starten Sie den DNS-Server und sorgen Sie dafür, dass seine IP in den Netzwerkeinstellungen des Clients eingetragen ist. Rufen Sie dann die Website auf, indem sie den Domainnamen in die Adressleiste des Browsers schreiben.

c Suchen Sie die DNS-Anfrage im Datenaustausch der beteiligten Rechner. Auf welcher Schicht ist das DNS-Protokoll angesiedelt?

d Wie viele Pakete wurden zur Übermittlung dieser kleinen Beispielwebsite benötigt? Und wie viele GET-Requests (siehe Datenaustausch)?

e Installieren Sie einen Text-Editor auf dem Rechner, der schon den Webserver beherbergt. Schauen Sie sich darin den Code für die Beispielwebsite («index.html») an: Was Sie sehen ist HTML-Code. Schreiben Sie nun in der dritten Zeile etwas anderes zwischen die `title`-Tags, z.B. `<title>Hallo</title>`. Ändern Sie weiter unten jedes `h2` zu einem `h1`. Rufen Sie dann die Seite erneut im Browser auf – Was hat sich geändert (experimentieren Sie ggf. mit weiteren Aspekten des HTML-Codes)?

Simulation 6: Internet

a Experimentieren Sie mit den übrigen Anwendungen, die man in der Filius-Umgebung installieren kann – richten Sie z. B. einen Mail-Server ein.

b Erweitern Sie das Netzwerk um weitere Subnetze und Verbindungen. Dabei kann es nötig werden, dass Sie Teile der Routingtabellen manuell konfigurieren müssen.

c Versuchen Sie, per «Modem» eine Verbindung zum Filius-Netz Ihres Sitznachbarn herzustellen. Dafür müssen die beide echten Rechner im gleichen Subnetz sein, durch das dann die beiden simulierten Modems tunneln (wie ein VPN), so dass ein simuliertes Datenpaket vom Modem A durch das echte Subnetz an Modem B gelangen kann.

Hinweis: Alternativ können Sie auch auf einem Computer zwei verschiedenen Filius-Fenster gleichzeitig öffnen und per Modem Daten von einem ans andere schicken.

Auch innerhalb einer einzigen Filius-Instanz kann man zwei miteinander verbundene Modems anstelle eines Kabels einsetzen und so eine kabellose Verbindung schaffen.

A Urs sagt: «Ich will ins Internet.» Annalena entgegnet: «Ja, willst Du denn DSL, Internet über Kabel oder gleich eine Glasfaseranbindung? Oder doch über eines der Mobilfunknetze?» Urs wiederholt: «Ich will einfach ins Internet.» Diskutieren Sie, was die Anliegen der beiden Personen sind, und auf welcher Ebene sie sich jeweils unterhalten.

B Welche Informationen sind nützlich, wenn Sie an einem Ort «kostenloses W-LAN» bekommen, welche Informationen sind uninteressant?

C Recherchieren Sie, was ein «Layer-8-Problem» ist, und warum dies inzwischen mehr als ein Aprilscherz ist.

Die Informatik ist voll von Systemen, die auf unterschiedlichen Abstraktionsebenen funktionieren. Ein offensichtliches Beispiel ist das OSI-Schichtenmodell (siehe Kapitel 9.3 Netzwerke). Als konkreteste Schicht wird eine physikalische Übertragung von Bits beschrieben, als abstrakteste Schicht Dienste in Anwendungen. Jede höhere Schicht stellt dabei eine weitere Abstraktion der jeweils darunterliegenden Schicht dar. Dabei spielen alle Schichten ihre eigene Rolle und sind in unterschiedlichen Hardware- oder Softwareteilen implementiert.

Dasselbe Prinzip begegnet einem auch im Aufbau von Computern allgemein. Folgende Schichten lassen sich hier formulieren:

- **Physikalische Schicht:** sie besteht aus Transistoren und Leitungen, die als Schaltungen Zustände speichern oder verändern können. Während in den 1970er-Jahren die Prozessoren aus ein paar tausend Transistoren bestanden, haben heutige Prozessoren mehrere Milliarden Transistoren.

- **Maschinensprache:** dieser Programmcode wird von den Prozessoren direkt ausgeführt. Er besteht aus Binärcode.

- **Assembler:** er stellt eine Programmiersprache dar, die dieselbe Struktur wie die Maschinensprache hat, jedoch kurze Wörter anstelle von Binärcode verwendet, was sie für den Menschen verständlicher macht.

- **Höhere Programmiersprache:** da die Struktur von Maschinensprache zwar für den Prozessor geeignet ist, aber sich nicht unbedingt dafür eignet, darin grosse Programme von Menschen schreiben zu lassen, sind höhere Programmiersprachen als Kompromiss zwischen menschlichem Denken und Maschinensprache gedacht. Sie müssen für den Computer entweder übersetzt («kompiliert») oder interpretiert werden. Python ist eine höhere Programmiersprache.

- **Spezialanwendungen, Expertensysteme, wissensbasierte Systeme:** in besonderen Fällen, wenn beispielsweise grosse Datenmengen verarbeitet werden oder komplexe mathematische Operationen durchgeführt werden sollen, kommen oftmals Softwarepakete zum Einsatz, in denen viele Aufgaben, die in einer höheren Programmiersprache extra implementiert werden müssten, bereits vorbereitet sind. Insbesondere Computeralgebrasysteme oder Systeme Künstlicher Intelligenz werden häufig so verwendet.

- **Anwendungsprogramme:** Für sehr viele Aufgaben, die ein Computer übernehmen soll, muss gar nicht programmiert werden, weil es bereits fertige Anwendungsprogramme gibt, die «lediglich» bedient werden müssen.

Jede Ebene hat ihre eigene Daseinsberechtigung, die jeweils nächsthöhere Ebene ist jedoch abstrakter als die Ebene darunter. Der Vorgang der Abstraktion besteht darin, dass unnötige Details weglassen werden. Für die Maschinensprache ist es beispielsweise nicht notwendig zu wissen, wie die Transistoren genau miteinander verschaltet sind. Für eine höhere Programmiersprache beispielsweise braucht es keine Kennt-

nisse der Maschinensprache, man kann sie für unterschiedliche Prozessoren übersetzen oder sie auf unterschiedlichen Prozessoren interpretieren.

Dafür ist es umso wichtiger, für jede Ebene die wesentlichen Elemente zu identifizieren, die auf ihr relevant sind. So wählt man jeweils ein passendes Modell.

AUFGABEN

1 Entdecken Sie den «Little Man Computer» mit seiner vereinfachten Maschinensprache, indem Sie unter https://oinf.ch/interactive/little-man-computer/ simple Programme schreiben.

2 Recherchieren Sie den Unterschied zwischen einer übersetzten («kompilierten») und einer interpretierten Programmiersprache. Was für Vor- und Nachteile gibt es? Wie ist Python einzuordnen?

3 Untersuchen Sie, was Wolfram|Alpha (https://www.wolframalpha.com/) kann. Vergleichen Sie dies mit den Fähigkeiten Ihres Taschenrechners und mit den Fähigkeiten von Python.

4 Anfang 2021 wurde bekannt, dass das Tabellenkalkulationsprogramm Microsoft Excel nun Turing-vollständig ist (siehe Kapitel 5.6 Computational Thinking: Generalisieren II). Andere Tabellenkalkulationsprogramme wie LibreOffice Calc werden nachziehen. Diskutieren Sie, inwiefern es sinnvoll ist, statt in einer Programmiersprache in einem Tabellenkalkulationsprogramm zu programmieren.

5 Finden Sie weitere Beispiele aus der Informatik, die unterschiedliche Abstraktionsebenen aufweisen.

10

Objektorientierte Modellierung

Niklaus Wirth (*1934) ist ein Schweizer, dessen Arbeiten weltweit grosse Wirkung entfalteten.

Für viele Menschen war die erste Begegnung mit seinen Arbeiten, dass sie Programmieren in der Programmiersprache Pascal lernten. Wirth hatte Pascal entwickelt, um Einsteigern eine leicht lesbare Programmiersprache zu bieten. Auch heute gilt sie noch als «schöne» Programmiersprache, auch wenn sie zugunsten von beispielsweise Python oder Java in der Regel nicht mehr im Unterricht eingesetzt wird.

Wirth hat sich immer auch für gut programmierte Programme eingesetzt. Er prangerte im Wirtschen Gesetz an, dass Software über die Zeit immer mehr Ressourcen fordert, während die Hardware kaum Schritt halten kann. Wenn man Programme gut programmiert, hat man bereits beim Entwurf eine spätere Überarbeitbarkeit im Kopf zu haben.

A Diskutieren Sie den Unterschied zwischen den folgenden beiden Programmen:

Python-Code 10.1

```
01 feld = [1, 2, 3]
02 feld.append(4)
03 print(feld)
```

Python-Code 10.2

```
01 feld = [1, 2, 3]
02 feld = feld + [4]
03 print(feld)
```

B Repetieren Sie die Grundlagen der Modellierung von Informationen mit Hilfe von ER-Diagrammen (siehe Kapitel 8.1 Datenbankmanagementsysteme).

C Sammeln Sie, was ein einzelner Knoten in einem binären Suchbaum (siehe Kapitel 3.5 Bäume) wissen und können muss.

Klassen

Es gibt Fälle, in denen es hilfreich ist, nicht nur Daten zu kapseln, sondern gleich auch dazugehörige Methoden zu speichern. Diese Kombination nennt man in der Informatik **Objektorientiertes Programmieren** (engl. **object-oriented programming** OOP).

Ein Rechteck hat bestimmte Eigenschaften, wie beispielsweise eine Breite und eine Höhe. Bestimmte Informationen können aber auch berechnet werden, wie beispielsweise die Fläche oder der Umfang.. Damit müssen für ein Rechteck Daten gespeichert werden (also zum Beispiel die Länge der Seiten a und b), es müssen aber auch bestimmte Funktionen verfügbar sein (also zum Beispiel die Funktion `flaeche()` und die Funktion `umfang()`). Eine Variable, die zu einem Objekt gehört, wird **Attribut** (engl. **attribute**) genannt. Eine Funktion, die zu einem Objekt gehört, wird **Methode** (engl. **method**) genannt.

> **KLASSE**
> Dies ist eine sogenannte **Klasse** (engl. **class**) von Ojekten. Sie beschreibt, was für **Attribute** (engl. **attributes**) und was für **Methoden** (engl. **methods**) Objekte der selben Klasse haben.

Eine Klasse besteht im Prinzip aus drei Elementen: einem Namen, einer Menge von Attributen, deren Datentypen nach dem Namen des Attributs genannt werden, und einer Menge von Methoden. Eine Klasse stellt somit einen Prototyp für eine Art von Objekten dar.

> **KLASSENDIAGRAMM**
> Die **Unified Modeling Language** (UML) ist eine weit verbreitete Möglichkeit, Klassen zu zeichnen. Dabei besteht jede Klasse aus einem Rechteck mit drei Teilen: im oberen Teil steht fett gedruckt der Name der Klasse, im mittleren Teil alle Attribute und im unteren Teil alle Methoden. Diese Darstellung nennt man ein **Klassendiagramm** (engl. **class diagram**).

Rechteck
a : float b : float
flaeche() umfang()

Objekte

Wenn eine Klasse konkretisiert wird, also beispielsweise ein Rechteck mit den Seitenlängen 3 und 7 erstellt wird, wird ein Objekt erstellt. Das konkrete Objekt hat nun konkrete Werte für die Attribute a und b. Die Methoden `flaeche()` und `umfang()` können aufgerufen werden und liefern Werte zurück. Objekte können unter Variablen gespeichert werden und verschiedene Objekte mit unterschiedlichen Werten für die Attribute können verwendet werden.

> ### OBJEKT
> Ein **Objekt** (engl. **object**) ist eine **Instanz** (engl. **instance**) einer Klasse. Es stellt eine Konkretisierung oder auch **Instantiierung** einer Klasse dar.

OBJEKTDIAGRAMM

Für konkrete Objekte gibt es **Objektdiagramme**. Diese kennzeichnen sich dadurch, dass sie keine abstrakte Definition einer Klasse sondern konkrete Objekte mit Daten beinhalten; der Name des Objekts ist nun **Objektname** : **Klassenname** und zusätzlich unterstrichen. Anstelle des Attributtyps steht nun der konkrete Wert. Methoden fallen in diesem Diagramm weg. Beziehungen zwischen Objekten werden durch Linien dargestellt: der Name der Beziehung (in der Regel des Attributs) wird auf der gegenüberliegenden Seite der Linie geschrieben (siehe Kapitel 10.2 Objekte und Klassen in Python). In UML werden Verweise zwischen Objekten durch Linien ohne Pfeile mit dem Namen der Objektvariablen am anderen Ende dargestellt. In diesem Buch werden der besseren Lesbarkeit halber stattdessen die Namen der Objektvariablen im Objekt selbst mit Pfeilen dargestellt.

Klassenmethoden und Klassenvariablen

Klassenmethoden (engl. **class method**) funktionieren unabhängig von einer konkreten Instanz einer Klasse. **Klassenvariablen** (engl. **class variable**) gibt es pro Klasse nur einmal, sie werden global geändert. Hingegen sind **Instanzmethoden** (engl. **instance methods**) und **Instanzvariablen** (engl. **instance variable**) von einer konkreten Instanz abhängig. Für Instanzvariablen gibt es für jede Instanz einen eigenen Speicherplatz, der unabhängig voneinander veränderbar ist.

In einigen Situationen kann es sinnvoll sein, eine Methode zu definieren, die unabhängig von einem konkreten Objekt funktioniert. Bei einem Rechteck müsste eine Methode `get_alpha()` gar nicht die Seitenlängen anschauen, denn der Winkel α in einem Rechteck ist immer 90°.

Gleichzeitig führen Klassenmethoden und Klassenvariablen auch zu Programmierfehlern, wenn beispielsweise die Seitenlänge eines Objekts versehentlich als Klassenvariable statt als Instanzvariable gespeichert wird und auf einmal alle Rechtecke dieselbe Seitenlänge haben.

Datenkapselung

Ein grosser Vorteil von Objektorientierung ist, dass Objekte kontrollieren können, was für Werte in ihnen gespeichert sind. Bei Rechtecken sollten die Werte für a und b beispielsweise nicht negativ sein. Würde man die Attribute von aussen beliebig ändern können, könnte dies zu ungewünschten Ergebnissen führen (beispielsweise zu einem Rechteck mit dem Umfang 0, obwohl die Seitenlängen nicht 0 sind).

Um das zu erreichen, werden sogenannte Zugriffsmethoden verwendet.

> **ZUGRIFFSMETHODE**
> Eine **Zugriffsmethode** (engl. **mutator method**, häufig auch **Getter-** und **Setter-Methoden** genannt) regelt den Lese- und Schreibzugriff auf Attribute eines Objekts, die selber dann vor beliebigem Zugriff geschützt werden können.

Zugriffsrechte auf Attribute und Methoden werden in UML-Klassendiagrammen mit Sichtbarkeitsmodifikatoren definiert. Die folgenden drei sind üblich:

- «+»: das Attribut oder die Methode ist **öffentlich** (engl. **public**), von aussen kann man uneingeschränkt auf das Attribut oder die Methode zugreifen.
- «#»: das Attribut oder die Methode ist **geschützt** (engl. **protected**), ein Zugriff ist nur von der Klasse selbst und allfälligen Unterklassen (siehe Kapitel 10.3 Vererbung und Schnittstellen) uneingeschränkt möglich.
- «-»: das Attribut oder die Methode ist **privat** (engl. **private**), ein Zugriff ist nur von der Klasse selbst uneingeschränkt möglich.

Es gibt zwei grundlegende Benennungsarten, um den Zugriff auf private Variablen zu gestatten. In vielen Programmiersprachen ist es üblich, dem Namen der Variablen die Begriffe «`get_`» und «`set_`» voranzustellen. Bei Wahrheitswerten wird manchmal auch «`is_`» oder «`has_`» anstelle von «`get_`» verwendet. In einigen Progammiersprachen, unter anderem in Python, ist es möglich, eine Methode wie eine Variable erscheinen zu lassen, so dass scheinbar ein Attribut gelesen oder verändert wird, aber in Wirklichkeit eine Zugriffsmethode aufgerufen wird. In diesem Buch wird die erstere Art verwendet, im Kapitel 10.2 Objekte und Klassen in Python wird die andere jedoch auch erklärt.

Für ein Rechteck, bei dem die Attribute a und b geschützt sind, würde man die Klasse demnach so abändern:

Rechteck
− a : float
− b : float
+ get_a()
+ get_b()
+ set_a(a : float)
+ set_b(b : float)
+ flaeche()
+ umfang()

Model-View-Controller

Hinter der Idee der Datenkapselung steckt ein weit verbreitetes Softwaredesign-Entwurfsmuster, das als **Model-View-Controller** (auf Deutsch gelegentlich als **Modell-Präsentation-Steuerung** übersetzt) bekannt ist. Ihm liegt zugrunde, dass die internen Abläufe und Speicherungen dem Benutzer nicht bekannt sein müssen und ihn im Gegenteil sogar verwirren könnten. So kann man auch Programme flexibel programmieren, dass spätere Änderungen beispielsweise am Modell für den Benutzer nicht sichtbar sind. Die drei Komponenten bedeuten:

- Das Modell enthält die Daten. Hier werden auch Einschränkungen und Bedingungen an den Daten verwaltet.
- Die Präsentation holt vom Modell Daten ab und bereitet sie für den Benutzer auf.
- Die Steuerung nimmt Benutzeraktionen entgegen und lässt daraufhin die Daten vom Modell verändern.

Am Beispiel des Rechtecks wäre beispielsweise der Umfang eines Rechtecks eine Präsentation der Daten aus dem Modell. Auch wenn er im Modell selber nicht gespeichert ist, ist er aus den Daten im Modell (den beiden Seitenlängen) direkt ableitbar und für den Benutzer die Information, die er dargestellt haben möchte. Ein anderer Benutzer möchte vielleicht die Fläche dargestellt haben, und nutzt dann eine andere Präsentation, die die Fläche aus den Daten im Modell berechnet. Wenn der Benutzer Daten ändern möchte, so kann er die entsprechende Setter-Methode als Steuerung aufrufen. Diese prüft die Eingabe und lässt die Daten im Modell ändern.

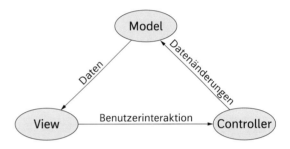

Das Entwurfsmuster Model-View-Controller wurde zuerst von Trygve Mikkjel Heyerdahl Reenskaug (*1930) im Jahr 1979 vorgeschlagen um eine allgemeine Lösung zu finden, wie Benutzer grössere und komplexe Datensätze bearbeiten können. Es hat sich seither aufgrund seines hohen Abstraktionsgrades zu einem weit verbreiteten Entwurfsmuster für Software entwickelt. Mit ihm können relativ einfach plattformübergreifende Softwaresysteme entwickelt werden.

1 Auch wenn es zunächst wie eine simple Erweiterung der bisher gelernten Aspekte des **strukturierten Programmierens** (engl. **structured programming**) erscheint, liegt hier doch ein komplett unterschiedliches **Programmierparadigma** (engl. **programming paradigm**) zugrunde. Damit wird dann die Möglichkeit Daten mit ihren Methoden zu vereinen zu einem Grundprinzip. Informieren Sie sich über diese beiden und weitere Programmierparadigmen (siehe auch Kapitel 6.6 Computational Thinking: Algorithmisches Denken II).

2 Entwerfen Sie eine Klasse für einen Stapel (siehe Kapitel 3.1 Stapel).

3 Entwerfen Sie eine Klasse für eine Schlange (siehe Kapitel 3.3 Schlangen).

4 Diskutieren Sie Vor- und Nachteile von Datenkapselung.

5 Diskutieren Sie Ähnlichkeiten und Unterschiede zwischen UML und ER-Diagrammen (siehe Kapitel 8.1 Datenbankmanagementsysteme).

A Diskutieren Sie, was eine Klasse in Python für Strukturelemente haben muss.

B Eine Schlange kann man statt in einem Feld auch als aneinandergehängte Objekte speichern. (siehe Kapitel 3.3 Schlangen) Eine Variable zeigt auf das erste Objekt der Schlange, das wiederum auf das zweite Objekt der Schlange zeigt, und so weiter. Das letzte Objekt der Schlange zeigt auf nichts. Zeichnen Sie ein entsprechendes Objektdiagramm für eine Schlange, die die Werte «1», «2» und «3» enthält.

C Versuchen Sie herauszufinden, wo Ihnen bereits in Python Elemente begegnet sind, bei denen Daten und Methoden direkt zusammenhängen.

In Python werden Klassen mit Hilfe des Schlüsselwortes `class` eingeleitet. Ähnlich wie Unterprogramme bildet eine Klasse dann einen Block. So ist es möglich, in einer Datei mehrere Klassen zu definieren. Nach dem Schlüsselwort `class` kommt der Name der Klasse und danach bei Bedarf in Klammern, von welcher anderen Klasse sie sich ableitet. Vererbung wird im Kapitel 10.3 Vererbung und Schnittstellen beschrieben, so dass hier zunächst einmal immer implizit die generische Klasse `object` beerbt wird. Dies muss man nicht explizit schreiben. Genau wie bei Unterprogrammen sollte man nach der Definition der Klasse eine kurze Beschreibung der Klasse als Docstring angeben.

Eine Klasse hat häufig eine Methode, die beim Erstellen der Klasse aufgerufen wird. Sie heisst `__init__(self, …)` und kann neben dem obligatorischen Parameter `self` noch weitere Parameter enthalten, die beim Instantiieren der Klasse anzugeben sind.

Wenn der Name einer Klasse aus mehreren Wörtern besteht, wird in Python häufig CamelCase genutzt. CamelCase ist eine Schreibweise, bei der mehrere Worte ohne Leerzeichen hintereinandergeschrieben werden und jedes Wort mit einem Grossbuchstaben beginnt. Damit unterscheidet sich die Schreibweise von Unterprogrammen, bei denen, wie in Kapitel 4.1 Unterprogramme erwähnt, Unterstriche verwendet werden sollen.

Einfache Klassen

Das folgende Beispiel setzt eine einfache Klasse eines Rechtecks um, erzeugt ein Rechteck und gibt seinen Umfang und seine Fläche auf dem Bildschirm aus:

Python-Code 10.3

```
01  class Rechteck(object):
02      """Ein Rechteck."""
03      def __init__(self, a, b):
04          """Erstellt ein Rechteck mit
05              den Seitenlängen a und b."""
06          self.a = a
07          self.b = b
08
09      def umfang(self):
10          """Berechnet den Umfang
11              und gibt ihn zurück."""
12          return 2 * self.a + 2 * self.b
13
14      def flaeche(self):
15          """Berechnet die Fläche
16              und gibt sie zurück."""
17          return self.a * self.b
18
19  r = Rechteck(3, 7)
20  print(r.umfang())
21  print(r.flaeche())
22  r.a = -1
23  print(r.umfang())
24  print(r.flaeche())
```

Die Verwendung der vordefinierten Variablen self ist wichtig. Während der Definition einer Klasse ist der Name der Variablen, unter der ein konkretes Objekt der Klasse Rechteck bekannt ist, noch nicht verfügbar. Auch würde dieser Name für verschiedene Objekte derselben Klasse unterschiedlich lauten. Daher wird beim Programmieren von Klassen der Name self verwendet, um auf die aktuelle Instanz der Variablen von innerhalb der Klasse zuzugreifen. self.a ist also der Wert der Variablen a des konkreten Rechtecks für Methoden innerhalb der Klasse Rechteck. Deshalb ergibt 2 * self.a + 2 * self.b auch den Wert 20 für das Rechteck r. Methoden haben den Namen self immer als ersten Parameter. Der Wert hierfür wird von Python bei der Ausführung hinzugefügt, er muss beim Aufruf weggelassen werden.

Die Methode def __init__(self, …) ist eine besondere Methode. Sie wird aufgerufen, wenn ein neues Rechteck erstellt wird. In ihr kann das Objekt bei seinem Instanziieren eingerichtet werden. Man nennt diese Methode einen **Konstruktor** (engl. **constructor**).

Auf die Attribute a und b und auf die Methoden umfang() und flaeche() kann zugegriffen werden, indem hinter dem Namen des Objektes ein Punkt und dann der Name des Attributs respektive der Methode geschrieben wird. Damit ist es auch möglich, Attributwerte zu verändern, beispielsweise die Länge der Seite a auf −1 wie in dem Beispiel oben erklärt.

Zugriffsbeschränkungen

Will man wie im Kapitel 10.1 Unified Modeling Language beschrieben das Verändern von Attributwerten kontrollieren, muss man in Python intern die Variablen anders benennen. Ein vollständiges Einschränken des Zugriffs wie in anderen Programmiersprachen ist in Python nicht möglich. Aber durch ein Voranstellen von einem oder zwei Unterstrichen (_ oder __) ist es möglich, die Variablen zumindest zu verschleiern. Damit liegt es in der Verantwortung des Benutzers einer Klasse, nur dann auf Attribute mit _ oder __ zuzugreifen, wenn die volle Tragweite der Handlungen bewusst ist (z.B., wenn man innerhalb derselben Klasse ist). Bei Attributen mit __ vorweg muss zudem vor dem Namen des Attributs noch ein weiterer Unterstrich und der Name der Klasse geschrieben werden, um den Zugriff weiter zu verschleiern. Dabei entspricht ein Attribut mit einem Unterstrich vor dem Namen in etwa einem geschützten Attribut und ein Attribut mit zwei Unterstrichen vor dem Namen in etwa einem privaten Attribut. Das folgende Beispiel demonstriert dies:

Python-Code 10.4

```python
01  class Zugriff:
02      """Enthält ein geschütztes und
03         ein privates Attribut."""
04      def __init__(self):
05          """Erzeugt ein geschütztes Attribut
06             _protected und ein privates
07             Attribut __private"""
08          self._protected = "Geschützt"
09          self.__private = "Privat"
10
```

Python-Code 10.4

```python
11      def print_protected(self):
12          """Gibt das geschützte Attribut auf
13             dem Bildschirm aus."""
14          print(self._protected)
15
16      def print_private(self):
17          """Gibt das private Attribut auf
18             dem Bildschirm aus."""
19          print(self.__private)
20
21  # Erzeugt ein neues Zugriff-Objekt
22  z = Zugriff()
23
24  # Zugriff von innerhalb der Klasse
25  z.print_protected()
26  z.print_private()
27
28  # Dies funktioniert:
29  print(z._protected)
30
31  # Dies würde fehlschlagen
32  # (# entfernen zum Testen):
33  # print(z.__private)
34
35  # Dies hingegen funktioniert weiterhin:
36  print(z._Zugriff__private)
```

Die Ausgabe ist:

Ausgabe

```
Geschützt
Privat
Geschützt
Privat
```

Zugriffsmethoden

Wie bereits im Kapitel 10.1 Unified Modeling Language geschrieben, kann ein geschützter Zugriff auf Attribute mit Hilfe von Getter- und Setter-Methoden geschehen. Um das Beispiel aus dem Kapitel 10.1 Unified Modeling Language umzusetzen, könnte man beispielsweise Folgendes programmieren:

Python-Code 10.5

```python
01 class Rechteck(object):
02   """Ein Rechteck."""
03   def __init__(self, a, b):
04     """Erstellt ein Rechteck mit den
05        Seitenlängen a und b. Wenn a oder b
06        kleiner als 0 sind, wird der
07        jeweilige Wert auf 0 gesetzt."""
08     if a >= 0:
09       self.__a = a
10     else:
11       self.__a = 0
12
13     if b >= 0:
14       self.__b = b
15     else:
16       self.__b = 0
17
18   def set_a(self, a):
19     """Setzt das interne a auf a,
20        wenn a >= 0 ist."""
21     if a >= 0:
22       self.__a = a
23
24   def set_b(self, b):
25     """Setzt das interne b auf b,
26        wenn b >= 0 ist."""
27     if b >= 0:
28       self.__b = b
29
```

Python-Code 10.5

```python
30   def get_a(self):
31     """Gibt den internen Wert für a
32        zurück."""
33     return self.__a
34
35   def get_b(self):
36     """Gibt den internen Wert für b
37        zurück."""
38     return self.__b
39
40   def umfang(self):
41     """Berechnet den Umfang
42        und gibt ihn zurück."""
43     return (2 * self.get_a() +
44             2 * self.get_b())
45
46   def flaeche(self):
47     """Berechnet die Fläche
48        und gibt sie zurück."""
49     return self.get_a() * self.get_b()
50
51 r = Rechteck(3, 7)
52 print(r.umfang())
53 print(r.flaeche())
54 r.set_a(-1)
55 print(r.umfang())
56 print(r.flaeche())
```

Dabei ist es guter Stil, Getter- und Setter-Methoden auch innerhalb der Klasse zu verwenden. Die Ausgabe ist:

Ausgabe

```
20
21
20
21
```

Property Decorators

Python bietet zudem die Möglichkeit, Attribute direkt zu kapseln, indem Methoden definiert werden, die wie Attribute funktionieren. So kann man beispielsweise mit `r.a = 37` den Wert des Attributs ändern, dennoch kann das Objekt sicherstellen, dass kein negativer Wert gespeichert wird.

Hierzu wird anstelle einer Getter-Methode eine Methode mit dem Namen des Attributs programmiert, die den Wert des Attributs zurückgibt. Vor dieser Methode muss das Schlüsselwort `@property` stehen. Anstelle einer Setter-Methode wird ebenfalls eine Methode mit dem Namen des Attributs und einer zusätzlichen Variablen für den Wert programmiert, die den Wert des Attributs entsprechend modifiziert. Vor dieser Methode muss das Schlüsselwort `@Attribut.setter` stehen, wobei `Attribut` für den Namen des zu modifizierenden Attributs ist.

Python-Code 10.6

```
01  class Rechteck(object):
02    """Ein Rechteck."""
03    def __init__(self, a, b):
04      """Erstellt ein Rechteck mit den
05         Seitenlängen a und b. Wenn a oder b
06         kleiner als 0 sind, wird der
07         jeweilige Wert auf 0 gesetzt."""
08      if a >= 0:
09        self.a = a
10      else:
11        self.a = 0
12
13      if b >= 0:
14        self.b = b
15      else:
16        self.b = 0
17
18    @property
19    def a(self):
20      """Gibt den internen Wert für a
21         zurück."""
22      return self.__a
23
```

Python-Code 10.6

```
24    @a.setter
25    def a(self, a):
26      """Setzt das interne a auf a,
27         wenn a >= 0 ist."""
28      if a >= 0:
29        self.__a = a
30
31    @property
32    def b(self):
33      """Gibt den internen Wert für b
34         zurück."""
35      return self.__b
36
37    @b.setter
38    def b(self, b):
39      """Setzt das interne b auf b,
40         wenn b >= 0 ist."""
41      if b >= 0:
42        self.__b = b
43
44    def umfang(self):
45      """Berechnet den Umfang
46         und gibt ihn zurück."""
47      return 2 * self.a + 2 * self.b
48
49    def flaeche(self):
50      """Berechnet die Fläche
51         und gibt sie zurück."""
52      return self.a * self.b
53
54  r = Rechteck(3, 7)
55  print(r.umfang())
56  print(r.flaeche())
57  r.a = -1
58  print(r.umfang())
59  print(r.flaeche())
```

So kann transparent für den Benutzer direkt das Attribut eines Objekts verwendet werden aber dennoch der Wert des Attributes kontrolliert werden.

Stapel objektorientiert

Mit Hilfe von Objektorientierung kann man auch elegant abstrakte Datentypen wie Stapel (siehe Kapitel 3.1 Stapel), Schlangen (siehe Kapitel 3.3 Schlangen) oder Bäume (siehe Kapitel 3.5 Bäume) umsetzen. Dabei wählt man als Objekt in der Regel ein einzelnes Element, von dem aus dann auf weitere Objekte verwiesen wird.

Für einen Stapel würde demnach ein Stapelobjekt einen einzelnen Wert und einen Verweis auf das nächste Stapelobjekt enthalten. Diese werden als private Attribute gespeichert, denn der Zugriff darauf läuft mit den Methoden push(), pop(), top() und empty(). Um das Ende des Stapels zu programmieren, behilft man sich häufig, ein letztes Stapelobjekt zu haben, das statt einem nächsten Stapelobjekt None gespeichert hat. So ist weiterhin ein Objekt vorhanden, auf dem Methoden ausgeführt werden können, aber es identifiziert sich selber als leer. Die Struktur, die dabei entsteht, ist eine **verkettete Liste** (engl. **linked list**, siehe Kapitel 3.1 Stapel). Die Klasse würde dann wie folgt aussehen.

Stapel
– content : object – next : Stapel
+ push(objekt) + pop() + top() + empty()

Ein konkreter Stapel mit den Elementen A, B und C ist unten abgebildet. Programmieren könnte man das dann wie folgt.

Python-Code 10.7

```
01  class Stapel:
02    """Implementiert einen Stapel."""
03
04    def __init__(self):
05      """Erzeugt einen leeren Stapel."""
06      self.__content = None
07      self.__next = None
08
09    def push(self, content):
10      """Fügt ein neues Element mit dem
11        Inhalt content auf dem Stapel
12        hinzu."""
13      old_next = self.__next
14      old_content = self.__content
15      self.__next = Stapel()
16      self.__content = content
17      self.__next._Stapel__next = old_next
18      self.__next._Stapel__content = old_content
19
20    def pop(self):
21      """Gibt das oberst Stapelelement
22        zurück und löscht es."""
23      if self.__next == None:
24        return None
25      else:
26        old_content = self.__content
27        self.__content = self.__next.top()
28        self.__next = self.__next._Stapel__next
29      return old_content
30
31    def top(self):
32      """Gibt das oberste Stapelelement
33        zurück ohne es zu löschen."""
34      return self.__content
35
36    def empty(self):
37      """Gibt zurück,
```

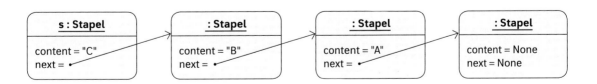

Python-Code 10.7

```
38          ob der Stapel leer ist."""
39      return self.__next == None
40
41  s = Stapel()
42  print(s.top())
43  print(s.empty())
44  s.push(1)
45  s.push(2)
46  print(s.pop())
47  print(s.empty())
48  print(s.pop())
49  print(s.empty())
50  print(s.pop())
```

Das Elegante an dieser Lösung ist, dass man beim Verwenden des Stapels nicht wissen muss, wie er programmiert ist. Er hätte auch als Feld implementiert worden sein können:

Python-Code 10.8

```
01  class Stapel:
02      """Implementiert einen Stapel."""
03
04      def __init__(self):
05          """Erzeugt einen leeren Stapel."""
06          self.__content = []
07
08      def push(self, content):
09          """Fügt ein neues Element mit dem
10              Inhalt content auf dem Stapel
11              hinzu."""
12          self.__content.append(content)
```

Python-Code 10.8

```
13      def pop(self):
14          """Gibt das oberst Stapelelement
15              zurück und löscht es."""
16          if self.empty():
17              return None
18          else:
19              old_content = self.__content[-1]
20              self.__content = self.__content[:-1]
21              return old_content
22
23      def top(self):
24          """Gibt das oberste Stapelelement
25              zurück ohne es zu löschen."""
26          if self.empty():
27              return None
28          else:
29              return self.__content[-1]
30
31      def empty(self):
32          """Gibt zurück,
33              ob der Stapel leer ist."""
34          return len(self.__content) == 0
35
36  s = Stapel()
37  print(s.top())
38  print(s.empty())
39  s.push(1)
40  s.push(2)
41  print(s.pop())
42  print(s.empty())
43  print(s.pop())
44  print(s.empty())
45  print(s.pop())
```

Klassenmethoden und Klassenvariablen

In Python werden Klassenmethoden mit Hilfe des Property Decorators @classmethod definiert. Sie brauchen dann anstelle von self den Parameter cls. Sie können nicht auf Instanzvariablen zugreifen, da sie kein self zur Verfügung haben.

Es gibt in Python auch noch statische Methoden, denen das cls fehlt, und die mit @staticmethod definiert werden. Sie können noch nicht einmal (direkt) auf Klassenmethoden zugreifen.

Klassenmethoden und statische Methoden können sowohl durch eine Objektinstanz (als wären es Instanzmethoden) als auch durch den Klassennamen aufgerufen werden.

Klassenvariablen verhalten sich ähnlich. Man definiert sie am einfachsten, indem man sie ausserhalb der Methoden initialisiert. Auch auf sie kann man sowohl durch eine Objektinstanz als auch durch den Klassennamen zugreifen.

Das folgende Beispiel demonstriert Klassenmethoden und Klassenvariablen. Es beinhaltet auch eine statische Methode, die nicht auf Klassenvariablen zugreifen kann:

Python-Code 10.9

```
01  class ClassAndStaticMethods:
02    """Diese Klasse enthält eine
03      Klassenmethode und eine statische
04      Methode."""
05    a_class_variable = 1
06
07    @classmethod
08    def a_class_method(cls):
09      """Gibt den Wert der Klassenvariablen
10        a_class_variable zurück."""
11      return cls.a_class_variable
12
13    @staticmethod
14    def a_static_method():
15      """Wird nicht funktionieren, den eine
16        statische Methode hat keinen
17        Zugriff auf Klassenvariablen."""
18      return a_class_variable
```

Python-Code 10.9

```
19  print(ClassAndStaticMethods.a_class_variable)
20  o = ClassAndStaticMethods()
21  print(o.a_class_variable)
22  print(o.a_class_method())
23  ClassAndStaticMethods.a_class_method()
24  ClassAndStaticMethods.a_static_method()
```

Die Ausgabe ist dann (inklusive der Fehlermeldung, wenn die statische Methode aufgerufen wird, die ja nicht auf die Klassenvariable zugreifen kann):

Ausgabe

```
1
1
1
Traceback (most recent call last):
  File "Beispiel.py", line 25, in <module>
    ClassAndStaticMethods.a_static_method()
  File "Beispiel.py", line 18, in a_static_
  method
    return a_class_variable
NameError: name 'a_class_variable' is not
defined
```

1 Programmieren Sie eine Klasse `Kreis`, von der Sie den Radius, den Durchmesser, den Umfang und die Fläche als Methode implementieren. Um π zu verwenden können Sie mit `import math` die entsprechende Bibliothek importieren und dann in Ihrem Code `math.pi` für die bestmögliche Annäherung an π in Python verwenden.

2 Erweitern Sie die Klasse `Kreis` von vorher, indem Sie zwei Klassenmethoden `radians_to_degree(…)` und `degree_to_radians(…)` implementieren, in der Sie mit Hilfe der folgenden Formel Winkel in Grad und Bogenmass ineinander umrechnen:

$$\frac{\alpha}{360°} = \frac{x}{2\pi}.$$

3 Programmieren Sie einen binären Suchbaum als Objekt; speichern Sie jedes Element als eigenes binärer-Suchbaum-Objekt.

4 Programmieren Sie eine Klasse `Schlange` anhand des folgenden UML-Klassendiagramms:

Schlange
– content : object – next : Schlange
+ enqueue(objekt) + dequeue() + first() + empty()

5 Alternativ kann man einen Stapel auch so implementieren, dass in einem Stapelobjekt einzelne Elemente als eigene Elementklasse verkettet abgespeichert werden. Implementieren Sie so einen Stapel.

6 Diskutieren Sie Vor- und Nachteile des Kapselns von Datenstrukturen in Objekte.

A Diskutieren Sie, warum es problematisch sein könnte, verschiedene Implementierungen desselben Konzepts wie beispielsweise eines Stapels zu haben, die nicht unter demselben Namen verfügbar sind.

B Wenn Sie Vierecke, Rechtecke und Quadrate implementieren, wäre es schön, wenn Sie nicht alles neu programmieren müssten.

Sammeln Sie, was Sie nur einmal und was Sie mehrfach programmieren müssten, wenn Sie Ihren Code maximal wiederverwenden wollen.

C Informieren Sie sich über das Prinzip des «code reuse», also des Wiederverwendens vorhandener Programme, um neue Programme zu schreiben. Welche Aspekte sind dabei wichtig?

Vererbung

Neben der Kapselung von Daten und Funktionen hat Objektorientierung einen weiteren sehr wichtigen Design-Vorteil: Vererbung und deren Sonderform Schnittstellen. Die Idee ist, dass eine Klasse bestimmte Dinge tun kann, während eine erbende Klasse die Funktionalität erweitert oder verbessert. Bei Schnittstellen ist die Besonderheit, dass die Funktionalität noch gar nicht implementiert ist. Die erbende Klasse hat also die Aufgabe, die Funktionalität zu implementieren.

Aus dem Mathematikunterricht ist bekannt, dass jedes Quadrat ein Rechteck ist und jedes Rechteck ein Viereck. Dabei ist das besondere, dass ein Rechteck in Ergänzung zum Viereck immer vier rechte Winkel hat und damit zwei sich gegenüberliegende jeweils gleichlange Seiten. Und bei einem Quadrat sind in Ergänzung zum Rechteck alle vier Seiten jeweils gleich lang.

Vererbung (engl. **inheritance**) wird in UML-Klassendiagrammen so dargestellt, dass die beerbende Klasse eine Linie mit einem nicht ausgefüllten Pfeil zur vererbenden Klasse hat. In der beerbenden Klasse werden nur neu hinzugekommene Attribute und Methoden notiert, alle Attribute und Methoden der vererbenden Klasse werden implizit als vorhanden bezeichnet. Innerhalb einer Klasse kann man mit `super().` auf die übergeordnete Klasse zugreifen. Insbesondere kann man mit `super().__init__(…)` den Konstruktor der übergeordneten Klasse aufrufen.

Wenn man eine Methode mit demselben Namen implementiert, überdeckt diese die entsprechende Methode der übergeordneten Klasse. Innerhalb der Klasse kann man aber wieder mit `super().` explizit diese überdeckte Methode aufrufen.

Eine vererbende Klasse nennt man auch eine **Oberklasse** und eine erbende Klasse eine **Unterklasse** der jeweils anderen Klasse.

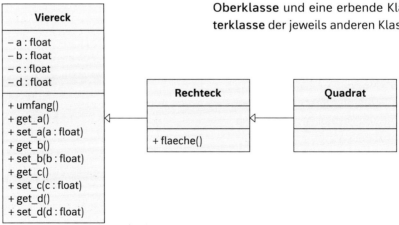

Mehrfachvererbung

Viele objektorientierte Programmiersprachen erlauben es lediglich, dass genau eine Klasse beerbt wird. Wenn eine Klasse mehrere Klassen gleichzeitig beerben kann, nennt man das **Mehrfachvererbung** (engl. **multiple inheritance**).

Mehrfachvererbung bringt einige Probleme mit sich. Wenn eine Methode in einer vererbenden Klasse definiert ist, kann die sie als Teil der erbenden Klasse aufgerufen werden. Wenn jedoch zwei unterschiedliche vererbende Klassen dieselbe Methode definieren aber unterschiedlich implementieren, ist nicht offensichtlich klar, welche der beiden Methoden aufgerufen wird. Wenn dann noch die beiden vererbenden Klassen dieselbe Klasse beerben, gibt es vier verschiedene Möglichkeiten, welche Methode aufgerufen wird. Dieses Problem nennt man das **Diamond-Problem** (engl. **diamond problem**).

Die Probleme von Mehrfachvererbung können umgangen werden, indem eine Klasse lediglich eine einzige Klasse beerben kann. Dann ist klar, dass von beerbenden Klassen Methoden überschrieben werden.

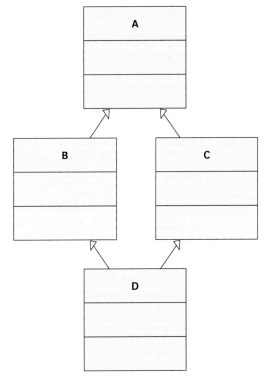

«Wenn von der Klasse D eine Methode aufgerufen wird, die in allen Klassen vorhanden ist, welche wird ausgeführt?»

Schnittstellen

Dennoch braucht man häufig eine Möglichkeit, standardisiert auf Klassen zuzugreifen. Eine verkettete Liste kann beispielsweise als Stapel und als Schlange verwendet werden. Somit müsste eine Klasse Methoden verschiedener Klassen implementieren. Gleichzeitig muss aber die übergeordnete Klasse noch nicht implementiert sein, sondern lediglich definieren, wie die Methoden auszusehen haben.

> **SCHNITTSTELLE**
> Eine Klasse, die lediglich beschreibt, welche Methoden wie definiert sein müssen, nennt man eine **Schnittstelle** (engl. **interface**).
> In Programmiersprachen ohne Mehrfachvererbung bieten sie die Möglichkeit, dass Klassen einen oder mehrere Standards zum Zugriff implementieren. In Programmiersprachen mit Mehrfachvererbung werden häufig **abstrakte Klassen** (engl. **abstract type**) stattdessen verwendet, bei denen einige oder alle Methoden nicht implementiert sind.

In UML werden Schnittstellen dadurch gekennzeichnet, dass man eine Zeile über dem Namen der Klasse das Schlüsselwort <<interface>> schreibt. Konkretisierungen von Schnittstellen werden dann mit gestrichelten Linien und nicht ausgefüllten Pfeilen gezeichnet.

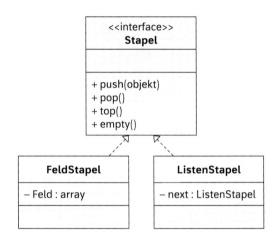

1 Erstellen Sie ein UML-Klassendiagramm für einen Baum, einen binären Suchbaum und einen AVL-Baum.

2 Erstellen Sie ein UML-Klassendiagramm für eine Schnittstelle Schlange, die dann als FeldSchlange und als ListenSchlange implementiert wird.

3 Diskutieren Sie Probleme, die sich durch das Diamond-Problem ergeben. Finden Sie Beispiele, in denen diese vorkommen könnten.

4 Zeichnen Sie ein UML-Klassendiagramm, das Viereck, Trapez, Parallelogramm, Drachen, Raute, Rechteck und Quadrat miteinander in Beziehung setzt.

Aufgaben

A Sammeln Sie je ein UML-Diagramm für die folgenden Klassen:

- Stapel
- Schlange
- Baum
- Binärer Suchbaum
- AVL-Baum

B Repetieren Sie die verschiedenen Implementierungsmöglichkeiten von Stapeln und Schlangen.

C Lesen Sie nach, was ein abstrakter Datentyp ist (siehe Kapitel 3.1 Stapel) und vergleichen Sie das Prinzip mit dem Prinzip der Schnittstelle.

Vererbung in Python

In Python werden Klassen, die beerbt werden, in Klammern und durch Komma getrennt hinter dem Namen der Klasse notiert. Python unterstützt Mehrfachvererbung (siehe unten).

Das folgende Programm enthält Klassen für ein Viereck, ein Rechteck und ein Quadrat wie oben im UML-Klassendiagramm beschrieben.

Python-Code 10.10

```
01 class Viereck(object):
02    """Eine Klasse für ein Viereck
03       mit den Seiten a, b, c und d."""
04
05    def __init__(self, a, b, c, d):
06       """Erstellt ein neues Viereck
07          mit den Seiten a, b, c und d."""
08       if a >= 0:
09          self.__a = a
10       else:
11          self.__a = 0
12       if b >= 0:
13          self.__b = b
14       else:
15          self.__b = 0
16       if c >= 0:
17          self.__c = c
18       else:
19          self.__c = 0
20       if d >= 0:
21          self.__d = d
22       else:
23          self.__d = 0
```

Python-Code 10.10

```
24    def umfang(self):
25       """Berechnet den Umfang
26          des Vierecks."""
27       return (self.get_a() + self.get_b()
28              + self.get_c() + self.get_d())
29
30    def get_a(self):
31       """Gibt die Länge der Seite a
32          zurück."""
33       return self.__a
34
35    def set_a(self, a):
36       """Setzt die Länge der Seite a, wenn
37          a grösser oder gleich 0 ist."""
38       if a >= 0:
39          self.__a = a
40
41    def get_b(self):
42       """Gibt die Länge der Seite b
43          zurück."""
44       return self.__b
45
46    def set_b(self, b):
47       """Setzt die Länge der Seite b, wenn
48          b grösser oder gleich 0 ist."""
49       if b >= 0:
50          self.__b = b
51
52    def get_c(self):
53       """Gibt die Länge der Seite c
54          zurück."""
55       return self.__c
56
```

345

Python-Code 10.10

```
57   def set_c(self, c):
58       """Setzt die Länge der Seite c, wenn
59          c grösser oder gleich 0 ist."""
60       if c >= 0:
61           self.__c = c
62
63   def get_d(self):
64       """Gibt die Länge der Seite d
65          zurück."""
66       return self.__d
67
68   def set_d(self, d):
69       """Setzt die Länge der Seite d, wenn
70          d grösser oder gleich 0 ist."""
71       if d >= 0:
72           self.__d = d
73
74 class Rechteck(Viereck):
75     """Eine Klasse für ein Rechteck
76        mit den Seitenlängen a und b."""
77
78     def __init__(self, a, b):
79         """Erzeugt ein neues Rechteck
80            mit den Seitenlängen a und b."""
81         super().__init__(a, b, a, b)
82
83     def flaeche(self):
84         """Berechnet die Fläche
85            des Rechtecks."""
86         return self.get_a() * self.get_b()
87
88     def set_a(self, a):
89         """Setzt die Länge der Seite a
90            (und c), wenn a grösser
91            oder gleich 0 ist."""
92         super().set_a(a)
93         super().set_c(a)
94
95     def set_b(self, b):
96         """Setzt die Länge der Seite b
97            (und d), wenn b grösser
98            oder gleich 0 ist."""
99         super().set_b(b)
100        super().set_d(b)
101
```

Python-Code 10.10

```
102  def set_c(self, c):
103      """Setzt die Länge der Seite c
104         (und a), wenn c grösser
105         oder gleich 0 ist."""
106      super().set_c(c)
107      super().set_a(c)
108
109  def set_d(self, d):
110      """Setzt die Länge der Seite d
111         (und b), wenn d grösser
112         oder gleich 0 ist."""
113      super().set_d(d)
114      super().set_b(d)
115
116 class Quadrat(Rechteck):
117     """Eine Klasse für ein Quadrat
118        mit der Seitenlänge a."""
119
120     def __init__(self, a):
121         """Erzeugt ein neues Rechteck
122            mit der Seitenlänge a."""
123         super().__init__(a, a)
124
125     def set_a(self, a):
126         """Setzt die Länge der Seite a
127            (sowie b, c und d), wenn a grösser
128            oder gleich 0 ist."""
129         super().set_a(a)
130         super().set_b(a)
131
132     def set_b(self, b):
133         """Setzt die Länge der Seite b
134            (sowie a, c und d), wenn b grösser
135            oder gleich 0 ist."""
136         super().set_a(b)
137         super().set_b(b)
138
139     def set_c(self, c):
140         """Setzt die Länge der Seite c
141            (sowie a, b und d), wenn c grösser
142            oder gleich 0 ist."""
143         super().set_a(c)
144         super().set_b(c)
145
```

```
146  def set_d(self, d):
147      """Setzt die Länge der Seite d
148          (sowie a, b und c), wenn d grösser
149          oder gleich 0 ist."""
150      super().set_a(d)
151      super().set_b(d)
152
153  v = Viereck(1, 2, 3, 4)
154  print(v.umfang())
155  v.set_a(2)
156  v.set_b(4)
157  v.set_c(6)
158  v.set_d(8)
159  print(v.umfang())
160
161  r = Rechteck(3, 7)
162  print(r.umfang(), r.flaeche())
163  r.set_a(1)
164  r.set_b(9)
165  print(r.umfang(), r.flaeche())
166
167  q = Quadrat(5)
168  print(q.umfang(), q.flaeche())
169  q.set_a(7)
170  print(q.umfang(), q.flaeche())
```

Was genau passiert im Hauptprogramm dieser Klasse?

Zuerst wird mit `Viereck(1, 2, 3, 4)` ein Objekt der Klasse `Viereck` erzeugt, indem die Methode `__init__`(…) mit den Parametern `self` (einem Verweis auf das gerade neu erzeugte Objekt selber), und den Werten 1, 2, 3 und 4 für die Variablen a, b, c und d aufgerufen wird. Diese Methode belegt dann die objektinternen Variablen `__a`, `__b`, `__c` und `__d` mit den Werten 1, 2, 3 und 4. Dieses Objekt wird als v gespeichert.

Der Aufruf von `v.umfang()` wird dann dieses Objekt v aufgefordert, die Methode `umfang()` auszuführen. Da diese Teil des Objekts v ist, hat sie Zugriff auf die Methoden von sich selber, so dass sie mit Hilfe von `self.get_a()` und so weiter auf die Werte von a, b, c und d zugreifen kann. Damit kann der Umfang berechnet und zurückgegeben werden.

In den nächsten Zeilen werden die Variablen `__a`, `__b`, `__c` und `__d` durch Aufruf der entsprechenden Setter-Methode neu mit Werten belegt, so dass am Ende die Variablen `__a`, `__b`, `__c` und `__d` die Werte 2, 4, 6 und 8 beinhalten. Daher bewirkt `v.umfang()` auch, dass ein anderer Wert als vorher ausgegeben wird: die internen Werte von v haben sich angepasst.

Wenn nun mit `Rechteck(3, 7)` ein neues Objekt der Klasse `Rechteck` erzeugt und als r gespeichert wird, wird auch zunächst dessen `__init__`(…)-Methode aufgerufen, und zwar mit den Werten 3 und 7 für `__a` und `__b`. Diese Methode macht nichts anderes, als die `__init__`(…)-Methode der übergeordneten Klasse, also von `Viereck` aufzurufen. Dadurch werden die Variablen `__a`, `__b`, `__c` und `__d` mit den Werten 3, 7, 3 und 7 belegt, die natürlich auch von Programmcode aus `Rechteck` zugreifbar sind.

So kann `umfang()` und `flaeche()` jeweils auf die Werte zugreifen, die entsprechenden Ergebnisse berechnen und zurückgeben.

Wenn `set_a()` von r aufgerufen wird, wird die Methode von `Rechteck` ausgeführt. Diese ruft `set_a()` und `set_c()` der übergeordneten Klasse `Viereck` auf, so dass sowohl `__a` als auch `__c` geändert wird. Dasselbe gilt analog für `set_b()`. So sind dann auch die Werte für `umfang()` und `flaeche()` korrekt.

Dasselbe gilt entsprechend für das Objekt der Klasse `Quadrat`. So können Programmteile von übergeordneten Objekten weiterverwendet wer-

Ausgabe

```
10
20
20 21
20 9
20 25
28 49
```

347

Schnittstellen

Python ist eine Programmiersprache, die Mehrfachvererbung erlaubt. Daher sind Schnittstellen zunächst einmal normale Klassen, nur dass eine Methode nicht implementiert wird. Als Schlüsselwort für «nichts tun» schreibt man dann in die Methode pass anstelle der Implementierung.

Es ist in Python aber auch möglich, sogenannte **abstract base classes** (**ABCs**) zu verwenden. Der Aufwand ist geringfügig höher, dafür ist die Verwendung sicherer. Dazu müssen die Klassen ABC und abstractmethod von der Bibliothek ABC importiert werden und einer Definition @abstractmethod voran gestellt werden.

Das folgende Programm zeigt die Verwendung auf:

Python-Code 10.11

```
01  from abc import ABC, abstractmethod
02
03  class abstractClass(ABC):
04    """Eine Klasse, bei der die Methode
05       do_something() nicht implementiert
06       ist. Sie kann nicht instantiiert
07       werden."""
08
09    @abstractmethod
10    def do_something(self):
11      """…tue zunächst nichts…"""
12      pass
13
14  class implementedClass(abstractClass):
15    """Diese Klasse beerbt die Klasse
16       abstractClass und implementiert die
17       Methode do_something()."""
18
19    def do_something(self):
20      """Gib 'Hallo, Welt!' auf dem
21         Bildschirm aus."""
22      print("Hallo, Welt!")
23
24  ic = implementedClass()
25  ic.do_something()
26
```

Python-Code 10.11

```
27  """Die nächste Zeile wird zu einer
28     Fehlermeldung führen, denn Klassen mit
29     nicht-implementierten Methoden können
30     nicht instantiiert werden:"""
31  ac = abstractClass()
32  ac.do_something()
```

Die Ausgabe ist:

Ausgabe

```
Hallo, Welt!
Traceback (most recent call last):
  File "Beispiel.py", line 31, in <module>
    ac = abstractClass()
TypeError: Can't instantiate abstract class
abstractClass with abstract method do_
something
```

Das folgende Beispiel zeigt, wie das Diamond-Problem in Python gelöst wird.

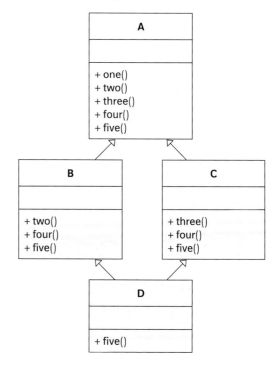

Es werden ...

- zuerst Methoden aus der Klasse selbst,
- dann Methoden aus allen vererbenden Klassen in der Reihenfolge, in der sie beerbt werden,
- und zuletzt Methoden noch weiter oben in der Vererbungshierarchie

ausgeführt.

Python-Code 10.12

```python
01  class A:
02      """Gibt immer 'A' zurück."""
03
04      def one(self):
05          """Gibt 'A' zurück."""
06          return "A"
07
08      def two(self):
09          """Gibt 'A' zurück."""
10          return "A"
11
12      def three(self):
13          """Gibt 'A' zurück."""
14          return "A"
15
16      def four(self):
17          """Gibt 'A' zurück."""
18          return "A"
19
20      def five(self):
21          """Gibt 'A' zurück."""
22          return "A"
23
24  class B(A):
25      """Gibt immer 'B' zurück, implementiert
26          aber nur two(), four() und five().
27          Beerbt A."""
28
29      def two(self):
30          """Gibt 'B' zurück."""
31          return "B"
32
33      def four(self):
34          """Gibt 'B' zurück."""
35          return "B"
36
```

Python-Code 10.12

```python
37      def five(self):
38          """Gibt 'B' zurück."""
39          return "B"
40
41  class C(A):
42      """Gibt immer 'C' zurück, implementiert
43          aber nur three(), four() und five().
44          Beerbt A."""
45
46      def three(self):
47          """Gibt 'C' zurück."""
48          return "C"
49
50      def four(self):
51          """Gibt 'C' zurück."""
52          return "C"
53
54      def five(self):
55          """Gibt 'C' zurück."""
56          return "C"
57
58  class D(B, C):
59      """Gibt immer 'D' zurück, implementiert
60          aber nur five(). Beerbt (in dieser
61          Reihenfolge) B und C."""
62
63      def five(self):
64          """Gibt 'D' zurück."""
65          return "D"
66
67  o = D()
68  print(o.one())
69  print(o.two())
70  print(o.three())
71  print(o.four())
72  print(o.five())
```

Die Ausgabe ist dann auch konsequenterweise:

Ausgabe
A
B
C
B
D

Klassenmethoden und Klassenvariablen

In Python werden Klassenmethoden so implementiert, dass sie nicht als ersten Parameter `self` haben. Damit muss kein Objekt existieren, damit sie ausgeführt werden können, sie können dann aber auch nicht auf Methoden oder Variablen zugreifen, die das Objekt `self` erfordern würden. Auf sie kann sowohl als *Objekt.Name(...)* als auch als *Klasse.Name(...)* zugegriffen werden.

Klassenvariablen werden als Teil der Klasse aber ausserhalb der Methoden eingeführt. Da sie auch ohne `self.` zum ersten Mal verwendet werden, existieren sie ohne Instanz. Auf sie kann aber sowohl als *Objekt.Name* als auch als *Klasse.Name* zugegriffen werden.

1 Analysieren Sie die Klassen für Viereck, Rechteck und Quadrat und argumentieren Sie bei jeder Methode, warum sie notwendig ist.

2 Schreiben Sie eine Schnittstelle `Stapel`, in der Sie die Methoden `push(Element)`, `pop()`, `top()` und `empty()` als `@abstractmethod` definieren. Implementieren Sie den Stapel dann als verlinkte Liste und als Feld.

3 Schreiben Sie eine Schnittstelle `Schlange`, in der Sie die Methoden `enqueue(Element)`, `dequeue()`, `first()` und `empty()` als `@abstractmethod` definieren. Implementieren Sie die Schlange dann als verlinkte Liste und als Feld.

4 Nutzen Sie die Schnittstellen der beiden vorhergehenden Aufgaben und schreiben Sie **eine** Klasse, die sowohl die Schnittstelle `Stapel` als auch die Schnittstelle `Schlange` implementiert.

5 Implementieren Sie die Klassen `Baum`, `BinaererSuchbaum` und `AVLBaum`, in denen Sie jeweils die Methoden für einen Baum, einen binären Suchbaum und einen AVL-Baum implementieren.

A Vergleichen Sie die Modellierungsschritte für ein Datenbanksystem mit den Modellierungsschritten für ein objektorientiertes System.

B Wenn viele Menschen an demselben Projekt arbeiten, braucht es geeignete Kommunikation. Diskutieren Sie wesentliche Aspekte der Kommunikation, die es braucht, damit ein Projekt erfolgreich ist. Berücksichtigen Sie dabei insbesondere, was bei Informatikprojekten, die auch implementiert werden müssen, notwendig ist.

C Ordnen Sie die folgenden Vierecke in einem Graphen an, indem Sie mit möglichst wenigen Pfeilen die Beziehung «ist ein» darstellen: Allgemeines Viereck, Trapez, Drachen, Parallelogramm, Rhombus, Rechteck, Quadrat. So gilt zum Beispiel: jedes Rechteck ist ein Parallelogramm. Wenn Sie dies mit Hilfe von Vererbung programmieren wollten, wo wird es problematisch?

Zum Zerlegen eines Problems in einzelne handhabbare Komponenten gehört immer auch, dass diese am Ende wieder geeignet zusammengesetzt werden müssen. Insbesondere wenn mehrere Programmierer an demselben Problem gleichzeitig arbeiten, müssen die entsprechenden Methoden besprochen werden.

Dies kann zum einen geschehen, indem man sich zunächst gemeinsam auf Schnittstellen einigt, bei denen ein Programmierer dann die Schnittstelle implementiert und ein anderer Programmierer die Schnittstelle verwendet, als wäre sie bereits implementiert.

Es bedeutet aber auch, dass man sich auf Datenmodelle und Datenformate einigt, mit denen Information ausgetauscht und weiterverarbeitet wird. Hier kommen die im Kapitel 6.2 Dokumentation erwähnten Dokumentationen wie Programmdokumentation oder Methodendokumentation ins

Spiel. In ihnen wird beschrieben, was wie funktioniert. Auf abstrakterer Ebene wird wie im Kapitel 6.1 Projektarbeit beschrieben ein Datenmodell, ein Funktionenmodell und die Benutzerschnittstellen als Teil des Modells für das künftige System definiert. Diese Modelle ermöglichen es den Programmierern, beim Lösen eines Teilproblems die Lösung in das Gesamtsystem einzubetten.

> **SYNTHESE**
> Als Ergänzung zum Zerlegen eines Problems in Teilprobleme muss immer auch die **Synthese** des Endprogramms mitbedacht werden. Dabei ist diese Synthese untrennbar mit dem Zerlegen verbunden: bereits beim Zerlegen muss bestimmt werden, wie die einzelnen Teillösungen nachher wieder zusammengefügt werden.

1 Schreiben Sie ein kleines Labyrinth-Spiel, bei dem ein Spieler in Räumen etwas suchen sollen. Türen von den Räumen sollen entweder nach vorne, hinten, links oder rechts gehen. So können Sie für sich einen Graphen der Räume aufzeichnen und die Räume beispielsweise als Adjazenzmatrix speichern. Wenn der Spieler im gewünschten Raum ist, soll das Spiel beendet werden.

Zerlegen Sie das Spiel zunächst in kleine Teilprobleme, die sie dann separat programmieren. Überlegen Sie sich ein entsprechendes Datenmodell, Funktionenmodell und eine passende Benutzerschnittstelle. Beobachten Sie sich dabei, an welchen Stellen Sie die Synthese von Teillösungen Sie bereits beim Zerlegen mitbedacht haben.

Allgemeines

Einrückung ≙ Block (immer einheitlich!)

Ein- und Ausgaben

Ausgabe
```
print(Ausgabetext)
```

Eingabe
```
input(Aufforderungstext)
```

Verzweigungen

Einfache Verzweigung
```
if Bedingung:
   Dann-Block
else:
   Sonst-Block
```

Mehrfache Verzweigung
```
if Bedingung 1:
   Dann-Block 1
elif Bedingung 2:
   Dann-Block 2
[…]
else:
   Sonst-Block
```

Schleifen

Kopfgesteuerte Schleife
```
while Bedingung:
   Schleifenkörper
```

Zählschleife
```
for Variable in Bereich:
   Schleifenkörper
```

Bereiche
```
range(10) = [0, 1, 2, …, 9]
range(3, 7) = [3, 4, 5, 6]
range(2, 10, 2) = [2, 4, 6, 8]
range(10, 2, -2) = [10, 8, 6, 4]
```

Unterprogramme

Prozeduren
```
def Name(Parameter 1, Parameter 2, …):
   Unterprogramm-Block
```

Funktionen
```
def Name(Parameter 1, Parameter 2, …):
   Unterprogramm-Block
   return Rückgabewert
```

Aufruf
```
Name(Wert 1, Wert 2, …)
```

Felder

Zugriff
```
Name[Index] = Wert
```

Teilfeld
$$Name[Index_{von}: Index_{bis\_vor}]$$

Wert anhängen
```
Name.append(Wert)
```

Feld anhängen
```
Name.expand(Wert)
```

Länge
```
len(Name)
```

Module

Importieren
```
import Name
```

Anwenden
```
Name.Unterprogramm(…)
```

Wichtige Module
```
math, random
```

Klassen

```
class Name(Oberklasse 1, Oberklasse 2, …):
```

Initialisierungsmethode
```
def __init__(self, Parameter 1, Parameter 2, …):
```

Zugriff auf «private» Variablen
```
self.__Name
```

Methoden
```
def Name(self, Parameter 1, Parameter 2, …):
```
Klassenmethoden ohne `self`.

Methoden der Oberklasse aufrufen
```
super.Name(Parameter 1, Parameter 2, …):
```

Schnittstellen und abstrakte Klassen

Bibliothek importieren:
```
from abc import ABC, abstractmethod
```
Eine Schnittstelle respektive abstrakte Klasse beerbt die Klasse `ABC`.

Abstrakte Methode
```
@abstractmethod
def Name(self Parameter 1, Parameter 2, …):
    pass
```

Sequenzen

Pseudocode

Pseudocode

Anweisung 1
Anweisung 2
Anweisung 3

Struktogramm

Anweisung 1
Anweisung 2
Anweisung 3

Flussdiagramm

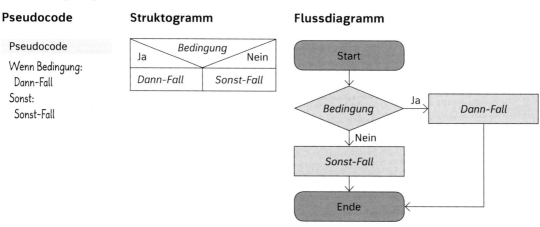

Verzweigungen

Pseudocode

Pseudocode

Wenn Bedingung:
  Dann-Fall
Sonst:
  Sonst-Fall

Struktogramm

Flussdiagramm

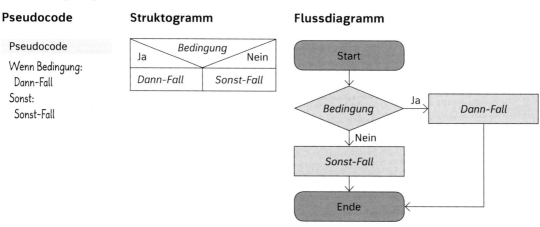

Unterprogramme

Pseudocode

Pseudocode

name(Parameter):
  Unterprogramm

Struktogramm

name(Parameter):
Unterprogramm

Flussdiagramm

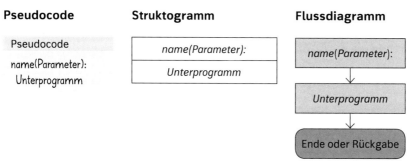

Kopfgesteuerte Schleifen

Pseudocode　　　**Struktogramm**　　　**Flussdiagramm**

Pseudocode

Solange Bedingung:
  Schleifenkörper

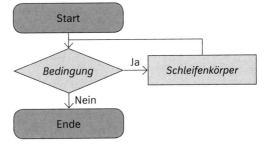

Fussgesteuerte Schleifen

Pseudocode　　　**Struktogramm**　　　**Flussdiagramm**

Pseudocode

Wiederhole:
  Schleifenkörper
  Solange Bedingung

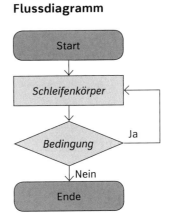

Zählschleifen

Pseudocode　　　**Struktogramm**　　　**Flussdiagramm**

Pseudocode

Für Zähler von Startwert
bis vor Grenze:
  Schleifenkörper

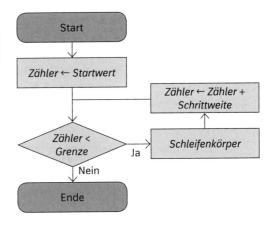

SQL-Abfragen

Projektion
```
SELECT [DISTINCT] Spalte(n)
FROM Tabelle(n)
```

Selektion
```
SELECT *
FROM Tabelle(n)
WHERE Bedingung(en)
```

Vergleichsoperatoren

```
a < b      (a kleiner als b)
a > b      (a grösser als b)
a <= b     (a kleiner oder gleich b)
a >= b     (a grösser oder gleich b)
a <> b     (a ungleich b)
```

```
BETWEEN a AND b    (zwischen a und b)
LIKE 'xyz'         (enthält Muster 'xyz')
IN (Kriterienliste)
IS NULL
```

Logische Operatoren

```
p AND q    (p und q)
p OR q     (p oder q)
NOT p      (nicht p)
```

Vereinigung

```
SELECT Spalte(n)
FROM Tabelle(n)
UNION
SELECT Spalte(n)
FROM Tabelle(n)
```

Verbund

Inner Join
```
SELECT Spalte(n)
FROM Tabelle1 INNER JOIN Tabelle2
ON Tabelle1.Spalte = Tabelle2.Spalte
```

oder

```
SELECT Spalte(n)
FROM Tabelle1, Tabelle2
WHERE Tabelle1.Spalte = Tabelle2.Spalte
```

Left Join
```
SELECT Spalte(n)
FROM Tabelle1 LEFT JOIN Tabelle2
ON Tabelle1.Spalte = Tabelle2.Spalte
```

Right Join
```
SELECT Spalte(n)
FROM Tabelle1 RIGHT JOIN Tabelle2
ON Tabelle1.Spalte = Tabelle2.Spalte
```

Outer Join
```
SELECT Spalte(n)
FROM Tabelle1 FULL JOIN Tabelle2
ON Tabelle1.Spalte = Tabelle2.Spalte
```

Umbenennen

```
SELECT Spalte AS Überschrift
FROM Tabelle(n)
```

Sortieren

```
SELECT Spalte(n)
FROM Tabelle(n)
[WHERE Bedingung(en)]
ORDER BY Spalte [ASC|DESC]
```

Gruppieren

```
SELECT Spalte(n)
FROM Tabelle(n)
[WHERE Bedingung(en)]
GROUP BY Spalte
[HAVING Bedingung(en)]
```

Aggregatsfunktionen

```
COUNT(Spalte(n))    (Anzahl Datensätze)
SUM(Spalte)         (Summe aller Werte)
AVG(Spalte)         (Durchschnitt aller Werte)
MAX(Spalte)         (grösster Wert)
MIN(Spalte)         (kleinster Wert)
```

Bildquellen

akg-images GmbH, Berlin: 116.1, 215.1. |Alamy Stock Photo, Abingdon/Oxfordshire: agefotostock 11.1; Ancient Art and Architecture 14.5; Belogorodov, Roman 195.2; Celeste, Sunny 106.4; GL Archive 212.1; Granger Historical Picture Archive 56.1, 66.2; Greig, Johnny 80.1; IanDagnall Computing 15.3; Pictorial Press Ltd 141.1; public domain sourced / access rights from The Picture Art Collection 13.3; public domain sourced/access rights from The Picture Art Collection 14.1; public domain sourced/access rights from Zip Lexing 95.1; Riccio, A William 85.1; Science History Images 213.1; The Picture Art Collection 14.3; ukartpics 10.1; vectorart 106.2. |Alamy Stock Photo (RMB), Abingdon/Oxfordshire: Archive PL 11.2; LWH 111.1; The History Collection 68.1. |Berghahn, Matthias, Bielefeld: 34.1, 59.1, 191.1, 236.1, 238.1, 240.1, 240.2, 240.3, 240.4, 240.5, 240.6, 241.1, 241.2, 241.3, 241.4, 242.1, 242.2, 242.3, 242.4, 269.1, 299.3, 299.4, 301.2, 313.1. |bpk-Bildagentur, Berlin: Vorderasiatisches Museum, SMB1 15.2, 248.1. |Bulls Pressedienst GmbH, Frankfurt am Main: 54.1. |Datzko, Christian, Hölstein BL: 27.1, 49.1, 83.1, 191.2, 245.1. |ESA - European Space Agency, Frascati (Roma): ESA–J. Huart 18.2. |Filius - Lernanwendung Internet, Haiger: 304.1, 304.2, 306.1, 306.2, 312.1, 314.1, 315.1, 319.1, 320.1, 320.2, 321.1, 321.2, 321.3, 322.1, 322.2, 323.1, 323.2, 324.1. |fotolia.com, New York: Benjamin Haas 265.1; bloomua 195.1; mdi 222.2; Quade 231.2. |Gallenbacher, Prof. Dr. Ing. Jens, Darmstadt: 8.1, 12.3, 13.2, 13.4, 13.5, 14.2, 44.1, 50.1, 75.1, 78.1, 106.3, 112.1, 115.1, 144.1, 151.1, 174.1, 179.1, 199.3, 211.1, 222.1, 225.1, 226.1, 228.1, 235.1, 238.2, 238.3, 238.4, 246.1, 249.1, 297.1, 299.2, 328.1. |GNU Free Software Foundation, Boston: © 1996 Suvasa, Etiennne 196.1. |Hohl, Seraina, Gipf-Oberfrick: 301.1. |Hüser, Andre, Schaffhausen: 133.1, 174.2. |iStockphoto.com, Calgary: Arostynov 52.1; Deacon, Ricky 212.3, 231.1; dmitryelagin 134.1; dobok 187.1; Grafissimo 14.4, 104.1; Henrik5000 16.2; Hélène Vallée 198.1; ilbusca 17.2; jianying yin 18.1; knowlesgallery 35.1; Ramspott, Frank 17.1; ribkhan 186.1; sdecoret Titel; stevanovicigor 16.1; Wicki58 36.1. |KEYSTONE-SDA-ATS AG, Bern 22: Anex, Anthony 224.1. |laif, Köln: The New York Times/Angerer, Drew 212.2. |mauritius images GmbH (RF), Mittenwald: TopFoto 12.2. |Naumann, Andrea, Aachen: 215.2. |Opel Automobile GmbH, Rüsselsheim: 200.2. |Picture-Alliance GmbH, Frankfurt a.M.: AP Photo 199.2; dpa 205.1; dpa/Bernd Weissbrod 121.1; Keystone/Bieri, Walter 266.1; MP/Lee-mage 54.2; Schneider, Peter 268.1; Sven Simon 200.1. |Python Software Foundation, Beaverton, OR: 21.1, 21.2, 21.3, 23.1, 23.2, 45.1, 45.2, 45.3, 45.4, 45.5, 45.6, 46.1, 46.2, 46.3, 46.4, 63.1, 63.2, 63.3, 63.4. |Science Photo Library, München: Charmet, Jean-Loup 13.1. |Shutterstock.com, New York: jennyt 106.1; Jiri Vaclavek 224.2; Krakenimages.com 60.1; Labadie, Victoria 89.1; Monkey Business Images 66.1; Slobodan, Makic 132.1. |stock.adobe.com, Dublin: bierwirm 109.1; DanBu. Berlin 192.1; Jackson, Brian 15.1; JHVEPhoto 197.1; mma23 233.1; Romanko, Oleg 180.1; Schwier, Christian 180.2; skatzenberger 4.1, 6.1; UrbanExplorer 233.2. |Süddeutsche Zeitung - Photo, München: Frodien, Ulrich 12.1, 199.1. |Texas Instruments Education Technology GmbH, Freising: 27.2, 27.3, 27.4, 27.5, 27.6, 27.7, 27.8, 28.1, 52.2, 52.3, 239.1, 239.2, 239.3, 239.4. |U.S. National Archives and Records Administration (NARA): 299.1. |U.S. Navy, Washington D.C.: Naval History and Heritage Command/NH 96566-KN 44.2. |ullstein bild, Berlin: CARO/R. Oberhaeuser 182.1; Lebrecht Music & Arts 218.1; The Granger Collection 198.2. |XKCD (Randall Munroe): 124.1, 148.1, 243.1, 292.1.

Textquellen

10 Edsger Wybe Dijkstra nach Matthew Dennis Haines: «Distributed runtime support for task and data management» in Technical Report CS-93-110, S. 4, Fort Collins: Colorado State University, 05.08.1993 | **29–30** Reto U. Schneider: «Eine Revolution aus 0 und 1» in NZZ Folio 02/02, S. 17–20, NZZ: Zürich, 01.02.2002 | **51.1** Augusta Ada King-Noel Countess of Lovelace nach Betty Alexandra Toole: «Ada, the Enchantress of Numbers: Prophet of the Computer Age», S. 99, Moreton-in-Marsh Glos: Strawberry Press, 1998 | **51.1** Augusta Ada King-Noel Countess of Lovelace nach Betty Alexandra Toole: «Ada, the Enchantress of Numbers: Prophet of the Computer Age», S. 99, Moreton-in-Marsh Glos: Strawberry Press, 1998, Autorenübersetzung: Christian Datzko | **75** Donald Ervin Knuth in einem Brief an Peter van Emde Boas, 1977, online unter https://staff.fnwi.uva.nl/p.vanemdeboas/knuthnote.pdf, abgerufen am 26.10.2022 | **79.1** Edsger Wybe Dijkstra nach Mark M. Meysenburg: «Introduction to Programming Using Processing, Third Edition», S. 395, Morrisville: Lulu.com, 2016 | **79.2** Edsger Wybe Dijkstra nach Mark M. Meysenburg: «Introduction to Programming Using Processing, Third Edition», S. 395, Morrisville: Lulu.com, 2016, Autorenübersetzung: Christian Datzko | **141.1** Kurt Gödel «Über formal unentscheidbare Sätze der Principia Mathematica und verwandter Systeme I» in «Monatshefte für Mathematik und Physik» 38, Wien 1931, S. 173–198 | **141.2** Kurt Gödel «Über formal unentscheidbare Sätze der Principia Mathematica und verwandter Systeme I» in «Monatshefte für Mathematik und Physik» 38, Wien 1931, S. 173–198 | **152** Bundesverfassung der Schweizerischen Eidgenossenschaft in der am 18.04.1999 angenommenen Fassung, 1 Titel: Allgemeine Bestimmungen, Art. 1 bis 4 | **174** Alan Jay Perlis: «Epigrams on Programming» in SIGPLAN Notices Vol. 17, No. 9, New York: ACM Digital Library , September 1982, S. 7–13 | **180** Edsger Wybe Dijkstra: «The Humble Programmer» ACM Turing Award Lecture in «Communications of the ACM», Volume 15, Number 10, S. 859–866, New York: ACM Digital Library, Oktober 1972, Übersetzung: unbekannt | **190** Offizielle Python 3.9.13 Dokumentation, online unter https://docs.python.org/3.9/library/functions.html#print, abgerufen am 26.10.2022, Python is a registered trademark of the Python Software Foundation. Used by permission. | **201–204** Stefan Betschon: «Warten auf die Explosion der Intelligenz» in NZZ vom 21.12.2018, S. 56–57, NZZ: Zürich, 21.12.2018 | **210.1** Adi Shamir «Cryptology: A Status Report» ACM Turing Award Lecture, Folie 7, New York: ACM Digital Library, 2002 | **210.2** Adi Shamir «Cryptology: A Status Report» ACM Turing Award Lecture, Folie 7, New York: ACM Digital Library, 2002, Autorenübersetzung: Christian Datzko | **215.1** Gaius Suetonius Tranquillus genannt Sueton: «De Vita Caesarum», Vita Divi Juli, 56, 6 | **215.2** Gaius Suetonius Tranquillus genannt Sueton: «De Vita Caesarum», Vita Divi Juli, 56, 6, Autorenübersetzung: Christian Datzko | **236** Auguste Kerckhoffs: «La Cryptographie Militaire» in «Journal des sciences militaires», vol. IX, S. 5–38, Januar 1883, Übersetzung: unbekannt | **266** Datenschutzgesetz des Bundes (DSG), Art. 1 Zweck | **266–267** Datenschutzgesetz des Bundes (DSG), Art. 6 Grundsätze | **268** Datenschutzgesetz des Bundes (DSG), Art. 31 Weitere Aufgaben | **270** Datenschutzgesetz des Bundes (DSG), Art. 2 Persönlicher und sachlicher Geltungsbereich | **296.1** Claude Elwood Shannon «A Mathematical Theory of Communication» in «The Bell System Technical Journal», Volume 27, S. 379–423, New York: AT&T, Juli 1948 | **296.2** Claude Elwood Shannon «A Mathematical Theory of Communication» in «The Bell System Technical Journal», Volume 27, S. 379–423, New York: AT&T, Juli 1948, Autorenübersetzung: Christian Datzko